Gerd Schöwing

Momente

Impressum

Realisation und Redaktion:	Gerd Schöwing, Iris Dirkers
Verlag:	GroteDruck GmbH, Bad Iburg
	1. Auflage 2013
	Alle Rechte vorbehalten.
Umschlaggestaltung	Iris Dirkers, Gerd Schöwing
Satz und Druck:	GroteDruck GmbH, Bad Iburg

Printed in Germany

ISBN 978-3-933998-37-8

Momente

Gefühle | Gedanken | Meinungen | Erinnerungen |
Überlieferungen | Engagements | Couragierte Personen |
Besondere Reiseberichte |

ausgewählt von Gerd Schöwing

Komitee Courage

Inhalt

Lebensläufe

Vorwort

Durch die Verleihung des „Courage-Preises" seit 1996 ist das Bad Iburger Komitee Courage eine anerkannte Institution von weit überregionaler Bedeutung geworden und als gemeinnützig anerkannt.

Folgende Ideen haben mich 1995 dazu bewogen, ein Forum zu schaffen, um Courage öffentlich zu machen:

- Durch die Preisverleihung im altehrwürdigen Iburger Schloss werden Personen und Einrichtungen geehrt und ausgezeichnet.
- Das Komitee Courage will auf diese Menschen aufmerksam machen, zur Nachahmung anregen und Beispiele für couragiertes Handeln hervorheben.
- Der Preisverleihung geht ein Austausch voraus, bei dem Preisträger und weitere Persönlichkeiten sich zu Themen der Zeit und zu Fragen der Zukunft äußern.
- Durch die unterschiedlichen beruflichen und persönlichen Hintergründe der einzelnen Gesprächspartner erleben die Gäste bei dem „Gespräch am Kamin" eine anregende und lebhafte Diskussion aus ungewöhnlichen Blickwinkeln und mit verschiedenen Sichtweisen.
- Der traditionelle „Fischschmaus" ist ebenfalls ein fester Bestandteil der jährlich Ende September stattfindenden Veranstaltung.
  Im Juni 1933 wurde der Iburger Stausee eingeweiht und nach der ersten preußischen Königin Sophie Charlotte, die im Iburger Schloss 1668 geboren wurde, benannt. Zum Abschluss der Saison fand der „Fischschmaus" durch den Fang von Karpfen und Schleien statt.
- Während der Veranstaltung haben die Besucher die Gelegenheit in zwanglosen Gesprächen die jeweilige Preisträgerin oder den Preisträger und die Gesprächsgäste aus „erster Hand zu erleben".
- Durch die Auszeichnung mit dem dotierten Bad Iburger „Courage-Preis" werden jeweils soziale Engagements der Preisträger unterstützt.
- Unter **www.komitee-courage.de** finden Sie weitere Informationen.

Dank sage ich allen Autoren für die teils heiteren, besinnlichen, eindrucksvollen, interessanten und

lehrreichen, aber auch nachdenklichen Aufzeichnungen, sowie für besondere Reiseberichte und unterhaltsame Überlieferungen. Die bereitwillig gewährten Einblicke verhalfen nicht nur der Herausgabe dieses Buches, sondern sie unterstützen damit auch die Arbeit sozialer Einrichtungen.
Mein Dank gilt natürlich den Mäzenen, ohne ihre Unterstützung wäre die Herausgabe nicht möglich gewesen.
Durch den Erwerb dieses Buches helfen Sie, dass das Komitee Courage weiterhin couragierte Personen sowie Institutionen unterstützen kann.

Ich wünsche mir, dass Sie Gefallen an der Vielseitigkeit und der Zusammenstellung der „Momente" finden.
Die verschiedensten Interessen, Neigungen, Empfindungen und Erlebnisse kommen in den Beiträgen zum Ausdruck.
Somit ist die Lektüre sicherlich für jede Region empfehlenswert und für jeden Personenkreis geeignet.

Gerd Schöwing
Vorsitzender des Komitee Courage

Courage-Preisträger

Harry Jahns 1996
Dirigent und künstlerischer Leiter der Bad Iburger Schlosskonzerte

Dr. Jürgen Großmann 1997
Geschäftsführender Gesellschafter der Georgsmarienhütte Holding GmbH

Dr. Franz-Josef Bode 1998
Bischof von Osnabrück, Vorsitzender der Jugendkonferenz der Deutschen Bischofskonferenz

Uschi Glas 1999
Schauspielerin, Schirmherrin der Deutschen Hospiz Stiftung

Dr. h.c. Hans-Dietrich Genscher 2000
Bundesminister a. D.

Sabine Christiansen 2001
Moderatorin und Deutsche Unicef-Botschafterin

Prof. Dr. Dagmar Schipanski 2002
Ministerin für Wissenschaft, Forschung und Kunst des Freistaates Thüringen, Präsidentin der Deutschen Krebshilfe

Joachim Gauck 2003
Theologe, Mitbegründer des „Neuen Forums", ehemaliger Bundesbeauftragter für die Unterlagen des Staatssicherheitsdienstes der ehemaligen DDR

Dagmar Berghoff 2004
Kinderhilfswerk „terre des hommes"

2005 Dr. Gyula Horn
ehem. ungarischer Ministerpräsident

2006 Dachverband der Friedensgebete St. Nikolaikirche
stellvertretend für die Bürger Leipzigs

2007 Ulrike Folkerts
Schauspielerin und Botschafterin für „burundikids e. V."

2008 Richard Oetker
Geschäftsführung der Dr. Oetker GmbH und Mitglied des Bundesvorstandes „Weisser Ring"

2009 I. M. Königin Silvia von Schweden
Stifterin der „World Childhood Foundation"

2010 Peter Maffay
Musiker und u. a. Gründer der Peter-Maffay-Stiftung

2011 Iris Berben
Schauspielerin und aktiv für „Gesicht zeigen"

2012 Marietta Slomka
Journalistin und Fernsehmoderatorin, Patin Kinderhospiz Bethel

2013 Ullrich Kasselmann
Reitsport-Visionär, aktiv für „Reiten gegen den Hunger"

Vergiss es nie –
das Leben ist schön!

Drum nutze die dir bemessene Spanne
und fülle sie randvoll mit Leben.
Selbst wenn dir von Zeit zu Zeit
Tränen des Zorns, der Trauer oder des Leids
den Blick verschleiern:

Das Leben ist schön –
vergiss es nie!

Monika Lepper

Foto: Foto Beckmann

Gott ist größer als unser Herz

(1 Joh. 3,20)

Dr. Franz-Josef Bode
Bischof von Osnabrück

Eine einschneidende Erfahrung in meinem Leben war die Hochwasserkatastrophe, die am 16. Juli 1965 über mein Heimatdorf Etteln hereinbrach. Ich war damals 14 Jahre alt. Der Tod von vier Kindern und deren Großmutter aus einer einzigen Familie riss mich aus kindlich-harmlosen Vorstellungen von Gott heraus. Er führte mich früh in eine Auseinandersetzung mit Glaube und Erlösung. Es reifte in mir der Entschluss, Menschen in allen Lebenslagen begleiten zu wollen aus der Rückbindung an einen Gott, der nicht in der Ferne des Himmels blieb, sondern für uns Mensch wurde bis in Leid und Tod. In seinem Geist ermutigt er uns immer zu neuem Anfangen und Aufbauen.

Wirklich, Gott ist größer als unser oft zitterndes und unsicheres Herz; größer als Leid und Not; größer als unsere kurzatmigen Zeiten und unsere eng bemessenen Räume. Er ist größer als unsere Ängste und Sorgen, als unsere Erwartungen und Gewohnheiten, als unsere Sehnsucht und unser Durst nach mehr. Größer allerdings auch als all das, was wir machen können und erreichen möchten.

Mancher könnte sich freilich erdrückt und überwältigt fühlen von dieser Größe, könnte sich klein und unwichtig vorkommen. Nein, so gerade nicht! Denn dieser Gott ist ja in Jesus Christus auch der immer Kleinere geworden. Er ist einer von uns, er kennt uns, er liebt uns, er ist mit uns solidarisch! Er ist der, dem man sich anvertrauen kann, wenn das Vertrauen in Menschen schwindet oder enttäuscht wurde. Er ist der, dem wir etwas zutrauen können, auch dort, wo uns nichts mehr gelingt. Er ist der, bei dem wir uns bergen können, wenn unser Zuhause zerbricht; mit dem wir aber auch in Auseinandersetzungen und Kämpfe hineingehen können, wenn kein anderer aufzustehen und zu widerstehen wagt.

Als ich 1991 zum Bischof geweiht wurde, habe ich deshalb diesen Satz „Gott ist größer als unser Herz" zum Wahlspruch genommen, das heißt zu einem Leitsatz meines Lebens als Bischof. Ich spüre immer mehr, wie wahr dieses Wort ist und wie viele (auch junge) Menschen sich damit anfreunden: Gott ist immer noch größer!

Eine entscheidende Nacht

PROF. DR. DAGMAR SCHIPANSKI
Landtagspräsidentin a.D.,
Ministerin a.D.,
Ilmenau

Der 9. November 1989 begann als ein ganz gewöhnlicher Tag in meinem Leben. Frühmorgens 6.00 Uhr aufstehen, was mir, wie immer, sehr schwer fiel. Dann weckte ich unsere Kinder, die Zwillinge Agnes und Tankred (damals 13 Jahre alt) und die kleine Angela (damals 8 Jahre alt), deren Schulunterricht um 7.30 Uhr begann. Auch in den Kinderzimmern gab es einen müden Augenaufschlag, ein freundliches Aufmuntern meinerseits und abwarten, bis sich jeder „aufgerappelt" hatte. Dann begannen die Frühstücksvorbereitungen. Mein Mann war zum Bäcker gefahren, der aus dem Fenster seiner Backstube wunderbar frische Brötchen in aller Herrgottsfrühe verkaufte. Ich deckte den Tisch, schmierte Brote und Brötchen, auch für das Frühstück in der Schule, im Betrieb und der Hochschule. Kurz vor 7 Uhr fuhr mein Mann in das Glaswerk, in dem er als Gruppenleiter für Instandhaltung arbeitete. Die Kinder trabten im Eiltempo zur Schule. Nun kam mein schöner, ruhiger Moment am Morgen: „Eine starke Tasse Kaffee und nachdenken über den vor uns liegenden Tag, der geprägt war durch die Montagsdemonstrationen, heimliche Treffen mit Gleichgesinnten und aufgeregtes Verfolgen der Nachrichtensendungen." Dann begann ich erneut den Frühstückstisch zu decken, da bei uns 4 russische Freunde aus Novosibirsk zu Gast waren, die ihren Urlaub bei uns verbrachten. Sie waren zum ersten Mal in der DDR und neugierig auf die Städte, die Dörfer, die Landschaft, auf unser Zusammenleben. Sie nahmen alle neuen Eindrücke begierig auf und zeigten völliges Unverständnis für unser Engagement für Veränderungen, sie hatten Angst vor den Demonstrationen und Auseinandersetzungen (Angst, dass ihr Geheimdienst sie hier registriert). Völlig unverständlich waren für sie die Demonstrationen, die seit Anfang Oktober in vielen Städten und Gemeinden der DDR stattfanden und im Ruf „Wir sind das Volk" gipfelten.

Auch wir, unsere ganze Familie ging jeden Montag mit Kerzen zu den Demonstrationen, versammelten uns mit vielen anderen auf dem Kirchplatz und formulierten die Forderungen nach Veränderung, nach wirklicher Demokratie statt „Diktatur des Proletariats". Anschließend leuchteten die Kerzen in der Dunkelheit vor der Stasi-Zentrale und mahnten stumm.

Einer unserer russischen Freunde hatte am letzten Montag seinen ganzen Mut zusammen genommen und war mit uns demonstrieren. Als wir zu Hause saßen und diskutierten, fragte er nur: „Was wollt Ihr eigentlich? Ihr habt 3 gesunde Kinder, Ihr habt ein Haus, Ihr habt ein Auto, Ihr habt Arbeit! Was wollt Ihr noch?" Für ihn waren unsere Forderungen nach Reisefreiheit, Pressefreiheit, Beendigung der Repressalien, nach demokratischen Strukturen überhaupt nicht einsichtig. Im fernen Sibirien war dies für ihn ohne Bedeutung und Wert. Daran sollten wir uns heute oftmals erinnern, wenn wir über das Russland Putins diskutieren.

Der 5. Gast in unserem Hause am 9.11.89 war mein ungarisches Patenkind Reka, die zu dieser Zeit an der Humboldt Universität in Berlin ein Praktikum im Rahmen ihres Germanistikstudiums in Ungarn absolvierte. Sie war in Berlin am Brandenburger Tor in die Auseinandersetzungen zwischen Demonstranten und DDR-Polizei geraten und hat daraufhin die Stadt in panischer Angst verlassen und war zu uns nach Ilmenau gekommen. Sie hatte ihr zweites zu Hause bei uns seit vielen Jahren, da sie intensiv Deutsch lernte. Sie war entsetzt über die Brutalität des Vorgehens der Polizei, auch gegenüber völlig Unbeteiligten und konnte das Geschehen nicht einordnen. Auch sie fragte: „Was wollt Ihr?" Dabei muss man aber den Hintergrund der unterschiedlichen Entwicklung im Ostblock bedenken, dass Ungarn eine ausgezeichnete Versorgungslage und große Reisefreizügigkeit im Vergleich zu uns hatte. Sie hatte keinen inneren Zugang zu unserer Lage, da sie für sich in Anspruch nahm, Ungarn ist etwas Besonderes. Auch das sollten wir bei der jetzigen Entwicklung in Ungarn unter Orbán bedenken, die nationalistischen Wurzeln liegen sehr tief.
Kurzum, eine solch bunt gemischte Gästeschar begleitete uns also an diesem schicksalhaften Tag.
Tagsüber hielt ich meine Vorlesung an der Uni, führte im Labor Messungen durch. Hier war normaler Forschungsalltag trotz der politischen Krise, die nur hinter vorgehaltene Hand mit ausgewählten Kollegen diskutiert wurde. Man sprach heimlich über die Forderungen auf den Transparenten, über den Einsatz der Polizei, den es auch in unserer kleinen Stadt am 6. Oktober gegeben hatte. Die Angst ungebetener Zuhörer und Zuträger hatte über Jahre ein Klima des Schweigens, Misstrauens und Wegsehens bewirkt.
Am späten Nachmittag trafen wir uns wieder in unserer Wohnung. Für unsere Kinder war der Schulalltag ebenso normal verlaufen, man sprach nicht über politische Ereignisse, die Lehrer vertraten weiterhin das Lob des Sozialismus. Mein Mann berichtete ebenfalls über Stillschweigen, Angst, aber auch Hoffnung und das unbändige Gefühl und Wissen, das sich etwas ändern musste. Ich kochte für 10 Personen zu Abend, wir schauten Fernsehen, doch keine wesentlichen neuen Ereignisse prägten die Sendungen. Wir legten uns nach einem anstrengenden Tag todmüde ins Bett.
In der Nacht, um 0.30 Uhr schellte plötzlich das Telefon, ich hob ab und unsere westdeutschen Freunde sagten: „Was, Ihr schlaft noch, Ihr verpasst das Wichtigste in Eurem Leben! Die Mauer ist auf!" Wir konnten es nicht fassen und antworteten: „Bestimmt wieder so ein Gerücht, wie es in den letzten Tagen viele gab." Doch unsere Freunde jubelten so über ihre frohe Botschaft, dass wir sofort zum Fernseher eilten und uns dann selbst fassungslos die Bilder ansahen. Wir sahen mit unsäglichem Staunen die Menschenmassen, die nach Westberlin drängten. Uns rannen die Freudentränen über das Gesicht, mein Mann und ich lagen uns in den Armen. Wir konnten noch nicht erfassen, was sich hier vor unseren Augen abspielte. Dann holten wir eine Flasche Sekt aus dem Keller und stießen auf den Moment unseres Lebens an, mit dem wir nicht mehr für unser begrenztes Leben gerechnet hatten. Zu fest wurde täglich der Machtanspruch der SED manifestiert, die Parolen wiederholt und die Grenze bewacht! Und jetzt plötzlich waren wir frei! Ein unglaubliches Gefühl! Uns war schlagartig klar, das war die von uns herbeigesehnte Veränderung, es war ein Neubeginn!
Wir haben dann unsere Verwandten angerufen und uns gemeinsam per Telefon gefreut und haben dann die ganze Nacht zu zweit vor dem Fernseher gesessen und die Bilder in uns aufgesogen.

Dann aber haben wir auch ganz klar für uns bedacht: Wie können wir über die nächstgelegene Grenze fahren? Welche Formalitäten waren zu erledigen? Im Fernsehen und in den Nachrichten verlautete, dass man einen Stempel der Volkspolizei in den Visaanlagen des Personalausweises benötigt. Welche Behörde erteilte diesen Stempel? Wohin sollen wir reisen? Wie groß sind die Entfernungen? Man bedenke, dass wir keine Karten von Westdeutschland hatten, nach der in den Karten markierten Grenze der DDR begann das „unbekannte Land", für uns ein weißes Stück Papier, das war die Bundesrepublik Deutschland. So holten wir einen alten Atlas meiner Mutter aus den 30er Jahren heraus und orientierten uns! Wir legten das Ziel fest: Frankfurt, weil in der Nähe unsere Verwandten wohnten.

Kurz nach 6.00 Uhr fuhr mein Mann wie immer zum Bäcker und holte Brötchen, denn die Kinder mussten zur Schule, unsere Besucher waren hungrig! Aber er fuhr gleich weiter zur Meldestelle der Volkspolizei, um den ersehnten „Genehmigungsstempel" zu bekommen. Dort war schon eine Menschentraube vor der Tür versammelt, die das gleiche Begehren hatten und auf den diensthabenden Polizisten warteten, der alle erstaunt ansah, weil er überhaupt noch keine Ahnung hatte.

Ich erzählte unterdessen den Kindern und unseren Gästen zu Hause die unglaublichen, unfassbaren Ereignisse und wir verfolgten das Geschehen am Fernseher. Meine Kinder waren verunsichert und erfreut wie wir. Sie wussten, dass dies unser Lebenstraum war. Unsere Gäste verstanden die Dimensionen kaum und unsere Begeisterung war ihnen fremd.

Ich stürmte, nachdem die Kinder pünktlich zur Schule gestartet waren, wieder zu den Wartenden vor der Polizeimeldestelle. Gegen 9.00 Uhr waren alle Formalitäten erledigt. Mein Mann meinte sofort: „Jetzt strömt alles auf die Straße gen Westen." Das bedeutet, das Benzin wird knapp. Also wurden alle Kanister gefüllt, um sicher in den Westen und wieder zurück zu kommen. Denn wir hatten ja kein Geld, um zu tanken. In diesem Moment fiel uns ein, dass jeder Bürger, der nach dem Westen fahren durfte, 15,-- Mark in 15,-- DM umtauschen konnte. Also, auf zur Notenbank und für 5 Personen 75,-- Mark umgetauscht! So viel misstrauische und griesgrämige Beamtenblicke hatte ich noch nie gesehen! Doch wir waren im Recht, wie der Direktor dann höchstpersönlich nach Weisung bestätigte.

Wir trafen uns an diesem Tag noch mit unseren Freunden, da es zu spät war, um sich mit 3 Kindern auf eine Reise ins Ungewisse zu begeben. Das hatten wir auf den 11.11. verlegt. Doch der Tag klang aus mit einem riesigen Glücksgefühl und der zunehmenden Gewissheit, dass sich unser Leben total verändern würde.

Am 10. November stand für uns fest, wir bleiben in unserer Heimat, um den Neuaufbau aktiv mitzugestalten und zu verhindern, dass jemals wieder ein kommunistisches Regime die Menschen hinter einer Mauer einsperren kann und ihre Ideologie den Menschen aufzwingt. Wir sangen zusammen: „Die Gedanken sind frei" und wussten plötzlich, dass auch wir jetzt frei in unseren Entscheidungen, unseren Lebensentwürfen, frei in der Erziehung unserer Kinder und frei für den Aufbau der Demokratie waren. Dieser Verantwortung für die Freiheit sind wir seit der Nacht des 9. November verpflichtet.

Gedanken-Rückblick eines 70-jährigen an seinem Geburtstag

HEINER MÖLLERING
Bad Iburg

Was war das denn für eine Zeit, in der ich bis jetzt gelebt habe?

Nun ja, wenn man so über die Jahrzehnte zurückblickt - hört sich komisch an, aber wir Älteren können das - möchte ich fast sagen, dass es bisher eine außerordentlich interessante Zeit war, in der wir uns tummelten.

Selbstverständlich gab es gute und weniger gute Jahre, es gab Erfolge, es gab aber auch Misserfolge, wie das im Leben nun mal so ist. Aber wir sind bisher mit beidem fertig geworden und hoffen, dass wir das auch in Zukunft meistern werden.

Es waren außergewöhnlich interessante Jahre und ich möchte behaupten, dass es seit Bestehen der Menschheit nur 1 - 3 Generationen gegeben hat, die einen derartigen, grundlegenden Wandel der Welt in allen Bereichen - fast von der Steinzeittechnik bis zur Hochtechnologie - miterlebt haben, aber unsere war mittendrin. Unsere Eltern vom Anfang des Steilaufstiegs bis etwa zu dessen Halbhöhe und unsere Kinder von, sagen wir mal, dieser Halbhöhe bis heute, wobei die ersteren das Ende und die letzteren den Anfang nicht erlebt haben. Nur unserer Generation war es vergönnt, den gesamten Steilaufstieg buchstäblich zu erleben und mit zu gestalten in der zeitgeschichtlich abenteuerlichen Geschwindigkeit von nur rund ½ Jahrhundert. Dazu hatten wir hierzulande keinen Heißen Krieg, den Kalten hatten wir schon. Ich glaube, das war bisher einmalig in der Menschheitsgeschichte.

Blicken wir doch mal einen Moment zurück über die Zeit und lassen diese an Hand einiger prägnanter Beispiele Revue passieren:

Ich bin Baujahr 1937, also noch beste Vorkriegsware, was sich ja letztlich überall und mit zunehmenden Alter immer klarer auf allen Gebieten bemerkbar macht.

Die Vorkriegszeit wurde schnell zur Kriegszeit, dann tobte zunächst einmal der 2. Weltkrieg, in Glane aber weit weniger als anderswo. Deshalb war das für uns Kinder hier im ländlichen Bereich eigentlich eine äußerst spannende Zeit, erst recht in den letzten Kriegsjahren. Fast tägliche Bomberüberflüge, bis zu 1000 Bomber, Tieffliegerangriffe auf irgendwas - vor denen musste man sich höllisch in Acht nehmen - Militärkolonnen, meistens nur in der Dunkelheit, Flakfeuer von Osnabrück, gelegentliche Bombardierungen in Osnabrück, Luftkämpfe alle gegen alle, gelegentliche Abschüsse von beiden Seiten und Fallschirmabsprünge gab es auch. Wir mussten den ganzen Tag nur gucken und hatten keine Zeit zum Essen, geschweige denn ins Bett zu gehen.

Dass wir Kinder mal Angst hatten, kam äußerst selten vor. Wie gesagt, hier im fast sicheren Glane; in den Städten und den eigentlichen Kampfgebieten sah das natürlich ganz anders aus. Davon können andere ganz andere Lieder singen.

Mit dem Zusammenbruch des Reiches wurde für uns wieder eine neue aufregende Runde mit allem

Drum und Dran eingeläutet, Spannung lag in der Luft! Und dann die anglo-amerikanischen Armeeteile, die auf ihrem weiteren Vormarsch Glane passierten, Kolonne nach Kolonne, Jeeps, LKWs und Panzer, dass man fast nicht über die Straße kommen konnte. Für uns Blagen jeden Tag high life. Es gab Chocolate und Bonbons, Südfrüchte und alles Mögliche von den fremden, teils schwarzen Soldaten, dass wir gar nicht kannten und vor allem keine Schule, die war gottlob von den Amis beschlagnahmt. Aber danach begann dann auch bei uns die Nachkriegszeit. Die Flüchtlingsströme mit all ihrem Elend erreichten auch Glane.

1948 erwischte das Elend dann auch mich. Zwischen Weihnachten und Neujahr 1947 musste ich mit meinem Vater per Bahn - die Straßen waren noch viel zu kaputt - zur 3-tägigen Aufnahmeprüfung für die Penne zu den Jesuiten nach Büren reisen. Das liegt zwischen Paderborn und Brilon. Die Prüfung bestand ich leider sehr gut, dafür wurde ich dann ab Ostern 1948 für 6 Jahre hinter Klostermauern aus dem Verkehr gezogen. Nach meinen wilden, kriegszeitlichen Umtrieben hatten sie hier wohl Angst, dass ich Räuberhauptmann würde. Meine beiden älteren Schwestern können das vielleicht heute besser beurteilen. Ob's viel geholfen hat, weiß ich auch nicht. Jedenfalls löst der Name Büren noch heute bei mir gemischte Gefühle aus. Olsberg war dann mein einziger Lichtblick.
So oder so aber war Büren für mich letztendlich eine außerordentlich prägende Zeit.
Nun, nach Büren kam eine 3-jährige Maurerlehre in Osnabrück, die Stadt war damals noch ziemlich kaputt, danach absolvierte ich in Münster das Studium zum Bauingenieur und trat dann 1960 als junger Ingenieur in die Firma ein, deren Leitung ich 1973 offiziell übernahm.

Um 1966 - 67 trat erstmalig meine Frau Mechtild in Erscheinung, 1968 haben wir dann geheiratet.
Nach dem Krieg begann hauptsächlich in den Industriestaaten der Welt, vornehmlich den westlichen, von Amerika ausgehend, erst langsam, dann aber mit immer rasanteren Drehzahlen dieser ungeheuere technische Wandel, der nicht nur die Technik, sondern auch infolge alle anderen Bereiche wie Ethik, Moral, Religion, Weltanschauungen etc. tangierte. Westdeutschland stieg mit der Währungsreform 1948 - ich war damals ja noch Pennäler - voll ein. Verbunden damit war ein nie zuvor gekannter, allgemeiner Wohlstand.

Nur einige Beispiele:

Die Landwirtschaft

In meinem 1. Jahrzehnt wurden Runkelrüben mit der Hand gelegt, Kartoffeln und Gemüse ebenfalls von Hand gepflanzt.
Trecker gab es nur ganz vereinzelt, Minidinger verglichen mit denen von heute. Die spielten fast gar keine Rolle. Heute kann man diese vereinzelt nur noch auf Oldtimertreffen bestaunen, die meisten sind im Schrott gelandet.
Pferde, vereinzelt gab's auch noch Ochsen, zogen die Pflüge und Wagen genau so wie vor 1.000 und mehr Jahren.
Korn wurde mit der Hand gesät, mit Sensen gemäht und mit Leiterwagen, die von Hand beladen wurden, eingefahren. Im Winter kam dann zum Dreschen der „Dömper" mit seinem alten Dreschkasten, und das war schon ein Fortschritt.
Dann begannen quasi über Nacht die revolutionsartigen Umwälzungen in der Landwirtschaft. Die Pferde wichen immer größeren Traktoren, die Schnitter mit ihren Sensen wurden abgelöst von einfachen Mähmaschinen, Bindern und Selbstbin-

dern, und dann folgten fast jährlich immer größere, modernere Supermähdrescher, heute staubdicht, mit Radio, Klimaanlage und Satellitentechnik für die Flächenberechnung und Rechnungslegung.

Die Telefon- und Kommunikationstechnik

Telefone gab es vor dem Krieg ganz vereinzelt, nur schwarz mit Drehwählern und aus Baccalith, dann die ersten mit Drucktasten, heute stehen 2 auf jedem Schreibtisch, dazu hat jedes Kind 2 Handys mit Fernsehen, Fotoapparat, Radio und allem möglichen Schnickschnack und telefonieren über Satellit mit aller Welt, sofern sie Geld dazu haben.

Früher gab es nur Radios (Volksempfänger), um 1950 kamen die ersten Fernseher auf.

Danach entwickelten sich erst ganz langsam die Rechenmaschinen und die Computertechnik.

Rechenmaschinen musste man mit der Handkurbel drehen, später kam ein Motor hinzu. Dann kamen die ersten Digitalen mit Röhren und 1- max. 2 Speichern, ungeheuerlich, riesige Kisten und sündhaft teuer, kosteten soviel wie ein VW-Käfer.

Rechenschieber wichen den Taschenrechnern, bei denen der Kleinste heute mehr kann als damals die ersten Computer.

Parallel verlief die Computerentwicklung, und jeder weiß, was die Dinger heute können mit Programmen, die alle Spektren abdecken.

Die Post

Vom königlich, preußischen Postboten zu Fuß, später mit dem Fahrrad (nach dem Krieg waren Fahrräder knapp, es gab ja nichts), dann mit dem Auto oder sonst was für den Ortsbereich, im Fernbereich die Postkutsche, dann Eisenbahn, dann Flugzeug und LKWs. Aber was immer sie auch anstellten, die Postlaufzeit blieb bei der Beamtenpost immer gleich lang. Erst Telefax und E-Mail machten denen Beine.

Der Verkehr

Man ging zu Fuß, fuhr mit Pferdekutschen oder reiste mit der Bahn. Der Güterverkehr im Nahbereich wurde örtlich und überörtlich ebenfalls mit Pferdegespannen abgedeckt, im Fernverkehr meistens mit der Bahn. Leistungsschwache Autos und Lkws, die keinen Hering vom Rost zogen, gab es nur wenige, die meisten wurden im Krieg zusammengeschossen.

Dann kam als Erstes der Käfer auf den Markt, und auf ging es.

Das gesamte Verkehrsnetz musste ausgebaut werden. Die meisten Straßen, Autobahnen gab es nur 2 oder 3, bestanden ja nur aus mehr oder weniger asphaltierten oder gepflasterten und dazu noch kaputten Feldwegen. Heute ist unser Straßennetz mit hoch technisierten, leistungsstarken und komfortablen Automassen verstopft. Bei der Bahn ging's von der alten Dampflok über Diesel- und E-Loks zu hochmodernen Hochgeschwindigkeitszügen, ja bis zu Magnetbahnen ohne Räder.

Die Luftverkehr- und Waffentechnik

Man sagt, der Krieg sei der Vater aller Dinge, weil Not erfinderisch macht. Durch den 2. Weltkrieg erhielt die Luftfahrt natürlich einen kolossalen Anschub, der nach dem Krieg durch den Kalten Krieg vervielfacht wurde.

Denken wir nur an die Entwicklung der Kolbenflugmotoren bis zur absoluten Ausreizung ihrer Möglichkeiten. Als das nicht mehr schnell genug war, wurde die gesamte Luftfahrt durch die Entwicklung des Düsenantriebs revolutioniert. Die ersten Düsenmotoren hatten Standzeiten von 20 bis 25 Std., heute halten die Dinger fast 10.000 Std. durch. Einige Flugzeuge erreichen heute Spitzengeschwindigkeiten bis zu 3,5 Mach, das sind umgerechnet rund 4.000 km/h.

Dann die Raketenentwicklung von mickerigen Anfängen bis zur Weltraumstation, nicht zu vergessen die Mondflüge. Als 1. Autonation nahmen die Amerikaner für ihre Ausflüge auf dem Mond selbstverständlich gleich ein Auto mit dorthin, welches sie auch daließen.
In der Waffentechnologie war es nicht anders. Von der TNT-Bombe bis zur Atom- und Wasserstoffbombe. Riesige, mit Atom- und Präzisionsbomben bestückte Flugzeugträger mit unvorstellbarer Feuerkraft, unbemannte, zielgenaue Marschflugkörper mit Reichweiten von mehreren Tausend Kilometern, satellitengesteuert; Raketen aller Art, Atom-U-Boote in den Meeren und Tarnkappenbomber, die jeden Punkt der Erde erreichen können.
Das sind nur die spektakulären, sichtbaren Dinge. Ermöglicht wurde das aber nur, weil allen anderen, nicht so sichtbaren Industriesparten gleichzeitig ähnliche technologischen Quantensprünge gelangen, in der Produktion wie in der Forschung.
Z. B.: hochfeste Farben und Lacke, hitze-, kälte- und säurefeste Hochleistungsschmiermittel und Dichtungen, der ganze Medizin-, Pharma- und Chemiebereich, die Stahltechnologie, die Metallurgie, die Elektrotechnik und Elektronik. Ohne diese Grundlagentechnologie wäre das alles nicht möglich gewesen.
Aber auch an dem Baugewerbe ging dieser Technologiewandel nicht vorbei.
Die ersten Wiederaufbauarbeiten nach dem Krieg - habe ich zum Teil als Stift selbst noch miterlebt - begannen mühselig, meistens in Handarbeit. Material wurde mit Handwagen, Pferdegespannen oder mit abenteuerlich zusammengeflickten Lkws angekarrt, wurde von Hand auf- und abgeladen und von Hand eingebaut. Steine zum Mauern wurden oft von Mann zu Mann hochgeworfen, der Mörtel in Speisvögeln hochgevögelt, Ausschachtungen erledigten ebenfalls in den meisten Fällen die Handbagger.

Bald ging es auch hier los. Erst kamen Lastaufzüge, dann immer größere und modernere Kräne, Bagger, Radlader und Lkws und dann die ganze Palette an Baumaschinen, von groß bis klein für jeden Zweck. Das Baustahlgewebe wurde entwickelt und immer mehr neue, speziellere Baustoffe. Riesige Autokräne zum Einbau immer größerer vorgefertigter Bauelemente zusammen mit Schnellbaugerüsten, Hubliftern, Großflächenschalungen und Gott weiß was für Gedöhns, sorgen für eine Minimierung der früheren Bauzeiten. Einhergehen musste damit natürlich der Ausbau der Büros, allein schon, wenn man an die Arbeitsvorbereitung zum technisch-logistischen Arbeitsablauf denkt.
Die körperliche Ertüchtigung bleibt dabei teilweise auf der Strecke, denn niemand darf heute mehr als 25 - 30 kg in einer genau definierten Zeit tragen mit Ohrenstöpseln gegen den Baustellenlärm, für schwerere Lasten muss eine Hebamme kommen. Das so entstehende Kraft-Manko kann dann bei lauter Musik in „Mucki"-Buden, Bizeps-Tempeln und Discos ausgeglichen werden. Nur dort darf man noch ohne Ohrenstöpsel und Hubstapler zentnerschwere Weiber stemmen.

Eines muss ich noch klar dazu sagen:

Aufbau und Betreiben einer Firma, wie groß oder klein sie auch ist, ist nie das Werk eines Einzelnen.
Es gehören in jedem Falle gute, zufriedene Mitarbeiter dazu, die etwas können, bereit sind, jeder an seinem Platz, anzupacken und die auch was bewegen wollen und können. Das verdient Respekt und Anerkennung. Jede Firma ist nun mal wie ein Karren, der dauernd angeschoben werden muss, eine wahre Sisyphusarbeit.
So, ein Punkt wäre noch erwähnenswert: In den letzten 50 Jahren hat sich die Weltbevölkerung von 2 auf 6 Milliarden verdreifacht.
Interessant jedenfalls waren all diese unglaublichen Jahrzehnte.
Alle aber haben eines gemeinsam: Sie sind vorbei.

„Zwillingsbrüder" erkunden Schottland

ARJAN RIKKERS
Westendorp/Niederlande

Ich habe keinen Bruder und mein Cousin auch nicht, „nur" Schwestern. Wir kennen uns unser Leben lang und fühlen uns sehr seelenverwandt. Wir haben viele gleiche Interessen und tragen fast dieselbe Kleidung. Er ist wie ein Bruder für mich, wir sehen uns meistens am Samstag, um eine Zigarre zu rauchen und ein Glas Whisky zu trinken. Dabei sprechen wir über „wichtige" Dinge des Lebens, wie über das Wetter und Autos.

Neben Whisky und Zigarren lieben wir beide auch Großbritannien. Mein Cousin hat drei Land-Rover - soviele braucht er auch, weil immer einer kaputt ist.

Über eine Reise nach Schottland entlang der Whisky-Trail hatten wir schon lange geredet. Wollten fahren, wenn wir in Pension gingen. Es dauerte uns noch zu lange, so dass wir uns kurz entschlossen haben, im Sommer 2010 zu fahren, ohne unsere Frauen.

In Ijmuiden sind wir an Bord der Fähre gegangen, um am nächsten Morgen in Newcastle zu landen.

An Bord kaufte ich mir eine Flasche Bowmore Surf Single Malt, die uns später noch gute Dienste leisten sollte. Schon vor der Abfahrt hatte ich ein paar Tage Grippe, die nicht abgeklungen war. Die Kabine war nicht beeindruckend, ungefähr 6 Quadratmeter mit einem Stapelbett. Ich durfte im oberen Bett schlafen, weil ich angeblich entschieden geschmeidiger wäre. Es wurde eine sehr lange Nacht bei rauer See. Wir wurden ziemlich hin und her geschüttelt, aber mein Cousin schlief und schnarchte ungestört weiter bis zum nächsten Morgen.

Auf der Insel fuhren wir über Edinburgh und Stirling nach Loch Lomond, einem großen See. In Luss fanden wir ein schönes B & B, wo auch ein deutsches und Schweizer Ehepaar übernachteten.

Mir war noch immer übel, essen und schlafen konnte ich wegen Magenschmerzen nicht viel.

Außerdem hatte ich noch keine Zigarre geraucht, obwohl wir beide je eine volle Dose mitgenommen hatten. Am dritten Tag kam ich endlich in Schwung, als wir durch Glen Coe fuhren. Das war sehr beeindruckend. Hier sind Teile von Harry Potter und von Highlander gedreht worden. Bei einem Stopp wurden wir von kleinen Fliegen attackiert, so dass wir schnell weiterfuhren in Richtung Fort William. Nach einem Zwischenstopp ging es in Richtung Mallaig. Unser Plan war es, auf die Isle of Skye zu fahren, um dort ein paar Tage zu bleiben. Aber das lief unerwartet schief. Da wir nicht reserviert hatten, mussten wir drei Stunden auf die Fähre warten, was unseren Zeitplan durcheinander brachte. Auf Skye angekommen ging es Richtung Portree durch ein immer dünner besiedeltes Gebiet. In Portree standen überall kleine Hinweisschilder mit „No vacancies" - und ich bekam ein mulmiges Gefühl in der Magengegend. Mein Cousin blieb wie immer sehr ruhig und schlug vor, im Auto zu übernachten. Aber das war nicht meine Vorstellung von einem Urlaub.

Nach vielen Stunden sahen wir ein Youthhostel, und weil wir sehr jugendlich aussehen, schlug ich vor, dort zumindest nachzufragen. Aber wieder einmal, es war alles besetzt. Letztendlich fanden wir ein karges Zimmer ohne Gardinen und mit einem Bett in einem Naturfreundehaus. Es war sehr primitiv, aber man kann mit etwas sehr primitiven sehr glücklich sein! Spät am Abend haben wir am Lagerfeuer mit den anderen Gästen die Flasche Bowmore ausgetrunken.
Am nächsten Morgen flüchteten wir sehr früh über die Brücke von der Insel auf das Festland. Jetzt hatten wir genügend Zeit, ein vernünftiges Zimmer in den Highlands zu suchen.
Am Loch Ness, das mich an den Millstätter See in Kärnten erinnerte, fuhren wir vorbei über Inverness in die Richtung der Speyside nach Tomintoul, einem kleinen Dorf in den Highlands. Hier fanden wir ein nettes kleines Hotel mit zwei Einzelzimmern. Da ich schon drei Nächte kaum geschlafen hatte, war es wie ein Traum. Das Essen im Hotel war sehr gut. Ich habe Haggis, es ist ein gefüllter Schafmagen, probiert. Sehr zu empfehlen!
Im Dorf waren auch Tagesscheine für Forellen- und Lachsangeln erhältlich. Da ich Fliegenangler bin, habe ich es auch einmal probiert, aber leider erfolglos. Die schöne Natur machte aber alles wieder gut.
Der Landlord vom Hotel erzählte uns die Geschichte von einem Polizisten aus dem Dorf, der nach und nach immer wieder Häuser und ein Hotel im Dorf kaufte - und im Laufe der Jahre der größte Arbeitgeber wurde. Er führte auf einmal den Titel von Laid. Zur Eröffnung des Hotels wurde er sogar mit einem Hubschrauber eingeflogen.
Einige Zeit später wurde der Polizist verhaftet. Er hatte von seinem Arbeitgeber mehrere Millionen Pfund auf sein eigenes Konto überwiesen. Die

Einheimischen waren natürlich sehr betrübt, sie hatten keine Arbeit mehr und das Hotel wurde geschlossen.
In Scottisch Bonders haben wir in Kelso, einer kleinen Stadt an der Tweed übernachtet. Tweed gilt als der beste schottische Lachsfluss. Ein Tagesangelschein für Lachse kostet mehrere hundert Pfund.
Nach dem Abendessen sind wir ein Stück am Fluss entlang spaziert und sahen, wie ein junger Angler, etwa 20 Jahre alt, mit der Fliege Lachs angelte. Auf unsere Frage, ob das nicht sehr teuer wäre, erwiderte er: „Nein, denn dieses Stück vom Fluss gehört meinem Vater." Ich wünschte mir in diesem Augenblick auch so einen Vater.
Die Freundschaft zu meinem Cousin hat sich in den neun Tagen in Schottland noch weiter vertieft, wir fühlen uns nicht nur wie Brüder, sondern wie Zwillingsbrüder. Das nächste Mal fahren wir in die Yorkshire Dales, das steht schon fest. Wir freuen schon heute auf erlebnisreiche und neue Momente in unserem Leben.

Ein Jugendtraum ging in Erfüllung – aber nicht wie „erträumt"!

Gerd Schöwing
Bad Iburg

Wer hat nicht einen Wunsch, in der Hoffnung, dass er einmal in Erfüllung geht?
Seit der Grundschulzeit bestand mein Wunsch, aus welchem Grund auch immer, einmal durch Lappland zu fahren - bis hinauf zum heiligen See der Lappen! Vielleicht war mir der Inarissee, eben der heilige See der Lappen, durch meine Mutter und ihre Kreuzworträtsel ein Begriff. Fast in jedem Rätsel fand man die Frage nach dem See. Die Lösung der Rätselfrage muss bei mir einen Wunsch, damals sicher einen Traum, zur Erkundung dieses Gebietes ausgelöst haben.
Vielleicht ist dieser See in Lappland der Ursprung meiner Liebe zum Norden.
Unzählige Male habe ich Skandinavien erlebt und vielen Personen durfte ich auf besonderen Reisen die grandiose Schönheit, die Einsamkeit, die Berge, Seen, Wasserfälle, Fjorde, eben die naturgewaltigen Erlebnisse des Nordens zeigen. „Natürlich" ist für mich Norwegen durch den engen Kontakt von Natur und Kultur mit Sicherheit eines der schönsten Länder unserer Erde. Ein sehr großer Teil Lapplands gehört zu Norwegen.
Aber bis zum Jahre 1990 war es mir nicht vergönnt, eine Fahrt durch Finnland bis zum heiligen See der Lappen, meinem Jugendwunsch, zu unternehmen.
Aber in diesem Jahr sollte es geschehen, wenn auch nicht ganz so, wie ich es mir erhofft hatte.
Wieder einmal hatte ich eine Fahrt organisiert. Es standen folgende Ziele im Programm: Helsinki, St. Petersburg (damals noch Leningrad), Lappland, Nordkap, Lofoten, Norwegisches Fjordgebiet.
Mit dem Bus ging es nach Travemünde, von dort mit der fast neuen Finnjet nach Helsinki. Mit einem russischen Schiff fuhr unsere Gruppe nach Leningrad, während unser Bus leer nach Ivalo (Lappland), dem nördlichsten Flugplatz Finnlands, fuhr. Dort sollte unsere Reisegruppe wieder auf den Bus treffen.
Unsere Gruppe durfte unter strengsten Auflagen, natürlich unter regimetreuer Begleitung, das damalige Leningrad „erkunden". Die Routen waren festgelegt, ein Ausscheren aus der „Führung" war unmöglich.
Die Rückfahrt nach Helsinki wieder auf der Simonov, dem russischen Schiff nur für westliche Touristen.
Angekommen in Helsinki wartete ein vorher bestellter Bus auf uns. Nach der Stadtrundfahrt ging es direkt zum Flugplatz. Unsere 35-köpfige Gruppe wartete auf den letzten Flug des Tages nach besagtem Ivalo in Lappland.
Mir fiel während des Eincheckens eine Mitfahrerin aus Osnabrück in der Weise auf, das diese sehr gescheite und gebildete Dame in Abständen aus einer Bierdose trank. Es passte nicht zu dieser Mitfahrerin. Sie wirkte sehr unruhig.
Es war Zeit zum Einsteigen, die Gruppe hatte zusammenhängende Plätze im hinteren Teil der Maschine. Als Reiseleiter war es mir nicht aufgefallen, dass eine Person aus unserer Gruppe nicht bei uns

Platz genommen hatte. Es stellte sich später heraus, dass diese eigenmächtig bei der Flugbegleitung um einen Sitz in der vordersten Reihe gebeten hatte.
Die Maschine hob ab zu einem etwa 2½-stündigen Flug nach Ivalo. Nach etwa 65 Minuten die Durchsage von dem Kapitän: „Der Reiseleiter der Gruppe Schöwing-Reisen bitte umgehend bei der Flugbegleitung im vorderen Teil der Maschine melden."
Was war geschehen? Der Gang zum Kapitän schien mir unendlich! Doch dann stand er vor mir: „Ich kann für die Dame keine weitere Verantwortung übernehmen, ich werde in Rovaniemi zwischenlanden." Welche Dame, welche Verantwortung?
Da saß sie, die Mitreisende mit der Bierdose in der ersten Sitzreihe, weiß wie eine frisch gestrichene Wand und an einer Sauerstoffmaske. Bevor ich wirklich alles verstand, landeten wir. Es ging sehr schnell, die Flugbegleitung und der Kapitän halfen der Dame aus dem Flugzeug. Da standen wir nun im südlichen Lappland, die kranke Dame aus Osnabrück, eine nicht mehr praktizierende Ärztin aus dem Westfälischen und ich! Die Ärztin im Ruhestand, eine Mitreisende: „Ich konnte Sie doch nicht alleine lassen." Es war nett gemeint, aber was machen drei „Urlauber" jetzt? Links und rechts die „Ärztin" und der Reiseleiter - in der Mitte eine total abwesende, kranke Dame. Kein Gepäck, in der Eile war eine Mitnahme aus dem Flugzeug nicht möglich gewesen.
Der Flugplatz war etwa 30 Kilometer vom Stadtkern entfernt. Weit und breit kein Mensch, keine Taxe, kein Leben! Für diesen Tag hatte der Flugplatz bereits seinen Dienst eingestellt.
Wie durch ein Wunder standen plötzlich drei Personen vor uns: „Können wir Ihnen helfen? Wir sahen Sie ziemlich hilflos stehen - daher unsere Frage." Gerne nahmen wir das Angebot an. In Englisch

konnten wir uns gut verständigen. Es war ein amerikanisches Kamerateam, welches einen Kulturfilm über Lappland drehte.
Unser „Schicksal" war schnell erklärt, wir suchten dringend ein Krankenhaus. Das Team hatte schon einige Tage in der Gegend gedreht und kannte sich somit besser aus als wir. Ich kann mich nicht mehr erinnern wie, aber es stand nach kurzer Zeit ein Taxi vor uns. Im Eiltempo ging es zum Rovaniemier Hospital. Bezahlen konnten wir mit den wirklich letzten Finmarks, die wir in Helsinki getauscht hatten.
In der Hoffnung auf eine schnelle Hilfe fanden wir auch die Anmeldung. Aber wir konnten uns nicht verständigen, weder in Finnisch, Englisch oder Deutsch. Aber die Dame an der Anmeldung hatte wohl gemerkt, dass wir Deutsche waren. Sie verschwand und kam nach kurzer Zeit mit einer sehr jungen Dame im weißen Kittel wieder. Wie eine Erlösung, es war eine deutsche Ärztin.
Schnell hatten wir unser Anliegen und Leid vorgebracht - und schon war unsere elend aussehende Osnabrücker Dame auf einer Liege aus unserem Blickfeld entschwunden.
Nach einiger Zeit kam unsere sympathische Landsmännin, die Ärztin, zu uns. Alles klar, die Dame hat

einen Infarkt, benötigt Ruhe und liegt somit auf der Intensivstation.
Da unsere Patientin nicht ansprechbar schien, mussten bzw. sollten wir die Personalien der Patientin angeben. Wunderbar, aber wir hatten keine Unterlagen von unserer Mitfahrerin. Die waren natürlich vorhanden, aber im Flugzeug!
Wir kannten keine Angehörigen, keine Versicherung und überhaupt keine Antwort auf die weiteren Fragen. Aber zum Glück gab es ja „unsere" Ärztin: „Ich werde es regeln, geben Sie mir Ihre Namen etc. - wir werden es, wenn Sie wieder in Deutschland sind, telefonisch regeln." Wir waren über dieses Entgegenkommen sehr froh - aber unsere Kranke hatte ja nicht einmal Ersatzkleidung. Aber wir sollten uns keine Gedanken machen. Danke, Danke, Danke - und wenn es möglich ist, so war unser „letzter" Wunsch, bitte eine Taxe. Wir mussten ja noch den langen Weg durch Finnlands Norden bis zum norwegischen Grenzort Kautokeino unternehmen. Dort hatte ich das Hotel für unsere Gruppe seit Monaten gebucht. Jetzt hofften wir nur, dass auch unser Busfahrer auf dem Ivaloer Flugplatz war und unsere Gruppe weiter nach Kautokeino in das Hotel gebracht hatte. Meine Reiseunterlagen waren ja im Flugzeug geblieben - und meine Frau und eine bekannte Mitreisende hatten vor dem Aussteigen den Hinweis von mir erhalten. Also die Taxe kam vorgefahren, wir verabschiedeten uns mit weiteren Dankeschöns von der Ärztin. Meine im Ruhestand lebende Begleitärztin aus Lienen saß schon in der Taxe, ich dankte noch einmal und wollte ebenfalls in die Taxe einsteigen. Aber was kam da auf uns zu? „Wenn ihr mich nicht mitnehmt, bringe ich mich um!" Nach dieser Offenbarung unserer Frau P. aus Osnabrück, in voller Abhängigkeit der vielen Schläuche an ihrem Körper, war natürlich ein neues Problem entstanden.
Die Krankenhausärztin, jetzt natürlich nicht mehr ganz so freundlich, lehnte jede Verantwortung ab. „Ich bringe mich um" - kam es dagegen mit leiser aber bestimmender Stimme von unserer Frau P.
Unterschrift von Frau P., denn laut ihrer Angabe gab es keine Person, die man benachrichtigen konnte! Als Reiseleiter musste ich gegenzeichnen - und ab in das Taxi. Der Fahrer sprach nur seine Landessprache, wir natürlich nicht. Somit stand das nächste Problem an. Der Fahrer zeigte nur auf seine Börse, hielt einen Finmark-Schein hin und deutete an, wir sollten sofort bezahlen. Im Nachhinein verständlich, denn er musste gut 500 Kilometer durch mein „Wunsch-Lappland" fahren. Und natürlich wieder retour. Aber woher Finnmark bekommen? Heute wäre es leichter, denn Finnland ist das einzige Skandinavische Land mit der Euro-Währung. Unser Taxi setzte sich in Bewegung, wir freuten uns. Aber die Freude hielt nicht lange an, das Auto hielt vor einem Hotel. Der Fahrer ging in dieses und kam mit einem Herrn wieder. Dieser merkte sofort, dass wir aus Deutschland kamen, sprach auch ein perfektes Deutsch. Aber auf unseren Wunsch, Deutsche Mark in Finnmark einzutauschen, wollte er nicht eingehen. „Wenn Sie nicht Deutsche wären, würde ich Ihnen helfen, aber ich habe meine Gründe." Bevor er wieder in dem Hotel verschwand, sprach er noch kurz mit unserem Fahrer. Und ab ging es. Wir meinten, er würde jetzt doch wohl deutsches Geld annehmen. Aber weit gefehlt. Er fuhr zu einem Gebäude, anscheinend eine Post. Aber diese war geschlossen. Weiter zu einem nächsten Gebäude. Wieder ein Hotel. Die gleiche Zeremonie, der Wirt sehr freundlich, mochte anscheinend auch die Deutschen. Aber er konnte uns nicht helfen, weil er keinen entsprechenden Vorrat an Finnmark hatte. Mit Englisch konnten wir ihn aber überreden, dass er mit dem Fahrer sprach und

ihn von der „starken Deutschen Mark" überzeugen konnte. Das Umrechnen klappte dann Dank des freundlichen Hoteliers gut. Wir zahlten mit unserer „harten Währung", natürlich im Voraus.

Die Taxe hatte folgende Personen an Bord: Auf der Rückbank die wirklich kranke und nur teilweise ansprechbare Frau P., daneben die pensionierte Ärztin aus Lienen. Vorne der (natürlich) nur Finnisch sprechende Fahrer und ich, der Reiseleiter „zur Zeit ohne Gruppe".
Jetzt der nächste Höhepunkt: Ich merkte das erste Mal seit Stunden, dass die Ärztin aus Lienen auch noch bei uns war. Ich denke im Nachhinein, dass durch die Aufregung eine Art Schock bei ihr mitgespielt hatte.
Nach etwa halbstündiger Fahrt der erste Kommentar der zu meiner Unterstützung mit ausgestiegenen Ärztin: „Sie krepiert uns!" Aufbauend für mich! Frau P. röchelte in regelmäßigen Abständen, die Ärztin in gleichzeitigen Abständen: „Sie krepiert uns!"
Die Situation für mich: neben mir der stumme Fahrer, hinten eine totkranke Frau und daneben die „aufmunternde" Begleitung.
Wir fuhren, bzw. der Fahrer, sicherlich nicht im Tempolimit. Aber was interessierte es uns, wir mussten und wollten nur zu unserer Gruppe. Wir erreichten die ersten Ausläufer des Inarisees. Heiliger See der Lappen ist eigentlich falsch, denn die Lappen mögen nicht so genannt werden, sondern Samen!
Mal wieder die Stimme der Ärztin von der Rückbank: „Sie krepiert uns - wir kommen mit ihr nicht lebend an. Haben Sie denn kein Medikament?" Tolle Frage. Woher sollte ich Medizin haben, wo ich nicht einmal meine Papiere hatte. Wer war zu meiner Entlastung mit ausgestiegen - und wer war Ärztin?
Nach einer Auto-Apotheke konnte ich den Fahrer nicht fragen, da er anscheinend auch seine Ohren auf Feierabend geschaltet hatte. Das lag wohl auch an unserer ihm doch so fremden Sprache. Aber im Ernst: die finnische Sprache ist nicht zu verstehen, oder zu lesen. Sie ist eine ugrische Sprache, artverwandt mit dem Ungarischen. Daher können die Skandinavier, wie die Schweden, Norweger oder Dänen, deren Sprachen ähnlich sind, auch nicht mit ihren Nachbarland-Bewohnern kommunizieren.
Unsere Fahrt ging ohne Stopp, Tempoeinhaltung und Berücksichtigung der wenigen Verkehrsschilder auf der wirklich gut ausgebauten Straße weiter.
Da ich nur das Röcheln und den eintönigen Kommentar von „hinten" wahrnahm, hatte ich überhaupt keine Möglichkeit, mich an der Natur zu erfreuen, ich sah sie kaum.
„Haben Sie denn kein Erfrischungstuch, Menthol oder Kampfer", kam es nach dem bekannten Röcheln als Kommentar der Ärztin. Da fiel mir mein Wick-Stift, den ich ständig bei mir hatte und noch heute habe (natürlich immer wieder erneuert), ein. Also hatte ich doch eine „Reiseapotheke"!
Voller Stolz mein Kommentar nach hinten: „Medizin, die hilft. Schön inhalieren lassen!" Erster Kommentar der „Ärztin": „Was ist denn das?"
So musste ich noch einen kurzen Einführungskurs geben! Anscheinend stellte sich eine Wirkung ein, es wurde ruhig. Aber es war nur eine kurzfristige und erholsame Ruhe. Das Röcheln und der prompt folgende Kommentar: „Sie krepiert uns!" kamen wieder, unüberhörbar.

Zum Glück fanden wir in Ivalo angekommen, sehr schnell den „Flugplatz". Auch hier totale Leere, kein Mensch zu sehen, aber zum Glück auch nicht unser Bus. Anscheinend war die Gruppe auf den Bus gestoßen und weiter zum Hotel in Kautokeino gefahren.

Nach etwa 6-stündiger Fahrt, nur eine Toiletten- und Tankpause hatte unserer Fahrer eingelegt, kamen wir endlich in dem Hotel in Kautokeino in Norwegen an. Wir hatten keinen Hinweis einer Grenzüberschreitung von Finnland nach Norwegen gesehen. Im Hoteleingang wurden wir von einer Mitreisenden begrüßt: „Wenn das so weitergeht, fliege ich morgen nach Hause." Toll, wir waren froh, wieder zu der Gruppe gestoßen zu sein. Diese hatte bereits ihr Essen erhalten und auch die sehr guten Zimmer belegt. Nach dem Austausch der heutigen Erlebnisse und der Belegung eines „Krankenzimmers" für unsere Frau P., gab es noch einen fröhlichen Ausklang vor dem Kamin - die vielen Mücken vor dem Hause verwehrten uns einen Aufenthalt draußen.

Nach den Anstrengungen des Tages ging es zeitig ins Bett. Zum Glück begleiteten mich im Schlaf nicht das Röcheln und die „Hinweise" auf dem Rücksitz in der Taxe während der „Inarisee-Fahrt". Am nächsten Morgen beim Frühstück herrschte eine sehr gute Stimmung und unsere aufmüpfige Mitreisende, die uns am Tage vorher im Hoteleingang angeherrscht hatte, war ganz friedlich. Vielleicht hatten die anderen Mitreisenden dazu beigetragen. Unsere Frau P. war auch anwesend, aber sie konnte und wollte auch nicht reden oder essen. Jedenfalls wollte sie nicht in das vorhandene Krankenhaus in Kautokeino, um einen Arzt aufsuchen. Die Rückbank im Bus würde sie aber gerne benutzen. So konnte sie sich liegend „erholen"!

Nach einer Führung mit einem gut Deutsch sprechenden Samen durch den Hauptort der Samen ging es weiter zum Nordkap. Tromsö, die Lofoten, Trondheim und das westliche Fjordgebiet Norwegens waren weitere Stationen unserer Reisegruppe mit dem „Hospitalbus". Von Oslo, der Hauptstadt Norwegens, ging es mit einem Schiff der Color-Line nach Kiel.

Dieses waren echte „Momente", die das Leben schreiben kann. Im Nachhinein ein interessantes Erlebnis - aber während der Fahrt nicht unbedingt.

Das Fazit dieser Reise:

Frau P. unternahm vor Monaten schon einmal einen Flug und hatte dabei ebenfalls „abgebaut". Ihr Hausarzt hatte auf Grund des Vorfalles von einem weiteren Flug dringend abgeraten. Aber dieses wurde von Frau P. leider nicht befolgt und uns auch verschwiegen. Vielleicht hatte sie es auch nicht so ernst genommen, einfach ignoriert. Daher auch zur „Beruhigung" die am Anfang des Berichtes erwähnte Bierdose!

Nach der letztendlich glücklichen und erlebnisreichen Fahrt erfuhren wir, dass es doch Angehörige in Osnabrück gab. Aber diese hätten sie sicherlich nicht fahren lassen. Daher wohl auch das Verheimlichen von Verwandten gegenüber der Ärztin im Hospital in Rovaniemi.

Ich bekam für meine „Unannehmlichkeiten", wie es in einem späteren Schreiben hieß, eine kleine Dokumentation über Finnland als Dank.

Im Jahr nach unserer Fahrt buchte Frau P. bei einem anderen Reiseveranstalter einen Balkan-Flug. Ihr Schicksal war leider, dass ihr sicherlich erlebnisreiches Leben auf diesem Flug auch das Ende ihres Lebens war. Sie kam von dieser Reise nicht zurück!

Im Nachhinein sage ich mir: Sie war eine willensstarke Person, erlebnishungrig und wissbegierig. Ich glaube, sie hat ihr Leben genossen - und geliebt. Zuletzt wohl etwas egoistisch.

Die Momente mit Frau P. bleiben mir stets in Erinnerung.

Bahnfahrt nach Bregenz

Da sitzt er nun,
große graue Augen,
kurz vorm Weinen.
Den Weltschmerz im Gesicht.
Übergang vom Kind zum Mann.

Was macht ihn so nieder?
Starb ein Elternteil?
Wurde er geschlagen?
Leben Eltern im Dauerstreit?
Erpressung, Demütigung durch Mitschüler?

Möchte aufstehen,
ihn in den Arm nehmen, trösten.
Ankunft in Bregenz stoppt Gedanken.

Dr. Erika Heyde

Vielleicht gibt es ja doch so etwas wie Berufung

ANTONIUS FAHNEMANN
Landgerichtspräsident, Osnabrück

Kann es sein, dass sich in der Rückschau auf ein über 30 Jahre währendes Berufsleben die Erinnerung an gleich mehrere Sternstunden einstellt - oder ist es bloße Verklärung der Vergangenheit?

Für mich ist es bis heute ein Rätsel, warum ein 16-jähriger Gymnasiast, der aus einer Handwerkerfamilie stammt und zur Juristerei keinerlei Bezug hat, an freien Nachmittagen mit dem Fahrrad zum Amtsgericht Nordhorn fährt und dort Strafrichtersitzungen besucht. Das alles zu einer Zeit, in der es keine Gerichtsshows gibt, in der Barbara Salesch und andere unbekannt sind.
Warum findet ein Schüler solche Fälle, die ja nicht gerade Aufsehen erregend sind, so interessant, dass er seine Freizeit dafür opfert?
Vielleicht gibt es ja doch so etwas wie Berufung.

Später dann, selbst auf dem Richterstuhl sitzend, wird mir immer deutlicher, dass ich es geschafft habe, für mich genau den richtigen Beruf zu finden - eine immerwährende Sternstunde. Anspruchsvolle juristische Tätigkeit verbunden mit großer Verantwortung für andere Menschen bei gleichzeitigem Einblick in die Realität des menschlichen Miteinanders in all ihren schönen, aber auch schicksalhaften Verästelungen prägten diesen Beruf.
Routine kann so nie entstehen. Dennoch gibt es Momente, die ein schon reiches Berufsleben noch einmal umkrempeln.

Anfang 2000 erfahre ich in einem Gespräch mit dem damaligen Präsidenten des Landgerichts Göttingen, dass man dort inzwischen bei zivilrechtlichen Streitigkeiten ein sogenanntes gerichtliches Mediationsverfahren praktiziere. Das führe dazu, dass die eigentlich zerstrittenen Parteien sich in 80 % der Fälle gütlich einigen würden.

Ich erinnere mich, wie ich das als „Hexenwerk" abtue und - gelinde gesagt - für übertrieben halte, schließlich als langjähriger Praktiker zivilrechtlicher Auseinandersetzungen aber doch meiner Neugier nachgebe und mich in Wochenendkursen und anderen Fortbildungen mit dem Metier der Mediation beschäftige.

Inzwischen habe ich sie als eine faszinierende Methode erkannt, Streitigkeiten in einem moderierten

Gespräch einvernehmlich zu lösen und nebenbei noch die Streitkultur zu verbessern. Nach vielen Widerständen ist es gelungen, diesen Bereich beim Landgericht Osnabrück einzuführen und erfolgreich auszugestalten.

In Verfahren, die als Prozess schon hier laufen, wird den Parteien angeboten, dass sie sich mit einem zum Mediator ausgebildeten Richter vertraulich zusammensetzen und versuchen, den Streitfall eigenverantwortlich und selbstbestimmt zu lösen. Gelingt das, kann eine Vereinbarung mit den Wirkungen eines Urteils protokolliert werden.
Beim Landgericht Osnabrück gehen wir in diesem Jahr auf die 1000. Mediation zu, ich selber habe fast 250 solcher Verfahren durchgeführt.
Das hat mir zusätzliche berufliche Befriedigung verschafft. Am Landgericht geht es fast immer um Verfahren mit hohen Streitwerten und damit großen finanziellen und persönlichen Belastungen für die Parteien.
Während man als Richter distanziert verhandelt, bekommt man als Mediator die Anspannung der Parteien und den Hintergrund des Streites hautnah mit - genauso wie ihre Erlösung nach einer gütlichen Beilegung, nachdem man lange, kontrovers und mit äußerster Anspannung (natürlich immer in Begleitung von Rechtsanwälten) verhandelt hat.
Die Erleichterung äußert sich ganz häufig darin, dass die Parteien sich bei dem Mediator bedanken, der ihnen geholfen hat, ein großes und sehr belastendes Problem zu lösen.

Die gerichtliche Mediation ist nicht unumstritten. Etwas aber gleichwohl umsetzen zu können, von dem man überzeugt ist und viele andere mitzunehmen, ist eine sehr bereichernde Erfahrung.

(M)Ein Klostererlebnis mit Langzeitwirkung

THEO PAUL
Generalvikar,
Osnabrück

Es war am 1. Mai 1972. Ich hatte seit einigen Wochen meinen Führerschein und mein erstes Auto, einen VW Standard 1200 für etwas mehr als 1000 Mark. Mit einer guten Bekannten hatte ich mich zu einem Maiausflug verabredet. Wir fuhren nach Dinklage, um das dortige Kloster kennenzulernen. Bei Jugendexerzitien, Gruppenleiterschulungen und anderen Gelegenheiten hatten wir immer wieder davon gehört: Offene, unkomplizierte Schwestern und eine ungewöhnliche Kirche... Wir waren neugierig.

Ohne Voranmeldung schellten wir an der Pforte. Schwester Eucharis öffnete uns. Wir waren unsicher, doch in wenigen Minuten hatte Schwester Eucharis eine Atmosphäre geschaffen, die für uns überwältigend war. Kaffee wurde serviert, und wir hörten gemeinsam Chansons von Reinhard May. Natürlich bekamen wir eine Einführung in die Geschichte des Klosters und in die benediktinische Spiritualität. Wir waren rund drei Stunden (einschließlich der Vesper) Gäste im Kloster. Auch nach 39 Jahren habe ich diese Begegnung nicht vergessen. Mir sind Türen geöffnet worden.

In den Semesterferien bin ich dann jedes Jahr einige Tage zum Mitarbeiten, Mitleben und Studieren nach Dinklage gefahren. Beeindruckt war ich vom biologischen Gartenbau - und dabei besonders von den körperlichen Kräften von Schwester Magdalena. Wir haben gemeinsam gegraben, umgepflanzt und Bäume beschnitten. An einem Vormittag musste ich eine Ratte töten. Ich war dazu bestimmt worden. Das Tier hatte sich im Schutznetz der Johannissträucher verfangen und litt große Qualen. Viel Überwindung war nötig, das Werk zu vollbringen. Ich kann heute noch den Ort benennen, wo der ungleiche Kampf im Klostergarten stattgefunden hat.

In meiner Zeit als Kaplan der St.-Martinus-Gemeinde in Haren/Ems von 1986 bis 1989 hatten wir für Arbeitslose einen Bauernhof gepachtet. Auf dem Bauerwartungsland pflanzten wir Kartoffeln und Gemüse an, züchteten Schweine. In einem Winter kauften wir gebrauchte Traktoren und Anhänger bei Landwirten zu Schrottpreisen unter dem Motto: Aus drei Traktoren wird einer. Die „neuen" Maschinen leisteten gute Arbeit. Nach Aufgabe des Hofes wurde unser Trecker in einer Prozession über 70 Kilometer ins Kloster Dinklage überführt. - Ich besuche die Schwestern und den Traktor nach wie vor regelmäßig.

Träume

jetzt
jetzt und hier
und ganz in mir selbst
und mit mir selbst allein
wird voller wehmut mir bewusst,
daß die zeiger meiner lebensuhr
dem späten nachmittag sich nähern

zu viel ist es,
was hätte getan werden können
und zu viel war es,
was meinte getan werden zu müssen

und dennoch bleiben wünsche,
wünsche, träume und das verlangen,
den abend des lebens
mit leben zu füllen

und wenn ich wie ein kind
mir meine wünsche träumen dürfte,
würd ich mir wurzeln wünschen,
die fest im boden mich vertäuen,
und in der macht der herbststürme
mich ans leben binden
damit die kleine blume hoffnung
wachsen und blühen kann
ohne zu brechen

und einen großen bunten schirm
würd ich mir wünschen
der abschirmt gegen das, was feindlich ist
und der mich ab und zu davonträgt
in die fröhlichkeit und leichtigkeit des seins

ach wär es schön
wenn träume sich erfüllten ...

Monika Lepper

Das Schwein „Hansi" und die Aktion Sorgenkind

BERNFRIED NAUBER
Bad Iburg

Die „HÖRZU" berichtete im Januar 1966: „das Geld liegt auf der Straße - privater Einsatz für die „Aktion Sorgenkind". Weitere Medien, wie die damaligen regionalen Zeitungen „Neue Tagespost", „Osnabrücker Tageblatt" und die „Freie Presse", berichteten.

Der Ablauf der vielfach festgehaltenen Aktion:
Ein Hausschwein, etwa 40 Pfund schwer, lief am 5. Oktober 1965 bei Nacht und Nebel „mutterseelenallein" in Iburg auf der Bundesstraße 51. Wie sich später herausstellte, war es von dem Wagen eines Ferkelhändlers gefallen. Später ..., denn zunächst traf es sich gut, dass sich die Fahnenkompanie des Schützenvereins Iburg zu ihrem Kompaniekönigsschießen, dem Bockschießen, rüstete. Einige Mitglieder waren in jener Nacht aus diesem Grunde noch unterwegs. So kam es zum „schicksalsschweren Treff" zwischen den Fahnenkompanisten (FKI) Heinz Gründler sowie Gerd Stindt und dem Schwein.
„Bevor das Tier angefahren wird, machen wir ein Spanferkelessen", das war ihr erster Gedanke. Was sich dann daraus entwickelte, ist eine nette „Schweinerei"- Geschichte!
Zunächst meldeten die Finder noch abends beim Fundbüro das Auffinden eines Ferkels telefonisch an. Doch dann waren die Mitglieder der FKI mit der „Quartiersuche" beschäftigt. Wohin mit dem Schwein? In die Garage, ins Badezimmer oder wohin sonst? Schließlich wurde es „ins Ausland", nämlich in das benachbarte Lienen (Nordrhein-Westfalen) beim Landwirt Möller in Pflege gegeben. Nachdem einiges Federvieh umgruppiert wurde, gab es Platz für das verlorene Tier. Diese Arbeit brachte die Finder auf die Idee: „Wie wäre es, wenn wir das Ferkel behalten und, nachdem es zum vollwertigen Schwein geworden ist, verkaufen. Das Geld soll einer guten Sache zukommen."
Gesagt - getan. Das Tier wurde dem Verlierer, einem Viehhändler, der sich ein paar Tage später beim Fundbüro meldete, abgekauft. Bauer Möller mästete es, die Futterkosten zahlten die Mitglieder der Fahnenkompanie und die gute Sache hieß:

„Aktion Sorgenkind"

Diese Aktion vom Zweiten Deutschen Fernsehen, damals als Peter Frankenfelds Fernsehshow ausgestrahlt, half geistig- und körperbehinderten Menschen. Wie zum Beispiel, zu der Zeit leider auch sehr aktuell, Contergan geschädigten Kindern. Dieser Aktion sollte „Hansi" dienen. Seinen Namen gaben ihm nämlich am Buß- und Bettag die Fahnenkompanisten. „Hansi" wurde dem Ferkel mit Farbe auf den Rücken gepinselt, dann wurde es mit Sekt getauft. Eine Losaktion wurde in Stadt und Land angestoßen. Die Mitglieder der FKI gingen durch die Gemeinde und brachten die Lose an den Mann. Am 29. Januar 1966 sollte es anlässlich des Winterschützenballs des Iburger Schützenvereins verlost werden.
Wir sind nun auf dem besagten Winter-Schützenball: Bis auf den letzten Platz besetzt waren die Räume des „Felsenkellers", als Schützenbruder und Chef

der Fahnenkompanie Kurt Uhle mit einem reizvollen Couplet eines unbekannten Meisters auf die Verschiedenartigkeit der menschlichen „Riechgabel" und einer gelungenen Interpretation der Arie des van Bett „Sancta justitia" aus Lortzings „Zar und Zimmermann" die nötige Stimmung schuf.
Knisternde Spannung lag im Raum, als die Fahnenkompanisten nach einem Tusch der Kapelle würdevoll die Regeln der folgenden bedeutsamen Handlung bekanntgaben. Feierlich wurde die Lostrommel geöffnet, und dann griff Ihre Majestät Gertrud II. Kassen hinein, um - wie könnte es anders sein - die Trostpreise zu ziehen.
Unter den Blitzlichtern der Fotografen griff die Schützenkönigin, an ihrer Seite der amtierende Schützenkönig Willi Wiemann, ein letztes Mal in die Trommel und zog das Los--- Nr. 1339. Der oder die Gewinner/Gewinnerin suchte man fieberhaft, war leider auf dem Ball nicht anwesend. Nichtsdestotrotz und stark umjubelt wurde dann der Besuch des

Schweines „Hansi" angekündigt. Sicherlich erhoben sich bei manchem Zweifel, ob die Salonfähigkeit des Borstenviehs gegeben sei. In der Tat hatten die Fahnenkompanisten und vor allem der Wirt selbige Bedenken. So übernahm ein süßes Ferkelchen, ein „Miniatur-Hansi", die Rolle seines Artgenossen. In einem zwerchfellerschütternden Paradeauftritt erschien Bodo Müller-Große, vom Osnabrücker Theater am Domhof, in der Rolle des Kalman Szupan aus dem „Zigeunerbaron" mit besagtem Ferkel unter dem Arm und schmetterte das Bekenntnis, dass sein „idealer Lebenszweck nur Borstenvieh und Schweinespeck" sei. Sein Requisit aus der Schweinefamilie war von durchaus musikalischer Natur und gab seinem Wohlbefinden durch hörbares Grunzen Ausdruck. Man lachte Tränen.

Das Telefon wurde inzwischen eifrig benutzt. So war einer der ersten Anrufe gleich nach „Übersee", auf die Insel Helgoland, wo ein Iburger Losbesitzer seinen Urlaub verlebte. Aber das Rätselraten um den Gewinner blieb und so folgten viele Telefonate ...

Erst ein paar Tage später meldete sich die Gewinnerin.

Die Fahnenkompanisten bedankten sich auf ihre Weise bei den Loskäufern, den Bürgerinnen und Bürgern der Stadt Iburg. Sie verfrachteten „Hansi" auf einem offenen Pritschenwagen der Schlachterei Hermann Tovar und drehten eine Ehrenrunde durch das Städtchen, um letztendlich das Schwein bei der Gewinnerin „abzugeben" - sehr zur Gaudi der vielen Zaungäste. Besagter Schlachter Tovar kaufte der glücklichen Gewinnerin das Schwein „Hansi" zu einem angemessenen Preis ab.

Fazit:

Was aber konnte diese „Gaudi" schon sein, gegenüber der Freude die Iburg mit „Hansi" den „Sorgenkindern" bereitete.

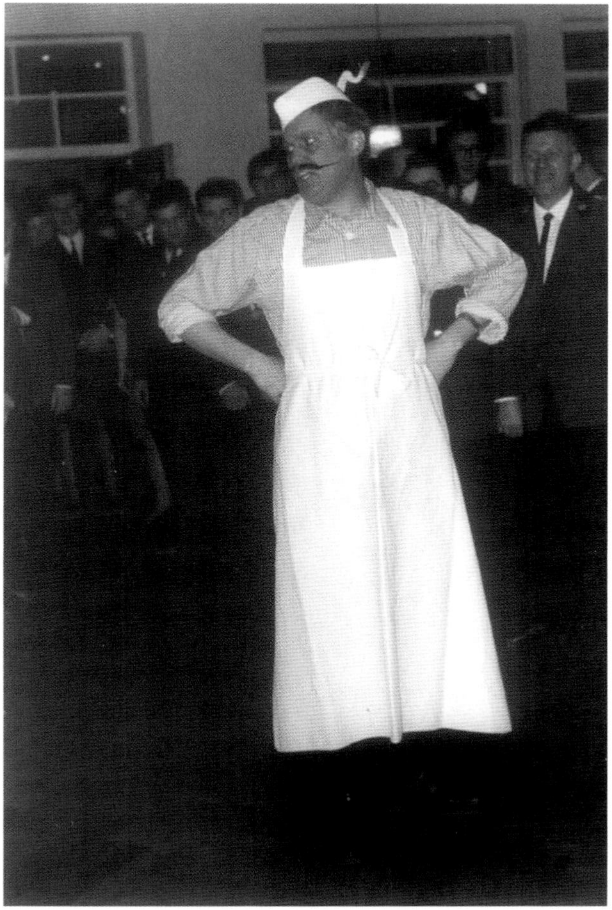

Die von den Fahnenkompanisten des Iburger Schützenvereins durchgeführte Aktion erbrachte einen Betrag von 3008,00 Deutsche Mark. (Der Durchschnittliche Monatslohn betrug damals 825 DM!!!) Der krönende Abschluss der Aktion war ein Bericht innerhalb der ZDF-Fernsehsendung „Aktion Sorgenkind".

Damit fand die Aktion ihr Ende, die aus einem Zufall geboren, spontan gestartet und ein derart erfolgreiches Ergebnis und Ende fand. Es war ein Moment in der Geschichte der Fahnenkompanie, den man nicht planen konnte, aber uns weiter veranlasst Aktionen für gute Zwecke durchzuführen.

Manchmal wird man auf die Probe gestellt ...

(Es ist nicht immer leicht, Zusagen einzuhalten)

MARTIN BÄUMER
Mitglied des Nds. Landtages, Glandorf

Als konservativ geprägter Mensch bin ich es gewohnt, Zusagen einzuhalten. Ein einmal gegebenes Wort gilt. Unabhängig von der Zeit. Deshalb reagiere ich zuweilen mit großem Unverständnis, wenn mich manche Zeitgenossen am Tage einer Veranstaltung anrufen, um zu fragen, ob ich denn auch wirklich käme.

Nur einmal ist eine meiner Zusagen ganz besonders stark auf die Probe gestellt worden. Und das kam so: Meine Heimatgemeinde Glandorf unterhält seit vielen Jahren eine Partnerschaft mit der Schwestergemeinde in Glandorf/Ohio. Als von dort die Einladung zur Feier des 175-jährigen Bestehens im Jahr 2009 kam, habe ich als Mitglied des Gemeinderates spontan gesagt: „Da fahre ich mit, Partnerschaft muss gelebt werden." Gesagt, getan.

Ein Arbeitskreis zur Organisation der Reise wurde gegründet, die Flüge gebucht und dann kam mein erstes Problem: Sitzung eines Untersuchungsausschusses im Landtag. Vertreten lassen kam nicht in Frage, also meinen Flug umbuchen, einen Tag später fliegen und auf eigene Faust von Detroit nach Glandorf/Ohio fahren.

Am Morgen meiner Abreise das nächste Problem: Flugzeug am FMO defekt, alles in die Taxen und mit müden Taxifahrern ab nach Frankfurt zum Anschlussflug. Tempo 130 auf der Autobahn reichte nicht aus, Anschlussflieger weg und erneut Flugzeug umbuchen. Nach entspanntem Flug nach Detroit dann am Flughafen ausgiebige Kofferkontrolle (Für wen sind die Gastgeschenke? Warum bleiben Sie nur drei Tage?). Das Ende vom Lied: Den Anschlussflieger bekam ich zwar, aber dafür konnte ich am Flughafen in Fort Wayne erleben, dass mein Koffer nicht mitgekommen war.

Total müde, sauer auf alles und jeden traf ich dann auf meinen Gastvater Greg Borgelt, den ich bislang nur von vielen E-Mails kannte.

Er schwenkte ein Schild mit dem Text „Martin - Welcome in Ohio" und hatte es trotz meiner verpassten Flüge geschafft, zur richtigen Zeit am richtigen Flughafen zu sein.

Sein Lächeln, die von seiner Frau liebevoll zusammengestellte Kühlbox mit Früchten und die wunderbare Aufnahme in ihrem Haus haben mich dann wieder mit der Welt und den Fluggesellschaften versöhnt.

Ich habe dann drei wundervolle Tage mit meinen Gasteltern und vielen netten Menschen erlebt, die ich nicht missen möchte.

Ein Tag im Februar 1966

BERNHARD HEUER
Bad Iburg

Ende Februar 1966 - ein normaler Alltag. In diesem Jahr gab es noch eine weit über die Ortsgrenze hinaus bekannte Fleischerei, die bekannt war für ihren Knochen-Schinken aus eigener Produktion.
Durch Zufall stehe ich mit einem Freund in der Großen Straße, als eine Frau und zwei Männer, die uns nicht bekannt waren, die Straße südwärts schlenderten.
Wie ein Geistesblitz traf es uns, und gleichzeitig war unsere Vermutung: Das war doch Johannes Heesters! War er es wirklich? Wie kam er gerade nach Bad Iburg? Schon war das Trio unseren Augen entschwunden. Nach kurzer Zeit tauchten die drei Personen wieder auf - jede hatte einen Tragebeutel in der Hand.
Jetzt waren wir uns sicher, es war Johannes Heesters. Ein Herz gefasst: „Sie sind doch Herr Heesters?" Die spontane und recht sympathische Reaktion: „Ja, der bin ich."
Es stellte sich heraus, dass Johannes Heesters, Isy Oren und Jochen Piel, die begleitenden Personen, ein befristetes Engagement am Osnabrücker Theater am Domhof für die Inszenierung der Operette „Hochzeitsnacht im Paradies" hatten.
Die Bad Iburger Fahnenkompanie, der wir noch heute angehören, hatte bereits einen Termin für eine Vorstellung gebucht. Der kurze Austausch dieser Mitteilung veranlasste uns, Herrn Heesters zu bitten, uns nach der Vorstellung ein Autogramm zu geben.
„Kommen Sie und ihre Gruppe nach Vorstellungsende an den Theaterausgang. Wir werden dann gemeinsam ein Glas Wein trinken, dabei bekommen Sie die Autogramme." Und schon waren unsere Künstler weitergegangen.
Es wurde für den 26. März, unseren Vorstellungstermin, geplant, obwohl wir nicht so richtig an das anvisierte Treffen glaubten.
Nach der Vorstellung: Die Fahnenkompanisten gingen geschlossen in die damalige „Deele", einem rustikalen Lokal in der Hasestraße. Das „Empfangskomitee" dagegen hielt Ausschau vor dem Theaterausgang.
Musiker, Schauspieler und Sänger kamen grüppchenweise durch die Tür - nur unsere Künstler waren nicht dabei. Unser Gedankengang war der, dass Heesters und Begleiter den Termin vergessen hatten, oder durch einen anderen Ausgang uns entkommen waren.

Nachdem wir schon enttäuscht gehen wollten, öffnete sich doch noch einmal die Tür - und die Erwarteten standen unvermittelt vor uns!
„Wohin gehen wir?" die Frage von Heesters. Unsere Antwort: „In die Deele."
Gut, das Lokal kannten unsere Künstler anscheinend - und wir wurden unter Jubelausbrüchen von den Fahnenkompanisten begrüßt. Es wurde ein wunderschöner Abend mit interessanten Gesprächen.
Nach gut drei Stunden hatten wir unsere Autogramme auf Geldscheinen, Krawatten, Taschentüchern, T- Shirts, Oberhemden, etc.
Kommentar von Isy Oren, Johannes Heesters und Jochen Piel übereinstimmend: „Es war ein harmonischer und vor allem menschlicher Abend, den wir so schnell nicht vergessen werden. Abseits von aufgeblasenen Wichtigtuern, so richtig nett. Gut, dass wir dem Geheimtipp Iburger Fleischerei nachgegangen sind, übrigens war der Schinken spitze, und uns wäre dieser Abend entgangen."
Ein Moment in meinem Leben. Er liegt 45 Jahre zurück! Heesters war damals 62 Jahre, ich 28 Jahre! Heesters steht zeitweise noch, beim Schreiben dieser Zeilen, auf der Bühne. Dieses lasse ich kommentarlos.

Anmerkung der Redaktion:
Johannes Heesters starb 24. Dezember 2011 im Alter von 108 Jahren. Mit 105 Jahren stand er das letzte Mal auf der Bühne.

Wir können viel erreichen, wir müssen es nur nachhaltig genug wollen

RAINER ELLERMANN
Bürgermeister der Gemeinde Ostercappeln

Mit diesem Ausspruch von Adolf Kolping habe ich von frühester Jugend an meinen persönlichen Werdegang verbunden.

Aufgewachsen in einer Familie mit 11 Geschwistern (8 Brüder und 3 Schwestern), bis zum 10 Lebensjahr in einem kleinen bäuerlichen „Kotten" gewohnt, mussten wir immer mit knappen finanziellen Verhältnissen leben. Dies macht mich heute empfindlich, wenn finanzielle Knappheit mit sozialer Schieflage verwechselt wird, denn eines waren wir in unserer Familie nie: in einer sozialen Schieflage. Die knappen Finanzen prägen ebenso wie die überaus guten sozialen Verhältnisse, für die unsere Eltern stets gesorgt haben.
Für uns war es bereits in frühester Kindheit kein Problem mit den sogenannten „Gastarbeiterkindern" umzugehen, mit ihnen zu spielen, Streiche auszuhecken oder einfach zu toben. Die frühen persönlichen Erfahrungen mit anderssprechenden und andersdenkenden Menschen sind ein großer Schatz, von dem ich ganz persönlich bis heute immer wieder zehren und profitieren kann.

Wir sind in der Landwirtschaft, im ländlichen Raum aufgewachsen, dies bedeutete immer weite Wege zur Schule, zum Einkaufen, zum Sport, zur Kirche. Der tiefe christliche Glaube meiner Eltern hat für meine persönliche Prägung gesorgt, mein Handeln ist stets ein Handeln im Rahmen der christlichen Wertevorstellungen. Als Messdiener hatten wir vor der Schule schon in der Morgenmesse zu dienen, frühes Aufstehen gehörte also zum Alltag, wobei dies nicht immer nur Freude auslöste. Ich kann mich noch gut an Tage erinnern, wo ich durch knietiefen Schnee stapfte und mit nassen Hosenbeinen in der Frühmesse diente und anschließend in der Schule ankam.

Über die katholische Schule in Bohmte, der Hauptschule Bohmte und der 2jährigen Handelsschule in Osnabrück erreichte ich die sogenannte „Mittlere Reife". Damit ich die Handelsschule besuchen konnte, schenkten mir zwei meiner Onkel eine ordentliche, damals nicht gerade günstige Schreibmaschine - eines der zahlreichen Erlebnisse guter familiärer Zusammenhalte.

Mein Berufswunsch wechselte in jungen Jahren naturgemäß. Da ich gerne koche und backe wollte ich zunächst Konditor werden, mein handwerkliches Geschick prüfte ich aber auch in einer Tischlerei. Letztlich habe ich mich, u. a. aufgrund eines Praktikums bei der Gemeinde Bohmte unter dem damaligen Gemeindedirektor Ernst-Adolf Busse, für eine Verwaltungslaufbahn entschieden.

Zum 01.06.1973 konnte ich im Rathaus Ostercappeln meine Ausbildung beginnen, ein recht ungewöhnliches Einstiegsdatum. Dies lag zum Einen daran, dass ich zum letzten April-Entlassungsjahrgang gehörte und zum Anderen an der Gebiets- und Verwaltungsreform zum 01.07.1972 aufgrund dessen sich die neuen Gemeinden erst einmal personell orientieren mussten.

Nach Abschluss der Ausbildung wurde ich für 15 Monate Wehrpflichtiger bei der Deutschen Marine. Als ausgebildeter Funker hatte ich in Flensburg die Gelegenheit, den Funkverkehr der damaligen DDR und des Ostblocks abzuhören. Heute ist kaum noch vorstellbar, wie sich der „Kalte Krieg" in vielen Lebenslagen gezeigt hat. So durfte ich als Geheimnisträger nicht durch DDR-Gebiet fahren oder bei einem Besuch in Ostberlin wurden wir Anfang der 80er Jahre noch mit Maschinengewehren im Anschlag begrüßt.

Die inzwischen zahlreichen Lebenserfahrungen aus den unterschiedlichen Zeiten sind unschätzbare Werte, auf die ich mich immer wieder besinnen kann. Die notwendige Kraft für die berufliche Belastung, für schwierige menschliche Begegnungen, für streitbare Diskussionen und schwierige Entscheidungen erhalte ich durch den Rückhalt in meiner Familie. Dabei erinnere ich mich immer gerne an die Worte meiner Eltern: „Nimm nicht dich, sondern die anderen wichtig."

Heute bin ich froh, dass es gemeinsam mit der konstruktiven Politik, mit dem überaus großen ehrenamtlichen Engagement in der Gemeinde Ostercappeln gelungen ist, eine familienfreundliche, natur- und umweltliebende, aktive Gemeindepolitik zu gestalten.

Wir feiern in 2012 den 200. Geburtstag von Ludwig Windthorst, dem großen Parlamentarier und Gegenspieler Otto von Bismarks, der auf Gut Caldenhof in Ostercappeln-Hitzhausen geboren ist. Wir freuen uns, dass wir uns in der Gemeinde Ostercappeln der Tradition von Ludwig Windthorst bewusst sind, der sich immer und immer wieder als Streiter für religiöse Toleranz und Ökumene hervorgetan hat. Als Vorkämpfer für Rechtsstaatlichkeit hat Ludwig Windthorst die Grundlagen für unser heutiges Rechtsverständnis gelegt.

Dafür wollen wir uns auch in Zukunft einsetzen, getreu dem Motto von Adolf Kolping: „Wir können viel erreichen, wir müssen es nur nachhaltig genug wollen".

„Ich bin bei Dir" – Silkes letzter Wunsch

Simone Heuer
Lamspringe

Im Oktober 2010 startete ich als Katechetin und begleitete eine Gruppe von vierzehn Kindern auf den Weg zu ihrer ersten heiligen Kommunion.
Es ist eine ehrenamtliche Tätigkeit in unserer katholischen Kirchengemeinde, zu der sich zwei Elternteile bereiterklären, die Kinder einmal wöchentlich zu unterrichten, um sie auf den Empfang des Sakramentes vorzubereiten.
In dieser Gruppe lernte ich Olivia kennen. Sie ist 10 Jahre alt und lebte zu dieser Zeit mit ihrem Bruder Joel (sechs Jahre) und ihrer Mutter Silke in unserem Ort.
Ich bin gebürtige Bad Iburg-Glanerin und vor 10 Jahren nach Hildesheim gezogen. Jetzt wohne ich mit meinem Mann und meinen drei Kindern im südlichen Landkreis von Hildesheim, in Lamspringe.
Kurz vor dem Beginn des Kommunionunterrichtes erfuhr ich, dass Olivias Mutter Silke schwer an Krebs erkrankt war, mit einer sehr geringen Aussicht auf eine Heilung.
Mein Kontakt zu Silke entstand dadurch, dass ich mich irgendwann anbot, Olivia zu unseren regelmäßigen Treffen und Gottesdiensten abzuholen, bzw. nach Hause zu bringen.
Da Silke schon zu diesem Zeitpunkt rund um die Uhr Pflege brauchte und sie außerhalb unserer Ortschaft wohnte, nahmen sie das Angebot dankbar an.
Olivia und ich mochten uns auf Anhieb und diese gemeinsame Fahrzeit war immer eine kostbare Zeit für uns beide.
Sie schenkte mir überraschend schnell ihr Vertrauen und erzählte von Ängsten und Sorgen besonders in Bezug auf die schwere Krankheit ihrer Mutter:
Eines Tages ließ mir Olivia von ihrer Mutter ausrichten, dass sie sich meinen Besuch wünschte. Ich hatte mich in dieser Beziehung zurückgehalten, weil ich immer wieder hörte, wie schlecht es ihr ging und wollte mich nicht aufdrängeln.
Trotz einer gewissen Unsicherheit war aber auch eine große Freude da und ich überlegte mit welchem kleinen Geschenk ich ihr bei meinem Besuch eine Freude machen könnte.
Die Idee, die mir kam, war eine CD, meine CD mit dem Titel: „Jesus, komm in mein Herz".
Mit meinem Freund Jo Landers, den ich bei einer Wallfahrt in Medugorje (Bosnien) kennenlernte, habe ich vor zwei Jahren diese CD mit religiösen Liedern aufnehmen lassen.
Als ich nun mit meinem kleinen Geschenk an ihrem Krankenbett stand und sie so elend und kraftlos wirkte, war das schon ein sehr trauriger Moment.
Übrigens war Silke in ihrer ganzen Krankheitsphase bis auf sehr wenige kurze Krankenhausaufenthalte immer zu Hause in ihrer Wohnung bei ihren Kindern und wurde dort gepflegt.
Sie erzählte mir von ihrem Leben, ihrer Krankheit und der Hoffnung irgendwann gesund zu werden und den Krebs zu besiegen.
Von nun an besuchte ich sie regelmäßig und wir freuten uns aufeinander.

Sie erzählte mir immer wieder, wie sehr ihr die Lieder meiner CD Kraft und Zuversicht geben auf ihrem schweren Weg und wortwörtlich sagte sie: „Ich höre diese CD jeden Tag rauf und runter, sie ist ein einziges Gebet. Ich brauche diese Lieder, sie nehmen mir die Angst."

Obwohl sie mit all ihrer Kraft gegen ihre schwere Krankheit kämpfte, wurde sie von Woche zu Woche schwächer und kraftloser.

Als ich Olivia Ende Januar mal wieder nach Hause begleitete und an Silkes Krankenbett saß, sprach sie mit mir das erste Mal von ihren Gedanken und Vorstellungen bezüglich der Beerdigung.

Jetzt war der Zeitpunkt gekommen, an dem sie selbst spürte, dass der Abschied unmittelbar bevorstand und die letzten Wünsche geäußert werden mussten.

Ihr Wunsch an mich war der, dass ich bei ihrer Trauerfeier in der Kirche ein Lied singen sollte und zwar ihr Lieblingslied von meiner CD, welches sie durch die letzte schwere Zeit ihrer Krankheit begleitet hat. Der Titel lautet: „Ich bin bei dir".

Im Februar 2011 verstarb Silke im Alter von 45 Jahren.

Der besondere „Moment" von dem ich jetzt erzählen möchte, ist der Moment, als ich bei der Trauerfeier ihr Lied singen durfte. Es war für mich eine Ehre und ein Geschenk, ihr diesen letzten Wunsch erfüllen zu dürfen.

Durch unser gewachsenes Vertrauensverhältnis in der Krankheitszeit ist natürlich auch eine enge Beziehung zu ihr und den Kindern entstanden, welche mir das Abschiednehmen auch sehr schwer machte.

Meine Sorge und Befürchtung war natürlich auch, dass ich zwischen all den Trauergästen und meiner eigenen Trauer vielleicht nicht in der Lage sein würde, ihr den Wunsch zu erfüllen und das Lied zu singen.

Als nun in der Trauerfeier der Moment kam und ich an das Mikrofon gebeten wurde, war mir einfach nur schlecht, weil ich nicht wusste, wie ich in dieser Traurigkeit auch nur einen Ton hervorbringen sollte.

Als ich nun da vorne stand und in all die traurigen Gesichter schaute, schloss ich die Augen und betete im Stillen darum geführt zu werden, denn ich wusste, alleine ist das nicht zu schaffen.

Ganz allmählich kam die Sicherheit, die Kraft und das Vertrauen zurück und es kam der Moment, wo ich in die Stille hinein vorsichtig das Lied mit den ersten Tönen begann.

Als wenn ich etwas anderes gemacht hätte, legte sich sofort all die Aufregung und emotionale Aufgewühltheit.

Ich spürte eine große innere Ruhe und aus tiefstem Herzen, mit einer angenehmen Leichtigkeit, war es mir möglich, das Lied so zu singen, wie sie es sich gewünscht hätte.

Dieses war ein ganz besonderer Moment für mich. Ich durfte erleben, wie es ist, wenn man geführt wird und sich selbst als Instrument erlebt durch das gesungen wird.

Aus eigener Kraft hätte ich es unter diesen Umständen niemals geschafft.

Für diese Erfahrung und diesen Moment bin ich unglaublich dankbar.

„Mein Weg in die Staaten“

FRIEDHELM HUNEKE
Kettlersville/Ohio (USA)

Tante Emma, mein Vorbild, war 1930, wenn auch aus der Not heraus- es herrschte die große Arbeitslosigkeit- in die „Staaten" ausgewandert.

Für mich waren die USA ein Land der ungeahnten Möglichkeiten. Zumindest aus der Sicht eines heranwachsenden Jugendlichen. Aber der Kontinent war so weit entfernt- damals!

Ich wurde im westfälischen Kattenvenne geboren und habe auch dort die Lehre gemacht. Nach der Lehrzeit als Bäcker und Konditor war es für mich sehr schwer, eine Gesellenstelle zu bekommen.

Für kurze Zeit fand ich in Opladen eine Anstellung, danach ging ich nach München, um dort „mein Brot" zu verdienen. Es war eine befristete Stelle, so dass sich bei mir der Name „Tante Emma" festsetzte. Der Gedanke, sie in Amerika zu besuchen, kam in mir auf. Vielleicht würde ich vom Tellerwäscher zum Millionär!

Im Jahre des Attentats auf Kennedy, 1963, reifte der endgültige Entschluss.

Ich erhielt ein 1- Jahres Visum für den Bundesstaat Ohio. Meine Tante hatte für Unterkunft und Arbeit gebürgt, nur so war eine Aufenthaltsgenehmigung zu erhalten. Noch heute sehe ich die Flut der Formulare vor mir!

In Bremerhaven ging es auf das Schiff, welches mich in die neue Welt bringen sollte. Ich sprach kein Wort Englisch, in der Schule hatte ich keinen Englisch-Unterricht. Doch schon auf dem Schiff merkte ich, dass es dringend erforderlich war, die mir so fremde und neue Sprache zu erlernen.

Zum Glück fand ich während der Überfahrt ein Ehepaar, welches beide Sprachen beherrschte und mich „in die Mangel" nahm. So erhielt ich meinen ersten privaten Kontakt mit der englischen Sprache. Zum Glück wartete in Ohio die Tante, die ja auch beide Sprachen beherrschte.

Die Überfahrt war grausam, die Schiffe hatten noch nicht die heute selbstverständlichen Stabilisatoren. In Ohio angekommen, meine Tante war sehr christlich eingestellt, musste ich in den Kirchenchor eintreten. Um perfekt die englische Sprache zu erlernen, besuchte ich 1½ Jahre eine Abendschule.

So bekam ich schneller Kontakt zu gleichaltrigen Jugendlichen, so zum Beispiel trat ich einem Fußballverein bei.

Meine erste durch meine Tante vorbereitete Anstellung war in einer Tischlerei. Hier lernte ich die „praktische amerikanische Sprache" kennen. Das Glück bestand darin, dass der Chef aus Ladbergen in Deutschland kam.

Nach einiger Zeit fand ich dann eine Anstellung in einer Bäckerei. Der Inhaber überschrieb mir sehr bald, bedingt durch sein Alter, die Firma als Pächter. 16 Jahre war ich danach mein eigener Herr.

Weitere eigenständige Möglichkeiten nutzte ich, um heute als Ruheständler einen angenehmen Lebensabend gestalten zu können. Freude habe ich an meinen drei Kindern Dane, Derrick und Christa. 1963 ausgewandert, 1968 das erste Mal wieder in Deutschland, 1977 zum zweiten Mal und vorerst das letzte Mal in 2011.

Mein Resümee: Ich sehe heute Deutschland natürlich aus anderen Augen.

Es gibt viele Gründe, weshalb Menschen ihre angestammte Heimat verlassen, um in anderen Orten weiter zu leben.

Wenn man, wie ich, in seine frühere Heimat zurückkehrt, wenn auch nur zu Besuch, und noch einmal die alten Wege geht, kann man manchmal alte Gerüche und Geräusche wiederempfinden, obwohl sich auch dort vieles verändert hat.

Zum Beispiel sind die Häuser teilweise noch vorhanden, aber größer, moderner und mit großer Liebe gepflegt. Überhaupt ist alles ordentlicher als in den Staaten.

Die Deutschen sind meiner Meinung nach entschieden disziplinierter, strebsamer und sauberer.

Aber ... ich gehöre nicht mehr hierhin - ich fühle mich als Amerikaner.

Ein Strohhaus als Bombenschutz

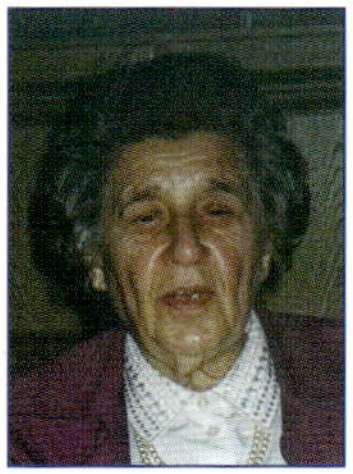

CHRISTA ENGLER
Kiel

Wir lebten auf dem Lande, mein Vater war Verwalter eines großen Gutes im Kreis Eckernförde in Schleswig-Holstein. Es war das Kriegsjahr 1943, ich war gerade volljährig geworden. Mein Vater musste nicht in den Krieg, da er wegen seiner Tätigkeit als unabkömmlich eingestuft wurde. Ich erinnere mich an die Bombenangriffe, die der Stadt Eckernförde wegen der U-Boot-Station und vorrangig der Stadt Kiel galten. Die vielen Werften und sonstigen Industrieanlagen sollten dem Boden gleichgemacht werden.

Zum Schutz der Gutsbewohner und der Arbeiter, es waren überwiegend Frauen, da deren Männer eingezogen waren, wurde ein riesiges „Strohhaus" auf der Wiese direkt neben dem Herrenhaus gebaut. Dieser Strohbunker bestand aus gepressten Strohballen, die zu einem „Wolkenkratzer" (aus meiner Sicht) aufgetürmt wurden. Die Maße habe ich so in Erinnerung: 30 Meter mal 30 Meter bei einer Höhe von zirka 15 Metern. Es wurden vier Gänge ebenerdig von zirka einem Meter Breite und einer Höhe von zwei Metern freigelassen. Diese Gänge dienten bei Bombenalarm den Menschen als Schutz.

In dieser Zeit gab es große Armut und Hunger. Wir brauchten aber durch den eigenen Anbau von Getreide, Früchten und Gemüse keinen Hunger leiden. Auf dem Gut gab es natürlich auch Geflügel, Schweine, Rinder und Pferde.

Äpfel, Birnen und Pflaumen aus eigenem Bestand wurden auf Bindfäden gezogen und auf dem Kornboden zu Backobst getrocknet. Ersatzkaffee (Muckefuck) wurde aus reifen und getrockneten Erbsen hergestellt. Sekt, eine Spezialität, entstand aus den Holunderblüten. Gegen Erkältungen halfen selbstgepflückte weiße Taubnesseln und Lindenblüten. In der Not werden Erfahrungen und Erkenntnisse der Ahnen wieder lebendig.

In den Kriegsjahren wurde natürlich auch Tabak angepflanzt und zu Zigarren und Tabak verarbeitet. Verboten war das Brennen von Spirituosen, vorwiegend aus Korn, welches aber fast jeder, dem es möglich war, tat. Sehr ausgeprägt war das „Schwarz-Schlachten". Auf dem Gut gab es über 300 Schweine, die teilweise frei auf der Koppel liefen. Es gab eine Bande von zwei Personen, die eine

Aus diesen Garben wurde das Strohhaus gebaut.

Gut Augustenhof, Kreis Eckernförde, 1945

besondere Idee hatte, Schweine zu fangen, zu töten und anschließend zu verarbeiten. Die fertigen Schinken, Würste und sonstigen Produkte wurden dann aus „eigenem Bestand und eigener Verarbeitung" überwiegend in den Städten verkauft oder es wurde getauscht, wie es durch die Nahrungsmittelknappheit sehr verbreitet war.

So war das Gut Augustenhof eines Nachts zum Abschlachten von Schweinen ausgesucht.

Da beim Töten der Tiere sich diese natürlich durch lautes Quieken wehrten, wollte die Bande einige Tiere in das Strohhaus treiben. Die Idee war, die Schweine auf eine Seite eines Ganges zu treiben, damit diese dann auf der anderen wieder herauskamen. Dort wartete einer der beiden Bandenmitglieder mit einem großen Hammer, um die ankommenden Tiere damit zu töten. So sollte das Geschrei der Tiere, durch das schalldichte Stroh, nicht zu hören sein.

Das Unglück wollte es aber, dass der „Tötungs-Täter" statt des erwarteten ersten Schweines seinen „Kumpel-Täter", der ihm noch eine Mitteilung geben wollte, fast tötete.

Es war dunkel und die Strohballen schluckten den Ruf des „Treibers". Der „Tötungs-Täter" vernahm nur ein Geräusch - und schlug zu!

Stark blutend und schwer verletzt musste das „Opfer-Schwein" in ein Eckernförder Krankenhaus eingeliefert werden. Ein wochenlanger Aufenthalt war die Folge einer unrechtmäßigen Tat.

Ein Erinnerungs-Moment aus meinem Leben - vor 68 Jahren.

Folge des „Sechs-Tages-Krieges" 1967

NAZIH MUSHARBASH
Realschullehrer a.D.,
Bad Iburg

Momente, die einen Menschen formen, führt man nicht selbst herbei; oft spielt der Zufall eine größere Rolle, als man glaubt. Zumindest in meinem Leben habe ich diese Erfahrung gemacht. Meine Integration als „Zugereister" und der Werdegang, den ich in Deutschland eingeschlagen habe, sind atypisch und kaum auf andere übertragbar, weil sie durch solche Zufälle beeinflusst wurden. Trotzdem sind aus einigen dieser Ereignisse Momente in meinem Leben geworden, die mich zu dem geformt haben, was ich bin.

Mein Entschluss, nach dem Pädagogik-Studium in Deutschland zu bleiben, war zum Beispiel eine Folge des Sechs-Tage-Krieges im Juni 1967. Eigentlich hatte ich vorgehabt, nach Bethlehem/Palästina zurückzukehren, wo ich aufgewachsen bin. Doch die Besetzung von Bethlehem wurde für mich zu dem Schlüsselereignis schlechthin, das mein Leben verändern und prägen sollte. Meine Hoffnung auf Rückkehr ist nie in Erfüllung gegangen.

Um auf einen besseren Einsatz in der Heimat vorbereitet zu sein, hatte ich sogar ein zweites Studium aufgenommen. Dafür musste ich als Ausländer meine Aufenthaltserlaubnis jährlich neu beantragen. Es war ausgerechnet das Ausländeramt, von dem ich erfuhr, dass ich die Voraussetzungen erfüllte, um in Deutschland als Lehrer zu arbeiten - Dank des Lehrermangels der Siebziger Jahre! Ich ergriff diese so ungeplante wie unverhoffte Gelegenheit, brach mein zweites Landbau-Studium ab - und blieb bis zu meiner Pensionierung im Schuldienst.

Die Hoffnung auf eine Rückkehr nach Bethlehem hatte ich dennoch nicht aufgegeben; allerdings wollte ich unter keinen Umständen unter der Besatzung arbeiten. Und so blieb mir keine andere Wahl, als mich auf eine langfristige Aufenthaltszeit in Deutschland einzustellen.

Wieder war es ausgerechnet das Ausländeramt, das den nächsten entscheidenden Schritt in meinem Leben anregte - denn die Beamten empfahlen mir 1971 die Einbürgerung.

Zum ersten Mal war ich gezwungen, mir Gedanken über meine Beziehung zu meiner alten und zu meiner neuen „Heimat" zu machen. Mehrere Jahre lang zögerte ich, die deutsche Staatsangehörigkeit zu beantragen. Diese Entscheidung fiel mir nicht leicht. In der Aufgabe meiner jordanischen Staatsbürgerschaft sah ich eine Art Verrat und in der Annahme der deutschen Staatsbürgerschaft eine Art Opportunität. Ich steckte in einem Identitätskonflikt; eine so weit reichende Entscheidung wollte ich jedoch nur aus Überzeugung treffen.

Doch allmählich wurde mir klar, dass ein deutscher Pass mit meinen Heimatgefühlen durchaus in Einklang zu bringen war. Schließlich lebte ich hier, arbeitete hier und hatte eine Familie gegründet.

Nun bin ich seit 1976 deutscher Staatsbürger und beamteter Lehrer mit „zwei Heimaten". Ich empfinde es als eine besondere Erfahrung und als Privileg, eine emotionale und eine rationale Heimat zu haben. Es ist meiner deutschen Frau und mir durchaus gelungen, unseren Kindern sowohl Deutschland als auch Palästina und Jordanien als unsere Herkunftsländer nahe zu bringen und allen diesen Ländern verbunden zu sein. Die Vorstellung vieler deutscher Politiker, dass man nur einem Land gegenüber loyal sein kann, halte ich für widerlegt - nicht zuletzt durch mein eigenes Leben. Es ist im Grunde wie bei einem Kind: Es liebt beide Elternteile, und wer würde auf die Idee kommen, es zu zwingen, sich für das eine und gegen das andere zu entscheiden. Insofern spreche ich mich eindeutig für die doppelte Staatsangehörigkeit aus.

Mein gesellschaftliches Engagement und meine 25-jährige kommunalpolitische Arbeit in meiner Heimatstadt Bad Iburg führe ich eindeutig auf ein inneres Bedürfnis zurück, etwas von dem zurückzugeben, das mir als Schüler zuteil geworden war. Mir ist als Waisenkind in der evangelisch-lutherischen Schule in Bethlehem enorm geholfen worden. Nicht nur meine Schulausbildung, sondern auch mein Studium habe ich dieser Schule zu verdanken. Als ich 1965 mit 18 Jahren nach Deutschland kam, war ich dank dieser Ausbildung - nicht zuletzt durch deutsche Lehrer - verhältnismäßig gut auf das Leben in Deutschland vorbereitet. Ohne zusätzliche Sprachkurse konnte ich das Studium der Pädagogik in Oldenburg aufnehmen. Ich heiratete, wurde Vater, Lehrer, Ratsherr, Kreistagsabgeordneter, Landtagsabgeordneter, Mitglied der Bundesversammlung und Rektor einer Schule. Mittlerweile befinde ich mich im Ruhestand und kann auf einen Aufenthalt von 45 Jahren und eine über 40-jährige Arbeitszeit in Deutschland zurückblicken.

In meinem Leben zwischen den beiden Heimaten gab es stets eine Wechselbeziehung von Nehmen und Geben. Es ist nie meine Absicht gewesen, mich in die deutsche Gesellschaft zu assimilieren. Mir ging es immer um die Bewahrung der eigenen Identität unter Berücksichtigung und Anwendung beider Sprachen, Kulturen und Gewohnheiten. Für mich war es niemals ein Widerspruch, mich politisch in meiner rationalen Heimat und ideell für meine emotionale Heimat einzusetzen, sei es für Jordanien oder Palästina. Und es gab mehr als nur eine Gelegenheit, beides miteinander zu verbinden. So zum Beispiel während der Weltausstellung in Hannover, als ich zwei Wochen lang ehrenamtlich Führungen im jordanischen Pavillon durchführte und die jordanische Königin Rania treffen durfte. Oder während Nahostreisen als Landtagsabgeordneter und Teilnehmer einer niedersächsischen Regierungsdelegation, in deren Verlauf ich zwei Mal den palästinensischen Präsidenten Yassir Arafat treffen und sprechen

konnte: Einmal in einer euphorisch anmutenden Situation in Gaza, und später in tragischen Umständen während seiner Belagerung in Ramallah.

Doch als höchste Auszeichnung betrachte ich meine zweimalige Entsendung in die Bundesversammlung, an der ich als ehemaliger Ausländer und nun als deutscher Staatsbürger bei der Wahl des Bundespräsidenten zweimal mitwirken durfte.

Unter anderen Umständen wäre es vielleicht umgekehrt gekommen: Ohne den Sechs-Tage-Krieg wäre vielleicht Deutschland - wegen meiner deutschen Erziehung in Bethlehem - eine emotionale Zweitheimat für mich geworden, und ich hätte mein Leben in Palästina verbracht. Aber so ist das mit Momenten, die das Leben bestimmen - man hat sie nicht immer selbst in der Hand.

Ein Wallfahrtserlebnis

Anonym - Name bekannt

Es war das Jahr 1978.
Mit unseren Bekannten traten wir eine Reise in den Wallfahrtsort Lourdes an.
Im vorderen Teil des Busses, am Mittelgang, saß eine Frau, die sehr betrübt schien, ja, sie weinte bitterlich. Da sie mir sehr leid tat, ging ich zu ihr um nachzufragen, warum sie so traurig sei.
Nach einer gewissen Zeit erzählte sie mir, dass sie am heutigen Tag 70 Jahre alt würde und sie führe das siebte Mal nach Lourdes, um die Muttergottes schließlich zu bitten, dort sterben zu können.
Ihr Zuhause sei sehr streitsüchtig und sie wollte nicht mehr zurück.
Ich versuchte sie zu trösten und versprach ihr eine angenehme Zeit mit unserer kleinen Gruppe an unserem Tisch im Hotel.
Auch in der übrigen Zeit begegneten wir ihr immer mit liebevoller Aufmerksamkeit, woraufhin sie auflebte und mit uns die Gnadenzeit genoss.
Am letzten Wallfahrtstag vermissten mein Mann und ich diese Frau am Frühstückstisch. Wir machten uns Sorgen. Als wir nachfragten, beruhigten uns einige Pilger, sie sei schon in der Frühe in der Messe und in der Erscheinungsgrotte gesehen worden.
Da allmählich alle Pilger den Speisesaal verließen, um in den abfahrbereiten Reisebus zu steigen, warteten mein Mann und ich trotzdem sorgenvoll auf die Frau.
Nach geraumer Zeit betrat sie sehr betrübt den Saal.
Wir empfingen sie und erkundigten uns nach ihrem Befinden. Es sei ihr nicht gut, antwortete sie. Wir baten sie, dass sie sich zunächst hinsetzen und ausruhen möge.
Ich ging hinaus, um ihr aus dem Automat einen Kaffee zu holen. Mein Mann saß neben ihr, doch plötzlich, als ich mich umdrehte, fiel sie ihm tot in die Arme.
Was dann geschah, brauche ich nicht zu schildern, nur soviel wissen mein Mann und ich, dass die Muttergottes dieser Frau ein Gnadengeschenk gemacht hat.
Sie durfte die Liebe und die Barmherzigkeit Gottes erfahren, indem sie von ihm heimgeholt wurde.

Momente, die das Leben schreibt ...

HELMUT BUSCHMEYER
Bad Iburg

Als 71-jähriger rüstiger Rentner und alt gedienter Fußballfunktionär (meine rein fußballerischen Fähigkeiten hielten sich stets in Grenzen) werde ich oft gefragt: „Was war dein interessantestes Erlebnis bzw. welche Persönlichkeit war dir wichtig?" Meine Antwort: „Ich lasse die Familie außen vor - dann gibt es nur einen Namen: Fritz Walter."

Fritz Walter traf ich erstmals 1988. Auf Vermittlung des DFB-Vizepräsidenten Gustl Wenzel hatte ich ihn in die Osnabrücker Werkstatt Sutthausen eingeladen. Er reiste mit dem Zug an. Ich holte ihn am Bahnhof ab und er bot mir spontan das „Du" an.
1993 wurde ich in der Schüchtermann-Klinik behandelt. Fritz Walter rief dort an und sagte: „Sag' mal Bub - was machst du für Sachen?" Nach dem Telefonat kämpfte ich mit den Tränen.

Fritz Walter wurde am 31. Oktober 1995 75 Jahre alt und am gleichen Tag kam mein Enkel Jan Holzmann zur Welt. Am 21. November 1995 wurde Fritz Walter dann in Hollage 1. Grünkohlkönig der Landkreisfußballer und besuchte uns am gleichen Tage privat. Meinen Enkel Jan nahm er voller Stolz auf den Schoß. Später fragte er bei jedem Telefonat: „Wie geht es dem Bub, wie geht es deiner Familie?"

Am 22.11.1995 trug er sich in das Gästebuch der Stadt Bad Iburg ein. Er wohnte im Kurhotel und Bürgermeister Hermann Tovar und Frau Margret und Frau Margrit Kisting erlebten mit Fritz Walter und uns ein Frühstück erster Güte im Kurhaus.

Der „sensible" Fritz Walter bemühte sich stets fürsorglich um seine alten Kameraden (Team FCK = Rote Teufel). Auch alle Schwächeren in unserer Gesellschaft waren ihm nicht gleichgültig. Daher gab es schon zu Lebzeiten die Fritz-Walter-Stiftung (der Erlös aus dem Verkauf des Fritz-Walter-Sektes geht u.a. in die Stiftung).

Nach einem Besuch 1995 lernten wir den Fritz-Walter-Sekt kennen. Ein köstliches Getränk, aber auch ein großartiges Geschenk. Ich bin sicher, dass in vielen Familien eine Sektflasche mit dem Bild von Fritz Walter würdevoll aufbewahrt wird.

Es verging hier kein Geburtstag oder Weihnachtsfest ohne Gruß aus Enkenbach-Alsenborn. In der

Leininger Straße 104 war ich mehrfach zu Gast. Nach dem Tode von Fritz Walter zog dort die befreundete Familie Lutzi ein. Das Haus wurde 2005 renoviert und umgebaut. Ein Großteil des Hauses dient als sog. Fritz-Walter-Museum.

Mein letztes persönliches Treffen mit Fritz Walter erlebte ich am 19.04.2001. Ich feierte meinen 60. Geburtstag in Alsenborn bzw. Kaiserslautern. Mit einer Fußballmannschaft der Heilpädagogischen Hilfe konnte ich mit einigen Freunden (u.a. Hermann Tovar und Werner Bögershausen) ein Europapokalspiel auf dem „Betze" besuchen. Fritz Walter, schon von der Krankheit gezeichnet, empfing mich (ebenso wie Horst Eckel und FCK-Präsident Norbert Thines) in seinem Stammlokal in Kaiserslautern. Er nahm mich in den Arm und sagte leise: „Herzlichen Glückwunsch – jetzt darf ich ja alter Junge zu dir sagen." Ich kämpfte mit den Tränen.

Am 17.06.2002 verstarb „unser Freund" Fritz Walter. Die letzten Wochen waren eine Qual für ihn gewesen. Seine Frau Italia verstarb einige Monate zuvor. Für ihn war der Tod eine Erlösung. Für die Pfalz bzw. die ganze Republik war es ein Tag der Trauer. Eine Legende – ein großartiger Mensch – war gestorben.

Wenn ich in der Pfalz bin, führt mich mein Weg immer zum Grab von Italia und Fritz Walter.

Für mich war es ein Zusatzgeschenk, dass ich über Fritz Walter neue Freunde (d.h. Fußballgrößen) kennen lernen konnte. So öffnete Fritz Walter für mich bzw. für uns als NFV-Kreis die Türen zu Uwe Seeler, Horst Eckel, Hans Tilkowski, Dr. Markus Merk, Hans-Peter Briegel und Max Lorenz und Hilde Krekel.

Uwe Seeler und Hans Tilkowski – zu denen ich ständigen Kontakt habe – zählen zu der Gruppe der Fußballgrößen auf die das ganze Land stolz sein darf und sicherlich auch ist. Auch sie wurden unsere Grünkohlkönige im NFV Osnabrück-Land und sind dabei, wenn es um Hilfen für Schwächere in unserer Gesellschaft geht. Dank Fritz Walter ist eine Achse Bad Iburg/Osnabrück zu Kaiserslautern entstanden.

Ich bin dem lieben Gott dankbar, dass er es gefügt hat, mich mit Fritz Walter anfreunden zu dürfen. Für meine Familie und mich, sowie auch für die große Fußballerfamilie im Landkreis Osnabrück eine Bereicherung unseres Lebens.

Jedes Treffen mit Fritz Walter und jeder Gruß aus der Pfalz waren für mich Highlights in meinem Leben.

Die Menschen in der Pfalz wären arm, wenn es den 1. FCK und den „Fritz" nicht geben würde (aus Dankbarkeit zu Fritz Walter bin ich seit 1995 FCK-Mitglied).

Zeit

zeit du schöne
wie kann man dich genießen
beim gang in der abenddämmerung
im arm des liebsten
beim spiel mit dem kinde
in der erfüllung schöner aufgaben

zeit du dehnbare
sekunden werden zu stunden
erwartet man unangenehmes schmerzhaftes
entscheidungen

zeit du raffende
vergehst wie im fluge
erleben wir schönes aufregendes

zeit du geschenk
so empfinden dich alte und kranke
die zuwendung erfahren
tiere und alle menschen die man liebt und
umsorgt

zeit du folter
für gefangene straftäter unheilbar kranke
nicht alle können beten herr erlöse mich

zeit du fordernde
stets mehr leistung bei gleicher zeit
krankmachendes trennendes element

zeit du berauschende
200 km/h abheben frei und mächtig sein

varianten durchfühlen wir
eingereiht in den zeitenfluss der leben
empfängt und ausspeit

Dr. Erika Heyde

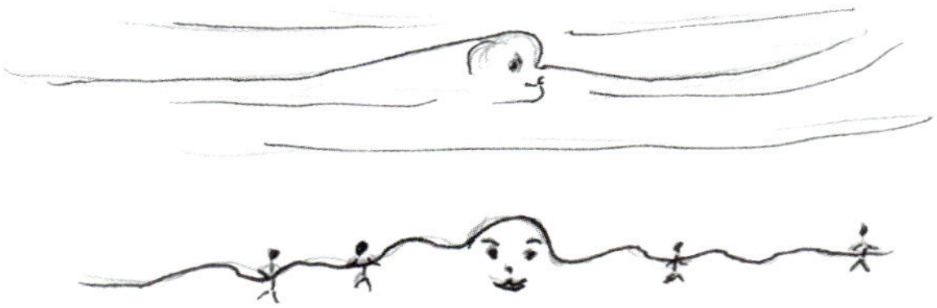

Ein Blitz aus heiterem Himmel ...

HEIKE FISCHER
Osnabrück

Der Blitz schlug ein. Und er traf mich. Keine Vorankündigung, kein Hinweis.

Das Ganze spielte sich ab in einem großen Saal - der weiße Salon - eines Hotels in Bad Arolsen. Etwa 80 Personen saßen in Gruppen an Tischen verteilt und spielten. Alte und neue Gesellschaftsspiele. Probleme - mal mit der Spielregel, mal mit der Strategie, mal mit den Mitspielern - mussten bewältigt werden. Alle waren mit sich und der Spielsituation beschäftigt. Wir auch, mein Mann und ich mit einem befreundeten Paar. Doch dann ging die Tür zum weißen Salon auf.

Da ich beteiligt war, schildert diese Situation am besten mein Mann als Beobachter:
Ohne ein Wort zu sagen, stand mitten beim Spiel meine Frau auf und ging weg. Ich merkte es erst, als der Stuhl leer war. Ich musste mich halb umdrehen, um sie mit meinem Blick zu verfolgen. Und dann sah ich den Blitz. Wie magisch angezogen ging sie zur Tür. Im Türrahmen stand eine Dame in einem eleganten Kleid, etwa Mitte 50. Und meine Frau ging nicht zur Tür, sondern auf diese mir unbekannte Frau zu. Diese beiden schauten sich an mit einem Blick, den ich nie vergessen habe und den ich nur mit einem Blitz vergleichen kann. Und sie nahmen sich in die Arme und hielten sich lange fest, bevor beide zu unserem Spieltisch kamen.

Für mich war diese Begegnung mit ihr als einer mir bis dahin völlig unbekannten Frau so etwas wie tiefe Sympathie auf den allerersten Blick. Es war von beiden Seiten vom ersten Augenblick an ein tiefes Verstehen und Vertrauen. Das hält bis heute an. Eine großartige Freundschaft ist daraus entstanden. Etwa 20 Jahre ist das her.

Spürbar wurde ich von Gott getragen

Anonym - Name bekannt

Als junger Mensch habe ich meinen Glauben dahinplätschern lassen, meine religiösen Pflichten erfüllt. Das genügte mir.

Mit der Zeit kamen schwere Schicksalsschläge auf mich zu. Um sie zu ertragen, versuchte ich, mich um Gott und seine himmlische Mutter zu kümmern. Es war nicht einfach, denn ich wurde mit Dingen konfrontiert, die nicht mit dem Glauben zu vereinbaren waren. Auch ist mir großes Unrecht zugefügt worden. Ich spürte aber in vielen kleinen Dingen „Gottes Fügung".

Der verzeihende, hilfreiche Gott, er war stets bei mir. Er und seine fürsorgliche Mutter waren meine Zufluchtsstätte in der Not.

Mit den Jahren verwandelte sich meine Ohnmacht mehr und mehr mit dem Gebet. Diese Gebete waren keine Lippenbekenntnisse mehr, nein, ich habe gelernt mit dem Herzen zu beten.

Folglich war ich dankbar für jedes Gottesgeschenk, welches ich spürbar erfahren durfte.

So habe ich heute die Hoffnung, dass durch meine Gebete die Jugendlichen, in denen ich die Schatten unserer Zeit entdecke, die Gotteserfahrung noch machen, um auch vom Glück erfüllte Menschen zu werden. Dazu gehört auch Mut und Wagnis und die Bereitschaft auszuscheren aus der verführerischen Masse und den Kampf gegen das Böse aufzunehmen.

Gott segne sie und Sie und unser christliches Abendland.

Wieder frei

Willi Schulte
Straßlach-Dingharting

Ich drückte den vergilbten Klingelknopf an Fräulein Apsels alter Haustür im genauso alten Fachwerkhaus, dem ersten Hauseingang der Rosinenstraße, direkt oberhalb angrenzend an den Zuckerbrink.

Hier waren die Zuckerbäcker einmal zu Hause, an die sonst nichts mehr erinnert.

Von „Zigarren-Wordmann", direkt gegenüber dem westlichen Eingang der Kirche und 50 Meter über dem Meeresspiegel gelegen, bis hinunter zur Schweinebörse, mit einer Auslaufzone auf die Brücke über den Bach rechts in die schmale von alten bewachsenen Mauern gerahmte Horngasse hinein, kannte ich die Ecke vom Rodeln an kalten Wintertagen, wenn wir keine Lust oder Zeit hatten, unsere Schlitten den beschwerlichen Weg hoch zum 306 m über dem Meer gelegenen Hankenüll zu ziehen.

In der Rosinenstraße stand auch mein Elternhaus. Aber viel weiter unten.

Ich kannte das Haus mit der Nummer 1 nur vom Vorbeifahren oder Vorbeilaufen, also nur flüchtig.

Nun stand ich hier und mir wurde augenblicklich klar, jeder im Ort wusste, dass es das Haus ist, in dem Fräulein Apsel wohnt, vor dem ich nun auf Einlass wartete.

Wer mich hier sah, wusste dass es dafür nur zwei Gründe geben konnte. Beide waren mir einfach peinlich. Wie sollte ich die Wahrheit erklären? Niemand würde sie verstehen, keiner eine Begründung für mein Verhalten finden.

Ich hätte mich am liebsten unsichtbar gemacht, konnte aber meinen Blick nur starr auf die dunkle, hölzerne Tür richten. Nur nicht nach rechts, nur nicht nach links gucken.

Hoffentlich war sie nicht da, hatte mich einfach vergessen, das passiert im Alter.

Ich war ihr nicht böse, es sei ihr verziehen. Es handelte sich sowieso um einen Irrtum.

Keiner aus meiner Familie, keiner meiner Vorfahren hatte jemals Talent dafür bewiesen. In Kenntnis dieses eindeutigen Erbgutes wohl auch nie den Versuch eines vermessenen Gegenbeweises angetreten.

Aber ich, dachte ich, ich, warum nur ich? Da öffnete sich die Tür.

Eine ältere Gestalt, augenscheinlich jungfräulich unberührt, alle möglichen wohl eher einstmaligen Reize schamhaft unter dunklem Stoff versteckend, stand vor mir. Kaum größer als ich, mit einem runden, nonnenhaft liebenswürdigen Gesicht und ältlichem Dutt im grauweißen Haar, brauchte sie eine Weile einzuordnen, wer da etwas von ihr wollte, doch dann bat sie mich herein.

Die sonnenentwöhnte, finstere Wohnung umschloss mich mit dem penetrant muffigen Geruch eines nie gelüfteten antiquarischen Trödelladens mit kupferner Glockenklingel am Türrahmen und nahm mir kurz den Atem.

Aber genau so wie die überraschend plötzliche Gewöhnung an den unangenehm angsteinflössenden

und unausweichbar betäubenden Äthergeruch kalter Flure in viel zu alten Krankenhäusern, hatten sich meine Lunge und mein ganzer Körper auf den geringen Gehalt an Sauerstoff und den dafür hohen Anteil unvergänglicher Gerüche aus der Gründerzeit unversehens eingestellt.
„Willi, setz dich hier hin", sagte Fräulein Apsel und fragte: „Hast du es schon mal versucht?"
„Nein, noch nie. Es ist das erste Mal für mich und ich weiß nicht, ob ich das lernen kann."
„Das hat noch jeder geschafft", hörte ich sie, und es klang wie eine Drohung.
Wir fangen an.
Fräulein Apsel legte ihre knöchernen, rheumatisch deutlich verformten Finger in ihren welken, faltigen Hüllen, die an den Anblick älterer Generationen vom langen Leben müde gewordener Leguane erinnerte, zum ersten Mal in die immer wiederkehrende Ausgangsstellung.
Da sah ich sie vor mir, diese kolossalen, grauen unschuldigen Ungetüme. Niedergestreckt daliegen, ihres stolzen, kraft- und machtvollen Daseins jäh beraubt.
Weißes Gold wechselte bald seine Besitzer.
Hatte ich mich an diesem grausamen Töten mitschuldig gemacht?
Es war kurz nach drei und meine erste Stunde Klavierunterricht hatte begonnen.
Das gehörte sich schließlich so. Als Kind lernte man ja alles wie von selbst, Veranlagung hin, Veranlagung her. Wie konnten meine völlig unmusikalischen Eltern das nur von mir verlangen oder gar erwarten?
Ich wollte es ihnen zeigen, den über Epochen währenden Fluch musikalischen Blindgängertums einer ganzen Familie endlich durchbrechen.
Das Feuer meines Ehrgeizes war entfacht und nach einer Stunde Seite an Seite mit Fräulein Apsel hatte dieses alles zum Erlöschen gebracht. Die Flammen waren erstickt, der letzte Funke verglüht.
Ein Musikantenleben hatte seine Geburt nicht überstanden.
Wie ein Blitz aus heiterem Himmel durchfuhr mich der lähmende Schmerz. Mein allzu eiliges Öffnen der die Freiheit verheißenden Haustür hatte meinen linken Ellenbogen unsanft gegen das stählerne Scharnier des morschen Ausgangs prallen lassen. Eine innere Stimme, vermutlich meine eigene, ließ keinen Zweifel zu: „Das Einzige was dich mit einem Musikanten verbindet, ist der eben so genannte Knochen."
Aber auch diese Pein verließ mich schnell.
Meine Angehörigen sollten mich wieder als ebenbürtiges, nicht in unbekannte Sphären abgehobenes Mitglied aufnehmen können.
Nur wusste Fräulein Apsel das noch nicht. Sie war zu lieb, die gute Seele. Wie konnte ich sie enttäuschen, ihr so schnell den Spiegel des brutalen Scheiterns vorzuhalten?
So verabschiedeten wir uns mit der bequemen Wahl, die unbequeme Wahrheit erst mal weg zu lassen.
„Vielen Dank, Fräulein Apsel. Es war sehr schön, es hat Spaß gemacht."
Das freue sie, es habe ja auch ganz gut geklappt, fürs erste Mal.
„Dann sehen wir uns nächste Woche wieder, zur selben Zeit." Dieses war das letzte Mal, dass meine erste Klavierlehrerin und ich uns sahen und miteinander sprachen.
Ich war draußen, war frei, konnte durchatmen, die reine, klare Luft meiner Heimat am Fuße des Teutoburger Waldes. Die Vögel zwitscherten. Ich würde ihnen keine Konkurrenz mehr machen.
Die Sonne erhellte den Weg vom Anfang der Rosinenstraße bis zu meinem Elternhaus.

„Du bist doch kein Wessi!"

JUTTA MEYER
Bad Iburg

Immer wieder berichtet die Tagespresse von irgendwelchen Klassentreffen nach so und soviel Jahren, und beigefügte Fotos zeigen dann, wie alt „man" inzwischen geworden ist.
In Magdeburg, meiner Heimatstadt, wurden vor einiger Zeit in der „Volksstimme" Aufnahmen von Abiturklassen der verschiedenen Oberschulen aus den 1950er Jahren veröffentlicht mit dem Hinweis, bei Interesse an einem Treffen möge man sich an eine angegebene Kontaktperson wenden. Auch eine Aufnahme von meiner Klasse der Geschwister-Scholl-Schule befand sich darunter. Den betreffenden Zeitungsausschnitt bekam ich von meinem Bruder und alten Bekannten aus Magdeburg zugeschickt. Ein Klassentreffen nach so langer Zeit konnte ich mir kaum vorstellen.

Doch Anfang 2010, 54 Jahre nach unserem Abitur, erhielt ich - völlig unverhofft - einen Anruf von einer ehemaligen Mitschülerin mit der Einladung zu einem Treffen. Nur zögerlich sagte ich zu.

Meine bange Frage war: Wie würde man mich aufnehmen? Hatte ich doch die DDR 1959 illegal verlassen - nicht aus politischen Gründen; als junge Buchhändlerin in einer evangelischen Buchhandlung hatte ich nichts zu befürchten.

Zwar war ich seit 1965 unzählige Male bei meinen Eltern und Geschwistern zu Besuch gewesen, hatte nach der Wende den Wandel in vielerlei Hinsicht mitverfolgt, auch Magdeburgs Aufblühen als Landeshauptstadt von Sachsen-Anhalt.

Aber dieses Treffen mit meiner ehemaligen Schulklasse war etwas ganz anderes. Nicht nur, dass ich als einzige aus dem Westen anreiste, sondern auch die Tatsache, dass ich die Frau unseres gemeinsamen Lehrers für Geschichte und Latein geworden war. (Er hatte bereits 1955 die DDR illegal verlassen.)

Deshalb näherte ich mich mit Herzklopfen der kleinen Gruppe, als man sich gerade begrüßte, bzw. wieder neu bekannt machte.

1956 waren wir 28 in der Klasse, jetzt trafen wir uns zu 14 Leutchen wieder. Einige waren schon verstorben, andere verhindert, wenige nicht auffindbar. Meine Sorge war unbegründet. Ich wurde wie ganz selbstverständlich akzeptiert.

Wunderbar die Vertrautheit, mit der wir auch nach 54 Jahren miteinander umgehen konnten. Wie unterschiedlich die einzelnen Lebensläufe! Natürlich wurden Erinnerungen wach an unsere gemeinsame Schulzeit von 1952 - 1956, erst im Stadtzentrum und fürs letzte Jahr „umquartiert" in ein Industriegebiet, so dass wir uns „der erste Abiturjahrgang in einem Arbeiterviertel von Magdeburg" nennen durften.

Wir lachten noch einmal über Streiche, die wir unseren Lehrern gespielt hatten. Doch es gab auch kritische Situationen, die einzelnen von uns unvergessen bleiben. Ich war z.B. 1953 in der Schule zu einem Verhör geladen worden, verdächtig als Mitglied der Jungen Gemeinde, aber wohl zu harmlos, als dass man mich von der Schule verweisen konnte.

Sehr betroffen machte es mich, als ich von ehemaligen Mitschülerinnen erfuhr, die sich dem DDR-Regime nicht angepasst verhalten hatten und unter den Folgen noch heute körperlich und seelisch zu leiden haben.

Als ich einer damaligen Klassenkameradin gestand, dass mir vor dem Treffen etwas mulmig gewesen sei, so als einzige aus dem Westen, erwiderte sie prompt: „Du bist doch kein Wessi". Da überkam mich ein ungeheures Glücksgefühl, und nun freue ich mich schon auf unser nächstes Zusammensein, das für 2012 geplant ist.

Kindheitserinnerung an einen historischen „Moment"

MANFRED-G. SCHNÖCKELBORG
Bad Iburg

Frühjahr 1945. Der Krieg war verloren. Die Alliierten drangen im Westen immer weiter vor.

An einem sonnigen Nachmittag war ich mit meinem Freund zur Gärtnerei Schowe in der Münsterstraße gegangen, um „Onkel Franz" beim Umtopfen - oder ähnlicher Tätigkeit - zu helfen.

Durch die großen Glasscheiben zur Straße sahen wir Professor Walter Wittler (den Bruder des künftigen Osnabrücker Bischofs) mit einem weißen Laken auf der Straße Richtung Glandorf eilen.

„Das bedeutet Kapitulation", meinte Franz Schowe. Und tatsächlich kamen geraume Zeit später die ersten Militärfahrzeuge unbehelligt nach Iburg herein. Um die Ecke, auf der Bielefelder Straße, befand sich noch eine Panzersperre aus hohen Baumstämmen, die aber nun kein Hindernis beim Einmarsch der Truppen bildete.

Aufgeregt rannten wir schnell nach Hause, während sich die britischen Fahrzeuge auf den Ort verteilten.

Zu Hause herrschte große Sorge und auf den Straßen gespannte Ruhe.

In unseren Büroräumen im Hause Schloßstraße 7 hatten neben der Krankenhausverwaltung auch drei Ordensschwestern des zerstörten Marienhospitals Osnabrück eine Unterkunft gefunden. Mein Vater war noch im Felde und somit seine Kanzlei nicht besetzt.

Zu den drei Schwestern gehörte auch die Oberin Mutter Filomena. Diese patrouillierte Rosenkranz betend über den Flur auf und ab. Gegenüber, vor dem Gasthaus Westermeyer (heute Fromme), hatte sich eine neugierige Menschentraube gebildet.

Als die ersten Fußtruppen mit gezogenen Waffen die Schloßstraße einnahmen, scheuchten sie die Leute in die Häuser.

Unsere Haustür wurde krachend aufgestoßen und ein schwarzer Soldat mit Maschinenpistole drang ein. Als er die betende Nonne auf dem Flur erblickte, bekreuzigte er sich und verließ rücklings den Eingang, setzte sich auf die Stufen der Außentreppe und bereitete dort seinen Tee.

Ich holte mir einen Hocker, setzte mich hinter die Gardine der Haustür und beobachtete den Schwarzen und den weiteren Truppeneinmarsch.

Mutter Filomena bemerkte mich amüsiert mit „wie Zachäus an der Pforte".

Unverzichtbares Ehrenamt

Prof. Dr. Winfried Hardinghaus
Ärztlicher Direktor der Niels-Stensen-Kliniken St. Raphael Ostercappeln und Franziskushospital Harderberg, Georgsmarienhütte

Bundespräsident Christian Wulff hat es in seiner Weihnachtsansprache im Jahr 2010 so ausgedrückt: „Zusammenhalt, Verständigung, miteinander auskommen, all das geschieht nicht von allein. Dafür muss man etwas tun. Unsere Gesellschaft lebt von denen, die sehen, wo sie gebraucht werden, die nicht dreimal überlegen, ob sie sich einsetzen und Verantwortung übernehmen." Angesprochen hat er damit die Millionen ehrenamtlichen und freiwilligen Helfer in Kirchen, karitativen Einrichtungen, Vereinen, Musik- und Theatergruppen, in Ämtern oder einfach als Nachbarschaftshilfe.

Wir Ärzte - und da darf ich auch für alle anderen Klinikmitarbeiter/innen sprechen - sind mehr denn je auf Menschen angewiesen, die uns freiwillig engagiert - im Ehrenamt - zur Seite stehen. Ich denke an die Besuchsdienste, die einfach nur zuhören, an die „grünen Damen", die wir auf den Fluren mit einem Bücherwagen antreffen, wertvolle Fachkräfte für das Alltägliche sozusagen. Ich denke auch an die, die auf der Palliativstation oder bei sozialen und spirituellen Notlagen als mitunter perfekte Krisenmanager unsere Patienten auffangen und mitbegleiten. Die Lebenswelt im Krankenhaus unterliegt einem dramatischen Wandel, der beschrieben wird durch kürzere Verweildauer der Patienten, eine enorm wachsende Arbeitsbelastung bei gleichzeitig erhöhtem Bedarf der Patienten an Kommunikation und persönlicher Begleitung. Dazu kommt der demografische Wandel, der uns mit Krankheitsbildern von Demenz und anderen altersbedingten Syndromen in Häufigkeiten konfrontiert, die uns immer weniger Freiraum in der Zuwendung zum Patienten lässt und die über das medizinisch Erforderliche hinausgeht.

Besonders Patienten, die nicht von Angehörigen, Freunden und Bekannten in ihrer Krankenhauszeit begleitet werden, brauchen die Hilfe der Ehrenamtlichen, die damit längst zu einer weiteren Säule einer ganzheitlich-medizinischen Betreuung geworden sind. Das gilt auch für die zahlreichen inzwischen entstandenen Selbsthilfegruppen, die wichtige Partner von uns Ärzten geworden sind.

Nebenbei sind von den schätzungsweise 15000 ehrenamtlich tätigen Menschen im Krankenhaus nur circa 5 % männlich. Daher darf und muss das Engagement dieser Ehrenamtlichen auch positiv auf sie selbst zurückfallen. Sie sollen die entsprechende Wertschätzung nicht nur durch eigene Sinngebung und Dankbarkeit der Betreuten, sondern auch besonders durch uns erleben. Sie spüren jeden Tag sie werden gebraucht, man verlässt sich auf sie.

Gott sei Dank steigt der Stellenwert des Ehrenamtes in der Gesellschaft und die Helfer/innen sind selbst auch Teil eines Netzwerkes, das sie auffängt. Ursula von der Leyen unterstrich: „Die Kraft des bürgerschaftlichen Engagements eröffnet riesige Chancen für die Zukunft unserer Gesellschaft."

Zurück zum Alltag. Die Grenzen einer von unseren Geschäftsführern immer wieder geforderten Effizienzsteigerung im Krankenhaus zeigen sich nicht zuletzt dort, wo die professionellen Mitarbeiter chronische Belastungssymptome wie Rückenschmerzen, Burnout u.a. zeigen.

Infolgedessen müssen mit der am 6. Oktober 2010 von Bundesfamilienministerin Kristina Schröder im Rahmen der „Nationalen Engagementstrategie" gestellten Forderung nach Verbesserung von Rahmenbedingungen ehrenamtlicher Tätigkeit auch die Arbeitsbedingungen Professioneller mitbedacht und verändert werden. Dieser Aspekt ist ebenfalls das Resümee einer bereits 2003 vorgestellten wissenschaftlichen Studie zur Rolle des Ehrenamts im Krankenhaus, der einzigen im Übrigen, die ich gefunden habe.

Jedenfalls dürfen die Ehrenamtlichen nicht zu Lückenbüßern im Klinikalltag und auch nicht von Kosten- oder Krankenhausträgern aus rein ökonomischen Beweggründen ins Rennen geschickt werden.

Aber ein Krankenhaus, das den Mitmenschen im Patienten nicht ausblenden und Kräfte mobilisieren will, das die Kranken im Krankenhausalltag und in seiner besonderen Lebenssituation begleitet, tut gut daran, sich ein Netzwerk von Ehrenamtlichen oder freiwilligen Helfer/innen aufzubauen und zu pflegen.

Dieses gilt gleichermaßen für alle Bereiche in unserer Gesellschaft.

Landesgartenschau Bad Essen 2010

GÜNTER HARMEYER
Bürgermeister,
Bad Essen

Im Laufe meiner beruflichen Tätigkeit als Bürgermeister der Gemeinde Bad Essen habe ich viele interessante Begebenheiten erlebt.

Eines der herausragenden Ereignisse war die Ausrichtung der 4. Niedersächsischen Landesgartenschau von April bis Oktober 2010. Obwohl die Vorbereitungszeit nur ein Jahr betrug, hat der Bad Essener Gemeinderat wohlüberlegt der Bewerbung um die Ausrichtung einstimmig zugestimmt. Schon im Vorfeld waren Begeisterung und Zuversicht, aber auch Entschlossenheit und Mut zu spüren.

Nachdem der Niedersächsische Landtag am 31. März 2009 den Zuschlag nach Bad Essen erteilt hatte, lag ein spannendes und überwältigendes Projekt in unseren Händen. Unter dem Motto „Ein Bad im Blütenmeer" entwickelte sich ein Konzept mit zwei Standorten: Mit Schau- und Ausstellungsbeiträgen rund um die neue SoleArena im Solepark in Bad Essen und mit beeindruckenden Heckenkabinetten und üppig blühenden Themengärten sowie dem großen Küchengarten im Schlosspark Ippenburg. Es entstand die „Gartenschau der Gärten".

Der Weg bis zur Eröffnung am 23. April 2010 war nicht immer einfach und es gab bei der Planung, den vielfältigen Vorbereitungen und Baumaßnahmen auch immer wieder Verzögerungen, zum Beispiel durch den langen Winter mit Schneefall bis in den März hinein.

Dennoch - und das ist der Grund, warum ich für meinen „Moment, den das Leben schreibt" das Thema „Landesgartenschau in Bad Essen" gewählt habe - wurde die Umsetzung des Konzeptes von den Bürgerinnen und Bürgern unserer Gemeinde zu jeder Zeit mit den vielfältigsten Aktivitäten begleitet und mitgetragen. Ohne diesen engagierten Einsatz, oftmals über das normale Maß hinaus, wäre eine solche Großveranstaltung in unserer doch beschaulichen Gemeinde Bad Essen nicht möglich gewesen. Über diese großartige Unterstützung und den Mut dazu bin ich sehr froh und dankbar.

Gerne erinnere ich mich an den Tag der Eröffnung zurück. Bei sonnigem, warmem Wetter waren sehr viele Bürgerinnen und Bürger auf unserem historischen Kirchplatz zusammengekommen, um dieses Ereignis mitzuerleben. Diese idyllische Kulisse strahlte so viel Zuversicht aus. Das spiegelte sich auch in der Eröffnungsansprache unseres Ministerpräsidenten Christian Wulff, dem späteren Bundespräsidenten, wider. Das gute Gefühl, endlich angekommen zu sein, um jetzt eine wunderbare Landesgartenschau zu erleben und zu genießen, war für mich ganz deutlich spürbar. Das war eine tolle Atmosphäre, eine einprägsame Momentaufnahme am 23. April 2010.

Solearena in Bad Essen.

Heute blicken wir zurück auf eine erfolgreiche 4. Niedersächsische Landesgartenschau. Die erwarteten Besucherzahlen wurden übertroffen und die positive Resonanz überwiegt bei Weitem. Auf dieses Ergebnis können wir sehr stolz sein.

Danke Bad Essen!

Drachen im Wind

So hab ich nun mein Leben
verrinnen lassen
wie diesen Sand
zwischen meinen Fingern,
hab wie der Drache dort am Himmel
nach andrem Wollen
als dem eignen mich bewegt,
ließ mich lenken, steigen, stürzen,
fremdbestimmt und ausgeliefert
einem Band, das nicht verband.

Wollte gefallen,
passte mich an,
ließ mit mir machen
und meinte immer noch,
mein eignes Spiel zu spielen,
nach eigner Melodie zu tanzen –
Ich Narr!

Nun ist es Zeit,
mich frei emporzuschwingen,
der eignen Stärke trauend
und Bänder nur zu dulden,
die ich selber band.

Denn ich bin stark,
kann mit dem Winde gleiten,
statt, fremdem Willen beugend,
gegen ihn zu kämpfen.

Und ich bin sicher: Wenn ich stürze,
werd ich nicht am Boden bleiben ...
Der nächste Aufwind wird bereit mich finden,
emporzusteigen und zu gleiten mit dem Wind
in ungeahnte Weiten!

Monika Lepper

Theas Nachthemd

INGE BECHER
Georgsmarienhütte

„Dieses Haus ist voller Geschichten", sagt Frieda und zieht ein weißes Nachthemd aus der Schublade. „Das gehörte mal der verrückten Tante Thea. Die hat immer den Hochzeitsmarsch gesungen und ist im Takt durchs Zimmer marschiert mit einer leeren Milchflasche im Arm, den ganzen Tag. Sie war nicht immer verrückt", sagt Frieda. „Als sie sich das Nachthemd schneiderte war sie noch normal, aber das Nachthemd hat sie verrückt gemacht."

„Wie kann man an einem Nachthemd verrückt werden?" frage ich.

„Oh, der Krieg, da konnte man noch an ganz anderen Dingen verrückt werden. Thea eben an diesem Nachthemd." Sie streicht mit der Hand über den glatten, dünnen Stoff.

„Hier auf dem Land war nicht viel mit Krieg. Einmal ist ein Schuppen zusammengebrochen von der Druckwelle und einmal ging ein Flieger runter. Angeschossen stürzte er dort über der Wiese hinterm Haus ab. Der Pilot versuchte noch, sich zu retten und stieg aus. Aber das Feuer hatte ihn schon erfasst. Brennend hing er unter dem blütenweißen Fallschirm. Wir sahen das und liefen mit Decken hin, vielleicht war ihm doch noch zu helfen. Aber keine Chance. Als wir ihn auf der Wiese fanden, hing er völlig verkohlt in den Gurten. Da nahm Thea ein Messer heraus und schnitt die Gurte durch. „Das ist meiner," sagte sie und raffte den Fallschirm in ihren Armen zusammen. „Für mein Nachthemd, für mein Hochzeitsnachthemd."

Thea wollte doch heiraten. Alles war schon vorbereitet. Hubert hatte Fronturlaub bekommen, das Brautkleid war geliehen und das Essen organisiert. Aus dem Fallschirm nähte sich Thea Tag und Nacht dieses Hemd. Schau, die vielen Rüschen, alles Handarbeit", sagt Frieda und hält mir das Nachthemd hin.

„Und dann ist Hubert gefallen?" frage ich.

„Nein, erst später. Hubert kam und es wurde gefeiert. Am nächsten Morgen musste er wieder zurück. Ein paar Wochen später kam der Gemeindebote und brachte die schlechte Nachricht," sagt Frieda.

„Und dann ist Tante Thea verrückt geworden?" frage ich.

„Nein, noch lange nicht. Sie war ganz gefasst und das Leben ging weiter. Erst fünf Jahre später kam einer, der erzählte, er wär mit Hubert zusammen an der Front gewesen und hätt' gesehen, wie es passiert sei", sagt Frieda.

„Wie Hubert gefallen ist?" frage ich.

„Gefallen ist nicht das richtige Wort. Hubert saß im Panzer und der hätte auf einmal Feuer gefangen. Das war aber kein Treffer, sondern bloß ein Maschinenschaden, der Panzer fing einfach an zu brennen und Hubert kam nicht mehr raus. Als sie ihn endlich holen konnten, war er schwarz wie ein Stück Kohle. Und seitdem war Tante Thea verrückt", sagt Frieda und legt das Nachthemd wieder in die Schublade.

Das Meer hat's genommen

Dr. Hans-Herbert Henningsen
Notar a.D.,
Moorrege/Schleswig-Holstein

Am 16. Januar 1362 zerriss eine Sturmflut die nordfriesische Küste (Schleswig-Holstein). Die Sturmflut wütete drei Tage lang wie seit Menschengedenken noch nicht. Die Wogen der Nordsee peitschten über die Marschlande und Dörfer hinweg und töteten, je nach Chronist oder moderner Schätzung, zwischen 10.000 und 100.000 Menschen.

Heute weiß man, dass eine Kombination aus mehreren Faktoren für die Katastrophe verantwortlich war. Die Menschen waren tatsächlich nicht völlig unschuldig, konnten ihre Fehler aber nicht erkennen. Die „Grote Mandränke" - Große Manntränke -, wie sie genannt wurde, hatte nicht nur verheerende Folgen für die Küstenbewohner, sondern veränderte auch die Landschaft auf Dauer.
Vor 650 Jahren türmten sich die Wellen dieser Sturmflut zum zerstörerischen Höhepunkt auf.
Mehrfach waren Tausende Menschen umgekommen, aber in Relation zur Höhe der Deiche, die damals nur etwa 2,50 Meter über NN reichten, war die Grote Mandränke die schwerste Flut, die Schleswig-Holstein je heimgesucht hat.

Auch die sagenumwobene Stadt Rungholt ging unter. Lange Zeit nach der Flut galt das „Atlantis des Nordens" als Legende, man wusste nicht, wo der Ort gelegen hatte.
Heute sind die Bewohner der Küstenregion besser geschützt. Die Deiche reichen bis zu neun Meter über Normalnull. Ferner schützen Sperrwerke und Pumpanlagen für den „Abtransport" von über die Deichkrone schwappendem oder durchsickerndem Wasser. Forscher warnen trotzdem und fordern, dass der Schutz ausgebaut werden muss, weil der Flutpegel bis zum Ende des Jahrhunderts um bis zu 110 Zentimeter höher ausfallen wird.

Rungholt im Gespräch - und kein Ende

Das Ehepaar Henningsen hat in den Wintermonaten mit seinen drei Söhnen manche Museen und andere Sehenswürdigkeiten besichtigt, wegen des pädagogischen Einflusses bei den Söhnen nicht allzu beliebt. Bei einem solchen Ausflug wurden 1980 im Nissenhaus in Husum Exponate aus dem Rungholt-Gebiet besichtigt, salopp als „Pütt un Pann" abgewertet, aber auch Landkarten von der Fundgegend und Dias von der Bergung derartiger Funde - schon recht interessiert -

angesehen. Plötzlich sprang der Rungholt-Funke über! Bald wurden die verschiedensten Schriften, Aufsätze und Monografien über dieses Thema erworben und eifrig verschlungen. Denn: Henningsens besitzen ein Segelboot, das für die flachen und harten Gewässer des Wattenmeeres ideal ist. Ein 8,50 m langer Kielschwerter mit zwei Kimmkielen, gebaut in Süd-England und eingerichtet, um auch schwere Stürme im englischen Kanal oder in der Biscaya zu bestehen. Im nordfriesischen Wattenmeer waren sie schon mehrfach mit diesem Boot gewesen, aber nun lockte eine neue Gegend, verbunden mit einer aufregenden Aktion: Wiederauffinden des versunkenen Rungholts!
Die größte Katastrophe des Mittelalters an der nordfriesischen Küste riss Tausende von Menschen in den Tod, verwüstete viele Kirchspiele, Deiche, Felder, ganze Landstriche. Das war die so genannte 1. „Grote Mandränke" am 16./17. Januar 1362. Rungholt lag im Zentrum dieses vernichteten Gebietes.
Über Rungholt wird gerätselt, über seine Lage, seine Größe und sein Aussehen. Wie lebten die Bewohner? Wovon ernährten sie sich? Trieben sie Handel, und womit? Es stellen sich Fragen über Fragen, die deshalb so schwer zu beantworten sind, weil es keine unmittelbaren schriftlichen Aufzeichnungen gibt. Kulturspuren tauchen heutzutage hier und da im Rungholt-Gebiet auf, freigespült durch veränderte Strömungsverhältnisse.

Am 16. Januar 1362 ging Rungholt unter. Dieses Datum ist - ziemlich - gewiss. Aber Augenzeugenberichte gibt es nicht, keine Schilderungen dieses Ereignisses, denn - fast - alle Bewohner kamen darin um. Chronisten, die sich mit dem Untergang von Rungholt befassten, gab es erst ab der Mitte des 17. Jahrhunderts, und diese waren schließlich nur auf Erzählungen der Nachkommen angewiesen. Wie ungenau die mehr als 300 Jahre alten, von Generation

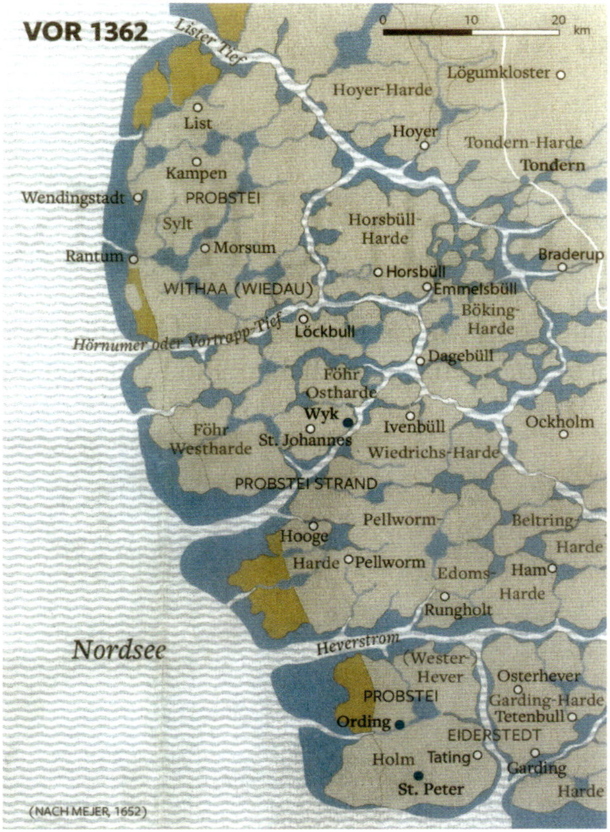

zu Generation überlieferten Berichte gewesen sein werden, lässt sich leicht vorstellen.

Die Geschichte von Rungholt? Versuch einer Chronik? Ist das nicht ein aussichtsloses Unterfangen angesichts der wenigen und so dürftigen Spuren im Watt, der selten aufgefundenen Exponate, der geringen Zeugnisse und fast keiner Urkunden?
Kürzlich stand ich im St. Petersdom in Rom und betrachtete ein beeindruckendes Mosaikbild auf einem der gewaltigen Pfeiler. Es stellt die originaltreue Abbildung eines Ölgemäldes von Michelangelo dar und besteht aus mehr als 40000 steinernen Mosaikstückchen der verschiedensten Farbnuancen.

Man stelle sich die Aufgabe vor, aus nur einem Bruchteil dieser Mosaiksteinchen das gesamte Bild rekonstruieren zu wollen, eine schier unlösbare Aufgabe. Wenn dann nur wenige Steinchen an falscher Stelle sitzen, entsteht ein völlig anderes Werk. Jeder, der sich an eine solche Aufgabe machen würde, wird wohl zu einem anderen Bildnis kommen, es würden die unterschiedlichsten Kunstwerke entstehen. Genau so schwierig und vieldeutig ist die Aufgabe, aus den wenigen zur Verfügung stehenden Erkenntnissen und Funden ein Bild von dem untergegangenen Rungholt geben zu wollen.

Eine reizvolle Aufgabe war es ferner, als es noch erlaubt war, vor Ort im nordfriesischen Wattenmeer Kulturspuren von untergegangenen Ortschaften zu suchen und aufzufinden, Fundstücke davon aufzusammeln und zu ordnen sowie die Lebensbedingungen der Bewohner anhand dieser Spuren zu ermitteln. Ein Ziegelstein im Klosterformat liegt im Watt, leicht eingeschwemmt, daneben noch einer, schließlich noch ein weiterer Torso eines solchen Steines, alle sind vom Meer angenagt, abgeschliffen, in Teile zerschlagen von Wind und Wellen. Könnten die von meiner Frau und mir gefundenen Wandteile eines Hauses aus Lehm und Ton, das Holzpaneel oder die Reste eines Lederschuhs mehr Kunde geben als nur ihr nacktes Aussehen, wenn man diese Funde in der Hand hält, frisch aus dem Schlickwatt geborgen.

Ist dieser Ziegelstein der Rest eines Hauses oder einer Kirche oder von welcher Art Gebäude? Wie hat der Mensch ausgesehen, wie hat er gelebt, der in diesem Haus gewohnt, der dieses Paneel hergestellt oder diese Schuhe getragen hat?

Es erscheint wirklich vermessen, eine Chronik von Rungholt schreiben, ein Bild herstellen zu wollen von dem Ort, den Menschen und der Umgebung.

Die vielen Exponate, die meine Frau und ich, gelegentlich auch unser Sohn und eine begleitende Freundin, gefunden haben, berechtigen uns, die gewonnenen Erkenntnisse innerhalb einer umfassenden Abhandlung darzustellen (siehe Angaben zu

Beginn des Berichtes). Wir waren dabei häufig auf die Mithilfe der Wissenschaftler des Archäologischen Landesamtes Schleswig-Holstein in Schleswig angewiesen, von denen wir eine tatkräftige Unterstützung bei der Auswertung der Funde erhalten haben. Doch nicht immer konnte unser Wissensdurst gestillt werden. Unsere Holzfunde wurden zeichnerisch dargestellt, ohne dass ermittelt werden konnte, welchem Zweck sie dienten und wie sie in das Gesamtbild einzuordnen sind. Das Geheimnis der mit Torf gefüllten Gräben, die letzten Genauigkeiten bei der Bauart und Raumaufteilung der Häuser und offene Fragen bei handwerklichen Geräten, um nur einige Beispiele zu nennen, bleiben immer noch nicht völlig gelöst.
Dennoch: Wir waren immer zuversichtlich, dass wir als interessierte Laien bei den Rätseln, die uns manche Funde aufgaben, eine Lösung im Archäologischen Landesamt in Schleswig erhalten konnten, und wurden häufig nicht enttäuscht.
Wie sonst hätten wir uns in dem geschilderten Mosaikbild, von dem wir nur wenige Steinchen aufgefunden haben, zurechtfinden können?
Für alle, die an der Geschichte des Nordfriesischen Wattenmeeres ein besonderes Interesse haben, liegt der besondere Reiz darin, dass man hier auf historischem Boden steht. Was einst Rungholt war, ist heute die aufgewachsene Hallig Südfall und ihre Umgebung rundherum.
Südfall ist eine besonders einsame, eine außergewöhnlich schöne Hallig. Für Menschen mit einem Gespür für die Schönheiten unserer norddeutschen Heimat ist sie „schöner als jede Südseeinsel".

Zusammenfassend stelle ich fest:

Rungholt ging am 16. Januar 1362 unter. Alle seine Bewohner ertranken in den mörderischen Fluten der „Groten Mandränke" - bis auf den Priester und die Jungfrauen, die zur Messe nach Bupschlut gegangen waren. Die Häuser wurden restlos zerstört.
Aber in den Jahren davor hat Rungholt als Handelsplatz eine nicht unbedeutende Rolle gespielt, eine immerhin so bedeutende, das die Erinnerung an Rungholt bis heute wach geblieben ist.
Der Rechtsanwalt und Notar Dr. Hans-Herbert Henningsen aus Moorrege in Schleswig-Holstein hat über Rungholt zwei Bücher veröffentlicht, die in der Husum Druck- und Verlagsgesellschaft mbH & Co. KG Husum erschienen sind: Rungholt - Der Weg in die Katastrophe, Band I und Band II.

Ein unvergessener Moment

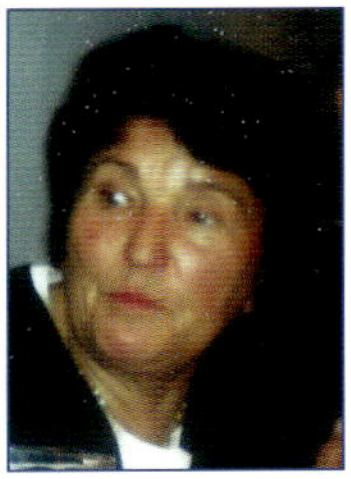

LIESELOTTE HÖCKER
Bad Laer

Es war im Februar 1990. Mit meinem Sohn war ich in Ägypten auf einem Kreuzfahrtschiff.

Wir hatten eine wunderschöne Reise und sehr nette Mitreisende in diesem faszinierenden Land.

Nach einem Ausflug zum Tempel der Pharaonin Hatshepsut kamen wir zurück zum Abendessen an Bord. Wie immer war das Menü gut und wir genossen den Abend.

Dann die Überraschung: Eine Torte wurde mit Musikbegleitung hereingetragen.

Eine Dame an unserem Tisch hatte Geburtstag und es erklang die obligatorische Hymne: Happy Birthday.

Doch dann sangen wir den Text in deutsch und anschließend in munterer Reihenfolge in französisch, niederländisch und der Höhepunkt war dann das Lied in arabisch, gesungen von der Crew.

Ein internationales Publikum, alle in einem Lied vereint. Unvergesslich, wunderbar!

Du führst uns hinaus in Weite

Eine Reise von Ostercappeln nach Santioago de Compostela

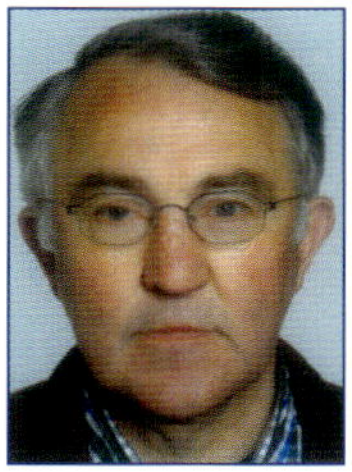

Johannes Hunfeld
Ostercappeln

Teil 1

Entsprechend dem Motto des 97. Deutschen Katholikentages in Osnabrück starteten meine Frau und ich am Dienstag, den 27. Mai 2008, nach der Hl. Messe in der St. Lambertus Kirche und dem Pilgersegen um 9.50 Uhr mit den Fahrrädern unseren Weg nach Santiago de Compostela.

Unser Weg führte uns durch das schöne Osnabrücker- und Münsterland. Nach der Besichtigung des Altenberger Domes, einer gotischen Kirche der Zisterzienser, gelangten wir über Köln und durch die Eifel nach Trier. Weiter südwärts fahren wir ab Konz die gesamte Saar entlang bis zum Rhein-Marne-Kanal in Lothringen.

Während der Fahrt entlang der Saar begleiten uns 28 Schleusen, die den Wasserstand der Saar regulieren und die den Freizeit-Schiffahrtskäpitänen permanente Schleusungsarbeiten verschaffen.

Das Ende unserer ersten Etappe ist das schöne Mosel-Städtchen Epinal, wo wir am Donnerstag, den 5. Juni, und dem ersten Regentag nach etwa 920 km ankommen.

Die 2. Etappe beginnt am 23. Mai 2009 mit der Zugfahrt von Osnabrück nach Epinal. Es ist strahlendes Sommerwetter und die Wärme setzt uns im hügeligen Lothringer Land gehörig zu. Wir fahren auf der gesamten Strecke bis Valence an der Rhone durch herrliche Waldgebiete und die blühenden Akazienbäume verströmen einen milden Honigduft, so dass wir den Eindruck gewinnen, als wenn dies das Land ist, in dem Milch und Honig fließen. Ein zweitägiger Aufenthalt in der schönen Stadt Lyon verschafft uns etwas Zeit zum Regenerieren. Lyon ist offensichtlich durch den Krieg nicht zerstört worden und verfügt somit über eine durchgehend fünfgeschossige Bauweise mit sehr schönen vollständig erhaltenen Straßenzügen. Auffällig sind die schönen und hohen Eingangstüren. Wir besuchen die Kommunität in Taize. Im August 1940 kommt der Schweizer Bürger Roger Schütz in das fast ausgestorben Dorf Taize. Sein Ziel ist es zu helfen, mitten in der Not der damaligen Zeit: er versteckt Flüchtlinge im seinem Haus, vor allem Juden aus dem besetzten Frankreich. Später kümmert er sich um deutsche Kriegsgefangene.

Zur Kommunität gehören heute Brüder aus etwa 20 Ländern. Ihren Lebensunterhalt bestreiten sie ausschließlich aus dem Erlös ihrer Arbeit. Taize ist ein wichtiger Ort auf dem Jakobsweg. Unweit von Taize liegt Cluny, ein sehr bedeutsamer Ort für den Benediktiner Orden im 11. und 12. Jahrhundert. Von Cluny ging die größte Wallfahrtsbewegung des Mittelalters zum Grab des Apostels Jakobus in Santiago de Compostela aus. Anzumerken bleibt, dass wir etwa 2 Tage durch die herrlichen Weinberge des Burgund bei herrlichem Sonnenschein fahren können.

Ab Valence führt uns der Weg westwärts durch das Massiv-Central. Am Pfingstsonntag, den 31. Mai, erreichen wir Le Puy-en-Velay. Le Puy ist seit dem 10. Jahrhundert Sammelpunkt der Jakobspilgerer; denn hier beginnt einer der vier Pilgerwege in Frankreich

nach Santiago mit etwa 1600 km Entfernung. In der Kirche Notre-Dame sind wir am Pfingstmontag bei der Primizmesse eines chinesischen Priesters zugegen.
Auf unserem Weg durch das Massiv-Central begleitet uns der Gesang der Lerchen von früh bis spät, eine willkommene Begleitung. Charakteristisch hier sind die großen Weidewiesen mit den braunen Rindern. Wir fahren etwa drei Tage entlang des Flusses Lot über wenig befahrene Nebenstraßen und sehen u.a. Wasseramseln, Bergstelzen und Buntspechte - eine traumhafte Landschaft.
Der steil aufsteigende Wasserdampf eines Atomkraftwerkes und massiv aufwallende Wolkenformationen künden ein Unwetter an und auf unserer Fahrt können wir unter dem Vordach einer Kirche das Unwetter mit starkem Sturm und heftigem Regen Schutz suchen. Am 6. Juni können wir in der Ferne die schneebedeckten Gipfel der Pyrenäen erstmals sehen und erreichen 8. Juni St. Jean Pied de Port, das Ziel unserer 2. Etappe nach gefahrenen 1500 km. Zum Start der zweiten Etappe hatten wir in Epinal eine Hotelunterkunft im Voraus gebucht. Während der gesamten Reise haben wir täglich ohne Probleme eine Unterkunft gefunden, vor allem waren die Tourismusämter eine wertvolle Hilfe.
Dieser Abschnitt erfolgte bei herrlichstem Wetter, einer sehr schönen Landschaft, bei nur einem Regentag und einer Reifenpanne 500 Meter vor der Haustür.

Teil 2

Nach einer guten sportlichen Vorbereitung starte ich am 5. Juni 2010 vom Flughafen Münster meine Pilgerreise. In Bilbao angekommen und einer Übernachtung in der Pilgerherberge Paderborn in Pamplona (diese wird zu dieser Zeit von einem Ehepaar aus Georgsmarienhütte betreut), fahre ich mit dem Bus nach San Sebastian und anschließend mit dem Zug zum Wallfahrtsort Lourdes. Für eine ca. 45-minütige Zugfahrt in Spanien bezahle ich 1,50 € - ein unglaublich günstiger Preis. Von Sonntag bis Dienstag erlebe ich hier besonders bei den Krankenprozessionen mit wie viel Hoffnung und intensivem Gebet dieser Wallfahrtsort aufgesucht wird.
Am 8. Juni (genau vor einem Jahr haben meine Frau und ich hier unsere 2. Etappe beendet) beginnt mein Pilgerweg. In St. Jean Pied de Port übernachte ich in einer von einem holländischen Ehepaar geführten Herberge mit besonders pilgerfreundlichen Akzenten (gregorianische Musik, gemeinsames Essen, persönliche Vorstellung aller Pilger und Überreichung eines Pilgerspruches für den weiteren Weg). Am Mittwoch, den 9. Juni, begebe ich mich u.a. mit Karen, einer jungen Pilgerin aus London, auf den Weg über die Pyrenäen. Am 24. Juli treffe ich Karen in Santiago wieder, nachdem ich sie letztmalig in Puente la Reine mit schweren Fußproblemen und einer ärztlich verordneten Ruhepause von einer Woche getroffen habe. Dies sind z. B. die besonderen Momente des

Camino. In Pamplona, die durch den Stierkampf und Ernest Hemingway berühmte geworden Stadt, lege ich eine 1-tägige Pause ein und bin erstaunt über die vielen prachtvoll ausgestatteten Kirchen. Am Sonntagmorgen, auf meinen Weg aus Pamplona, treffe ich Kees Wittebrood aus Alkmaar. Er ist vor 82 Tagen in Alkmaar, im Norden Hollands, gestartet und hat bereits ca. 2300 Kilometer zurückgelegt. Mit ihm gehe ich die nächsten 5 Tage auf dem Camino.

Ein weiteres für mich besonderes, in Erinnerung bleibendes Erlebnis, ist der russische Choral, den Kees in der achteckigen Kapelle gesungen hat. Es ist ein kunst- und bauhistorischer Kirchenbau. Die Alabasterfenster geben dieser Kapelle ein besonderes Licht, und der achteckige Bau und die spärliche Ausstattung eine außerordentliche Akustik, so dass ich beim Gesang von Kees fast das Atmen vergesse. Kees ist Sänger in einem holländischen Kirchenchor, der von einem russisch sprachigen Dirigenten geleitet wird. Der Kontakt mit Kees wird über den Camino hinaus gepflegt werden. Die neuen Medien erleichtern dies außerordentlich.
Nach dem hektischen Treiben in der Großstadt Pamplona, wo die Fußgänger bei der Rotphase einer Ampel nicht warten, fasse ich für mich den Entschluss, ab jetzt an jeder Ampel die Rotphase abzuwarten, denn ich habe keine Eile und will mich dazu zur Ruhe des Weges veranlassen. Mittlerweile stelle ich fest, dass mein Rucksack mit ca. 14 kg Inhalt und einer zusätzlichen Fototasche zu umfangreich gepackt ist. Als zweites lege ich fest, dass ich alles was ich in meinen Rucksack gepackt habe auch nach Santiago tragen werde. Als weiteres entscheide ich, dass ich jeden Meter des Caminos zu Fuß zurücklegen werde, auch wenn der Weg in die Großstädte manchmal durch große Industriegebiete führen wird. Allerdings muss ich meinen Vorsatz, an jeder Ampel zu warten auf dem Weg aus der Stadt Leon hinaus durchbrechen. Ich warte an einer großen Ausfahrtstraße an einer Ampel. In Fahrtrichtung steht auf meiner Seite ein Polizist, der den Straßenverkehr überwacht. Dazu muss ich erwähnen, dass spanische Polizisten eher eine helfende Funktion in der Ausübung ihres Auftrages sehen. Dieser Polizist sieht mich wartend an der Ampel und gibt mir eindeutig ein Zeichen zum Weitergehen, was ich daraufhin auch befolge.
Der Weg führt uns durch die Anbaugebiete für Getreide, Wein und Oliven der Provinz Navarra. Auf dem Weg von Los Arcos nach Logrono beginnt es leicht zu regnen. Leider entwickelt sich dieser Schauer zum starken Dauerregen aus, und der lehmige Boden wird hin und wieder zur Rutschpartie. In Logrono sind wir total durchnässt, in der großen Herberge herrscht großes Gedränge und überall ist nasse Wanderkleidung zum Trocknen aufgehängt, denn am nächsten Morgen möchte jeder Pilger wieder trockene Kleidung anziehen. Zum Glück gibt es ge-

nügend Zeitungen, um die Wanderschuhe damit auszustopfen. Dies war zum Glück der einzige Regentag auf meinem Weg nach Santiago. Das Wetter war sehr pilgerfreundlich, denn es war im Durchschnitt ca. 10 Grad kälter als zu dieser Jahreszeit üblich. Zudem beginnt der Pilgertag morgens um ca. 5.30 Uhr und bei einem Tagespensum von ca. 25 Kilometern ist man etwa um 13 bis 14 Uhr am Zielort angelangt und kann damit die berühmte spanische Siesta einlegen und sich in der Herberge einquartieren. Bei diesem Tagesablauf ist der Camino gut zu bewältigen. Jeder Pilger, der an einem Tag mehr als vierzig Kilometer zurücklegt, bekommt am Tag danach die Folgen seiner Unvernunft quittiert. Dies habe ich auch selber erfahren müssen, indem ich mir drei Blasen eingehandelt habe. In Santo Domingo de la Calzada nehmen Kees und ich voneinander Abschied, jedoch treffen wir uns wieder in Burgos, Leon und Finistere. Der Camino führt durch viele kleine Ortschaften und die Weite des Weges mit herrlichem rotem Mohn durchsetzten Getreidefeldern lässt mich zur Ruhe und zur Zufriedenheit des Weges kommen. Es ist wohltuend, einen Großteil des Weges am Tag allein zu gehen, denn man erlangt einen sehr persönlichen Eindruck vom Charakter des Weges. Zudem begegnet man am Abend in der Herberge die große Zahl Gleichgesinnter wieder. Außerdem ist eine kurze Absprache zum Treffen am Abend jederzeit möglich und ich habe dies vielfach genutzt.

Die Kathedralen von Burgos und Leon sind eine Pflicht für jeden. Da zur gleichen Zeit die Fußball-Weltmeisterschaft stattfindet, erlebe ich in Leon die Euphorie der begeisterten Spanier beim Sieg über Portugal. Die Cafés und Bars haben große Bildschirme aufgestellt, um das Spiel verfolgen zu können. Die Euphorie war nach der Erlangung des Weltmeistertitels besonders groß und einige Pilger legten den Weg im Nationaltrikot oder mit umgehängter spanischer Nationalfahne zurück.

Es ist schon etwas Besonderes, wenn man plötzlich in Leon mit seinem Namen gerufen wird. Günter und Gabi aus Nürnberg, die ich zu Beginn des Weges mehrmals getroffen habe, laden mich zu einem Kaffee ein und wir verabreden, uns in Santiago zu treffen. Einen Gruß hinterlassen beide mit ihrem Namenszug auf dem Kilometerstein 100. Dies war für mich ein Zeichen, dass sie sich vor mir auf dem Weg befinden. Der Weg von Sahagun nach Reliegos führt über eine alte Römerstraße. Auf diesem 31 km langen Weg macht uns die spanische Sonne schwer zu schaffen. Der Hinweis im Pilgerführer, sich mit genügend Getränken auszustatten, ist sehr wertvoll. Bis Leon begleiten uns viele Storchennester und am Abend besetzen die Störche die Zinnen und die Dach- und Giebelspitzen der Kathedralen.

Am Cruz de Fero, es liegt etwa 200 km vor Santiago (ein eisernes Kreuz auf etwa 1500 Höhenmetern), legt man einen Stein als Symbol einer mitgetrage-

nen Last nieder, um danach „erleichtert" seinen Pilgerweg fortzusetzen. Ich habe dieses auch in einem besonderen Gedenken an meinen schwer erkrankten Freund Josef getan.
Wie bereits mehrfach geschildert, ist die Welt des Camino de Santiago klein. Dazu folgendes: An einem Morgen auf den Weg nach O Cebreiro gehe ich neben einem Pilger. Einige Teilstrecken sind für Fuß- und Fahrradpilger identisch. Spanische Fahrradpilger sind in der Regel mit Renn- bzw. Mountainbike-Rädern unterwegs die keine Klingel haben. An diesem Morgen ertönt eine Fahrradklingel, der ich wegen der Besonderheit besondere Aufmerksamkeit widme. Und siehe da, der ehemalige Caritasdirektor Herr Heile mit seiner Frau überholen mich und mit ähnlichem Erstaunen, wie ich Herrn Heile und seine Frau begrüße, begrüßt er mich. „Herr Hunfeld, Sie hier auf dem Camino, welch eine Überraschung." Wir tauschen kurz die wichtigsten Informationen aus und treffen uns erneut in O Cebreiro.
In der Provinz Galizien führt der Weg durch bewaldete und landwirtschaftliche Gebiete. Die Kirchen sind nicht mehr so prunkvoll ausgestattet und laden zur Besinnlichkeit und zum Gebet ein. In Samos übernachte ich in der Herberge, die direkt am Benediktinerkloster angegliedert ist. Am späten Nachmittag gibt es in Samos ein starkes Gewitter mit einem ebenso starken Gewitterregen. Die Herberge liegt unmittelbar an einer Straßensenke und im Nu ist die Straße überschwemmt und ebenso die Herberge. Sofort wird alles auf die Etagenbetten gelegt und das gemeinsame Saubermachen beginnt bei allseits fröhlicher Stimmung.
Am Mittwoch, den 14. Juli, erreiche ich mit Wolfgang, der in Osnabrück geboren ist und seit vielen Jahren in Brüssel lebt, um 10.30 Uhr den Platz vor der großen Jakobskathedrale. Hier haben sich viele Pilger versammelt und viele Begrüßungsszenen bestimmen das Bild. Nach der Abgabe unseres Rucksacks in unserer Pension gehen wir erleichtert um 11.00 Uhr zum Pilgergottesdienst, der täglich um 12.00 beginnt. Die Kathedrale ist bis auf den letzten Platz von den vielen Bus- u. Kfz-Pilgern besetzt. Leichte Enttäuschung macht sich bei mir breit, denn nach diesem langen Weg sehnt man sich nach einem Sitzplatz. Aufgrund einer Vereinbarung des Erzbischofs von Santiago mit der Deutschen Bischofskonferenz steht ein Raum für ein deutschsprachiges Pilgertreffen bereit. Zwei im kirchlichen Dienst Tätige und immer ein Priester begrüßen uns sehr freundlich und nach einer kurzen persönlichen Vorstellung und Nennung der Motivation für den Camino können wir eine Hl. Messe in deutscher Sprache vereinbaren. Sogar an einer Hl. Messe mit fünf Personen direkt am Sarg des Hl. Jakobus konnte ich teilnehmen, und das stellte für mich den Höhepunkt meiner Pilgerreise dar. Beim ersten Pilgertreffen sind Gabi und Günther auch anwesend und die Wiedersehensfreude ist riesig.

Die Compostela, die Pilgerurkunde erhalte ich im Pilgerbüro. Nach zwei Tagen in Santiago gehe ich in drei Tagesetappen nach Finistere, dass 90 km von Santiago entfernt liegt und als das „Ende der Welt" bezeichnet wird. Hier verbringe ich 5 herrliche Urlaubstage bei schönstem Wetter und einem wunderschönen Strand am Atlantik. Traditionsgemäß verbrenne ich meine Pilgerhose als Zeichen, die ganze Anstrengung zurückzulassen. Da ich am Festtag des Hl. Jakobus, am 25. Juli, in Santiago sein möchte, fahre ich am 23. Juli zum im Voraus in Santiago gebuchten Hotel. Ich erlebe festliche Tage in der von Pilgern überfüllten Stadt. Die Anwesenheit des spanischen Königspaares am Festgottesdienst und die Betätigung des ca. 150 cm hohen Weihrauchgefäßes, das an einem 70 m langen Seil durch das Kirchenquerschiff schwebt, sind ganz besondere Momente meiner Pilgerrung.

Ich genieße die Festtage, das spanische Leben, die vielen Musikangebote in der Stadt und zum guten Abschluss besuche ich ein Konzert von Mark Knopfler, dem wohl besten Gitarristen.

An keinem Tag habe ich Probleme bei der Herbergssuche gehabt. Ein Unterkunftsverzeichnis des Freundeskreises der Jakobspilger Paderborn erleichterte dies sehr. Die Übernachtung in einer kommunal betriebenen Herberge kostet zwischen 4 bis 6 €. Von kirchlichen Institutionen betriebenen Herbergen bleibt es dem Pilger überlassen eine freiwillige Gabe zu tätigen. Die Herbergen verfügen i.d.R. über Doppelstockbetten in Schlafräumen von ca. 26 Betten. Die sanitären Anlagen sind gut und es wird keine Beköstigung angeboten. Dafür bietet die örtliche Gastronomie ein Pilgermenü zum Preis von 8 bis 10 € an, wozu nach Vor-, Haupt- und Nachspeise auch eine halbe Flasche Rotwein gehört. Dies ist gleichzeitig eine gute Maßnahme für einen guten Schlaf, bei doch hin und wieder störenden Schlafgeräuschen. Wohl dem, der ein Hörgerät trägt und es abends ablegen kann. Aber Ohropax mildern diese Beeinträchtigungen etwas.

Der gesamte Weg ist mit einem gelben Pfeil und dem Jakobsmuschelsymbol gut gekennzeichnet. Der gelbe Pfeil ist auf verschiedenste Dinge aufgemalt, wie z.B. Meilensteine, Hausmauern, Bäume, Holzschilder, sogar auf dem Asphalt. Das Jakobsmuschelsymbol ist in allen Städten und Ortschaften anders gestaltet.

Bei einem nächsten Weg werde ich vorher einige Yoga- und Entspannungsübungen erlernen. Mein Reisegepäck lässt sich auf 8 bis 9 kg reduzieren. Und für jeden Camino-Interessierten gebe ich den Rat, etwa 4 bis 6 Wochen vorher die Muskulatur, die Fußgelenke und Sehnen zu trainieren und bei einem Tagespensum in den ersten 7 Tagen von 15 Kilometern kann man den Weg nach Santiago gut bewältigen.

Am Freitag, den 30. Juli, trete ich den vorher gebuchten Rückflug ab Santiago nach Münster/Osnabrück an und kann nach 8 Wochen meine auf mich wartende Ehefrau mit Freude und einem guten besonderen Erlebnis in die Arme schließen.

Bon Camino!!!

Pilgerstatistik des Pilgerbüros Santiago

Ankunft in Santiago

	1993*	1994	1995	1996	1997	1998	1999*	2000	2001	2002	2003	2004*	2005	2006	2007	2008	2009	2010*
Januar	272	33	56	39	38	49	280	197	146	150	131	696	269	314	350	306	520	1.169
Februar	718	15	60	100	49	103	642	204	123	200	176	1.404	558	351	666	703	681	1.640
März	1.024	166	164	351	520	132	2.557	307	453	1.650	687	3.105	3.128	1.093	1.680	5.328	1.808	5.879
April	8.038	469	711	623	680	1.077	8.666	2.538	2.590	2.435	4.013	15.556	3.307	7.438	8.112	5.655	10.244	19.580
Mai	6.079	518	860	1.047	1.408	1.750	10.724	3.184	3.966	5.238	6.351	16.862	9.310	9.992	12.898	15.988	16.445	28.787
Juni	5.899	971	1.410	1.800	2.297	2.803	13.461	5.715	6.802	8.277	8.817	19.286	12.620	12.946	15.157	15.860	19.316	33.721
Juli	28.000	5.378	6.307	7.492	7.931	8.554	34.560	13.355	15.198	16.323	16.353	31.896	18.807	18.560	20.108	20.989	26.212	42.418
August	27.500	5.283	6.752	7.762	7.897	9.800	45.660	17.660	19.836	20.644	21.795	45.605	24.820	25.968	27.140	29.747	35.100	60.327
September	13.216	2.053	2.085	2.686	2.858	3.472	21.700	7.438	7.671	8.822	10.031	22.753	12.168	13.451	15.189	17.298	20.465	36.822
Oktober	5.699	722	1.133	1.099	1.217	1.735	10.280	3.250	3.419	3.922	4.871	14.556	6.873	7.661	9.434	9.881	11.730	26.562
November	1.226	165	192	166	205	521	3.061	688	865	969	928	4.410	1.396	1.755	2.496	2.301	2.325	8.050
Dezember	1.765	96	91	53	79	130	3.012	468	349	409	458	3.803	668	848	796	1.085	1.005	5.863
Total	99.436	15.869	19.821	23.218	25.179	30.126	154.603	55.004	61.418	69.039	74.611	179.932	93.924	100.377	114.026	125.141	145.851	270.818

*) 1993, 1999, 2004 und 2010 waren "Heilige Jahre". Immer wenn der Namenstag des hl. Jakobus (25. Juli) auf einen Sonntag fällt, ist ein "Heiliges Jahr"

Warten auf seine Rückkehr

Anonym - Name bekannt

Sie saß am Schreibtisch vor dem Fenster, sie fröstelte. Die Natur war erstarrt. Nichts bewegte sich, vollkommene Stille. Der Himmel hing tief und grau über der verschneiten Landschaft. Der Blick aus dem Fenster kam dem Blick auf eine Winterlandschaft eines Bildes gleich.

Die Zeit wollte nicht vergehen. Es war als hielte die ganze Welt den Atem an und sie müsse so lange ausharren bis das Leben zurückkehrt und alles wieder in Bewegung bringt.

Wie lange wollte der Winter noch bleiben? Seit Wochen wartete sie nun schon, hatte nichts mehr von ihm gehört. Er wollte in die Wälder, zur Jagd. Sie kannte seine Sehnsucht im Winter zu gehen und sich über Wochen in den Wäldern aufzuhalten. Sie war stumm geworden, nichts hätte ihn abhalten können zu gehen und sie wusste, sie würde ihn eher vertreiben als ihn zurückbringen.

Sie schwieg schon lange bevor er seine Sachen nahm und ging. Sie wusste stets auch ohne Worte, wann es an seiner Zeit war.

Was machte er nur all diese Wochen ohne sie in den verschneiten Bergen, ohne Telefon, so ganz allein? Sie hatte nie genauer gefragt. Wenn er zurückkam war er ganz ruhig, ganz bei ihr und liebte sie leidenschaftlich, wieder und wieder. Dann war all der Schmerz, die Sehnsucht und die Leere vergessen.

So sollte es auch wieder sein, wünschte sie sich. Es schrillte das Telefon und riss sie aus ihren Gedanken. Es hatte schon Wochen nicht mehr geklingelt und sie erschrak. Eine weibliche Stimme fragte nach meinem Namen. Die Stimme war ruhig, klar, gefasst und gab ihr die Anweisung, sich in den Zug nach Toronto zu setzen. Ihr Mann lag dort in einem Hospital, er habe einen Schlaganfall erlitten als er bei ihr war. Er verlangte nach ihr.

Und das mir …

Der flehende Blick deiner bernsteinfarbenen Augen
macht mich mal wieder wehrlos –
und ich ahne, dass du meine Nähe suchst.

Und so lasse ich es zu,
dass du dich an mich schmiegst.

Und ich weiß, dass du mich liebst
ohne Wenn und Aber.

Ich höre deine ruhigen Atemzüge,
fühle sie,
und ohne es zu wollen,
passe ich mich deinem Atmen an.

Gewärmt von deiner Nähe schlafe ich ein,
bis deine Barthaare sanft meine Fußsohlen kitzeln.

Und das mir,
die immer über Leute gelacht hat,
die ihren Hund mit auf dem Sofa schlafen ließen!

Monika Lepper

Royal Equestrian & Camel Festival - Muscat/Oman

Die Wüste lebt

Patricia Koschel

Sindbad der Seefahrer, die Heiligen Drei Könige oder die Weihrauchstraße - die Vergangenheit des Sultanats Oman ist jedem ein Begriff.

Doch das Land am Arabischen Golf hat weit mehr zu bieten als nur Historie. Atemberaubende Landschaften, seltene Tierarten, farbenprächtige Märkte und gelebte Gastfreundschaft machen das seit über 40 Jahren beständig vom Sultan Quabus regierte schöne Fleckchen Erde zum beliebten Reiseziel. Insbesondere dann, wenn der Sultan zu seinem Royal Equestrian and Camel Festival nach Muskat einlädt.

Zweieinhalb Stunden werden in dem eigens errichteten, vier Hektar großen Stadion den Vierbeinern gewidmet. Doch bei der Umsetzung der gigantischen Show vertraute der Sultan in deutsches Know how und auf eine über 25-jährige Partnerschaft zum Hause Kasselmann.

Das erfahrene Eventorganisations-Team der P.S.I. Marketing GmbH schaffte es in wenigen Monaten, eine Show aus 7000 Akteuren, 1540 Pferden und 740 Kamelen zusammen zu stellen, die selbst dem sonst so beherrschten Herrscher ein Lächeln entlockte. „Es war wirklich gewaltig. Ich habe schon viele Eröffnungsfeiern und Championate erlebt, aber diese Unternehmung übertraf alles", staunte selbst Mannschafts-Olympiasiegerin Heike Kemmer nicht schlecht, die eigens mit Pferd und elf weiteren internationalen Spitzenreitern für eine Olympiaquadrille eingeflogen wurden.

Insgesamt 150 Kilometer Kabel, 750 Computer, 47 Container voller Technik und 240 m LED- Produktion schafften schließlich den Rahmen für eine faszinierende Show vor der geradezu dramatischen Kulisse der im Sonnenuntergang in dunkles Rot getauchten Bergwelt.

Momente in lebendiger Hoffnung

Sandra Kötter
Ostercappeln

Krankenhausflur, wuseliges Treiben, Hektik, Lärm, Stress.
Hinter der Glastür: Ruhe, warme Farben, Wohnzimmeratmosphäre fast wie zuhause.
Ich befinde mich auf der Palliativstation des St. Raphael-Krankenhauses in Ostercappeln - Kreis Osnabrück.

Hier werden schwerkranke Menschen liebevoll und intensiv betreut. Angehörige haben die Möglichkeit, Tag und Nacht zu bleiben - oder sich im gemütlich eingerichteten Wohnzimmer auszutauschen.

Niemand wird allein gelassen, wenn er nicht allein sein möchte.

Schmerzen zu nehmen oder zumindest erträglich zu machen, dem Patienten die Möglichkeit zu geben, sich mit seiner Endlichkeit auseinanderzusetzen und Abschied zu nehmen, ohne Angst vor einem Verlust seiner Selbstbestimmung - das ist eine Aufgabe von SPES VIVA.

Nicht Sterbehilfe, sondern Lebenshilfe in der letzten Phase ist das Ziel.

Angehörige und Freunde werden einbezogen, auch Kinder und Jugendliche sind willkommen.

Die Begleitung geht über den Tod hinaus, wird Trauerbegleitung für die Menschen die zurückbleiben.

Ehrenamtliche Arbeit bei SPES VIVA - warum?

SPES VIVA hat meiner Familie und mir in Abschied und Trauer Kraft gegeben.

Diese Kraft möchte ich gern weitergeben!

Gehen müssen die Menschen ihren Weg allein, aber wir können ihnen dabei zur Seite stehen und damit den Weg ein wenig leichter machen.

Es sind diese Momente, die mir helfen, das Leben mehr zu schätzen und intensiver wahrzunehmen. Die mir dankbare Erinnerungen schenken - und lebendige Hoffnung.

Im tiefen Süden der Vereinigten Staaten von Amerika nicht allein gelassen

PETER FIOLKA
Wittmund

Mein „Moment, den das Leben schreibt", handelt von einer Begebenheit, die im März 1993 im tiefen Süden der Vereinigten Staaten von Amerika, in Montgomery/Alabama stattfand, meine Frau und mich sehr beeindruckt und unsere Gesamteinstellung gegenüber den USA im Allgemeinen und dem Süden im Besonderen stark mitgeprägt hat.
Wir lebten damals für ein knappes Jahr in Montgomery und hatten kurz vor dem Rückumzug nach Deutschland von amerikanischen Freunden gehört, dass in Montgomery ein farbiger Künstler lebte (politisch korrekt: African American), der sich nach einem Arbeitsunfall in den späten 60er Jahren der naiven Malerei widmete und mittlerweile über die Grenzen Alabamas bekannt war.
1993 spielte das Internet in den USA zwar schon eine bedeutende Rolle und war einem rasanten Wachstum unterworfen, aber die Google-Suchmaschine war noch nicht entwickelt und so begrenzten sich unsere Recherchen bezüglich des Künstlers Mose Tolliver auf die Berichte von Freunden und Bekannten sowie auf einige Zeitungsausschnitte.
Mose (oder Moses) Tolliver wurde am 04. Juli, dem „Unabhängigkeitstag" der Vereinigten Staaten, als eins von zwölf Kindern einfacher Landarbeiter geboren. Das Geburtsjahr ist bis heute unbekannt, wird aber auf 1920 geschätzt. Er bestritt seinen Lebensunterhalt mit Gelegenheitsarbeiten als Anstreicher, Gärtner und Ähnlichem. Er war Legastheniker an der Grenze zum Analphabeten.
Ende der 60er Jahre hatte er einen schweren Arbeitsunfall in einer Möbelfabrik in Montgomery. Anschließend war er stark gehbehindert und arbeitsunfähig. In der Regel folgte für ungelernte und sozial schwache Menschen in den Vereinigten Staaten der totale Absturz mit der hohen Wahrscheinlichkeit, in die Kriminalität abzurutschen.
In diesem Falle kam es anders: Der Besitzer der Möbelfabrik, ein Mister McLendon, ließ Mose Tolliver nach dem Arbeitsunfall nicht fallen, sondern kümmerte sich auch in der Genesungsphase um ihn. Anschließend nahm er Tolliver mit auf eine Kunstausstellung, die Idee zum Malen wurde entwickelt und die ersten Malutensilien von Mister McLendon zur Verfügung gestellt.
(Allein für diese Übernahme sozialer Verantwortung hätte ich 1993 Mister McLendon für den COURAGE-Preis des Komitee Courage Bad Iburgs vorgeschlagen. Mose Tolliver hat allerdings später - wie ich vor dem Schreiben dieser Geschichte recherchiert habe - immer wieder behauptet, schon vor dem Unfall gemalt zu haben.)
In den nächsten Jahren malte Mose Tolliver zunehmend Motive aus seinem Erfahrungsbereich wie Vögel, Schlangen, aufgeschnittene Wassermelonen und Busse mit darin sitzenden schwarzen Schülern. Aus Geldmangel nahm er als Material für seine Bilder unter anderem die Rückseiten von anderen Bildern, Baumwurzeln, Baumscheiben und zunehmend Sperrholz. Als Farbe verwendete er haupt-

sächlich Fassadenfarbe, mit denen die hölzernen Häuser im Süden der USA angestrichen wurden. Als Aufhänger für seine Bilder nahm er die Aufziehlaschen von Cola Dosen. Zum Signieren seiner Bilder lernte er, in ungelenken Buchstaben seinen Namen zu schreiben: Mose T., wobei er das „s" in Mose verkehrt herum schrieb. Die fertigen Bilder hängte er teilweise zum Verkauf in seinem Garten auf.
Anfang bis Mitte der 80er Jahre wurde er über die Grenzen Montgomeries hinaus bekannt und bekam im Laufe der weiteren Jahre Ausstellungen und Vernissagen, unter anderen in Atlanta, Baltimore, New Orleans, New York und Washington D.C.. Hier traf Tolliver auch Nancy Reagan bei einer Kunstausstellung amerikanischer naiver Malerei.
Im Jahre 1993 war Mose Tolliver ein verhältnismäßig vermögender Mann, er blieb trotzdem im alten Familienhaus und starb 2006 in Montgomery an einer Lungenentzündung.

Ich komme auf den „Moment, den das Leben schreibt" zurück:
Montgomery, die Hauptstadt Alabamas, blickt auf eine bewegte Vergangenheit bis vor den Bürgerkrieg 1861 bis 1865 zurück. Hier steht das erste „Weiße Haus" der konföderierten Südstaaten und Martin Luther King Jr. predigte als Pastor ab 1954 in der First Baptist Church.
Am 20. Dezember 1956 weigerte sich Rosa Parks, ihren Sitzplatz im Bus für einen weißen Passagier freizumachen, und wurde verhaftet und eingesperrt. Die schwarze Bevölkerung rief zu einem Busboykott auf und Martin Luther King Jr. und seine Mitstreiter feierten die ersten Erfolge im friedlichen Kampf für die Menschenrechte der farbigen Bevölkerung.
Am 23. März 1993 fuhren wir mit einer amerikanischen Bekannten, der Lehrerin Chris, zu Mose Tolliver. Wir wussten, dass dieser Stadtteil ein sozialer Brennpunkt war, fanden es trotzdem etwas übertrieben, als wir von Chris gebeten wurden, jeglichen Blickkontakt während der Fahrt zu vermeiden und uns auf keine Diskussion auf dem Fußweg vom Parkplatz zum Haus einzulassen.
Direkt vor dem Haus Mose Tollivers war ein einziger Parkplatz frei, allerdings im eingeschränkten Halteverbot. Meine Frau und ich waren gerade ausgestiegen, da hupte ein altes, verbeultes Auto hinter uns und die schwarze Fahrerin fuchtelte und fluchte durch das offene Fenster, dass wir im Halteverbot stehen würden. Chris fuhr sofort – wie vorher auch besprochen – weiter und machte sich auf die Parkplatzsuche. Die Fahrerin des alten Wagens parkte dann auf dem freigewordenen Platz. Auf der Rückbank saß ein vielleicht zehn oder elf Jahre alter Junge, der uns den ausgestreckten Mittelfinger zeigte. Wir haben nie vorher oder nachher ein so hasserfülltes und schadenfrohes Grinsen gesehen wie bei diesem Jungen.
Zwei Minuten später kam Chris, wir klopften und wurden von seiner Tochter empfangen. Mose T. saß wegen seiner Gehbehinderung auf der Bettkante und beantwortete freundlich unsere Fragen. Im Garten hingen zwar keine Bilder, aber alle Wände des einfachen, geradezu ärmlichen Hauses waren vollgehängt mit Werken von Mose (und anderen Familienmitgliedern). Wir sahen uns die „Ausstellung" an, erstanden zwei Gemälde, die 1993 auch noch bezahlbar waren, und verließen nach ungefähr einer Stunde zufrieden und voller gemischter Eindrücke das Haus.

PS: Das alte Auto stand selbstverständlich verlassen auf dem Parkplatz direkt vor dem Haus.

„Wo viel Schatten ist, da ist auch viel Licht"

Dr. Ralf Kötter
Pfarrer der Ev. Lukas-Kirchengemeinde im Eder- und Elsofftal, Bad Berleburg

Wir leben in einer Zeit, in der Leid und Herausforderungen verstohlen von der Seite aus betrachtet werden: Was kostet uns das? - so wird gleich gefragt. Und weil auch keiner mehr das Elend mit ansehen will, wird es schlicht und einfach aus dem Alltag verdrängt. Menschen mit Behinderungen wissen davon ein trauriges Lied zu singen. Patienten im Krankenhaus werden zur Fallpauschale, die nach DIN abzurechnen sind. Das Alter ist eine Mangelerscheinung - seine Weisheit, seine Kompetenzen sind uns kaum mehr bewusst. Das Sterben findet inzwischen versteckt und heimlich im Krankenhaus statt. Die Beisetzung entwickelt sich zur anonymen Randerscheinung an Orten mit möglichst geringem Pflegeaufwand. Und selbst das Gedenken der Opfer vergangener Zeiten gerät zur Farce, zur leidigen Pflichtveranstaltung an den Mahnmalen, bei der inzwischen viele nur noch müde abwinken: „Was soll dieses ewig Gestrige?", so fragen sie, „wir haben dieses alte Elend satt."

In unserer Lukas-Kirchengemeinde haben wir andere Erfahrungen gesammelt: Gerade im Leid, gerade in unseren Herausforderungen entdecken wir vielfältige Chancen für gelingendes Leben - frei nach einem zum Guten gewendeten Sprichwort: „Wo viel Schatten ist, da ist auch viel Licht."

Drei Biographien können diese Lebenserfahrung veranschaulichen:

Kerstin Keller, Bad Berleburg

Meine Oma Luise ist ein wunderbarer Mensch. Sie ist inzwischen 86 Jahre alt. Mit ihrer besonderen Lebensfreude und ihrer Weisheit begeistert und bereichert sie unsere ganze Familie. Wenn alle zusammenkommen, ihre beiden Kinder, die 6 Enkel, 10 Urenkel - dann ist Oma der Mittelpunkt unserer Familie: Ihre vielen Erinnerungen an früher, ihre Gelassenheit, ihr Mitgefühl, ihr trockener Humor - das tut uns allen immer gut.

Ich bewundere meine Oma, denn ich weiß, was sie erlebt hat. Während des Krieges war sie das älteste Mädchen zu Hause und musste ihre Mutter bei der Landwirtschaft tatkräftig unterstützen. Und im Jahr 1963, sie war gerade 37 Jahre alt und hatte mit ihrem Mann eine Familie gegründet - alle hofften auf eine glückliche gemeinsame Zeit: Da geschah dann plötzlich dieser schreckliche Unfall:

Opa war mit dem Trecker auf dem Feld unterwegs. Ein Gewitter zog auf und ein Rad am Heuwagen ging kaputt. Opa machte sich auf den Weg heim, um ein neues Rad zu holen, damit die Ernte noch im Trockenen eingefahren werden konnte. Auf diesem Weg geriet der Trecker in Schieflage und stürzte um. Opa kam ums Leben. Er wurde nur 36 Jahre alt.

Ich bin heute 32 Jahre alt. Ich habe genau wie meine Oma damals heute auch zwei Kinder. Ich kann nur dunkel ahnen, wie der Schmerz das Herz zerreißt, wenn so etwas passiert. Würde ich es schaffen weiterzuleben?

Meine Oma hat es geschafft. Sie hat den Schmerz nicht vergessen, ganz bestimmt nicht. Sie trägt ihn in sich und spürt ihn immer wieder, bis heute. Aber sie hat ihn angenommen, verinnerlicht, eingebettet und akzeptiert. Ihr starker Glaube an Gott hat ihr dabei geholfen und sie ihr Leben lang begleitet. Um diese schmerzende Erinnerung herum ist eine wunderbare Lebenseinstellung gewachsen, eine schillernde, faszinierende Persönlichkeit. Wie eine Muschel um eine Verletzung herum eine Perle entstehen lässt, die in allen Farben des Regenbogens schillert, so hat meine Oma ihre schmerzende Erinnerung angenommen und verinnerlicht und zu einer wunderbaren Perle wachsen lassen, die uns allen kostbar ist.

Barbara Lenz
Bad Berleburg

Als ich Petra kennenlernte, war sie schon von ihrer Krankheit gezeichnet: Krebs. Die Prognose war niederschmetternd, die Restdauer der Lebenszeit eng begrenzt. „Erledigen Sie, was Sie noch erledigen müssen" - die Aussage der Ärzte ließ keinen Spielraum mehr.

Wie würde ich reagieren, wenn sich das Leben so verdichtet, wenn sich das Leben so einengt, wenn es so drastisch und unerbittlich beschnitten wird? Wie würde ich reagieren, wenn meine Zeit mit meinem Mann vor dem Ende stände, wenn ich meine Reisen nicht mehr machen könnte, wenn ich meine Eltern zurücklassen müsste, meinen Garten nie wieder betreten könnte?

Petra hat wunderbar reagiert. Auch wenn es Krisen gab, auch wenn es Tränen und Verzweiflung gab: Bei Petra entfaltete sich in der eng begrenzten Taktzahl die Melodie ihres Lebens zu einer faszinierenden, atemberaubenden Variation.

In vielen Gesprächen kamen wir dem Kern gelingenden Lebens nahe. In vielen Begegnungen wurden die Verhältnisse ins rechte Licht gerückt: Wichtiges trat eindeutiger hervor, mit klaren Konturen. Unwichtiges musste weichen, musste zurücktreten. Wir haben gebetet. Wir haben gelacht und geweint, das Leben wurde intensiver, dichter, kostbarer, wertvoller. Ja: wertvoller wurde das Leben.

Vor zwei Monaten haben wir von ihr Abschied genommen. Sie wurde nur 50 Jahre alt. Ein Lied der Gruppe „Unheilig" haben wir bei der Trauerfeier gehört: „Du hast uns gezeigt, wie wertvoll Leben ist." Und heute erinnern wir uns mit einem Lächeln auf den Lippen an die Art und Weise, wie Petra das Leben angenommen hat. Eine schillernde Perle, die um die unselige Diagnose herum auf wunderbare Weise gewachsen ist. Eine Kostbarkeit, die unser Leben reich gemacht hat.

Christina Kötter

Bad Berleburg

Julia ist heute 22 Jahre alt. Eine junge, selbstbewusste Frau, auch wenn man ihr das Handicap deutlich anmerkt: Die rechte Hand und der rechte Arm sind gelähmt. Im ersten Lebensjahr wurde in Julias linker Gehirnhälfte eine Zyste entdeckt, die nicht entfernt werden konnte. Ihre Entwicklung wurde dadurch gehemmt. Seitdem muss Julia mit ihrer körperlichen und geistigen Behinderung leben.

Aber sie tut das in einer bemerkenswerten Weise. In unserer Kirchengemeinde haben wir das im Konfirmandenunterricht mit Staunen festgestellt: Wer kann schon Knopf und Reißverschluss der Hose mit einer Hand zumachen oder die Schleife für die Schuhe mit einer Hand binden!? Julia kann das! Und Kegeln kann sie, dass alle nur gestaunt haben.

Und sie kann noch mehr: Sie ist grundehrlich, unbeschwert und zufrieden. Sie hat keinerlei Hemmungen, zu fremden Menschen Kontakt aufzubauen. Sie betet das Vaterunser mit einer Inbrunst, mit einer Überzeugung, die ansteckend ist. „Julia ist der tollste, liebste, zufriedenste Mensch, den man sich vorstellen kann" - so sagt das ihre Mutter.

In der Konfirmandenprüfung hat Julia Geschichten von Jesus nacherzählt, so überzeugend, dass wir alle ergriffen waren. Sie hat auch erzählt, dass Jesus gestorben ist, am Kreuz. Julia weiß, dass Grenzen zum Leben dazugehören. Sie weiß, dass wir nicht alles in der Hand haben, dass beileibe nicht alles nach unserem Willen läuft. Sie weiß das, und sie akzeptiert das, in einer natürlichen und selbstverständlichen Weise, grundehrlich, ohne Hader. Ein Geschenk für alle, die ihr begegnen, eine schillernde, kostbare Perle.

Pfarrer Dr. Ralf Kötter

Bad Berleburg

Julia, Petra und Oma Luise: Drei Menschen mit einem Lebensweg, der sie vor gewaltige Herausforderungen gestellt hat. Drei Menschen, die es geschafft haben, die Herausforderungen anzunehmen und sie in den eigenen Lebensweg einzubetten. Wie eine Muschel rund um den Kristallisationskern einer inneren Verletzung eine schillernde Perle formt, so hat sich das, was das Leben reich und kostbar macht, um diese verletzten Biographien herum angereichert: Vitalität und Energie der todkranken Petra, Zufriedenheit und Humor von Oma Luise, Julias unverkrampfte, ansteckende Lebensfreude. Drei Beispiele dafür, wie gerade die Herausforderungen unser Leben in eine kostbare Gestalt verwandeln.

Das ist der Impuls, den unsere Zeit nötig hat: Leid und Herausforderungen sind nicht in erster Linie Kostenfaktoren, sondern sie sind Signale, die den Blick für gelingendes Leben schärfen.

In unserer Lukas-Kirchengemeinde sind uns mit dem unverstellten Blick auf die aktuellen Herausforderungen des demographischen Wandels im ländlichen Raum inzwischen viele Perlen erwachsen: persönliche Begleitung älterer Menschen in ihrem häuslichen Umfeld, verlässliche Tagesbetreuung für Seniorinnen und Senioren mit demenziellen Symptomen, Übermittagbetreuung für Schulkinder mit warmem Mittagessen und Hausaufgabenbegleitung, Beratung von Eltern in der Bildungslaufbahn ihrer Kinder, Familienschulungen zu Erziehungsfragen, generationenverbindende Projekte – die Palette schillernder Perlen ist inzwischen reich.

Gerade in den Schatten unserer Zeit haben wir das Licht gelingenden Lebens entdeckt; gerade an den Wundrändern wächst das Leben zur Kostbarkeit, zur schillernden Perle, die das Licht in allen Farben des Regenbogens erstrahlen lässt.

„Das muss auch mal gesagt werden!"

Das Zusammenleben von Türken und Deutschen

AYNUR GÜNGÜR
Osnabrück

Das Folgende kommt von Herzen: Mein Vater kam in den Siebzigern voller Erwartung aus der Türkei ins „Wirtschaftswunderdeutschland". Er arbeitete lange und tüchtig. Bald holte er seine Frau nach. Inzwischen haben sie drei Söhne. Und ich bin die einzige Tochter, trage wie meine Mutter kein Kopftuch und freue mich über die Toleranz hier.

Es gibt Moscheen und Schulen, türkische Geschäfte und Delikatessen. Wir können, aber müssen nicht unter unseren Landsleuten leben, auch wenn wir es gerne tun.

In den Ferien in der Türkei lacht die Sonne, bebt das Leben, ich als Mädchen immer mitten drin. Prächtiges Izmir! Wir sitzen an üppig gedeckten Tischen in modernen Tavernen, lachen, schlemmen und trinken. Gleich nebenan spielen (arme) Kinder im Staub, schauen uns mit großen Augen an. Echt krass!

Zurück in Deutschland, genieße ich noch immer die türkischen Spezialitäten, aber auch den vertrauten, geordneten Alltag, das entspannte Leben. Auch ohne Arbeit werden die Familien vom Staat unterstützt. Arme und Reiche halten sich die Waage.

Hier fühle ich mich wohl, arbeite ich gern und kann mir so manchen Schnickschnack leisten. Es gibt überhaupt keinen Grund zu meckern. Wer Sehnsucht hat, kann reisen.

Das muss auch mal gesagt werden!

Ich denke oft an St. Marien

NORBERT HIRSCH
Kempten

Die Zeitgeschichte hat es so eingerichtet, dass ich als „heimatloser Geselle" durch das Land ziehe.
Jetzt lebe ich an meinem elften Wohnsitz. Ebenso viele Kirchen waren in dem wechselvollen Leben „meine Kirche". Beeindruckende Kirchen sind darunter: Marktkirche in Hannover, eine kleine Kirche auf dem Deich mit Arp-Schnitger-Orgel, zwei katholische Kirchen. Die liebste von allen war und ist mir St. Marien in Osnabrück. Das liegt nicht nur daran, dass ich von allen Standorten die längste Zeit dort gelebt habe. Es liegt auch nicht nur an der architektonischen Schönheit und an der bedeutungsvollen Ausstattung dieses Gotteshauses.

Ich denke oft an die Wochenschluss-Andachten in St. Marien.

Hätte ich ohne diese Gottesdienste die mir anvertraute Verantwortung in der Schule und ihrer Verwaltung tragen können? Wer ein Amt wahrnimmt, erlebt viel Anerkennung, Zustimmung, manchmal Bewunderung. Aber auch das bleibt nicht aus: Neid, Missgunst, Häme, Missverständnis, Anfeindung. Es quält oft die Frage: Habe ich alle wesentlichen Anliegen sorgfältig bewertet und die für das Gemeinwohl beste Entscheidung getroffen? Das ist wirklich manchmal eine Qual. Dann die Erlösung am Samstagabend in St. Marien. Orgelspiel, Abendlied und die warme Stimme des Pastors: „Unser Abendgebet steige auf zu Dir, HERR, und es senke sich auf uns herab Dein Erbarmen. Dein ist der Tag, und Dein ist die Nacht. Lass, wenn des Tages Schein vergeht, das Licht Deiner Wahrheit uns leuchten. Schließe Du die Mühen dieser Woche und schenke uns allen einen neuen Anfang."
Nach diesem Gebet war ich ein anderer Mensch, gelöster und von Sorgen befreit.

Ich denke oft an die Marienkantorei.

Der Donnerstagabend war ein Geschenk in jeder Woche. Jemand anderes trug die Verantwortung. Ich konnte mich genießend hingeben den Klängen, Rhythmen und Botschaften der Musik. Die alten Meister und die Bereicherung durch zeitgenössische Werke. Die spannenden, großen Aufführungen in St. Marien und anderswo, die wohltuende Zusammenarbeit mit „dem Dom"! Das Einverständnis mit den Sängern zur Rechten und zur Linken. Dass ich mit 55 Jahren gemäß den Statuten „gefeuert" wurde, hat mir nichts ausgemacht. Bei Alteingesessenen hatte ich dieses Drama des Rauswurfs beobachtet und mich langfristig auf die Situation vorbereitet. Was ich dann im Bonnus-Chor erlebte, war alles andere als ein Gnadenbrot. Ich habe nur zu danken.
Ich denke gerne an die Kirchenwache.
Wer sie erfunden hat, müsste heilig gesprochen werden, wären wir katholisch. Nie war es langweilig.
Es kam vor, dass die Kirche leer war. Dann fingen die Steine an zu reden, die Bilder, Reliefs und Skulpturen. Mein Lieblingsthema ist die Symbolik

der Zahlen. Es erscheint in unerschöpflicher Fülle in dieser Kirche. Besonders die Zahl zwölf hat es mir angetan. Sie repräsentiert die Vollkommenheit. Wer in St. Marien zu Osnabrück eintritt, befindet sich in einer Halle von 3 x 4 = 12 gotischen Gewölbejochen mit entsprechend vielen Schluss-Steinen. In jedem Gottesdienst, bei jedem Konzert, bei jeder Kirchenwache habe ich die vollkommene Geborgenheit unter dem Schutz dieses Daches wahrgenommen. Doch meist war Leben in St. Marien während der Kirchenwache. Es gab manch gutes Gespräch mit Besuchern, aber auch mit Bekannten, die im Kirchenraum plötzlich Zeit hatten. Ich kam in Erklärungsnot, wenn ich nach dem Johannes-Schreiter-Fenster gefragt wurde. Ich hatte andere Lieblinge. Meist habe ich selbst dazugelernt oder einen Anstoß erhalten. Im benachbarten Ulm tragen die Wächter des Münsters übrigens ein Schild mit der Aufschrift „Sie dürfen mich ansprechen!" Gern lasse ich mir von ihnen den Weg zu den Johannes-Schreiter-Fenstern im Ulmer Münster weisen und denke dort selbstverständlich an Osnabrück.

Ich denke auch immer wieder an St. Marien,

wenn ich in meiner St. Mang Kirche in Kempten bin. Beide Gotteshäuser haben bis ins späte Mittelalter eine vergleichbare Baugeschichte: Anfänge in karolingischer Zeit, wehrhafte romanische Basiliken, zuletzt hohe, stolze gotische Bauten zum Lobe Gottes, zur Darstellung bürgerlichen Wohlstands und als Zeichen der Emanzipation der Bürger gegenüber dem Fürstbischof in Osnabrück und dem Fürstabt in Kempten. Dann aber die Unterschiede: In Osnabrück eine Reformation ohne Blutvergießen unter dem weisen Bischof Franz von Waldegg, besonnenen Ratsherren und dem tüchtigen Superintendenten Hermann Bonnus. Dagegen in Kempten eine blutige Reformation und ein Bildersturm, den kein christliches Kunstwerk überlebt hat. Die Einzelheiten darüber in der Stadtgeschichte sind unvorstellbar. Ihr Gipfel: Ein fanatisierter Handwerker hat dem Bürgermeister auf einem Teller den abgesägten Kopf des Gekreuzigten dargebracht. Du glückliches Osnabrück! Dir blieb es erspart. Der schöne Antwerpener Altar und die Madonna, zu Luthers Zeiten gerade erst geschaffen, schmücken St. Marien bis heute.
Es sollte noch ärger kommen: Während im 30jährigen Krieg Osnabrück seinen Beitrag zum Frieden leisten durfte, wurden in Kempten mehr als die Hälfte der Bewohner abgeschlachtet: Die Lutherischen von den Kaiserlichen, die Katholischen von den Schweden. Du glückliches Osnabrück gehst dagegen als Friedensstadt in die Geschichte ein! Es ist auch zum Weinen, wie das Innere der St. Mang Kirche in Kempten mit viel Stuckgips und Farbe ein neues neo-barockes Aussehen erhalten hat. Der regionale Geschmack will das so; er liebt Konvoluten, Schnörkel und Wülste.

Ich denke oft an St. Marien,

diese schöne, unverfälschte gotische Hallenkirche mit herrlicher Süd- und schlichter Nordseite, mit der prächtigen Ansicht in Richtung Dom. Ich liebe auch den Dom St. Peter zu Osnabrück. Ich denke an die Gottesdienste, an die Musik und an die lebendigen Steine dieses Gotteshauses. Wie hast du, Kirche unserer lieben Frau, der Bürger und der Reformation alle Zeiten so glücklich überstanden?
Ich denke an die vom Kriegsfeuer 1944 rot gebrannten Steine im Turmaufgang und an die Bilder der Zerstörung am nordwestlichen Ausgang. Ich hätte gern jemand von den Osnabrückern kennengelernt, die schon im April 1945 anfingen, ihre St. Marienkirche wieder aufzubauen. Ich glaube, St. Marien zu Osnabrück liegt Gott besonders am Herzen.

Ferienaktion für Tschernobyl-Kinder

DR. SIGRID PEES-ULSMANN
Osnabrück

Vor 25 Jahren ereignete sich in Tschernobyl die schreckliche Explosion des Kernreaktors, die Tausende das Leben kostete und Millionen Menschen körperlich und seelisch schädigte. Die Hannoversche Landeskirche und das Land Niedersachsen riefen nach diesem Unglück eine Hilfsaktion ins Leben, die bis heute fortbesteht. Kinder aus der Region Gomel in Weißrussland, die der Region von Tschernobyl in der Ukraine benachbart ist, kommen seit über 20 Jahren für je vier Wochen in ihren Sommerferien nach Osnabrück, um sich bei guter Luft und gesundem Essen zu erholen und ihr Immunsystem zu stärken, das in der verstrahlten Region ihrer Heimat stark beeinträchtigt ist.

Diese Kinder werden von Dolmetscherinnen begleitet, die bei Verständigungsschwierigkeiten mit den Gasteltern, im angebotenen Tagesprogramm sowie bei körperlichen Beschwerden oder seelischen Kümmernissen der Kinder sprachlich und menschlich helfen, damit der Ferienaufenthalt hier problemlos und fröhlich gelingt.
Tamara Bolsun ist von Anfang an dabei, seit über 20 Jahren in jedem Sommer Gast in St. Marien und unserer Familie. Da wir bei Beginn der Aktion keine eigenen Kinder mehr als Spielgefährten im Hause bieten konnten, entschlossen wir uns, eine erwachsene Begleiterin aufzunehmen.
Daraus wurde eine gute Tradition, und es entwickelte sich eine wunderbare Freundschaft zwischen uns. Aufgrund der ausgezeichneten Sprachkenntnisse von Tamara haben wir in den vergangenen über 20 Jahren tiefgehende Gespräche mit ihr führen können und viel gelernt über Weißrussland, den Krieg, das Unglück von Tschernobyl und die Menschen in der Region von Gomel, in der sie als Lehrerin in einem kleinen Dorf die deutsche Sprache und Kultur unterrichtet.

Irgendwann fiel in einem Gespräch der Satz: „Tschernobyl hat mein Leben total verändert. Nichts ist mehr so, wie es früher war. Aber ich wage es kaum zu sagen: ohne die Katastrohe wäre ich niemals zu Euch nach Osnabrück gekommen, und ich hätte viele Menschen hier nie kennengelernt, die mein Leben so bereichert haben. Der liebe Gott kann aus schrecklichen Ereignissen auch Gutes schaffen."

Bei ihrem nächsten Besuch in Osnabrück wird Tamara Bolsun wieder in dem ökumenischen Gottesdienst dabei sein und bei den Fürbitten einstimmen in die Gebete für die Kinder und Gasteltern der Tschernobyl-Aktion. Und die Gemeinde wird wieder mit einer großzügigen Kollekte und Spenden die Aktion unterstützen.

Die schreckliche Explosion des Kernreaktors dauerte nur einen Moment - die Folgen sind leider dauerhafter! Lernen wir daraus?!

Fünf Geschichten die das Leben schrieb ...

Josef Tegeler
Ehrenlandrat,
Georgsmarienhütte

Erster spannender Kontakt mit dem Kreis Neustrelitz in Mecklenburg-Vorpommern

Die Erkenntnisse aus meinem Schwerinbesuch waren nicht ohne bedrückende Nachwirkungen geblieben. Hatten sie doch in schonungsloser Offenheit ein trauriges Bild eines wirtschaftlich wie politisch total bankrotten Systems, das in tiefer Agonie darniederlag, vermittelt. Die Menschen in tiefer Mut- und Hoffnungslosigkeit, von Aufbruchstimmung in der breiten Öffentlichkeit nicht die Spur.

Den Menschen Mut machen, Zuwendung zeigen, dass sie nicht vergessen und verlassen sind. Moralische Aufrüstung und Aufmunterung waren erste vordringliche Aufgaben, lösbar nur durch offizielle Kontakte und Besuche durch die freien Wohlfahrtsverbände, karitative und diakonische Einrichtungen, gesellschaftliche Gruppierungen, staatliche, kommunale Stellen.

Einer immensen Herausforderung sahen wir uns als Kommune nun gegenüber gestellt, Hilfen in allen denkbaren Schattierungen zu leisten. Und das spontan und ohne Umschweife. Dazu aber mussten erst offizielle Kontakte hergestellt werden, wir mussten reisen.

Gut, dass von der Verwaltung Herr Dr. Kassing und Herr Majerski im Kreis Neustrelitz vorsondiert hatten, um eine Anlaufstelle mit vertrauenswürdigen Kontaktpersonen als Ansprechpartner ausfindig zu machen.

Mit dem Herrn Probst Gurske als einen prominenten Vertreter der evangelischen Kirche fanden wir hier einen aufgeschlossenen, engagierten Vertreter der Opposition, was unseren Absichten sehr entgegen kam.

Am 07. Februar 1990, nur 2 Tage nach meinem Schwerinbesuch und knapp 2 Monate nach dem Fall der Mauer, wagten wir uns zu einer 2 tägigen offiziellen Mission auf den Weg nach Neustrelitz. Für Oberkreisdirektor Kreft und für mich alles andere als eine angenehme Ausflugsreise, wussten wir doch, das spannungsgeladene Reisemomente uns erwarten würden. Stürmisch sollte die Reise im wahrsten Sinne des Wortes verlaufen.

Landrat Josef Tegeler im Gespräch mit dem Vorsitzenden des Rates des Kreises Neustrelitz, Harald Wibelitz.

Der Flug nach Berlin Tegel alles andere als ein Vergnügen, alles andere als freundlich und willkommen die Begegnungen am Grenzkontrollpunkt mit den noch diensttuenden Vopo-Offizieren, deren vorwurfsvolle, provozierende Blicke uns trafen als wir auf die Fragen nach dem „Woher", dem „Wohin" und dem „Warum" bereitwillig und selbstbewusst unsere Auskünfte gaben.
Ich muss schon sagen, es waren gemischte, mulmige Gefühle nach diesem Erlebnis mit einem noch voll funktionierenden Apparat eines staatlichen Überwachungssystems. Bedrückend auch als erstmals russische Besatzungssoldaten unerwartet für uns auftauchten. Sie begleiteten uns auf dem weiteren Weg durch die brandenburgische und mecklenburgische Landschaft in ihrer herben Schönheit, durch Städte und Dörfer, deren Erscheinungsbild ganz und gar nicht dem unsrigen hier im Westen ähneln und gleichen wollten.

Der Ort Peckatel, nahe Neustrelitz, unsere erste Station, unser erstes Treffen im Hause von Herrn Probst Ulrich Gurske. Mit Absicht gewählt, um damit der Opposition unseren Respekt und unsere Referenz zu bekunden. Eine überaus herzliche, freudige Aufnahme und ein sich Wohlfühlen mit Menschen, die dem herrschenden politischen System gegenüber Jahrzehnte inneren Widerstand geleistet hatten. Sichtlich erleichtert, befreit vom Zwang war das ersehnte große Geschenk einer freiheitlichen Zukunft sicher. Sie hatten Fuß gefasst, den Glauben an die neue Ordnung bei sich schon verinnerlicht. Sie waren Hoffnungsträger und waren vielen anderen weit voraus.
In uns, den Besuchern aus Osnabrück, sahen sie Freunde, Gleichgesinnte. Und so saßen wir in einer gelockerten, fröhlichen und entspannten Runde der Vertreter vom Demokratischen Aufbruch, dem Neuen Forum, der SPD, der CDU und der LDP beieinander. Dazu geladen die Geistlichkeit der örtlichen Kirchen und einige Ordensschwestern rundeten das interessante Bild der Gesprächspartner ab. Zu dem lebhaften Gedankenaustausch sollte als ein besonders will kommender Gast der Landessuperintendent Kurt Winkelmann später noch hinzukommen.
Herr Winkelmann zählte zu einem der vielen, schwer leidgeprüften Opfern des Unrechtstaates. Als 16/17jähriger Oberschüler war er unter einem willkürlichen Vorwand auf dem Schulweg vom Staatssicherheitsdienst verhaftet und in einem Schnellverfahren von einem russischen Militärtribunal des Staatsverrates bezichtigt und verurteilt worden. Fast ein Jahrzehnt musste er in eines der Zwangslager in Sibirien ein schweres Schicksal voller Not und Entbehrung erleiden.
Ungebrochen und voller Tatkraft wurde er zu einem Leuchtturm des inneren Widerstandes der evangelischen Kirche und nun nach der Wende zum leidenschaftlichen Vorkämpfer des freiheitlich demokratischen Neubeginns.
So trafen sich hier Menschen mit unterschiedlichen Schicksalen, die dem Grunde nach eines Sinnes waren, geeint zutiefst in einer menschlichen Grundeinstellung christlich geprägter Grundhaltung. Das machte diese erste Begegnung mit diesen Menschen zu einer tiefen und bleibenden Erinnerung.
Wir konnten erste aufschlussreiche Informationen und Erkenntnisse gewinnen, wie das noch offiziell amtierende Machtgefüge des offiziellen Rates des Kreises Neustrelitz einzuschätzen sei. Das war für uns wichtig, denn am Abend waren wir mit Vertretern des Rates des Kreises, an der Spitze Herr Wieblitz - ein überaus geschickt agierender Verwaltungsmann, gewiefter Taktiker - zusammen mit seinen Dezernenten zu einer offiziellen Gesprächsrunde geladen.

Es war schon eine prickelnde Atmosphäre des Aufeinandertreffens zweier unterschiedlicher politischer Anschauungen und Richtungen. Für uns ein Treffen mit der ersten Garnitur der sozialistischen Elite, eiskalter Macher und Hardliner. So waren wir gebannt und gespannt zugleich. Umso mehr überraschte es uns, eine schonungslos offene Diskussion über die wirtschaftlich desolate Lage und Situation zu erhalten. Es gab keinerlei Beschönigungsversuche.
Wohingegen die neue politische Situation des Zusammenbruchs der sozialistischen Ideologie von unseren Gesprächspartnern tunlichst mit Schweigen übergangen wurde. Das kam einer Kapitulation des Systems gleich. Zermürbt und entnervt war der Glaube an den ersten Arbeiter- und Bauernstaat zusammengebrochen. Ein Zurück gab es nicht mehr.
Die von uns eingeforderte Zustimmung, offiziell als Landkreis Osnabrück mit materieller, administrativer Hilfe den Menschen hier beizustehen, wurde vorbehaltlos gegeben. Ein Aufatmen für uns, verließen wir doch gewissermaßen als moralischer Sieger diese für uns so wichtig gehaltene abendliche Gesprächsrunde.
Nun war der Weg auch offiziell frei für den Landkreis Osnabrück, in großem Umfang gezielt mit einer Fülle von Hilfsmaßnahmen zu beginnen. Dazu zählten als erstes gezielte Verwaltungsbeiträge zur kommunalen demokratischen Neufindung und Neuordnung. Parallel dazu begann man schwerpunktmäßig die gravierensten sozialen Mangelerscheinungen zu mildern bzw. zu beheben. Im Mittelpunkt dieses Bemühens standen die kranken Menschen, die alten Menschen, die Behinderten, die psychisch Kranken und die Jugendlichen. Voller Begeisterung und Spontanität ging es ans Werk.
Ehrenamtlichkeit und Solidarität erhielten ihre große Bewährungsprobe, die sie mit Bravour bestanden, geradezu vorbildlich ausführten. Rücksichtsvoll und mit Empfindsamkeit galt es, auch die mentale Wiedervereinigung, die humane, die menschliche Heimkehr unserer Brüder und Schwestern aus der ehemaligen DDR in die neue Gemeinsamkeit unseres Volkes im Auge zu behalten.
Wir waren froh und glücklich darüber, mit unserem Besuch die Partnerschaft zwischen uns und den Menschen in Neustrelitz ins Leben gerufen zu haben. Vielseitigem aktivem Helfenwollen, Helfenkönnen waren nun keine Grenzen mehr gesetzt.
Herr Probst Gurske bezeichnete es Monate später als eine dankbare, glückliche Fügung, dass die Osnabrücker gekommen seien!

Die Geburtsstunde des neu gebildeten Großkreises Osnabrück!

Am 01. Juli 1972 fand die konstituierende Sitzung des Kreistages des Landkreises Osnabrück in Bad Iburg statt.
Der damalige Landrat Josef Tegeler führte dazu folgendes aus:
„Ich bedanke mich für das mir entgegengebrachte Vertrauen und versichere, dass ich bestrebt sein werde, das Amt des Landrates unparteiisch wahrzunehmen.
Im Vordergrund meiner Tätigkeit sehe ich die Verantwortung, die Bürde, die vielerlei Erwartungen, die die Bevölkerung an uns alle stellt. Ich sehe vor allem meine Vermittlerrolle im Ausgleich der Interessen zwischen den Fraktionen, zwischen Kreistag und Verwaltung, um damit zu meinem Teil mitzuhelfen, die Funktionsfähigkeit des neuen Kreistages sicherzustellen! Wenn wir die räumlichen Entfernungen zwischen Quakenbrück und Glandorf sehen, könnte uns ein Gefühl der Beklommenheit überkommen. Wir sind zum Erfolg in diesem Großkreis verurteilt, denn hier zu Lande und darüber hinaus

schaut man mit kritischen Augen, ob und wie wir mit den neuen Aufgaben fertig werden.
Nun geht's ans Werk!
Wir haben die Schwelle überschritten und uns zu einer neuen kommunalen Einheit aus den bisherigen Kreisen Bersenbrück, Melle, Osnabrück und Wittlage zu einem neuen Großkreis zusammengefunden, einer Einheit, die früher schon mal Jahrhunderte lang im Hochstift Osnabrück bestand. Sie ist im Grunde also kein Novum, sondern historisch gewachsen durch vielerlei menschliche Beziehungen, Geschichte und Kultur. Wenn wir uns dieses Ursprungs wieder besinnen, wird das unsere Zusammenarbeit erleichtern.
Nach den Stürmen des Meinungswiderstreits, jahrelangem Ringen und aufreibender Verhandlungen, nach Missverständnissen und Ungewissheit, nach Annäherungen und des sich Wieder-Verlierens, der Enttäuschungen und Resignationen, stehen wir nun vor einem hoffnungsvollen Neubeginn. Wir erleben einen denkwürdigen historischen Tag, ein Ereignis von hohem Rang, das sich auf der kommunalen Ebene in einem Jahrhundert nur einmal vollziehen dürfte. Wir haben die Chance, die Struktur dieses Raumes zum Wohle seiner Menschen optimaler zu gestalten.
So sehr wir uns all dessen in dieser Stunde der Bedeutung voll Genugtuung bewusst werden, ruft uns dieser Tag auch auf zu nüchterner Besinnung, zur Verantwortung, den neuen Landkreis mit Inhalt und Erfolg auszufüllen. Wir sollten uns auf unsere zentralen Anliegen und Aufgaben konzentrieren, die da sind: Als erstes die kommunalen Kräfte dieses Raumes zusammenzufassen und harmonisch zu integrieren, um uns in Land und Bund mehr als bisher Gehör zu verschaffen und damit diesem Gebiet innerhalb des Landes Niedersachsen den politischen Stellenwert zu geben, der ihm gebührt.
Dazu bedarf es eines partnerschaftlichen Verhältnisses mit der Stadt Osnabrück. Wir streben ein solches Verhältnis an, wobei wir wissen, dass dies eine delikate Aufgabe ist, die von beiden Seiten viel Verständnis und guten Willen verlangt. Zu der im Zuge der Reform verringerten Mitwirkungsmöglichkeit des ehrenamtlichen Elements streben wir im Kreistag ein neues Selbstverständnis an. Das politische Moment wird sich stärker ausprägen und profilieren wollen. Das steht in keinem Gegensatz zur Verwaltung und ich sehe dabei auch keine Einschränkung ihrer Wirkungsmöglichkeit, sondern eine gegenseitige Belebung. Uns ist gemeinsam die Aufgabe gestellt, die kommunale Selbstverwaltung zu stärken und anzureichern.
Wir sollten das Gefühl der Zusammengehörigkeit über die bisherigen Kreisgrenzen hinaus fördern. Darin wird zunächst und zuerst unsere Hauptaufgabe liegen. Je integrationsfreudiger wir uns in diesem Kreistag zeigen, um so eher wird das Zusammenwachsen gelingen. Darum auch meine Bitte um menschliches Verständnis, um gute Kontakte und den Abbau von Vorurteilen. Darin sehe ich den Ausgangspunkt für eine gute Zusammenarbeit. Wir müssen wegkommen vom Lokaldenken und das Umdenken üben, die Probleme und Sorgen der anderen kennen und verstehen lernen, und uns als Abgeordnete dem Gesamtraum verpflichtet fühlen. Das sollte das bestimmende Prinzip und die Devise unseres Handelns sein: Zunächst immer den Schwächsten unsere Aufmerksamkeit zu widmen.
Uns allen wünsche ich Kraft und Mut, Integrationsbereitschaft, Verständnis für einander und eine positive Grundeinstellung zur vor uns liegenden Aufgabe. Dazu brauchen wir die Hilfe und den Segen dessen, von dem alle abhängig sind, um unsere Aufgabe zum Wohle der Menschen, namentlich der jungen Menschen, erfüllen zu können."

Besuch des Papstes Johannes Paul II. am 16. November 1980 in Osnabrück

Momente, die in lebendiger Erinnerung haften bleiben: Der Papstbesuch Johannes Paul II. 1980 in Osnabrück. Sein Besuch in Osnabrück mit einem eindrucksvollen Gottesdienst mit über 80.000 Gläubigen auf der der Illoshöhe.

Ich hatte als Landrat das Glück dem Empfangskomitee anzugehören. So erhielt ich die Gelegenheit, ihn um seinen Eintrag in das „Goldene" Gästebuch des Landkreises zu bitten und ihn so persönlich vor dem Dom begrüßen zu dürfen.

Wie ihn ansprechen, den angemessenen Ton finden?

„Heiliger Vater: Ich überbringe Ihnen die Grüße und guten Wünsche von 280.000 Menschen aus dem Landkreis Osnabrück."

Ich musste wiederholen, er hatte 80.000 verstanden. Überraschend dann für mich seine spontane Frage: „Was ist Landkreis?"

Oh Schreck, was nun? Nur keine langatmigen Erklärungsversuche. Eine rettende Idee musste her, ein Gedankenblitz, die treffende Antwort liefern und: Das glückte!

„Heiliger Vater: Das ist Wojewodschaft!"

Mit strahlendem Lächeln, wie zum Dank, ging er in den Dom, den dort wartenden Kranken und Behinderten Trost zu spenden und mit ihnen zu beten.

Beim Ausgang aus dem Dom hatte er mich aus der ihn erwartenden Menschenmenge wieder entdeckt und mit einem liebevollen Lächeln rief er mir laut hörbar zu: „Dann alles Gute für Ihre Wojewodschaft!"

Dieser Abschiedsgruß hatte es in sich. Er ging mir sehr zu Herzen, verbarg sich doch in diesen liebevollen Worten ein Segenswunsch für alle Menschen im Osnabrücker Land.

Momente, die Dank erfüllt in Erinnerung geblieben sind bis zum heutigen Tag!

Der erste Besuch „drüben"

In meinem politischen Leben haben mich die Ereignisse um den Fall der Mauer und um die Wiedervereinigung unseres Vaterlandes in so hohem Maße emotionalisiert und fasziniert wie ich es nie zuvor oder danach erlebt habe. Momente, Erinnerungen und Erlebnisse in reicher Fülle. Die Partnerschaft des Landkreises Osnabrück mit dem Landkreis Neustrelitz hat in mir Momente bleibender Erinnerung hinterlassen.

Ein glücklicher Zufall kam mir zu Hilfe, der den Weg nach „drüben" unerwartet öffnen sollte. Der damalige Caritasdirektor des Bistums Osnabrück, Herr Monsignore Meyer, hatte bei Bischof Hubricht in Schwerin einen Besuchstermin erbeten und für den 05. Februar 1990 erhalten. Davon erfuhr ich und es ergab sich, dass Herr Monsignore Meyer auf meine Bitte hin, mir die Mitreise ermöglichte, die ich dankbar annahm. So haben wir uns gemeinsam auf den Weg nach Schwerin gemacht.

In Neustrelitz führten Landrat Tegeler (Bildmitte) und Oberkreisdirektor Kreft (links daneben) erste Gespräche mit dem Rat des Kreises. 2. v. l.: der Vorsitzende, Harald Wibelitz.

In Erinnerung geblieben sind die gestrengen und eher vorwurfsvollen Blicke der Volkspolizisten am Grenzübergang und danach der Reiseweg durch eine wunderbare, wundervolle Kulturlandschaft, die mich an meine Militärzeit dort wieder erinnerte.

Der Besuch beim Bischof Hubrich war nach meiner Einschätzung eher verhalten, nicht von irgendeiner Begeisterung, von einer Befreiungsfreude geprägt. Die Informationen, die wir erhielten, waren spärlich und - soweit ich mich erinnere - auffallend zurückhaltend, eher misstrauisch. Wir hatten das Gefühl, wir waren fremde Menschen für ihn und fremden Menschen gegenüber - insbesondere Politikern (Justizminister Remmers war auch dabei) - war er in der Vergangenheit sicherlich stets misstrauisch und äußerst vorsichtig begegnet. All das schien noch nachzuwirken, war noch nicht abgestreift.

Meiner geäußerten Bitte an den Generalvikar, Herrn Ordinariatsrat Spitza, ob eine kleine Rundfahrt durch Schwerin möglich sei, zusammen mit einem Besuch einer karitativen kirchlichen Einrichtung oder eines Krankenhauses, ermöglichte er mir offensichtlich sehr gern.

Er ahnte sicherlich im Vorhinein, dass vor allem der Besuch bei dem großen Diabeteskrankenhaus nicht ohne Eindruck auf mich bleiben würde. Er sollte Recht behalten...

Rede anlässlich der Feierstunde zum „Tag der Deutschen Einheit" am 3. Oktober 1990 in Feldberg, Kreis Neustrelitz

Sehr geehrter Herr Bürgermeister!
Herr Landrat!
Herr Präsident!
Liebe Bürgerinnen und Bürger von Feldberg!

Es ist schwer, ich möchte sagen, schier unmöglich, all das in Worten auszudrücken, was uns an diesem Tag, an diesem historischen Tag, in dieser Stunde, an diesem 03. Oktober 1990 zutiefst alle bewegt. Was an tiefen, niemals zuvor erlebten Gefühlen und Empfindungen der überschwenglichen Freude, des gemeinsamen Glücks, der Gemeinsamkeit, einer nie zuvor in gleicher Weise erlebten Gemeinsamkeit und Einmütigkeit uns alle erfasst hat. Erfasst hat angesichts des großartigsten Ereignisses, was Wiedervereinigung in der deutschen Geschichte für uns alle bedeutet. Das, was wir heute hier gemeinsam erleben dürfen, ist einmalig, erstmalig, ohne Vorbild in die-

ser Weise in unserer deutschen Geschichte. Ich denke, eine große Nachdenklichkeit gepaart mit einer tiefen Freude und Dankbarkeit ist das kennzeichnende, das alles überragende an diesem Tage. Unterschiedlich sind die Empfindungen ... Für sie zählt das Sich-Zurückerinnern an 4 Jahrzehnte Unrechtstaat, abgeschottet sein von der Außenwelt, gewissermaßen in einer Isolationshaft lebend, schmerzliches, bitteres Erinnern an erlittenes Unrecht, an Opfer, Entsagung und Freiheitseinschränkung.

Gemeinsam aber ist uns allen dieses: Wie viele von uns haben im Stillen seit Jahren gehofft, es gewünscht und herbeigesehnt, der Tag der Freiheit, der Tag der Wiedervereinigung, er möge kommen und wir möchten es miterleben. Wer aber von uns hat es zu glauben und zu hoffen gewagt, dass es wahr werden und wir es erleben würden. Das erschien uns unmöglich. Eine Utopie, ein Wunschtraum. Und nun erleben wir es, sind wir dabei, heute, jetzt, es ist wahr. Wir sind wieder beieinander, miteinander verbunden, wir sind ein Volk und ich denke, es ist sicher so, dass nie zuvor ein ganzes Volk mit solch innerer Bewegtheit, Empfindsamkeit und mit solch weitest gehender Übereinstimmung aus gleichem Anlass Freude und Dankbarkeit dem einen Ereignis Wiedervereinigung entgegengebracht haben. Solche Übereinstimmungen über Parteien und gesellschaftliche Gruppierungen hinweg zählen zu den absoluten Ausnahmesituationen und Glückssituationen eines Volkes. Drückt sich darin doch ein hohes Maß auch an Eintracht aus. Und darum ist dieser Tag auch ein Tag der Eintracht für uns alle. Wir sind das Volk, sind wieder ein Volk, das ist die glückhafte Empfindung für uns alle ... Ein Sehnsuchtstraum aller Deutschen hat sich erfüllt.

Wir sind heute zu Ihnen gekommen, um mit Ihnen gemeinsam dieses großartigste, bedeutsamste geschichtliche Ereignis, das sich in den letzten 45 Jahren in unserem Lande zugetragen hat, mit Ihnen zu feiern.

Ich will sagen, wie ein Geschenk des Himmels ist sie über uns gekommen, die Wiedervereinigung unseres Volkes. Ohne Krieg, in einer unblutig verlaufenen Revolution und mit der Zustimmung aller europäischen Staaten und mit dem Votum der ehemaligen Siegermächte aus Ost und West konnte diese Wiedervereinigung erreicht und heute vollzogen werden.

Wir sind gekommen, um mit Ihnen zu feiern und uns mit Ihnen zu freuen. Zu freuen darüber, dass die über 4 Jahrzehnte währende schmerzliche Trennung einer deutschen Zweistaatlichkeit endgültig nunmehr der Vergangenheit angehört, Freiheit und Menschenwürde, Souveränität und Selbstbestimmung für Sie alle zurückgewonnen sind. Wir sind mit Ihnen glücklich darüber, dass Mauer und Unfreiheit, Schikane, Leid und Entsagung endgültig der Vergangenheit angehören, dass Sie, liebe Bürgerinnen und Bürger von Feldberg, zusammen mit 16 Millionen Ihrer Landsleute nun wieder vollends auch im Rechtssinne mit uns vereint, politisch sozial, wirtschaftlich, vor allem aber menschlich wieder vereint sind.

Nach Jahren des kalten Krieges und der Konfrontation sind Friede und Verständigung im Herzen Europas wieder eingekehrt.

Die Schrecken und Nachwehen des letzten Weltkrieges sind von uns genommen, sie münden ein in das Miteinander und die Verständigung aller Staaten Mittel- und Osteuropas. Welch großartige historische Wende hat sich damit vollzogen.

Mögen auch noch Unwägbarkeiten und Ungewissheiten den Prozess des Umbruchs begleiten. Lassen Sie sich nicht entmutigen. Die bewundernswerte innere Kraft, die Sie alle Angst, alles Unrecht der vergangenen Jahrzehnte hat ertragen lassen, die gleiche innere Kraft, das bewährte solidarische Miteinander bei Ihnen, dass einer des anderen

Last mitzutragen bereit ist, werden Sie in die Lage versetzen, dass die politisch-gesellschaftliche Neu- und Umgestaltung geistig, kulturell und wirtschaftlich gelingen wird ...
Unsere gemeinsame Freude schließt ein in dieser Stunde den Dank gegenüber all jenen, die durch Leid, Entsagung und Opfer, durch eine beharrliche Politik in Ost und West diesen 03. Oktober 1990 ermöglicht haben. Wir verdanken dieses vor allem der Einsicht und Weitsicht des Präsidenten Gorbatschow sowie der jahrzehntelangen beharrlichen Politik aller Bundestage, der Bundesregierung im Verbund mit unseren Partnern der westlichen freien Welt und hier an der Spitze den USA ...
Nicht vergessen aber sollten wir in dieser Stunde, Dank abzustatten jenen Frauen und Männern, die mutig vor Jahresfrist mit den großen Demonstrationen und Friedenskundgebungen hier bei Ihnen die unblutige Revolution eingeleitet und die große politische Wende hin zu Freiheit und Demokratie ermöglicht haben. Unschätzbare Verdienste haben die vielen Bürgerbewegungen, Friedensbewegungen dabei erworben, aber nicht zuletzt sind es die Kirchen gewesen und vornehmlich die evangelische Kirche, die den Weg hin zur Freiheit mit geebnet hat, zu einem Bollwerk des Widerstandes und der Wende mit geworden ist.
Ich möchte dann noch etwas hinzufügen, was vielleicht aus dem Munde eines Politikers ungewöhnlich erscheint, aber dennoch will ich es hier zum Ausdruck bringen, weil es meine innere Überzeugung ist. Danken aber sollten wir nicht zuletzt dem Lenker aller Geschicke der Menschheit, dem Herrgott, denn all das, was sich gewandelt, was durch die Politik im Großen und im Kleinen bewirkt worden ist, all das ist nicht allein Menschenwerk. Gott hat die Opfer und Gebete von Millionen von Menschen, hat millionenfach erduldetes Leid in den Zwangslagern von Neubrandenburg und Bautzen bis zum Ural hin erhört. Er hat ein Einsehen mit der Menschheit gehabt. Mit dem Opfertod von Millionen Menschen, den die Menschen in der leninistisch-stalinistischen Ära in allen Staaten Osteuropas erlitten haben.
Die Tage der Freiheit und des Friedens sind nunmehr in Mitteleuropa, sind hier im Ostteil unseres Vaterlandes angebrochen und darüber hinaus in der gesamten östlichen Welt. Jahrzehnte bitterer Leidenszeit gehen für Millionen Menschen zu Ende, darum sagen wir an diesem Tage aus tief innerer Überzeugung Gott dem Herrn Dank dafür.
Ich überbringe Ihnen die Grüße und Glückwünsche aller Menschen aus dem Osnabrücker Lande zu diesem, Ihrem großen Tag. Ich möchte sagen, die ganze Welt nimmt Anteil an dem, was sich heute bei Ihnen vollzieht.

...

Und nun rufe ich Ihnen allen zu ein herzliches Glückauf für eine gemeinsame, friedvolle und glückhafte Zukunft vereint und versöhnt in unserem gemeinsamen Vaterland, der Bundesrepublik Deutschland, der Sie nun vollends zugehörig sind auf dem Wege in ein geeintes und freies Europa.
Wir sind das Volk, so erklang vor Jahresfrist Ihr millionenfacher Ruf auf den Straßen und Plätzen Ihrer Städte. Ja, wir sind das Volk. Von nun an können wir sagen: Wir alle, wir alle gemeinsam sind wieder das Volk, sind wieder ein deutsches Volk geworden. Wir danken!

Ein „Abschnitt" aus dem Leben meines Vaters

DIPL.-KFM.
STEPHAN J. A. TITGEMEYER
Bissendorf

Fast jeden Tag, wenn wir den Fernseher anschalten, kommt auf irgendeinem Kanal, oft auch gleichzeitig, eine Dokumentation über den Zweiten Weltkrieg. Meist begleitet von furchtbaren Bildern, die an Grausamkeiten nicht zu überbieten sind.
Es folgt eine kleine Geschichte aus dem Leben meines Vaters während des Krieges.
Besonders interessant ist hierbei zu vermerken, dass ich im Rahmen eines Vorwortes zu dem Auktionskatalog der Sammlung meines Vaters bei der Firma Bonhams in London, diese Anekdote anführte, um seinen Werdegang als Kunstsammler zu dokumentieren.
Die Verantwortlichen bei Bonhams haben die Geschichte recherchiert, und sind auf die Tagebücher von Dr. Verniers gestoßen. Die Kunstschätze und liturgischen Gegenstände wurden in die katholische Kirche(!) ausgelagert, darunter wichtige Bilder von Peter van Breughel, van der Weyden und Frank, und das gesamte Kirchenarchiv.

„Den 17. September - vor 5 uur`s avonds - was Middelburg geevacueerd. Dank aan den duitschen hoofdman Ernst-Adolf Titgemeyer, Osnabrück, waren de gewaden en schatten der Kerk-remonstrans - de schilderijen van Breughel, Van der Weyden en Frank - het archief der Kerk - Testament van Bladelin enz. Naar Aardenburg binst de Nacht in veiligheid gebracht in de katholieke Kerk aldaar,"
Walter Verniers, Herinnerungen aan Pastor Verniers van Middelburg en het najaar 1944, in Jaarboek 11, heemkundige Kring het Abmacht (Maldegem 2005)

Kurz nach seiner Ausbildung zum Großhandelskaufmann und dem Reichswehrdienst, musste Ernst-Adolf Titgemeyer schon mit 24 Jahren 1939 in den 2. Weltkrieg ziehen. Inzwischen Hauptmann der Artillerie, bezog er 5 Jahre später im Sommer 1944 eine Verteidigungsstellung an der Kanalküste in Middelburg, Flandern, in der Nähe der belgischen Grenze.
Während man auf die Invasion der Alliierten wartete, besuchte der junge Batteriechef in seiner Freizeit die Sehenswürdigkeiten der Umgebung. Gleich fiel ihm auf, dass die evangelische Kirche von Maldegem in Middelburg angefüllt war mit alten holländischen Meistern und anderen Kunstwerken hoher Qualität.
Wenn nun die Panzerkreuzer von See her die Geschütze einschießen würden, um die Invasion zu unterstützen, so würden sie die höchsten Bauwerke der Küste dazu anpeilen. Die Kirchtürme und Hauptschiffe würden also mit Sicherheit schwere Beschädigungen erleiden.
Ernst-Adolf Titgemeyer meldete sich im Pfarrhaus von St. Pieter und Paul bei Pastor Dr. Wilmaer G. Verniers, und diskutierte diesen Sachverhalt, der Hauptmann bot die Lastkraftwagen seiner Batterie an, um das Inventar in die katholische Kirche von Aardenburg, die weniger exponiert schien, zu evakuieren.

Dies geschah reibungslos. Dafür bot der Geistliche als Dank den Inhalt seines wohlgefüllten, hochwertigen Weinkellers an. Dies wurde aber dankend abgelehnt, denn man war ja auf der Wacht, und die sollte nicht durch ein Trinkgelage beeinträchtigt werden.
Ernst-Adolf Titgemeyer sah sehr wohl, dass das Pfarrhaus über eine prachtvolle Bibliothek verfügte, und auf Drängen des Pastors hin, sich erkenntlich zeigen zu dürfen, bat Ernst-Adolf Titgemeyer nur darum, das kleinste Buch als Geschenk bekommen zu dürfen, es war:

„Het Onderhand der goede Geesten"
Von: den Heer de la Serre, Rotterdam 1698

Ein Buch auf flämisch über die guten Sitten!

Das Buch ist signiert:
„ + God beware Hauptmann E.A.Titgemeyer" Wilmaer Verniers, Pastor van Middelburg, 26. September 1944.

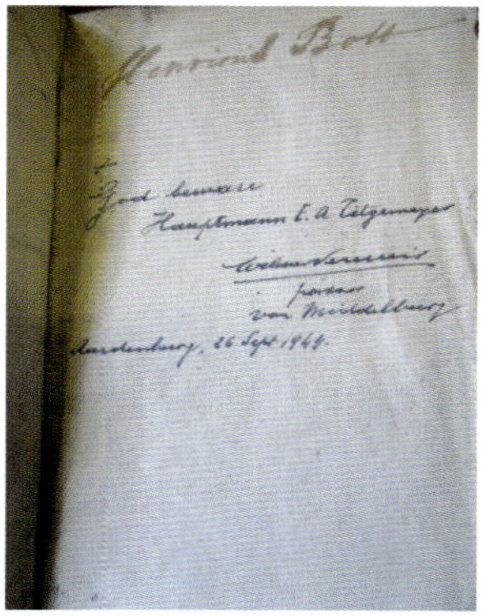

Die Vermutung erwies sich als richtig, die Kirche St. Pieter und Paul erlitt schwere Beschädigungen durch die Geschütze während der Invasion.

Am 25. September 1944 erlitt das Elternhaus und die Firma Gebr. Titgemeyer in der Seminarstraße in Osnabrück einen Volltreffer. Man war zwar schon im Luftschutzkeller, als meinem Großvater Adolf Titgemeyer plötzlich einfiel, dass sich die Pferde noch im Stall befanden. Im Falle eines Bombardements ließ man die Tiere mit einem Adressenschild um den Hals, einfach in der Stadt frei herumlaufen, damit sie nicht jämmerlich im Stall verbrennen mussten.
Als beide Türen der Schleuse des Bunkers geöffnet waren, explodierte eine Bombe vor dem Eingang, und alle Menschen im Keller, meine Großeltern, Prokuristen und Angestellte verloren durch Lungenriss das Leben.
Es ist davon auszugehen, dass Ernst-Adolf Titgemeyer zu diesem Zeitpunkt noch nicht von dem Tod seiner Eltern und der völligen Zerstörung seines Elternhauses und der Firma wusste.
Ca. 6 Jahre nach dieser Geschichte, besuchte mein Vater mit seiner jungen Frau Hella, meiner Mutter, Middelburg, um nachzuschauen, ob alles wieder am richtigen Platz sei, er klingelte im Pfarrhaus, aber Dr. Verniers war inzwischen verstorben.
Die detaillierten Fragen machten den neuen Pastor H.Wellekens stutzig, er kam sehr schnell von selbst darauf. „Sie müssen Hauptmann Titgemeyer sein!" Sofort wurde der Bürgermeister der Stadt verständigt. Und meine Eltern ließen sich 3 Tage auf Kosten des Magistrats von Middelburg als Retter ihrer Kirche feiern.
So chaotisch kann es im Kriege zugehen, an einem Tage wird Leben und Elternhaus zerstört, am nächsten wird eine Kirche gerettet.
Wie ich erfahren habe, wird eine Gedenkplatte für beide Herren, für den Pastor und meinen Vater an der Kirche angebracht.

„Momente“ in einem der schönsten Länder der Erde

MANFRED-G. SCHNÖCKELBORG
Notar a.D.,
Bad Iburg

In meinem ersten Studiensemester in Innsbruck hatte ich den Reiz der Hochgebirgswanderungen im Karwendel kennengelernt. Gleichwohl bin ich eigentlich ein unsportlicher Mensch.

Die Hälfte meiner statistischen Lebenserwartung hatte ich bereits weit überschritten, als mich mein Freund für eine Wanderung im Himalaja gewann.

Viele Probeläufe über den Hermannsweg nach Tecklenburg mussten meinen ungeübten Körper trainieren.

Dann empfing uns Nepal, das Dach der Welt, bei klarem Himmel mit seinen überwältigenden majestätischen Bergen.

Beim Anblick dieser Schönheit spielten Beschwerden keine Rolle und die Begeisterung war geweckt für viele weitere Touren und Gipfel (bis bis zur Höhe von 6000 m auf dem Rongbuk Pik in Tibet), für dramatische und liebliche Landschaften, für archaisches Dorfleben und exotische Hektik der Hauptstadt.

Ein besonders beeindruckender „Moment" war der Blick vom Kala Patar (5800 m) auf den Gipfel des Mount Everest. Dieser stand mir bei klarem Sonnenschein gegenüber mit seiner leichten Gipfelfahne des Jet Stream, jener dünnen Wolke, die ihn als eisiger Wind umweht.

Meine Liebe zu Nepal lässt nicht nach. Das Land ist nach dem Ende der Monarchie in politischem Taumel: gleichwohl leistet es ausgezeichnete Betreuung der Touristen, die ja auch den größten Wirtschaftsfaktor bilden.

Der Frohsinn und die Freundlichkeit der Menschen in ihrer grenzenlosen Armut öffnen Herz und Hand. Besonders die Schulausbildung und das Gesundheitswesen benötigen dringend unsere Hilfe.

Das alles führt nun dazu, dass schon meine Enkel nacheinander fragen: „Opa, wann nimmst Du mich mit auf den Himalaja?"

So lange es geht, möchte ich es gerne tun.

Diese Kinder hoffen auf eine gute Schulbildung.

Zuverlässige Spendenmöglichkeit:
Nepalhilfe Beilngries e.V., Raiffeisenbank Bayern Mitte, Konto-Nr.: 4 622 797, BLZ 721 608 18

Abendhimmel

Manchmal möcht ich Maler sein,
möcht den Abendhimmel malen
möchte mich in Farbe baden
denn die Worte reichen nicht

Weiße Wolken, zarte Linien,
sanft-pastellig angehaucht
von der Sonne letzten Strahlen
schmelzen sie im klaren Blau

Sind Verheißung dir und Hoffnung
auf das Licht zum neuen Tag
lassen dich die Nacht nicht fürchten
schweben sanft in deinen Schlaf

Monika Lepper

Ein Tatmensch – mit Herz für die „Niedersachsen-Aktion SOS-Kinderdörfer“

GERTRUD BRÖRMANN
Schwagstorf

Ein Höhepunkt für das Ehepaar Gertrud und Mathias Brörmann war das Dabeisein bei der Einweihung eines neuen Hauses in dem SOS Kinderdorf in Mexiko-City.

Die vorhandenen über 40 Jahre alten Häuser waren nicht mehr zu sanieren, also abbruchreif. Finanziert wurden 8 von den gesamt 14 erdbebenfesten Häusern von Freunden und Förderern der SOS Kinderdörfer zwischen Papenburg und Osnabrück.

Bei der Einweihung des Hauses Schwagstorf in Mexiko-City war auch die „First Lady", Margarita Zavala, die Ehefrau des mexikanischen Präsidenten Filipe Calderon, anwesend.

Die Häuser des Kinderdorfes bieten Schutz für Kinder, die zumeist aus zerstörten Familienverhältnissen kommen, und zum größten Teil Opfer von Gewalt geworden sind.

Seit 35 Jahren engagieren sich z.B. der Emsbürener Franz Rosen und viele Unterstützer für die „Niedersachsenaktion SOS Kinderdörfer".

Zu den Unterstützern gehört auch die Familie Brörmann aus Schwagstorf. Das Ehepaar und ihre Bekannten und Freunde sammeln seit fast 20 Jahren für die SOS-Kinderdörfer. Sie haben dadurch mitgeholfen, drei Projekte in Mosambik zu realisieren. Das vierte ist nun in Mexiko-City entstanden, eben das „Haus Schwagstorf".

Die Namen der anderen Häuser in Mexiko-City tragen Namen wie Emsland, Lingen, Friedensschule Lingen, Darme, Holsten-Bexten, Emsbüren und Theo. Die Namen zeugen von den vielfältigen Aktionen von Kindern, Jugendlichen und Erwachsenen aus der Region, die sich für die SOS-Kinderdörfer engagieren.

In 130 Ländern gibt es inzwischen über 500 SOS-Kinderdörfer.

Franz Rosen, der seit 30 Jahren engagiert in der „Niedersachsenaktion für SOS-Kinderdörfer" ist: „Solange es Kinder auf dieser Erde gibt, die von der Gesellschaft im Stich gelassen werden, dürfen wir nicht ruhen und müssen unsere Arbeit fortsetzen."

Wie begann das Engagement der Gertrud Brörmann?

Sie lässt sich nicht hängen und auch nicht einfach mal „nichtstun" ist für sie etwas. Nein, die 62-Jährige Landwirtin ist ein „Tatmensch", ein Energiebündel. Und sie ist ein Vorbild, steckt andere durch ihren Elan an.

Seit 20 Jahren stellt Gertrud Brörmann, unterstützt von ihrem Mann Mathias und einem Kreis engagierter Frauen, Gestecke und Kränze her, passend zu jeder Jahreszeit. Sie werden auf Brörmanns Hof verkauft. Vor allem vor Festen wie Weihnachten geht es auf dem Hof wie in einem Taubenschlag zu. Gestecke etc. werden aus dem Keller auf die Diele getragen und verkauft. Der Erlös geht an die Niedersachsenaktion SOS-Kinderdörfer.

Der Keller der Familie Brörmann ist nicht nur der Produktionsstandort, er steht auch für Trauer und Schmerz, den Gertrud Brörmann und eine gute Freundin in positive Energie umgewandelt haben.

Vor 20 Jahren starb in der Familie Brörmann die Tochter Astrid im Alter von nur 13 Jahren an einem Gehirntumor. Die Freundin von Gertrud Brörmann verlor wenige Monate später einen Sohn durch einen Autounfall. Die beiden stützten sich in ihrer Trauer gegenseitig. In Selbstmitleid zerfließen, nein, das passte nicht zu Gertrud Brörmann. Als älteste von zwölf Kindern musste sie auf dem elterlichen Bauernhof schon früh „ran". Sie wäre gerne Floristin geworden, aber es war keine Zeit bei einem Tag, der früh am Morgen mit dem Kühemelken anfing.

Der geschickte Umgang mit Blumen und Blüten kam ihr später doch noch zugute. Die beiden Frauen begannen Kränze und Gestecke zu fertigen. Viele Frauen gesellten sich dazu, und im Keller des Hauses begann die „Produktion".

Ein Adressat für die Erlöse aus dem Verkauf stand schnell fest. Ein Artikel in dem Kirchenboten über die „Niedersachsenaktion SOS-Kinderdörfer" stieß bei den Brörmanns auf großes Interesse.

So fließen seit Jahren erhebliche Summen aus Schwagstorf in die SOS-Kinderdörfer.

„Es geht uns aber nicht nur um die Spenden", betont Frau Brörmann, die für ihr soziales Engagement mit dem Bundesverdienstkreuz ausgezeichnet wurde. Wichtig ist ihr die Gemeinschaft mit den Frauen die mitbasteln, auch die Einbindung von Jugendlichen, die zum Beispiel auf der Diele vor dem ersten Advent Kaffee ausschenken und Waffeln backen.

Niemand allein ist so stark, wie die Gemeinschaft, die ihn trägt.

Diese Erfahrung hat Frau Brörmann gemacht, in bitteren Stunden, aber auch in unzähligen schönen Momenten.

Jugend und Gegenwart – ein Weg nach Rumänien

PETER MAFFAY
Musiker

Vor über 60 Jahren wurde ich in Rumänien geboren. Ein Land, dessen System lange Zeit nicht das meine war. Ein Land, das in meiner Jugend unter dem Kommunismus und der sozialen Ungerechtigkeit litt. Ein Land, in dem viele Menschen tagelang verschwanden, weil sie eine regimekritische Einstellung hatten. So z.B. auch mein Vater, der immer wieder von der Geheimpolizei zu tagelangen Verhören abgeholt wurde. Immer wieder war meine Mutter allein mit der Ungewissheit über das Schicksal meines Vaters. In dieser Zeit musste ich schnell erwachsen werden, eine Zeit, die mich prägte.

2007 reiste ich erstmals nach Rumänien zurück, in das Land, das ich als 14-jähriger verließ. Es war eine Reise in die Vergangenheit mit Folgen für die Gegenwart und Zukunft.
In meiner Geburtsstadt Kronstadt konnte ich die Landschaft riechen, ja das Licht erkennen! Dieses Licht ließ mich nicht mehr los. Mein Ziel war es, eine verfallende Kirchenburg im siebenbürgischen Radeln als „Schutzraum für Kinder" umzubauen.

Ein Projekt, welches sofort in Angriff genommen wurde. Heute ist der Umbau der Kirchenburg in Radeln abgeschlossen.

Neben meinen vielen sozialen Engagements möchte ich mit dieser Baumaßnahme Brücken bauen zu meinem Geburtsland, meiner Heimat.

Auch ein Moment ...

Gerne erinnere ich mich an die Verleihung des Courage-Preises 2010 in Bad Iburg. Es war eine große Ehre und die Auszeichnung ist ein wichtiger Ansporn. In einer Welt, die immer schnelllebiger und anonymer wird, bleiben viele Werte auf der Strecke. Dazu zählen auch Hilfsbereitschaft und Courage.

Couragiert sein heißt heutzutage auch, sich einzumischen und Stellung zu beziehen. Mich beeindrucken vor allem Menschen, die Stellung für Kinder und Jugendliche beziehen. Für die Zielgruppe, die keine eigene Lobby hat und die dringender denn je unsere „Schutzräume" benötigt.

Es ist unser aller Pflicht, Courage zu zeigen, und daher bin ich dem Komitee Courage dankbar, dass es diese Werte so entschieden verfolgt.

15. Preisträger des Komitee Courage im Jahre 2010: PETER MAFFAY

Laudatio, gehalten von Franz Müntefering, am 17. September 2010 im Schloss zu Bad Iburg

Franz Müntefering
MdB - Minster a.D.

Als ich schon mal in Bad Iburg war, ging es um etwas, was heute hier auch eine große Rolle spielt, um Kinder. Damals um meine beiden Töchter. Sie waren so sieben und zwölf Jahre alt. Die wollten Familienurlaub haben auf einem Bauernhof mit Ponyreiten, Katzen und Hunden. Das ist wohl 33-35 Jahre her. Um diesen Familienurlaub auf dem Bauernhof am Rande von Bad Iburg gab es und gibt es immer noch viele spannende Geschichten am Familienküchentisch bei uns. Eine alltägliche, aber schöne und mir liebe Geschichte.

Für jedes Kind, das wissen wir längst, sind seine frühen Jahre, die ersten 6-10 Jahre seines Lebens, von ganz besonderer Bedeutung. In dieser Zeit wächst sein Rückgrat. Nicht nur physisch, auch in der Persönlichkeit. Seine Fähigkeit, aufrecht zu gehen, es selbst zu sein, den Stürmen des Lebens zu trotzen, Vertrauen zu gewinnen für den Weg nach vorn.

Und in den nächsten zehn Jahren, so zwischen 10 und 20, werden aus den kleinen Menschen Erwachsene, die dann in eigener Verantwortung selbstständig durchs Leben gehen, das hoffentlich können. Hindernisse gibt es ja viele.

Glücklich und stark, wer diese 6 und 10 und 20 Jahre in der liebevollen Betreuung seiner Eltern und Familie erlebt, physisch und psychisch ohne Gewalt aufwächst, sozial gesichert, gefördert und gefordert, zwischen Freunden.

Peter Maffay weiß das. Es bewegt ihn. Und er handelt: Es passiert nichts Gutes, außer man tut es.

Peter Maffay hilft Kindern und Jugendlichen, gerade denen, die es besonders schwer haben. Deshalb sind wir heute hier und deshalb wird er geehrt und deshalb diese Laudatio:

Lieber Peter Maffay, Sie sind ein bedeutender großer zeitgenössischer Künstler, der erfolgreichste deutsche Rockmusiker. Und das soll hier nicht vergessen sein: Mit Ihrer Musik, mit Ihren Liedern, geben Sie seit Jahrzehnten Millionen Menschen in unserem Land und in der ganzen Welt Freude und Lebensmut. Das allein ist schon viel und hat Respekt und Dank verdient.

Aber bei Ihnen, lieber Peter Maffay, ist das nicht alles. Sie nutzen Ihr Talent und Ihren Erfolg und Ihren guten Namen, Ihr gutes Geld (nennen wir es beim Namen) um solchen Kindern und Jugendlichen konkret zu helfen, die es besonders schwer haben. Das ist etwas Außerordentliches, was da geschieht. Und genau dafür erhalten Sie den Courage-Preis.

Ich habe im vergangenen Jahr ein wenig Einblick gewonnen in Ihre Arbeit. Sie haben die Ehrung verdient- Glückwunsch. Ich freue mich, dass ich aus diesem Anlass hier ein paar Dinge ansprechen darf: Peter Maffay wurde in Rumänien geboren. Ein Land, dessen System lange Zeit nicht das seine war. Ein Land, das in seiner Jugend unter dem Kommunismus und der sozialen Ungerechtigkeit litt, welches eine Diktatur war. Das Land, in dem viele Menschen tagelang verschwanden, weil sie eine regimekritische Einstellung hatten. Menschen auch aus Maffays direktem Umfeld, z.B. sein Vater, immer wieder holte die Geheimpolizei Wilhelm Makkay zu tagelangen Verhören ab. Immer wieder war die Mutter allein mit der Ungewissheit über das Schicksal Ihres Mannes. Eine Zeit, in der Peter Maffay schnell erwachsen wurde, eine Zeit, die ihn prägte.

In einem Interview sagte Peter Maffay: „Ich weiß, wie sich ein Türke in Deutschland fühlt. Ich weiß, was es heißt, Migrant zu sein". Damit schildert er die Erfahrungen, die er sammelte, als er als Vierzehnjähriger 1963 deutschen Boden betrat, die Ausgegrenztheit des Nachkriegsdeutschlands spürte und die Schwierigkeiten, in einem fremden Land mit einer fremden Sprache Fuß zu fassen.

In der Tat. Was soll heute ein 14-jähriger Türkenjunge Ali denken, der sich in der Schule quält, damit er den Hauptschulabschluss bekommt und da kommt ein Intelligenter Namens Sarrazin und sagt ihm, dem Ali, das ihm leider ein Gen fehle, und er es deshalb nicht schaffen könne. So ein Mist.

Vielleicht ist es auch deshalb Peter Maffays Wunsch, sein aktuelles Projekt in Rumänien zu realisieren. Es ist der Wunsch, gegen Vorurteile anzukämpfen. Albert Einstein: „Ein Vorurteil ist schwerer zu spalten als ein Atom". Einstein hat Recht.

Mit dem Courage- Preis wurden in den letzten Jahren eine Reihe von Persönlichkeiten ausgezeichnet, die sich allesamt auch den Werten Freiheit und Toleranz verbunden fühlen. Ihnen allen sagen wir heute von hier aus auch unseren Respekt und unseren Dank. Wer Gutes will, ist nicht allein. Das ist die Lehre daraus. Aber wer Gutes will, darf nicht warten, ob oder dass Irgendwer es tut, sondern muss es selbst beginnen. Gesinnungsethik führt nicht zum Ziel. Handlungs- und Verantwortungsethik sind unverzichtbar.

In diesem Jahr erhält Peter Maffay die Ehrung, dem Sozialen verpflichtet, der Menschlichkeit dienend.

Die Laudatio von Franz Müntefering berührte das ganze Publikum.

Schon früh, nach den ersten Erfolgen seiner Musik, begann er, Honorare und Teilerlöse seiner Platten für den guten Zweck zu spenden. Peter Maffay war an vorderster Front dabei, wenn Deutschland mit Willy Brandt gegen Atomkraft demonstrierte. Er schnappte sich die Gitarre, wenn krebskranke Kinder Unterstützung in Tschernobyl brauchten. Aber auch zahlreiche nationale Einrichtungen wurden von ihm bedacht.

Die logische Konsequenz war die Gründung der Peter Maffay Stiftung. Gemeinsam mit seinem Team von Mitstreitern organisiert er von Tutzing am Starnberger See aus eine Reihe von Projekten, die seit Jahren mit großem Erfolg arbeiten. Dazu gehört, dass Kinder, die sexuellen Missbrauch erlitten haben, den Verlust der Eltern beklagen, mit einer schweren Krankheit leben oder Opfer von Gewalt wurden, hier die Möglichkeit haben, eine Auszeit vom Alltag zu nehmen. Kinder, die nicht auf der Sonnenseite des Lebens geboren wurden und die dankbar sind, dass sie den großen Zeh einmal ins Mittelmeer stecken können. Peter Maffay zeigt und lebt Solidarität. Ähnlich wie sein grüner Drache Tabaluga, der in der Zwischenzeit zum Helden einer ganzen Nation wurde, verschenkt Peter Maffay Glück. Denn anders kann man es nicht umschreiben, wenn die Kinder in einer Einrichtung für 14 Tage Ferien auf Mallorca verbringen dürfen. Kritiker könnten mutmaßen, dass 14 Tage doch nur ein Tropfen auf dem berühmten heißen Stein seien. Peter Maffay antwortet: „Auch wenn es nur fünf Minuten wären, so hätte sich jede Anstrengung gelohnt, wenn wir als Dank ein Kinderlachen ernten." Über 300 Kinder können Jahr für Jahr dieses Angebot in Anspruch nehmen, und die Finca in Pollenca ist ein Ort des Kinderlachens. Erwachsene haben nur mit Erlaubnis der Kleinen hier Zutritt. Es ist ihr Paradies.

Seit 2008 engagiert sich die Peter Maffay Stiftung gemeinsam mit dem Land Nordrhein-Westfalen auch im Nahen Osten. Unter Schirmherrschaft des damaligen Ministerpräsidenten Jürgen Rüttgers und des damaligen Integrationsministers Armin Laschat startete die Stiftung einen trilateralen Jugendaustausch mit Teernagern aus Deutschland, Israel und den palästinensischen Gebieten. Projektleiter vor Ort ist der israelische Staatspräsident und Friedensnobelpreisträger Shimon Peres, eine der großen Persönlichkeiten unserer Zeit. Seine Ausstrahlung, seine Kraft trotz seines hohen Alters und

Peter Maffay erhält den 15. Komitee Courage-Preis. Gerd Schöwing überreichte die Skulptur.

seine Vision von einer menschlichen Welt machten immer wieder Mut. Peter Maffay und Simon Peres sind Freunde - und sie sind Verbündete, weil sie beide an die Kraft der Jugendlichen und Kinder glauben. Sie sind beide entschlossen, diese Welt ein Stück menschlicher zu machen. Dafür arbeiten Peter Maffay und seine Stiftung ganz konkret.

Erstmals können in diesem Jahr 100 Jugendliche nach Israel gebracht und im kommenden Jahr eine entsprechende Anzahl von israelisch-palästinensischen Jugendlichen in Deutschland begrüßt werden. Trotz aller politischen Spannungen findet dieses Programm statt. Es gab keinen einzigen Moment, dass die Gruppe von Teenagern dieser drei Nationen am Sinn des Programms gezweifelt hätten. Im letzten Jahr hielt sich eine Gruppe von israelisch-palästinensischen Jugendlichen auf Einladung der Stiftung in Berlin auf, als es zu militärischen Auseinandersetzungen zwischen Israel und Palästina kam. Tote waren zu beklagen, und die Konsequenz der Jugendlichen war ein gemeinsames Gespräch über die Sinnhaftigkeit von Frieden. Diese Jugendlichen, die einander zuvor noch nie begegnet waren, haben innerhalb kürzester Zeit begriffen, dass man nicht mit Waffen weiter kommt. Ein junger Israeli schrieb wenige Wochen nach dem Austausch an Peter Maffay: „Wir - die Israelis und die Palästinenser - wohnen so nah beieinander und wissen so wenig von unseren Nachbarn. Danke, dass Sie mir die Augen geöffnet haben."

2007 reiste Peter Maffay erstmals nach Rumänien zurück, in das Land, das er als 14-jähriger verließ. Eine Reise in die Vergangenheit mit Folgen für Gegenwart und Zukunft. Zurück in Kronstadt, in seiner Geburtsstadt, stellte er fest: „Ich rieche diese Landschaft, ich kenne dieses Licht." Ein Licht, das ihn nicht mehr loslässt und welches ihn antreibt. Sein Ziel ist es, eine verfallene Kirchenburg im siebenbürgischen Radeln als „Schutzraum für Kinder" umzubauen. Denn, natürlich, auch in Rumänien in der EU, gibt es Kinder, die diese Hilfe brauchen. Ein Projekt, welches momentan seine gesamte Energie in Anspruch nimmt. Denn ehrgeizig wie bei allen Projekten möchte Peter Maffay bis spätestens Sommer des nächsten Jahres die ersten Kinder dort begrüßen dürfen. Es ist der erneute Wunsch, zu helfen, Brücken zu bauen und Vorurteile zu bekämpfen. Dieses mal in Rumänien, seinem Geburtsland, seine Heimat. Wir alle drücken die Daumen. Viel Erfolg dafür, lieber Peter Maffay. (Zwischenzeitlich ist dieses Projekt abgeschlossen und in Betrieb!) Das Komitee Courage zeichnet Peter Maffay aus für sein engagiertes Handeln für die Rechte der Kinder und Jugendlichen. Im letzten Jahr stand an dieser Stelle die schwedische Königin. Peter Maffay und Königin Silvia verbindet der Wunsch, ihre Popularität für die Schwächsten der Gesellschaft einzusetzen. Beide kennen einander gut und schätzen sich. Vor zwei Jahren hat Ihre Majestät die Königin, Peter Maffay in Kiel den Drachenaward der World Childhood Foundation überreicht. Peter Maffay ist der Vater von Tabaluga, dem kleinen grünen Drachen, der Glück sucht, um dieses zu verschenken. Aber Peter Maffay ist auch der Pate der Kinder und Jugendlichen. Möge der heute verliehene Courage-Preis Ihnen ein weiterer Ansporn sein für Ihr Engagement. Die Kinder und die Jugendlichen werden sich freuen.

Königl. Schloß, Stockholm
17. September 2010

Verehrtes „Komitee Courage",
liebe Gäste!

Für die World Childhood Foundation und mich war die Auszeichnung mit dem Courage-Preis im vergangenen Jahr Anerkennung und Ansporn zugleich. Dem diesjährigen Preisträger, Peter Maffay, gratuliere ich auf diesem Wege sehr herzlich.

Sie, lieber Peter Maffay, sind da mit Ihrer „Peter Maffay Stiftung" Inspiration und Vorbild zugleich. Sie haben nicht nur Courage – Sie machen auch Mut und geben so vielen Kindern mit Ihrer Hilfe Hoffnung.

Sie alle, liebe Gäste in Bad Iburg, wissen: Wir können im Leben nicht nur zuschauen. Wir müssen auch handeln. In jedem von uns steckt das Potential, sich zum Wohle der Schwächsten unserer Gesellschaft einzusetzen; ob wir dabei nun Courage beweisen oder mit dem Courage-Preis ausgezeichnet werden.

I. M. Königin Silvia
von Schweden

Grußwort Ihrer Majestät Königin Silvia von Schweden anlässlich der Preisverleihung am 17. September 2010 an Peter Maffay.

16. Preisträger des Komitee Courage im Jahre 2011: IRIS BERBEN

Laudatio, gehalten von Prof. Dr. Werner Esser, am 23. September 2011 im Schloss zu Bad Iburg

PROF. DR. WERNER ESSER
Direktor des Internats Stiftung Louisenlund
Güby/Schleswig-Holstein

Am 23. September 2011 wurde im Iburger Schloss der 16. Courage-Preis an Iris Berben vergeben. Das Komitee Courage entschied, dass die Schauspielerin Iris Berben für ihre Courage geehrt wird, die sie vor allem in Bezug auf die Beziehung zu Israel und das heutige Wachhalten der Greueltaten während der NS-Zeit immer wieder zeigt. Iris Berben nahm den Preis im Rittersaal entgegen mit der bescheidenen Bemerkung: „Werde ich jetzt für Selbstverständlichkeiten ausgezeichnet?" Sie verwies darauf, die Würde des Menschen sei unantastbar - „aber wie antastbar sie ist, erleben wir immer wieder in dieser Gesellschaft".

Es sind der Attribute so viele, die Iris Berben beschreiben sollen. Von den einen angehimmelt wegen ihres, zugegeben bemerkenswerten, Aussehens, von anderen als die Sketch-Ikone als Pendant zu Dieter Krebs verehrt, von den nächsten als eine der grossen Schauspielerinnen dieses Landes angesehen und so weiter und so weiter ...

Die Menschen, die das Glück hatten, Iris Berben anlässlich der Verleihung des Bad Iburger Courage-Preises zu erleben, sahen eine Person, die sich auf ihr Minimum reduzierte, auf ihr ungewöhnliches rationales und emotionales Engagement als Mensch. Sie erlebten eine Persönlichkeit, die die Semantik dieses Wortes erlebbar macht. Lateinisch per-sonare bedeutet „durchtönen - durchklingen". Wer diese Frau in ihrer intensiven Präsenz einmal erlebt hat, begreift, dass die leisen Töne ihres Engagements den kraftvollen Klang einer ungeheuren Glaubhaftigkeit haben.

Sie enttäuscht nicht diejenigen, die in ihr, zu Recht, den Star sehen. Diejenigen aber, die mit ihren intellektuellen Vorurteilen glauben, eine typische Vertreterin des Showbiz zu erleben, setzt sie in Erstaunen. In Erstaunen deshalb, weil sie ohne jede Koketterie und vollkommen unprätentiös ein Engagement beweist, dass vollkommen zu Recht ausgezeichnet gehört. Die Civitas dieses Landes gebraucht sie, diese mahnenden Rufer gegen das Vergessen, „die durch ihre Tatkraft dazu einladen, ihnen zu folgen", wie Professor Esser ausführte!

Jener Prof. Dr. Werner Esser, der die Laudatio zu Iris Berben anlässlich der Auszeichnung durch das Komitee Courage hielt, der Reformpädagoge und Leiter des Internats Louisenlund. Eine bewegende und nachdenkliche Laudatio, die nicht nur die ausgezeichnete Frau Berben - auch sehr emotional - ansprach.

Das Komitee Courage hatte nicht nur mit der Auswahl der Preisträgerin eine exzellente Wahl getroffen - Prof. Dr. Esser als Laudator zu gewinnen verdient ein außerordentliches Lob.

Bernd U. Thye

Iris Berben, die Gerechte

Zivilgesellschaft braucht Zivilcourage, braucht Menschen, die Gesicht zeigen

Sehr verehrte und schon oft geehrte Frau Berben, meine Damen und Herren!

Am 13. November 2005 nennt Sie Ilan Mor, der Gesandte der israelischen Botschaft in Berlin, eine ‚Gerechte'. Er meint damit all Ihren Einsatz, mit dem Sie gegen den heillosen Zuwachs von Rassismus, Antisemitismus und Neonazismus ankämpfen.

Drei Jahre vorher, am 3. September 2002, erhielten Sie aus gleichem Grund den Leo-Baeck-Preis in Frankfurt für Ihr „Lebenswerk der Toleranz und des Miteinanders, für Humanismus und Völkerverständigung." Ilan Mor weist auf die Vielzahl Ihrer Auszeichnungen hin, auf das Bundesverdienstkreuz, auf den Scopus Award (2001) der hebräischen Universität Jerusalem, wo sie 2007 auch zum Associate Governor gewählt wurden. Jene Universität, an der Sie seit Jahren einen Fonds für Hirnforschung aus Spendengeldern eingerichtet haben. In der Laudatio, die Sie auf Leon de Winter und den Verein ‚Gesicht Zeigen!' am 5. März 2006 anlässlich der Verleihung der Buber-Rosenzweig-Medaille hielten, markieren Sie eine Demarkationslinie. „Konflikte werden nur gelöst, wenn man sich zeigt." Heißt das nicht in Ihrem und unserem Lebenskontext auch: zu lernen, dass man den eigenen Verlust in Kauf nimmt, um am Ende dem Humanum streitig zum Sieg zu verhelfen? Dadurch dass man selbst sein kann, dass man dieses Selbst offenbaren und riskieren kann, zur eigenen Fehlbarkeit zu stehen, damit dies andere auch tun können? Ist das nicht vorbildlich, eben weil man kein Vorbild im Sinne eines Idols sein will?

Eine ‚Gerechte': Die Bezeichnung erscheint mir deshalb so ungeheuerlich und klug, weil sie ach so nah an ihrem Gegenteil ruht, der Selbstgerechtigkeit. Wie nah, das zeigt die uns umwabernde Vorbild-Debatte. Von den erschlichenen akademischen Ehren bis zu Auszeichnungen, die die Institution ersichtlich mehr beehren sollen als den Ausgezeichneten. Eine ‚Gerechte' oder ein ‚Gerechter', das habe ich gefunden, ist jemand, der durch seine Tatkraft einlädt ihm zu folgen.

Für einen Menschen, der das Wort so beherrscht wie Sie, mag das eine nicht ganz unbestreitbare Behauptung sein. Am Anfang war das Wort? Am Anfang war

die Tat? Das geht weit über Goethe hinaus und hinein in jüdische Sprachmystik. Das Wort hat nämlich Macht noch da, wo es ohnmächtig ist und ausbleibt. Die ‚Gerechte' fordert nicht ‚zur Nachahmung' auf, sondern sie ermutigt, das Gerecht-Werden, dem sich selbst und anderen gerecht Werden, als die ureigene Aufgabe anzunehmen.
Zivilcourage hat damit zu tun. Zugleich setzt sich die Gerechte dem Risiko aus, als Vorbild gehandelt und behandelt und instrumentalisiert zu werden. Sie riskiert ihre Ablehnung und wagt ihre Verkennung bis hin zur Diskriminierung. Sie muss sich stellen, wenn sie wirken will. Das genau tun Sie!

Sehr zu ehrende Frau Berben!
An mich ist die nicht wirklich leichte Aufgabe herangetragen worden, hier und zu Ihnen einige Worte zu finden, Ihnen einen Strauß in Worten zu pflücken, der den Namen Laudatio verdienen soll. Dabei ist doch schon alles gesagt! Ich bin kein wortgewaltiger Paul Spiegel. Ich bin ein ... NN, einer ohne Namen, wenn überhaupt: ein Statthalter der Bewunderer. Was meine öffentliche Seite vielleicht ein wenig in die Nähe meines Themas rücken könnte, ist der Umstand, dass ich Zeit meines Berufslebens den Schulen und dem Gedankengut Kurt Hahns, einem deutschen Juden, der eben noch nach England emigrieren konnte, nahestehe. Sein ganz zentrales Anliegen nach dem (wie er es deutsch sagte) Versagen der deutschen Verantwortungselite vor, während und nach dem Ersten Weltkrieg – war die Beförderung einer Bildung, in deren Mitte die Bereitschaft zur Übernahme von Verantwortung stand. ‚Spectatoritis' war ihm verhasst; und lange bevor die ‚Bystanderforschung' in Amerika ins Leben gerufen wurde, stellte er in den Mittelpunkt seiner Schulen – bis hinein in die heutigen United World Colleges – die Übungen zur Empathie: die Services, die Dienste, die Basis und Ziel für akademische Exzellenz darzustellen haben. Vielleicht stehe ich deshalb hier.
Bleiben wir noch einen Augenblick in schulischen Gefilden, bevor wir uns, wie der Volksmund ja weiß, dem Ernst des Lebens zuwenden. Als erstes fand ich Ihre gar nicht unsympathische Bemerkung, dass Sie der Schule davongelaufen seien. Soviel Ihnen das ausgemacht haben mag, kennen Sie eigentlich die Worte, die Walter Benjamin in seiner Einbahnstraße hierzu gefunden hat, nicht nur zu diesem, sondern dem Davonlaufen in jungen Jahren? „Und darum lässt sich eines nie wieder gut machen: versäumt zu haben, seinen Eltern fortzulaufen. Aus achtundvierzig Stunden Preisgegebenheit in diesen Jahren schießt wie in einer Lauge der Kristall des Lebensglücks zusammen." Gut, es waren wohl mehr als zwei Tage und es waren nicht die Eltern, aber es wurde dann auch ein Leben zwischen Himmel und Erde, wovon die ‚Schulweisheit' erst gar nicht träumen kann. Denn in diesen Zeiträumen, in dieser Ungebundenheit nehmen Träume Gestalt an. Es ist die Zeit des Vorbildentwurfs. Hier wird an den eigenen Idolen, den eigentlichen Vorbildern gearbeitet, wird entworfen und verworfen.

Hier wird manchmal der Mut für ein Leben geschöpft, hier werden aus zarten Idolen dann Leitbilder, wenn sie allmählich immer mehr in die eigenen Möglichkeiten hereingeholt werden. Nehmen wir dieses Thema ernst und fragen wir uns heute nach Vorbildern angesichts einer Geschichte, die diese viel zu oft in barbarischer und viel zu selten in humaner Weise bereitstellte. Lassen Sie mich vor einer immer noch düsteren Skizze unseres Umgangs mit der Shoah heute die Notwendigkeit zivilgesellschaftlicher Verantwortung und eines ebensolchen Engagements umso heller skizzieren. In der Hoffnung, dass auch andere der Verantwortung ein Gesicht geben, wie

Sie es getan haben, eine Verantwortung, in deren Dienst Sie sich durch Ihr Engagement als Künstlerin und als Stifterin gestellt haben.

Walter Benjamin erlaubt mir auf etwas zurück zu kommen, was ich den ‚Brain-Drain des Humanen' nennen möchte. Der Tod Benjamins in Port Bou an der Französisch-Spanischen Grenze beendete ein Leben, das sich dem Populären ohnehin entzogen hatte. Diejenigen aus seinem Umkreis, die wie auch ihre Werke, an den entscheidenden Stellen ‚Glück' gehabt hatten – so Adorno, waren schon fort, Brecht und Horkheimer und eben Adorno selbst. Nur ebener, der von dem bucklicht Männlein verfolgt war, wie Hannah Arendt einmal sagte, will, selber schon herzkrank, über einen kleinen, unscheinbaren Grenzüberang in Südfrankreich. Doch der spanische Grenzbeamte war nicht geneigt, die Gruppe ohne weiteres, nämlich weiteres Geld, passieren zu lassen. So musste man zurück nach Petain-Frankreich mit den fürchterlichsten Lageraussichten. Die Aussicht des ‚Hand an sich Legens' mochte da noch die humanste sein. Dies vollstreckte Benjamin in der darauffolgenden Nacht an sich. Wie später und ebenfalls noch im Schatten von Auschwitz Jean Amery. Sie alle sind verstummt. Es hat sich der Bildungsfirnis auch über dieses Gesicht gelegt.
Sie alle sind verschwunden, auch wenn sie zwischendurch zurückkamen: zu bleibender Wirkung im Bereich der Zivilgesellschaft haben es die Genannten allerdings nur sporadisch gebracht.

Liebe Iris,
Du erhälst in diesem Jahr den Courage-Preis in Bad Iburg. Dazu möchte ich Dir von Herzen gratulieren. Die Auszeichnung hast Du mehr als verdient, bist Du für mich seit vielen Jahren der Inbegriff der modernen und toleranten Frau. Wie kaum eine andere hast Du Zeichen gesetzt gegen Antisemitismus und Fremdenfeindlichkeit. Glaubwürdig setzt Du Dich ein, und immer dort, wo soziale Ungerechtigkeit und Intoleranz die Oberhand gewinnen, bist Du rechtzeitig zur Stelle.
Deine Liebe zu Israel ist ansteckend, und Du hast vielen von uns dieses wunderbare Land näher gebracht. Du bist nicht nur eine großartige Künstlerin- wahrscheinlich die beste Schauspielerin, die wir haben- sondern (und dies hat im Jüdischen eine besondere Bedeutung) ein wahrer Mensch!
Ich gratuliere Dir zu dieser Auszeichnung und freue mich mit Dir!
Gerne erinnere ich mich an meinen Besuch in Bad Iburg im letzten Jahr und an die Gastfreundschaft, die ich dort erlebt habe. Sicherlich wird es Dir nicht anders gehen. Lass Dich feiern und ehren, auch wenn es nicht Deinem Naturell entspricht. Du bist bescheiden und stehst lieber in der zweiten Reihe, aber heute Abend stehst Du zu Recht im Mittelpunkt.
Wir brauchen Menschen wie Dich, die auch Vorbilder sind.
Herzliche Grüße und Glückwunsch

Peter Maffay

Grußwort von Peter Maffay anlässlich der Preisverleihung am 23. September 2011 an Iris Berben.

Selbst den ‚Judenjungen' Karl Kraus, wie Rainer Maria Rilke ihn bloßzustellen versuchte, selbst ihn kennen nur noch wenige. Dabei war er über Jahre hinweg so deutlich und so vernehmbar. Sein wahrlich großes Werk zu Hitler, die dritte Walpurgisnacht, 1936 verfasst und zur Schonung der Freunde und Informanten erst posthum veröffentlicht, lässt er mit dem Satz beginnen: „Zu Hitler fällt mir nichts ein." Obwohl ihm zu einer Zeit, wo die Ausschwitzlüge, bevor sie erfunden wurde, schon ihre Wirkung tat, ihm tatsächlich deshalb bis hin zu den Stehsärgen der frühen Konzentrationslagern nichts einfallen musste, weil alles doch schon schlimmste Wirklichkeit war.

...

Das reichte, musste ausreichen. Alles andere überstieg die Kräfte der Imagination. Aber auch dieser sehr bestimmte Geist wurde verschwinden gemacht. Solche Erinnerung kommt nicht ungerufen. Sie kommt nicht mehr von selbst, sie muss hereingebeten werden. Wir müssen ihr ein Gesicht schaffen, müssen ihr Gehör geben und sie Bild werden lassen wollen, kurz: wir müssen anders zuhören, anders hinsehen, um andere Figuren in unserem Kopf entstehen zu lassen. Diese Erinnerungen drängen sich nur auf, wenn man Augen öffnet. Jedoch: jemanden gegen seinen Willen zu therapieren, Aufklärung wider Willen also, muss vergeblich bleiben.

Mir geht es in diesem Zusammenhang, dem der Shoah, um Singularität, die man dem zu Erkennenden im Allzu-Bekannten einräumt. Anerkennt man das Einzigartige an ihr, dann wirkt sie wie alle Erkenntnis, die authentisch ist, als „Schock". Der Schock raubt die Kontemplation.

Er ist aber zugleich die einzig angemessene Reaktion, in der man des historischen Gewichts der Shoah inne werden kann. Indem man sich ihrer Unfassbarkeit bewusst wird. Das Gesicht dieser Fassungslosigkeit hat große Augen und manchmal den Mund von Edvard Munchs stummem Schrei.

Stimmt man dem zu, dann ist das scheinbar aufgeklärte Palaver über das Muster, dem auch die Vernichtung gefolgt sei und das keineswegs deutschen Ursprungs sei, unsäglich. Denn die Wiederholbarkeit durch Analogien zu behaupten, bestreitet die Einmaligkeit des grauenhaften Geschehens. Als wäre allein das Original strafbar, wenn es das denn gäbe, und wäre nicht jedes Verbrechen gegen die Menschlichkeit als ein je eigenes zu verurteilen. Statt Singularität zuzulassen, ein Muster zu behaupten, das nur imitiert werden musste, weil es schon vorhanden war, wirkt allererst ... entlastend. So als könnten wir uns anthropologisch entschuldigen: Am Ende seien wir alle doch nur Menschen.

Sieht man aber genau hin, dann leistet auch das Festhalten an der Singularität der Shoah noch Erinnerungsarbeit. Nach der Thora hat Gott die Namen der Dinge ins Tohuwabohu gerufen - und sie waren. Die Dinge - wie die Undinge? Gehorchten die Undinge nur Mustern, dann könnten wir über sie parlieren mit wohlfeilen Begriffen, als wären sie austauschbar, dem Verstand subsumierbar, obwohl sie sich dem Verstand doch auf immer widersetzen. Auch hier: das Wort als Tat gleich in mehrfacher Weise!

Buchstäblich auf der anderen Seite hat Hannah Arendt in ihrem Bericht „von der Banalität des Bösen" Eichmanns Prozess in Jerusalem beschrieben.

Sie wählte diesen Begriff freilich mit Bedacht. Es ist ja nicht allein dasjenige Böse, das in Gestalt der Banalität daher kam, sondern das ihr, der Banalität, selbst entsprungen war. Genauso wird aber mitgedacht, dass es das Böse ist, das wieder banal werden kann, sozusagen sich zurückverwandeln kann, in den Schoß zurückkriechen kann, dem es einmal entsprang. Denn fruchtbar ist der - ja! - noch. Nicht im Sinne von Wiederholung, sondern im Sinne ver-

gleichbarer Haltungen, die sich immer wieder andere Gestalten und Gestaltungen sucht. Dieser Haltung gegenüber ist Gesicht zu zeigen ... und Gesicht zu wahren im Namen der Humanität.
Bodensatz der Haltung gegenüber solcher bösen Banalität ist eben jenes Grauen, in das sich Benjamins Schock verwandelt hat. Es ist die Fassungslosigkeit, die einen mundtot macht, wenn man identifiziert, was einem da in Wirklichkeit vor Augen trat. Nicht erst Peter Weiss' ‚Die Ermittlung' oder Hochhuths kostümierte Historie ‚Der Stellvertreter' sind hier gemeint, noch viel weniger die Streifen, die nach Art der Soap-operas über Abende hinweg das Grauen in Bildern aufbereiten. Nein, gemeint sind die Photographien der pergamentenen Lampen und die der Haarlocken und die der Goldzahnberge aus den deutschen Lagern. Wenn man nicht übermannt wird „von tollem Entsetzen", so E.T.A. Hoffmann, blieb nur der eine Ausweg, nämlich der ins Schweigen. Und zwar in ein Schweigen des Eingedenkens: wer solchem Eingedenken sein Gesicht leiht, der muss einiges aushalten können, der muss sich in den Dienst stellen und muss wissen ... nicht – worüber er schweigt. Das könnte er vielleicht noch erzählen, sondern wovon er zu schweigen hat. Wird dann das Schweigen nicht wieder beredt, sehr beredt?

Wenn ich mich recht erinnere, war es die Aachener Lesung anlässlich des ‚Ehrenpreises der Deutsch-Israelischen Gesellschaft', der Sie den Titel gaben: „Ich kam aus einem Land des Schweigens." Dieses Schweigen meine ich so gar nicht! Es ist das Verschweigen, das zornig macht. Sie liegen so nahe beieinander. Denn dieses andere ist das Umlugen der Wirklichkeit, das verschont. Sich selbst zu allererst. Deshalb ist Wolfgang Thierse aus Anlass Ihrer Leo-Baeck-Auszeichnung immer noch zuzustimmen, wenn er sich gegen die falsche Toleranz wehrt, eine, die alles zulässt, auch das Leugnen des Holocaust, die Ausschwitzlüge.

Dass Ausschwitz keine Lüge ist, musste ich als Zwanzigjähriger erfahren, dessen Vater, ein fast, aber eben nur fast noch kindlicher SS-Soldat in Ausschwitz, den gefangenen Frauen Brot über den Zaun zugeworfen habe. Der aber dann und genau dort Ordnung in die Karteikästen gebracht habe, während es im Nebenzimmer ungebührlich hoch hergegangen sein soll. Diese Gestik ist mir bis heute zum deutschesten aller Antlitze geworden: Bewusstloses Funktionieren im Auge des Inhumanen. Ich weiß nicht, ob er bei aller Anstrengung, die ihm dieses Geständnis dem aggressiv drängenden Sohn gegenüber abverlangte, wusste, was er sagte. Bis heute nicht.

Dessen eingedenk sein zu müssen, ist nicht Wahl, sondern Aufgabe, ist Verantwortung für jeden, der sich auch nur zu Bruchteilen als ein zivilisierter Mensch begreift. Aus diesem Gedenken resultiert der Zorn über ‚No-go-areas' heute, resultiert die Anstrengung, immer wieder neu zu beginnen auch wenn es schier unlösbar zu sein scheint, sich nicht dumm machen zu lassen von der eigenen Ohnmacht und der Macht der anderen, wie es Adorno einmal sagte.

Liebe Frau Berben,

mir ist die Laudatio grundsätzlicher geraten als ursprünglich gewollt. Aber vielleicht musste das so sein, wenn man Worte wie Taten nimmt. Vielleicht geht es hier um Grundsätze des Politischen so wie sie sich im Individuellen brechen. Vielleicht kann man und darf man dann nicht außen vor bleiben.

Was ich bei meinem Nachdenken über Vorbilder beiseite ließ, will ich abschließend aufgreifen: Vorbilder sind paradoxer Weise nur dann Vorbilder, wenn sie die Haltung derer stärken, die sie sich zu Vorbildern machten. Vorbilder als personifizierte Ermutigungen für Aufgaben, die die eigenen Kräfte zu überfordern scheinen. Ein Vorbild ist keine Lebensform und kein Votivbild. Vor ihm zu knien, ist die denkbar schlechteste Haltung – ihm selbst gegenüber wie auch eine schlechte für die Meditation überhaupt. Lebende Vorbilder können nur ermutigen; zur Imitation dienen sie nicht. Dazu sind sie zu einzigartig.

Lassen Sie es mich mit anderen Worten zusammenfassen: Zivilgesellschaft braucht Zivilcourage, braucht die Menschen, die Gesicht zeigen. Erst die Menschen, die sich stellen, der Vergangenheit, der Verantwortung, der Sprachlosigkeit und all dem anderen, machen das Engagement zu einem zivilen.

Zum Vorbildcharakter gehört Bescheidenheit oder mit anderen, nämlich Ihren Worten: „Dass jeder für sich selber im Alltag Haltung beweist, und nicht nur zu Gedenktagen", das, so sagen Sie, wollen Sie eigentlich erreichen. Sie erheben Einspruch. Eine ‚Gerechte' habe ich mir immer sedierender vorgestellt; stattdessen wollen Sie den Konflikt als Markierungslinie. Gerecht kann man nicht sein, man muss es immer wieder zu werden versuchen, kein Ergebnis, sondern ein Prozess. Vielen Dank für Ihre freundliche Geduld!

Momente, die ich (auch) mit Afrika verbinde

Umarmungen in Johannesburg

MARIETTA SLOMKA
17. Komitee Courage-Preisträgerin 2012, Köln

Marietta Slomka, geboren und aufgewachsen in Köln, studierte Wirtschaft und Politik in Köln und Canterbury/Großbritannien. Sie arbeitete zunächst für die Deutsche Welle als Europa-Korrespondentin in Brüssel, kam 1998 zum ZDF und berichtete aus den Hauptstadtbüros Bonn und Berlin.

Seit 2001 moderiert sie das „heute journal" und ist weiterhin auch als Reporterin unterwegs, etwa für die Dokumentation „Afrikas Schätze".

Marietta Slomka wurde mit dem Adolf-Grimme-Preis ausgezeichnet, erhielt den Radio Regenbogen Award und 2012 den Medienpreis für Sprachkultur der Gesellschaft für deutsche Sprache, Sparte Fernsehen. Sie gehört zu den beliebtesten Moderatorinnen des deutschen Fernsehens.

Das Komitee Courage zeichnete sie 2012 mit dem 17. „Courage-Preis" aus. Die Begründung: Das Komitee Courage schätzt Marietta Slomka als kompetent, glaubwürdig, überzeugend, ehrlich, beeindruckend, korrekt, hellwach und unerschrocken.

Ihr soziales Engagement beweist sie u.a. als Patin des „Kinderhospiz Bethel" in Bielefeld. Beeindruckend ist ferner ihre Leidenschaft für Afrika, welche auch in dem Buch „Mein Afrikanisches Tagebuch" zu spüren ist.

„Kein Zeuge ist besser als die eigenen Augen" ein altes Sprichwort aus Äthiopien.

Sie verbindet in ihrem Buch „Mein Afrikanisches Tagebuch" (Bertelsmann Verlag) Gesehenes und Erlebtes mit Analysen und Recherchen. Sie stellt die Schicksale der Menschen, denen sie begegnet, in größere Zusammenhänge. Dabei ist es ihr vor allem wichtig, mit Afrikanern zu sprechen und nicht über sie!

Afrika ist nicht nur ein Hort der Finsternis oder exotische Kulisse für Herzschmerzfilme. Mit den Augen von Marietta Slomka werden Vielfalt, Schönheit und die Herausforderungen afrikanischer Realität erkennbar. Sie blickte hinter die Kulissen des Safari-Tourismus, sprach mit Naturschützern, reichen Lodge-Betreibern und armen Massai, mit Millionären und Slum-Bewohnern und mit Afrikanern, die zu einer gebildeten Mittelschicht gehören, die im gängigen Afrika-Bild oft ausgeblendet wird.

Sie denkt nach über das Erbe des Kolonialismus, die Schwierigkeiten von Entwicklungshilfe und die Frage, warum auf diesem reichen Kontinent so viel Armut herrscht.

In ihrem Buch geht es Marietta Slomka nicht darum, das Afrika-Bild des Hungers und des Grauens durch ein anderes, beschönigendes Klischee-Bild zu ersetzen. Sie will vielmehr den Blick weiten: „Schaut auf Afrika!" - weder durch eine rosarote noch durch eine düstere Brille. Das Buch ist dabei ein ebenso spannender wie kluger Begleiter.

Aus dem Vorwort ihres Buches „Mein Afrikanisches Tagebuch":

Momente, die ich (auch) mit Afrika verbinde.

Umarmungen in Johannesburg

Mein Lieblingsflughafen ist der International Airport Johannesburg in Südafrika. Bei den vielleicht acht, neun Malen, die ich bisher in Johannesburg gelandet bin, gab es fast immer irgendein Problem. Und immer haben südafrikanische Flughafenmitarbeiter alles stehen und liegen lassen, um der unbekannten Reisenden zu helfen. Beim letzten Mal fiel mir eine Flughafenangestellte mit fliegenden schwarzen Zöpfen vor lauter Begeisterung um den Hals, als ich ihr erleichtet meinen verloren geglaubten Koffer zeigte - so sehr freute sie sich mit mir, nachdem sie zuvor voller Mitgefühl gewesen war angesichts des vermeintlichen Verlustes.

Unvergessen auch, wie das Bodenpersonal einer afrikanischen Airline beim Check-in in Johannesburg das ungefähr ein Mal ein Meter große, abstrakte Gemälde eines kleinen afrikanischen Mädchens, das ich in einer Galerie in Soweto gekauft hatte, betrachtete: „She looks sad", befanden sie. „Ja", sagte ich, „sie ist traurig. Aber auch schön, oder nicht?" Allgemeine Zustimmung: traurig und schön. Die südafrikanischen Mitarbeiter beschlossen, dass dieses kleine schwarze Mädchen („our little lady") First Class nach Deutschland fliegen sollte: „Then she has a good journey out of Africa", dann hat sie wenigstens einen schönen Flug, wenn sie ihre Heimat schon verlassen muss. Im Flieger nahm mir die entsprechend instruierte afrikanische Stewardess das Bild ab und trug es hoch in die offenbar halbleere First Class, als handele es sich um ein rohes Ei.

So flog mein frisch erworbenes Gemälde („auf einem eigenen Sitz", wie mir strahlend berichtet wurde) Richtung Deutschland.

Die Galeristin, der ich es in Soweto abgekauft hatte, war übrigens in Tränen ausgebrochen, als ich mit dem in Noppenfolie verpackten Bild von dannen marschierte. „I will miss my girl!" Das war nicht Teil einer „Verkaufsshow", sondern kam von Herzen. Der Künstler war an Aids gestorben, das Bild hatte lange in ihrer Galerie gehangen. Ich musste ihr versprechen, „gut auf ihr kleines Mädchen aufzupassen", während wir uns zum Abschied umarmten (die Chance, umarmt zu werden, ist in Südafrika vergleichsweise groß).

Gefühle-Mühle

als baby an der mutter brust
welche lust
kleinkind an mamas röckchenzipfel
hautnah ´s ist der fühlegipfel

knabe schlägt aus noten-frust
welche lust
mädchen spielt perfekte mutter
strahlt alles in guter butter

nun schielt man nach dem andern geschlecht
gefühle brodeln heiß ist´s recht
man probt mann/frau schon ganz apart
schließlich hat man den salat

eingepfercht im ehekasten
muss man bei zwei kindern fasten
manchmal sind sie ja ganz niedlich
wären sie doch endlich friedlich

und die ehe jemineh
hier ein ach und dort ein weh

nannte man sich liebster mäuschen
war´s gefühl ganz aus dem häuschen
waren´s erstmal kleine tiere
sind´s jetzt ochsen küh´und stiere
auch verbal zeigt sich empfindung
nicht nur schön ist eine bindung

man müht sich durch die mühl´des lebens
beruflich manchmal auch vergebens
man darbt nach andern doch verboten
partner klopfen auf die pfoten

dann schleicht sich das alter ein
lust wird verdrängt durch körperpein
aus gefühlen rot und warm
werden kalter frust und harm
gottes nähe hilft dem einen
andern bleibt nur noch das weinen

zum glück reisst oft der vorhang auf
sonne kommt in vollem lauf
wärmt das herz und auch die seele
dass auch alten gar nichts fehle

ist vorbei die letzte stunde
jammert´s in der grabes runde
ehrlich meinen es die einen
andere wollen nur so scheinen

gefühle-mühle bis zur bahre
meistens währt es achtzig jahre
doch gefühle müssen sein
denn der mensch ist ja kein stein

Dr. Erika Heyde

Das Iburger Grenzlandfest

Eine Humoreske

ROBERT HÜLSEMANN
** 1868 † 1950*
1. Ehrenbürger von Iburg

Geschichtliches

1932 zählte das Gemeinwesen Iburg 1.500 Einwohner. Noch in der „Etatsitzung" des Iburger Kreistages, die Ende Mai unter dem Vorsitz von Landrat Herold im Iburger Schloss abgehalten wurde, verabschiedete man den Kreishaushalt 1932/33, ohne im Geringsten zu vermuten, was sich in Berlin zusammenbraute. Unerwartet platzte am 31. Juli 1932 in die sommerliche Beschaulichkeit die Nachricht: „Der Kreis Iburg wird aufgehoben".

Der 308 Quadratkilometer große Kreis Iburg, der 33.300 Einwohner umfasste, sollte mit dem 315 Quadratkilometer großen und 38.000 Einwohner umfassenden Kreis Osnabrück zusammengelegt werden. Schmerzlich für das kleine Iburg war die Festlegung des gemeinsamen Kreissitzes in Osnabrück. *Heinz Köhne*

Eine wahre Begebenheit aus dem Jahre 1932, damals als Humoreske von dem damaligen Iburger, heute Bad Iburger, Ehrenbürger Robert Hülsemann veröffentlicht: „Das Iburger Grenzlandfest".

Ein Landkreis wird aufgelöst

Leicht überarbeitet durch Gerd Schöwing

Der Iburger Bürgermeister waltete seines Amtes. Er hatte die Fenster geöffnet, die frische Mailuft milderte den Aktengeruch der Amtsstube. Der Ratsdiener brachte die Morgenpost. „Ei, ei, ein Schreiben vom Regierungspräsidenten", das öffnete er zuerst. „Die Reichsregierung hat verfügt, das der Kreis Iburg am 1. Oktober 1932 aufgehoben und mit dem Landkreis Osnabrück verschmolzen wird ... ."
„Was? Soll dass ein Aprilscherz sein? Kreis Iburg eingehen, das gibt's ja gar nicht."

In der Staats- und Finanzkrise der beginnenden dreißiger Jahre reduzierte Preußen aus Kostengründen die Zahl der Landkreise von 408 auf 351. Im Bezirk Osnabrück war der Kreis Iburg nicht der kleinste Landkreis. Der Kreis Melle hatte 27.000 Einwohner, Wittlage nur 19.200. Allerdings lag der größte Industriebetrieb des Osnabrücker Landes, die Georgsmarienhütte, sowohl im Kreis Osnabrück wie im Kreis Iburg. Regelmäßig trafen sich die beiden Landräte aus Osnabrück und Iburg im Oeseder Weghaus zu Abstimmungsgesprächen.

Schon 1930 hatte der Osnabrücker Regierungspräsident aus diesem Grund die Zusammenlegung der beiden Kreise gefordert. Im Zuge einer allgemeinen Kreisreform ließ sich der Widerstand leichter brechen.

Heinz Köhne

Es hielt den Bürgermeister nicht mehr in der Stube. Den Brief einsteckend ging er den Burgberg hinab und setzte sich auf das Geländer der Kohlbachbrükke, wo er seine friedlich weidenden Kühe auf Landrats Wiese sehen konnte.
Dort las er nochmal das ominöse Schreiben. Nein, diesen Schlag konnte er der Gemeinde einfach nicht bekanntgeben, da musste er erst einmal mit dem Herrn Landrat sprechen.
Sinnend schritt er über die Teeplätze zur Ulmenpforte hinauf, um hintenherum in das Landratsamt zu gelangen. Die Iburger brauchten nicht zu sehen, dass er etwas mit dem Landrat zu verhandeln hatte.
„Ja, lieber Herr Bürgermeister, ich wusste es schon seit einigen Tagen, es tut mir leid um Iburg, aber die Reichsregierung muss sparen und legt daher die kleinen Kreise zusammen, da wird nicht mehr viel dran zu ändern sein."
Nun musste er doch den Gemeinderat einberufen. Unverzüglich sandte er den Ratsdiener los, um die Herren in dringender Angelegenheit aufs Amt zu rufen.
Die Bestürzung der Ratsherren war nicht minder groß als sie die Hiobsbotschaft erfuhren. Der eine führte aus, wovon Iburg dann leben solle, wenn die Iburg wieder veröde und die sechzehn Beamten fortzögen, die doch viel Geld in Iburg ausgegeben hätten, und ebenso die Kreisbewohner fortblieben, die manchen Taler springen ließen, wenn sie auf dem Amt zu tun hätten.
„Ja, und unsere Töchter werden alte Jungfern, wenn die heiratsfähigen Männer immer rarer werden, und unsere Jungs wandern ab, wenn sie keine Anstellung in Iburg finden", argumentierte ein anderer. „Wir müssen handeln, sofort handeln", meinte ein dritter und schlug vor, eine Kommission zu ernennen, die bei der Reichsregierung vorstellig werden solle. Der Augenblick sei günstig, Reichskanzler von Papen sei ein halber Landsmann aus dem Münsterland. Der werde schon mit sich reden lassen."
Der Vorschlag fand allgemeine Zustimmung: Einstimmig wurden der Bürgermeister und zwei redegewandte Ratsherren beauftragt, unverzüglich nach Berlin zu fahren, um Herrn von Papen zur Rücknahme der Verfügung zu bewegen. Selbst die Bewilligung von 300 Mark Reisespesen für die Kommission erfolgte einstimmig.
Obwohl das drohende Unheil dadurch vielleicht abgewendet, loderte der Groll gegen die Reichsregierung im Flecken hell auf und mancher Einwohner hob die Faust gen Himmel, als er die Kunde vernahm, und rief: „Gott strafe Franz von Papen!"
Es dauerte lange, bis die Unterhändler zurückkehrten. Berlin schien ihnen zu gefallen.
Aber dann kamen sie doch und berichteten: Sie hätten zwar Exzellenz von Papen nicht persönlich gesprochen, aber mit seiner rechten Hand, seinem Privatsekretär, eingehend die Sache besprochen. Der Herr habe ihnen in die Hand versprochen, die Angelegenheit wohlwollend Exzellenz vorzutragen.
Nun, dann war ja noch nicht aller Tage Abend. Aber so ganz war der Fleckensrat mit dem erzielten Resultat doch nicht zufrieden: der Antrag der Kommission um Bewilligung von 100 Mark Nachspesen wurde nicht einstimmig angenommen. Einer der Ratsherren murmelte was von Extravaganzen auf Kosten der Gemeinde und so ...
Mit Hoffen und Harren ging der Sommer dahin. Und dann kam doch der letzte Abend. Mit ihm eine Anzahl Möbelwagen, in denen Akten und Inventar des Landratsamtes verstaut wurden.
Auch der Landrat und die Beamten schnürten ihr Bündel, einzig der pensionsreife Amtsbote blieb zurück und machte das Amt besenrein.

„Gott strafe Franz von Papen!"
Doch am nächsten Tag kam der Herr Regierungspräsident und hielt die Abschiedsrede: Der Herr Reichskanzler habe ihn beauftragt, Iburg zu sagen, dass die Verschmelzung der beiden Kreise eine Notwendigkeit gewesen sei, aber die Reichsregierung behalte Iburg im Auge und werde zu gegebener Zeit die Gemeinde Iburg für den Verlust des Landratsamtes anderweitig entschädigen.
Nun, das ließ sich hören, Iburg als Garnison wäre auch nicht übel und würde den Verlust wett machen.

Eintönige Wintertage vergingen. Herr von Schleicher nahm Franz von Papen das Reichsruder aus der Hand. Die Hoffnung auf Entschädigung schrumpfte. Dann kam Adolf Hitler zur Macht - nun schwand die letzte Hoffnung. Aber Fehl gedacht! Gleich in den ersten Tagen kam der Regierungspräsident nach Iburg mit der Botschaft, die Reichsregierung löse nunmehr sein Versprechen ein, Iburgs Zukunft liege in der Hebung seines Fremdenverkehrs. Es als Luftkurort in weitesten Kreisen bekannt zu machen, solle im Mai ein Reichsgrenzlandfest in Iburg veranstaltet werden. Schon morgen würde ein Festkommissar mit seinen Adjutanten eintreffen und die Vorarbeiten einleiten.
Er kam, ausgerechnet ein Schulrat mit einem Lehramtskandidaten, die Hakenkreuzbinde am Arm.
Ein Büro wurde eingerichtet. Innerhalb von drei Tagen stampfte er ein zweiunddreißigköpfiges Festkomitee aus dem Boden, je acht Herren aus Osnabrück, Bielefeld, Münster und Iburg.
In der ersten Sitzung entwickelte der Schulrat sein Programm.
Der Führer habe angeordnet, in Iburg ein Treffen zu veranstalten, auf dem Abordnungen aller deutschen Grenzländer in ihrer Heimattracht aufmarschieren sollten. Ein Vertreter der Reichsregierung werde auf dem Treffen eine politische Ansprache an die Grenzländer richten, die von allen Sendern des deutschen Rundfunks übertragen werde.
Es sei nun Sache des Komitees, das Treffen würdig zu gestalten. Er empfehle acht Kommissionen zu ernennen mit je einem Mitglied aus den vier Städten, die die Einzelheiten ihrer Ressorts bearbeiten. In der nächsten Sitzung brachten die ernannten Kommissionen bereits ihre Vorschläge vor. Die Ausschmückungskommission verlangte 5.000 Mark für die Anschaffung von 3000 Hakenkreuzfähnchen, die Illuminationskommission gar 10.000 Mark für die Anstrahlung der Iburg und Beleuchtung des Festplatzes. Die Reklamekommission 4.000 Mark, die Verpflegungskommission 3.000 Mark, die Verkehrskommission und die Platzkommission begnügten sich mit je 1.000 Mark und die Flurschäden- und die Geschäftskommission gemeinsam 5.000 Mark für Entschädigungen, wie Unfall-, Haft- und Antiregenversicherung.
Dem Bürgermeister ging der Hut hoch. Er fragte, wer für die Beträge aufkomme.
„Nun, der Träger des Festes, die Gemeinde Iburg", erwiderte der Festkommissar.
„Dann protestiere ich, das geht ja weit über unseren Jahresetat", rief der Bürgermeister.
Der Kommissar drückte ihm den Hut wieder runter, mit der Erklärung: „Nur nicht kleinlich, Herr Bürgermeister, wir verkaufen am Festtag Festbändchen, je Stück für dreißig Pfennig, das macht bei hunderttausend Besuchern allein 30.000 Mark. Zu Ihrer Beruhigung kann ich Ihnen auch im Vertrauen sagen, dass Frau Löser aus Elbing, die Gattin des großen Zigarrenfabrikanten, bereits tausend Mark zum Fest spendete und sie wird nicht die einzige bleiben, die in den „Beutel" greift.
O, hätte er das doch nicht gesagt!

Schon am nächsten Tage erhielt der Führer eine Postkarte aus Iburg mit der Anfrage. „Mein Führer, ist es in Ihrem Sinn, dass das Deutsche Grenzlandfest in Iburg von Juden finanziert wird? Der Festkommissar erklärte in der heutigen Sitzung des Komitees, dass Frau Löser in Elbing (Jüdin!) bereits tausend Mark als Festbeitrag gespendet habe!"
Die Wirkung war erschütternd.
Der Schulrat flog, die tausend Mark hinterher! ----
Drei Tage Pause!
Dann ging es unter dem neuen Kommissar weiter.
Die Ausschmückungskommission wollte die Wände des Rittersaals, in dem Vertreter des Reiches ein Bankett gewährt werden sollte, mit schwarzem Tuch ausschlagen, das mit Silberborten aneinander gereiht werden sollte. Dagegen protestierte der Iburger Bürgermeister energisch. Er meinte, „wenn auch die ehemaligen Landesbischöfe von Osnabrück statt Hakenkreuze den Krummstab in Händen hielten, auf den Portraits, so braucht ihr Anblick vor niemand verhüllt zu werden, es seien alles ehrenwerte Männer gewesen." Sein Protest hatte Erfolg.
Die Reklamekommission wollte wissen, wen die Reichsregierung als ihren Vertreter nach Iburg senden würde, um mit seinem Namen die Werbetrommel erfolgreicher rühren zu können. Berlin hüllte sich in Schweigen. Doch die Kommissionsherren waren gewievte Geschäftsleute, sie wussten sich zu helfen. An die Presse wurde die Mitteilung gegeben, dass der Führer selbst nach Iburg kommen wolle, sofern er nicht den redegewandten Göbbels mit seiner Vertretung beauftrage. Die Wettquote schwankte täglich, stieg aber für Göbbels, als Berlin endlich mitteilte, „der Reichsrepräsentant werde erst drei Tage vor dem Fest bekannt gegeben. Der Festkommissar habe drei Autowagen bereit zu halten zu seiner Abholung. Wo, werde am Vorabend des Festes telegrafisch mitgeteilt."
Nein, der Führer würde im eigenen Wagen kommen, seine Wettquote sank spontan.
Die Verpflegungskommission war nicht untätig geblieben. Hunderttausend Mägen zu füllen war für Iburg eine schier unmögliche Aufgabe. Sie ermittelte zunächst, wie viele Wasch- und Viehkessel, Badewannen und Regentonnen, Einmachtöpfe und Pökelfässer vorhanden waren. Sie reichten nicht!
Der Regierungspräsident verlangte den Nachweis, dass zwanzigtausend Mittagessen bereit gehalten würden. Man lieh daher bei Verwandten und Bekannten und in den Nachbardörfern ergänzenden Hausrat aller Art.

Um aber sicher zu gehen, dass keine Hungerrevolte das Fest störe, hob der Präsident den Konzessionszwang am Festtage auf. Jeder konnte Speisen und Getränke aller Art feil halten wo er wollte, unter dem Dach oder freiem Himmel, in Wald und Flur ... hei, war das ein Jubel!
In den folgenden Tagen wimmelte es im Flecken von Bier- und Schnapsreisenden. Die Münsterländer Schnapsbrenner machten brillante Geschäfte, in jedem Haus erhielten sie Aufträge. Was der Mann bestellte, verdoppelte die Frau! Selbst die Kinder leerten ihre Sparbüchsen und legten die Beträge in Schnaps an. Freie Bahn den Tüchtigen!
Die Bäcker und Metzger in den Nachbarstädten folgten. Jeder bestellte was er bekommen konnte, Brötchen und Würste zu tausenden!
Die Brauereien mieteten Grundstücke für Bierzelte. Die Bratwursthändler gleich mehrere auf einmal. Von Tag zu Tag stiegen die Preise für Grundstücke. Man bezahlte doppelte Jahrespacht für einen Tag! Iburg taumelte im Geldrausch.
Der Regierungspräsident überbrachte Anordnungen der Regierung: Verkehrssperre, Umleitung, Feldgottesdienst beider Konfessionen, Ernennung des

Reichsrepräsentanten zum Ehrenbürger Iburgs vor dessen Rede.

Die Kommissionen arbeiteten fieberhaft, Pensionen und Gaststätten reichten nicht aus, um den Fremdenverkehr zu bewältigen. Privatunterkünfte waren nicht mehr zu haben. Viele fremde Geschäftsleute mussten in ihren Autos übernachten. Iburg hatte einen Platz an der Sonne erreicht!

Noch einmal ging ein Sturm der Entrüstung durch Iburg, als endlich die Reichsregierung damit heraus kam, wen sie als Reichsrepräsentant bestimmt hatte. Ausgerechnet Seine Exzellenz, den Herrn Reichskanzler a.D. Franz von Papen!

Und den sollte Iburg zu seinem Ehrenbürger ernennen! „Lieber lasse ich meine Hand verdorren als eine solche Ernennung zu unterschreiben", erklärte der Bürgermeister den Ratsherren.

Im Plenum des Komitees kam er damit nicht durch, der Regierungspräsident wurde ernst.

„Herr Bürgermeister, es ist nicht Ihre Sache, Maßnahmen der Reichsregierung zu beanstanden. Sie sind immer ein bewährter Beamter gewesen, tun Sie gefälligst Ihre Pflicht!"

„Ich habe sowas noch nie gemacht, wir haben noch nie einen Ehrenbürger gehabt", erwiderte der Bürgermeister.

„Das ist kein Grund, sich der Aufgabe zu widersetzen. Wir lassen Ihnen die Ehrenurkunde durch einen Osnabrücker Kalligraphen anfertigen. Sie brauchen sie dann nur mit einigen passenden Worten Exzellenz zu überreichen."

„Das kann ja dann einer der Ratsherren tun", sträubte sich der Bürgermeister noch immer; worauf der Präsident erwiderte: „Wer ein Amt hat, muss auch dessen walten."

Als das ganze Plenum dem Regierungspräsidenten zustimmte, erklärte der Bürgermeister schließlich: „Gut, dann kann ich Exzellenz durch die Blume

Am Umzug des Grenzlandtages beteiligte sich die Iburger Ortsgruppe des Bundes Königin Luise.

auch mal unter die Nase reiben, was sie uns angetan hat mit der Wegnahme des Landratsamtes."

Jetzt wurde die Sache kritisch. Der Präsident rief erregt. „Das verbiete ich Ihnen ganz energisch, Herr Bürgermeister! Wenn Sie mir nicht in die Hand versprechen, Exzellenz damit nicht zu behelligen, lasse ich Sie am Festtage in Haft nehmen!" Diese Zurechtweisung brachte den Bürgermeister zur Raison, er gab die Hand.

Nun plätscherten die Wogen wieder milder.

Ein Mitglied des Komitees meinte, die Urkunde allein genüge nicht, ein Ehrentrunk müsse auch sein. „Und der Pokal nicht minder. Exzellenz sei ein feiner Kenner edlen Tafelgeschirrs, seine Gemahlin stamme aus der Keramik-Industrie", ein anderer.

Diese Materie schien dem Bürgermeister angenehmer zu liegen. Verständnisvoll erwiderte er, er habe noch einen feinen Tropfen im Keller. Johannisberger Auslese, von seiner Silberhochzeit her, davon wolle er gerne eine Pulle spenden. Aber einen Pokal, nein, den habe er nicht.

Ein Iburger Komitee-Mitglied erklärte, seine Tante habe einen wundervollen Kristallpokal, den ihr die Belegschaft ihres Werkes zur Silberhochzeit

geschenkt habe. Kunsthaus Schäffer in Osnabrück, das ihn geliefert, habe ihn als das beste Stück bezeichnet, das es je besessen. Er wolle sofort mal telefonisch bei ihr anfragen, ob sie den dem Bürgermeister leihe.
Die Tante war bereit, wenn der Bürgermeister „post festum" in den Sockel des Pokals einätzen lasse: „Aus diesem Pokal trank Exzellenz von Papen den Ehrentrunk des Fleckens Iburg!"
Mit der Zusage des Bürgermeisters war dann auch dieser Punkt erledigt.
Nachdem dann auch die Festordnung entworfen und genehmigt war und der Regierungspräsident dem Komitee den Dank der Regierung ausgesprochen hatte, war alles für den großen Tag bereit, der Iburg weltbekannt machen sollte.

Das Programm lautete:
Ab Morgengrauen Anmarsch der Verbände und Reitervereine zu ihren Lagerplätzen.

Ab 8 Uhr	Empfang der Grenzlandabordnungen.
Ab 9 Uhr	Empfang der offiziellen Vertreter aus den Provinzen Hannover u. Westfalen.
Um 10 Uhr	Beginn der Feldgottesdienste beider Konfessionen.
Ab 11 Uhr	Formierung des Trachtenzuges auf dem Wittenbrink.
Ab 11.30 Uhr	Ankunft und Begrüßung des Reichsrepräsentanten.
Um 12 Uhr	Beginn des Trachtenzuges vom Wittenbrink durch Iburg zum Herrenrest.
Ab 15 Uhr	Allgemeine Volksbelustigungen am Charlottensee.
Um 19 Uhr	Bankett im Rittersaal der Iburg.
Ab 20 Uhr	Beginn der Rede des Reichsrepräsentanten auf dem Langenberg und Illumination.

Der letzte Maiensonntag sollte Iburgs Ehrentag sein: Mit dem großen Massensterben von Schweinen und Kälbern begann die Festwoche.
Alles was Geld verdienen wollte, gab sich in Iburg ein Stelldichein. Kram- und Leckerbuden säumten die Straßen, erlaubt war, was gefiel!
Die ozonreiche Waldluft Iburgs nahm Fettgeruch an, da gab es nur ein Gegenmittel: Schnaps!
Wer kein Betriebskapital besaß, pumpte sich eine Flasche Steinhäger und verhökerte sie in Flur und Feld.
Bahn frei für den Tüchtigen! Selbst die Bauern aus der Nachbarschaft wälzten ein Fass Bier vor die Scheune und verzapften den edlen Gerstensaft frisch vom Fass.
Die freie Wirtschaft bewährte sich glänzend!
In der letzten Nacht brach der Verkehr nicht ab auf den Landstraßen, Lieferwagen auf Lieferwagen rollte heran. Ein Bäckerwagen mit dreißigtausend Brötchen für eine der Bratwurstbuden, hatte sich verspätet. Die Gendarme wollten ihn an der Sperre nach fünf Uhr nicht mehr durchlassen. Anrückende SA-Männer halfen ihm durch einen Korb mit Brötchen. Heil Hitler!
Aus den Wäldern erschallten nun überall die zackigen Marschlieder der eintreffenden Verbände. Biwackfeuer flammten auf, aus den Ranzen und „Affen" wurde der Morgenimbiss hervorgeholt.
Die Reiterverbände rückten mit Musik an. Die Abordnungen aus den Grenzländern in Autobussen, und die Offiziellen in Autos. Vorsorglich in den Aktentaschen die Tagesrationen! Alle hatten die Kapazität Iburgs in Bezug auf Verpflegung unterschätzt.
Die Feldgottesdienste lockten wenig. Spannung und Bewegung waren zu groß, um sich stiller Erbauung hinzugeben.
Dann kam die erste Enttäuschung!
Hatten die Iburger geglaubt, dass nun ein Sturm

auf ihre Küchenerzeugnisse einsetzen würde, dass nun der Geldregen beginne, so sahen sie sich getäuscht, und mit ihnen die Bratwursthändler und Zeltinhaber. Trompetensignale riefen die Verbände und Vereine, die Grenzlandtruppen und Musikbanden zum Wittenbrink hinaus, und mit ihnen zogen Sehleute und Schlachtenbummler von dannen. Die ambulanten Marketender schmunzelten, sie machten da oben brillante Geschäfte. In Iburg und auf dem Festplatz hatte man das Nachsehen.

Zwar schleppten einige der Enttäuschten noch die Bouillonkessel den drei Kilometer entfernten Wittenbrink hinauf. Aber als sie dort anlangten war die

Bis in die Nachkriegszeit bewahrte die Osnabrücker Straße, die B 51, in Höhe des Offenen Holzes ein beschauliches Gesicht (vorn rechts die Abzweigungen Rathausloh und Laeregge).

Suppe kalt geworden und keine Zeit mehr sie aufzuwärmen. Der Zug formierte sich - vierzigtausend Menschen in Reih und Glied. Herrje, war das eine Arbeit, aber sie gelang. Ein Böllerschuss gab das Signal: Marsch!

Was nun noch in Iburg sich der immer größer werdenden Portionen erfreute, eilte auf die Straße - Köche und Köchinnen ließen die Herde im Stich. In vierfachen Ketten säumten sie zu beiden Seiten die sieben Kilometer lange Feststraße.

Zwei Stunden dauerte der Vorbeimarsch. Nein, das durfte man sich nicht entgehen lassen, die bunten Trachten waren so schön. Und die lustigen Banner und Abzeichen die jede Gruppe voran trug.

So trug zum Beispiel die schlesische Taschentuchstadt Lauban einen großen Schellenbaum voll mit bunten Taschentüchern dekoriert voran. Auf dem Banner der Spruch: Es ist wahrhaftig keine Phrase - Lauban putzt der ganzen Welt die Nase!

So brachte jede Volksgruppe ihre Landeserzeugnisse zur Schau, so unter anderen: Frankfurter Würste und Tilsiter Käse, Königsberger Marzipan und Aachener Printen.

Auf der Gartenterrasse eines Patriziergartens nahm Seine Exzellenz, umgeben von den Prominenten, den Vorbeimarsch ab. Jeder Gruppe den Hitlergruß bietend. Fürwahr, auch eine Leistung.

Als dann endlich die letzte Gruppe vorbeimarschierte und die Volksbelustigungen am Charlottensee begannen, waren Männlein und Weiblein viel zu erschöpft, um die Iburger Küchen zu stürmen. Sie picknickten in den Wäldern und ruhten aus von ihren Nachtmärschen und Strapazen des Tages.

Um 19 Uhr begann das Bankett im Rittersaal der Iburg. Wahrlich, König Artus Tafelrunde konnte nicht feierlicher aufgemacht sein!

Nur Prominente, Offizielle und Komitee-Mitglieder durften teilnehmen, alle im Festgewand. Die in

Hufeisenform errichtete Tafel war reich dekoriert mit silbernen Tafelaufsätzen und Treibhausflieder. In den tiefen Fensternischen wundervolle Blumen-Arrangements, aus denen versteckte Scheinwerfer die herrliche Deckenmalerei anstrahlten. Vor der großen Kredenz, auf der das Bild des Führers, verziert mit Hakenkreuzfähnchen, stand, nahm Exzellenz Platz, die Oberpräsidenten von Hannover und Westfalen zur Seite.

Burgfräuleins in mittelalterlicher Tracht (Bauschröcken und Schlitzärmel, Blumen im Haar) tischten auf.

Nach den „Forellen" sprach der Oberpräsident von Hannover, nach dem „Spargel mit Schinken" der Regierungspräsident von Osnabrück. Nach den „jungen Hähnchen" kam dann der große Augenblick für den Iburger Bürgermeister.

„Exzellenz, noch ist Iburgs großer Tag nicht verklungen, noch harren Millionen Deutsche auf die Worte, die Exzellenz von Iburg aus der Welt durch das Radio verkünden werden. Doch schon seit Wochen verspüren wir Iburger den Pulsschlag der neuen Zeit. Wir wissen, wem wir den Aufschwung zu verdanken haben, wer uns die hohe Ehre bereitet hat, unseren bescheidenen Ort in den Mittelpunkt des Weltgeschehens gerückt zu sehen. Ihre Exzellenz hat wesentlichen Anteil daran. Und so haben wir dann im Gemeinderat beschlossen, Seiner Exzellenz die Ehrenbürgerschaft unseres althistorischen Fleckens zu verleihen. Seine Exzellenz als unseren ersten Bürger zu betrachten, uns zur Ehr und Seiner Exzellenz als Zeichen unseres Dankes. 30-jährigen Krieg

Ich überreiche Seiner Exzellenz die darüber ausgestellte Urkunde mit den Worten: Lange und glücklich lebe unser Ehrenbürger!"

Exzellenz hatte sich während der Rede des Bürgermeisters erhoben und dankte mit folgenden Worten. „Lieber Herr Bürgermeister! Es gereicht auch mir zur Ehre einer der Ihrigen zu sein. Ich danke Ihnen und allen meinen neuen Mitbürgern von Herzen für die mir verliehene Auszeichnung. Es ist eine bewegte Zeit in der wir leben, eine aufreibende Zeit für viele. Ich schätze mich glücklich in meinem deutschen Vaterland, ein so reizendes schönes Fleckchen Erde kennen gelernt zu haben wie Iburg und doppelt glücklich, nunmehr in ihm heimatberechtigt zu sein. Möge der Ort wachsen! Blühen! Gedeihen! Immerdar."

Ein Burgfräulein brachte nun dem Bürgermeister den gefüllten Ehrenpokal, ihn ergreifend trat er vor Exzellenz: „Angefüllt mit dem edelsten Saft rheinischer Reben kredenze ich somit Seiner Exzellenz den Ehrenpokal des Fleckens Iburg, auf dass der Trunk unsere Verbindung besiegle und zum Wohl führe. Wir sind stolz auf unseren Ehrenbürger bis in die fernste Zeit. Prosit!"

Exzellent hielt den Becher hoch empor und rief: „Auf Iburgs Gedeih und Wohlergehen!"

Blitzlicht flammte auf, der große Augenblick war für die Nachwelt auf die Platte gebannt.

Exzellenz winkte einen Stuhl herbei und lud den Bürgermeister ein, neben ihm Platz zu nehmen.

„Wir gehören ja jetzt zusammen, lieber Bürgermeister", meinte er jovial und begann die Unterredung mit der Frage: „Wie war es denn mit der großen Arbeitslosigkeit im vorigen Jahr, Herr Bürgermeister, hat ihre Gemeinde auch darunter gelitten?"

War der Bürgermeister wirklich angefüllt mit dem edelsten Saft rheinischer Reben? Vergaß er sein dem Regierungspräsidenten in die Hand gegebenes Versprechen? Scheinbar ganz harmlos gab er zur Antwort: „Ach, die Arbeitslosigkeit war nicht so schlimm für Iburg, der Kurverein beschäftigte die Leute bei der Anlage des Charlottensees. Aber seit man uns das Landratsamt nahm, Exzellenz, waren

wir doch sehr besorgt um unsre Zukunft."
„Wie? War Iburg denn mal Kreis?"
Der Bürgermeister war verblüfft. Ehe er zu antworten vermochte, griff schon der Regierungspräsident ein und erwiderte, mit einem verzweifelten Blick auf den Wortbrecher: „Freilich, Exzellenz, einer der kleinen Liliputkreise, die damals zusammen gelegt wurden. Die Sache hatte wenig Bedeutung für Iburg, dessen Existenz dadurch kaum berührt wurde. Iburgs Zukunft liegt in seiner Entwicklung als Luftkurort, in der Hebung seines Fremdenverkehrs, um die sich die Regierung bemüht."
Exzellenz nickte.
„So, so, das freut mich für Iburg, Herr Bürgermeister. Das ist eine sehr angenehme, ja, lukrative Erwerbsquelle, das halbe Rheinland lebt davon, da gratuliere ich Ihnen herzlich."

Dem Bürgermeister verging die Spucke. Verstellte sich Exzellenz, war das Diplomatie? Er konnte das nicht glauben. Aber zum Donnerwetter unterschrieb denn ein Reichskanzler Dokumente, die er gar nicht gelesen hatte. Verfügungen, die seine Räte zusammengeschrieben hatten?"
Er wagte nicht, Exzellenz auf den Zahn zu fühlen. Da kam auch schon der Rundfunkmann und meldete, dass das Mikrofon Exzellenz erwarte. Die Prominenten erhoben sich. Exzellenz drückte dem Bürgermeister freundlich die Hand und sagte, „Ja, der Rundfunk bringt uns Pünktlichkeit bei, Herr Bürgermeister. Schade, ich hätte gern noch ein bisschen mit Ihnen geplaudert. Aber ich komme mal wieder, vielleicht als Kurgast mit meiner Frau, dann holen wir's nach. Lassen Sie uns hier bereits Abschied nehmen, wer weiß, ob wir uns hernach in dem Trubel noch sehen. Es war mir wirklich eine große Freude, Iburg kennen zu lernen. Ich wusste gar nicht, dass unser Westfalen solche Perle besaß."

Blick vom Langenberg 1930.

Dem Bürgermeister wirbelte der Kopf. Nun wusste Exzellenz nicht einmal, das Iburg zu Hannover gehörte? Gehörte denn so wenig dazu, im Deutschen Reich Kanzler zu sein?
Sinnend folgte er den Prominenten hinab zum Langenberg.
Der schleimige Privatsekretär in Berlin kam ihm in den Sinn. Der seine Bitte wohlwollend Exzellenz vorzutragen versprochen. Hatte der überhaupt etwas unternommen?
Er spuckte aus und stieß einen Stein an, dass er ins Tal rollte.
Diplomatenkniffe, was kümmerte es die Räte an der Spree, ob im Teutoburger Wald ein Ort in Not war. Oben auf dem Langenberg wehte frischer Wind, das tat gut - die schöne Heimat stimmte ihn wieder freundlicher.
Der Rundfunksprecher sprach die Einleitung. Dann trat Exzellenz vors Mikrofon.
„Ich stehe hier auf einem wunderschönen Fleck unseres deutschen Vaterlandes, auf dem Grat eines Berges im Teutoburger Wald. Historischer Boden, auf dem schon vor zweitausend Jahren unsere Vorfahren für ihre Freiheit kämpften. Vor mir ragt die alte Sachsenburg, die Iburg, empor. Eben er-

strahlt sie im Licht der Scheinwerfer und erregt die Bewunderung der hunderttausend Teilnehmer am deutschen Grenzlandfest, die unten im Tal meinen Worten lauschen. Neunhundert Jahre hat die Burg den Unbilden der Zeit widerstanden, die Geschicke Deutschlands erlebt. Fürsten haben in ihr gewohnt, Königskinder in ihr gespielt, Feinde sie gebrandtmarkt.

Zu ihren Füßen spiegelt sich der Charlottensee, genannt nach der ersten preußischen Königin, die hier auf der Iburg das Licht der Welt erblickte.

Doch, es ist nicht nur die historische Stätte, von der ich heute zu Ihnen spreche, es ist eine Oase voll Ruhe und Frieden in der hastenden Zeit der Gegenwart. In die Bergwälder eingebettet liegt der schmucke Ort Iburg um seine Burg geschmiegt. Fern industriellen Lärms, geschützt gegen rauhe Nordwinde, ein Luftkurort, wo Gottes Odem noch rein und unverdorben Lungen und Herz erfrischt.

Lautlose Stille, nur das Geplätscher der großen Fontäne im See dringt gedämpft ans Ohr. Gondeln huschen tief unten über den Wasserspiegel. Lampions deuten ihren Weg an, das ist Iburg!

Und nun lugt gar der Mond über den Berg und breitet magischen Glanz über das Bild, die Mariennacht beginnt."

Längst hatte der Bürgermeister allen Groll vergessen. Nein, der Franz war doch ein famoser Kerl. Seine Worte waren sichtlich eine Zugabe aus dem Stegreif gewesen, denn nunmehr entfaltete er sein Manuskript und begann seine politische Rede.

Auch dem Berliner Privatsekretär ließ der Bürgermeister nun Gerechtigkeit widerfahren. Er war viel zu lange im Amt, um nicht zu wissen, wie schätzenswert ein Beamter war, der seinem Vorgesetzten die Petenten und Bittsteller vom Halse hielt.

Als Exzellenz die Rede beendet, drängte der Bürgermeister sich noch einmal heran und dankte für die schönen Worte. Dann kam die zweite Enttäuschung für die Iburger.

Hatte schon die zweistündige Rede jedes Geschäft verhindert, nun war es ganz damit vorbei.

Die Prominenten und Offiziellen sausten davon, die Abordnungen stürmten die Autobusse, die Schauleute eilten zu den Parkplätzen, und das Fußvolk verkrümelte sich fluchtartig. Die Verbände rückten ab, aus den Wäldern erschallten ihre Abschiedslieder:

„Heute hört uns Deutschland,
Morgen die ganze Welt!"

Der Trosttraum von einer feuchtfröhlichen Frühlingsnacht war vorbei, aus!

Nun brach der Katzenjammer los, das Heulen und Zähneklappern, das Zetern und Schimpfen.

Die Iburger riefen: „Gott strafe Franz von Papen!" und schöpften das erkaltete Fett von den Suppen und Ragouts, um wenigstens das zu retten. Noch verzweifelter gebärdeten sich die Budenunternehmer, über denen der Pleitegeier schwebte. Sie verlangten das gezahlte Standgeld zurück. Wohin der Bürgermeister die Schritte auch lenkte, wurde er als Schlichter angerufen, ja, wohl gar der Reinfall ihm in die Schuhe geschoben. Bürgermeisterlos!

Die Brauereien erfassten zuerst die Situation. Um die angestochenen Fässer zu leeren, ließen sie durch die Schelle bekannt machen: Bier vom Fass, das Liter für zehn Pfennige! Hei, das war der Gedanke!

Man hätte glauben können, es sei ein Brand ausgebrochen. Aus jedem Haus kamen die Leute mit Eimern und Milchkannen angelaufen. Waren sie noch voll Erbensuppe oder Kartoffelsalat, leerte man sie in die Schweinetröge. Das Borstenvieh, das den großen Schweinemord überlebt hatte, bekam gute Tage. Selbst mit Gefäßen, die nur für nächtlichen

Gebrauch bestimmt waren, kam man angelaufen. Die günstige Gelegenheit durfte man nicht versäumen. Und waren die Gefäße gefüllt, dann ließ man sich noch die „Schlundröhre" bis zum „Eichstrich" füllen. Es war nun wieder eine Lust zu leben.
Erst als der Kuckuck zu rufen begann, verließ der Bürgermeister den Festplatz mit der Gewissheit, dass keine Störung den ihm anvertrauten Sprengel in Misskredit bei der Regierung bringe.
Und als ihm auf dem Heimweg der Adjutant des Festkommissars noch zurief: „Ich gratuliere, Herr Bürgermeister, die Unkosten sind gedeckt!" begab er sich zur Ruhe.

Als er am Vormittag auf dem Festplatz zurückkehrte, prangte inmitten der Trümmer ein großes Plakat mit der Aufschrift: Behüte uns Gott vor Hunger und Pest – und einem Iburger Grenzlandfest!
Damit hatten die Budenleute ihrem Groll Luft gemacht. Wo eine Bratwurstbude gestanden hatte, lagen hunderte vom Tau aufgeweichte Brötchen. Er ließ sie den Karpfen zum Fraß in den Charlottensee werfen. Iburg verschlief seinen Katzenjammer!
Dann kam noch ein Nachspiel.
Der Ehrenpokal mit der Inschrift kam von der Glasschleiferei zurück. Mit dem Dank des Fleckens stellte der Bürgermeister persönlich das Kistchen der Tante zu. Wer aber beschreibt seinen Schrecken als diese erklärte, das sei nicht ihr Pokal, sie verlange den geliehenen Kristallpokal zurück und mache den Bürgermeister dafür verantwortlich.
Er wollte noch Einwände machen, aber die resolute Dame steckte den Pokal in die Holzwolle zurück und komplimentierte den Bürgermeister zur Tür hinaus.
Der Ratsdiener musste Räte und Komitee-Mitglieder, soweit sie erreichbar waren, zusammenrufen. Alle vernahmen bestürzt die Hiobsbotschaft.
Beschluss: Die Schleiferei muss den Pokal vertauscht haben. Fernmündlicher Anruf!
Antwort: „Was? Sind Sie ‚bestusst'? Wir verbitten uns solche Unterstellung. Halten Sie uns für Scherenschleifer? Das ganze Personal hat sich ‚gekrempelt vor Lachen' als der Pokal hier ankam. Wir konnten es nicht fassen, dass Iburg seinem Ehrenbürger den Ehrentrunk aus solch einem ordinären Kitsch-Pokal kredenzte. Das Ding war ja das Porto nicht wert. Kirmesschund, wie man ihn für zehn Pfennige auf Jahrmärkten gewinnt. Pressglas-Tinnef, kommen Sie uns nicht mit solchem Unsinn. Schluss!"
Nun war die allgemeine Bestürzung noch größer.
„Dann muss ihn die ‚Kastellanin' auf der Burg vertauscht haben, in ihrer Obhut der Pokal am Festtage stand", meinte der Bürgermeister und ließ die Frau herbeirufen.
Einen Blick auf den Pokal werfend, rief sie aus: „Jeßmariaundjosef", da ist ja unser Pokal, den ich auf der Oeseder Kirmes gewonnen habe, da hat sich unsere Lina vergriffen. Ich hatte den Pokal neben unseren in den Schrank gestellt. Nehmen Sie es mir nicht übel, Herr Bürgermeister, ich hole sofort den anderen."
„Wenn sich Lina am Festtage nur nicht auch vergriffen hat," sagte ahnungsvoll der Bürgermeister und nahm das Bild von der Wand, auf dem Iburgs großer Augenblick der Nachwelt erhalten war.
Und richtig, da schwand jeder Zweifel.
Seine Exzellenz, der Herr Reichskanzler a.D. von Papen, der Kenner feinen Tafelgeschirrs, hielt den Kitschpokal aus ordinärem Pressglas hoch empor, in dem der Ehrentrunk aus dem edelsten Saft rheinischer Reben perlte!
Ohne ein Wort zu sagen, ergriff der Bürgermeister den ominösen Pokal und trat ans Fenster. Im nächsten Augenblick zerschellte der Ehrenpokal am Gossenstein.

Nach dem Königsbesuch auf der Iburg

Eine Humoreske

ROBERT HÜLSEMANN
* 1868 † 1950
1. Ehrenbürger von Iburg

König Georg im Osnabrücker Land

König Georg ist ein besonderer Mensch. Seine Eltern sind bei seiner Geburt 1819 voller Begeisterung über den Erben und Thronfolger. Georgs ältere Schwester kam zwei Jahre zuvor tot auf die Welt. Der Prinz erhält alle Zuwendung und Pflege, die einem zukünftigen König nur zukommen kann. Umso größer ist der Schock: Georg erkrankt auf einem Auge, das erblindet und das zweite verliert er als Jugendlicher beim Spielen.

Wie kann ein Blinder König werden? Sein Vater Ernst August ebnet die rechtliche Seite, um seine Erziehung kümmert sich die Mutter Friederike Caroline von Mecklenburg - Strelitz. Er ist begabt und beeindruckt seine Lehrer mit seinen raschen Fortschritten. Besonderes Talent hat er für die Musik. Er spielt Klavier, komponiert selbst. Seine Stücke können mit den großen Kompositionen mithalten.

Großes Faible hat er auch für Oper und Theater. Ungewöhnlich für einen Blinden, aber Georg lässt sich seine Sehbehinderung nicht anmerken.

Noch bevor er die Thronfolge antritt, trifft Georg eine weise Entscheidung. Er geht - übrigens gegen den Willen des Vaters - eine Liebesheirat mit Marie von Sachsen - Altenburg ein. Der Frau, die er auf der Nordseeinsel Norderney kennengelernt hat, kann er blind vertrauen. „Geliebte Misi" schreibt er und „mein lieber Engelsmann" haucht sie aufs Papier, wenn die beiden getrennt sind.

Drei Kinder, zwei Mädchen und einen Jungen, hat das Paar, die sie mit großer Fürsorge großziehen. Als die beiden 1852 den Thron besteigen, sind sie sehr beliebt. Marie bringt sich nach ihren Möglichkeiten landesweit ein. Zum Beispiel stiftet die fromme Protestantin 1859 im katholischen Bistum das nach ihr benannte Marienhospital. Georg versucht das Land aus einer erschreckenden Rückständigkeit und Armut zu führen und fördert eine neuartige Entwicklung: die Industrialisierung.

Industrie, das bedeutet große Betriebe mit großen Maschinen, die zu hunderten Menschen beschäftigen und etwas herstellen, was zu Georgs Zeiten massenhaft gebraucht wurde, z. B. Eisen, Stahl und Schienen. Industrie, das bedeutet Arbeitsplätze und Einkommen für viele Menschen. Industrie ist die Lösung für alle Probleme des Königreiches. Georg tut alles, um die Industrie zu fördern. Wo es notwendig ist, da setzt er auch Geld aus seiner Privatschatulle ein.

Mit seiner Hilfe wird in Hannover eine Aktiengesellschaft gegründet, die in der kleinen Bauerschaft Malbergen ein Hüttenwerk für etwa 2000 Beschäftigte bauen soll. Er gibt Geld und Namen für das ehrgeizige Unternehmen. Seine Berater sind entsetzt. Ein Unternehmen, in dem königliche Gelder stecken, das mag noch gehen. Aber ein Hüttenwerk, das Georg und Maries Namen trägt? Wenn das Werk in Geldnöte gerät, wird der König nachlegen müssen, um Pleite und Imageschaden für das Königshaus abzuwenden. Es wäre nicht das erste Mal, dass ein Hüttenwerk kurze Zeit nach Gründung schließen muss, weil das Kapital nicht reicht. Ein Hüttenwerk ist eben kein Ponyhof. Aber Georg lässt sich nicht abschrecken. Er bleibt dabei und seine Berater behalten Recht: er muss insgesamt vier Mal nachzahlen. Aus dem Betrag von 270 000 Taler werden am Ende 650 000 Taler, rund ein Viertel des gesamten Aktienkapitals.

Natürlich rechnet Georg auf eine hohe Rendite, wenn das Werk erst einmal aus den Kinderschuhen heraus ist. Aber auf die traumhaften Gewinne wartet das königliche Paar vergebens. Die Probleme am Anfang sind enorm. Georg hat vergessen, auch die gesetzlichen Rahmenbedingungen für die Industrie zu schaffen. Reformen sind ihm ein Graus. So scheitert Vieles an veralteten Bestimmungen.

Die ändern sich erst, als Bismarck nach der Schlacht bei Langensalza das Königreich Hannover 1866 zur preußischen Provinz macht. Georg muss das Land verlassen, die treue Marie folgt ihm kurze Zeit später. Vom Ausland aus müssen die beiden zusehen, wie Bismarck ihr Königreich umkrempelt und das Hüttenwerk, das ihren Namen trägt, satte Gewinne abwirft.

Der blinde König macht in ganz Europa Stimmung gegen Bismarck und versucht sogar mit 1400 Mann sein Königreich zurückzuerobern. Ohne Erfolg. 1878 stirbt Georg verbittert in Paris, er liegt in Windsor begraben. Seine geliebte „Misi" segnet 1907 das Zeitliche, sie ruht in Gmunden in Österreich.

Die 1856 gegründete Georgsmarienhütte hat trotz zahlreicher Krisen bis heute überlebt. Ca. 1300 Menschen sind am historischen Gründungsort beschäftigt. Viele von ihnen leben mit ihren Familien in der Stadt Georgsmarienhütte, die aus der ehemaligen Arbeiterkolonie hervorgegangen ist.

Das Werk ist Teil einer internationalen Holding, die ca. 50 Unternehmen umfasst, in denen rund 11.000 Menschen beschäftigt sind. Die Holding heißt - na wie wohl - ebenfalls Georgsmarienhütte.

Georgsmarienhütter Stahl und Eisen wurde und wird in der ganzen Welt verarbeitet. Früher in Schotterbetten, heute in Autos verlassen sich Millionen Menschen auf einen qualitätvollen Werkstoff.

Und das ist alles geschehen, weil ein blinder König nicht auf seine Berater gehört hat.

Inge Becher,
Museumsleiterin der Villa Stahmer,
Georgsmarienhütte

Passend zu der geschichtlichen Abhandlung von Inge Becher schrieb Robert Hülsemann ca. 1930 folgende Humoreske:

Nach dem Königsbesuch auf der Iburg

Der letzte König von Hannover, Georg V., war bekanntlich blind. Das hinderte ihn aber nicht, seine landesväterlichen Geschäfte auszuüben. Die ihn ständig begleitende Königin Marie machte ihn auf alles aufmerksam. So begleitete sie ihn auch zur Einweihung der nach dem Königspaar benannten Georgsmarienhütte bei Osnabrück und auf der Iburg, wo das Königspaar im Rittersaal einen Imbiss nahm.

Auf dieser Fahrt, die von Bad Pyrmont aus erfolgte, wurde das Königspaar von einem Missgeschick be-

troffen, das damals ganz Hannoverland in Bestürzung versetzte. Es war ein heißer Sommertag, als der Reisewagen des Königs in Melle eintraf, wo neuer Vorspann genommen wurde. Melle war damals noch ein Dorf, dessen Einwohner von Ackerbau und Viehzucht lebten. Jeder hatte seine Miststätte dicht am Hause, die er als sein höchstes Gut hegte und pflegte, damit der Mist schön speckig wurde. Namentlich wenn die Sonne mehrere Stunden darauf geschienen und sie ausgedorrt hatte, feuchtete man sie mit Jauche an, was der ozonreichen Waldluft einen landwirtschaftlichen Beigeruch verlieh.
So auch an diesem Tage.

Als der königliche Reisewagen, dessen Ankunft die Trompete des Vorreiters gemeldet, auf dem Umspannplatz hielt, trat der Dorfschulze pflichtgemäß an den Wagen heran, um dem Landesvater seine Reverenz zu erweisen.
Der König, der zwar nicht sehen, aber umso schärfer riechen konnte, erwiderte auf die Worte des Schulzen: „In keinem meiner Dörfer stinkt es wie in euerm, Dorfschulze, sorge Er dafür, dass das abgestellt wird, wenn Wir übermorgen wieder hier Vorspann nehmen."
Der Dorfschulze ging sinnend nach Hause und dachte darüber nach, wie er sein Dorf beim König in einen besseren Geruch bringen könne- über Nacht hatte er es ausgetiftelt.
In aller Frühe weckte er den Knecht, damit er nach Osnabrück reite, um aus der Apotheke eine Flasche Kölnisch Wasser zu holen, was damals noch Eau de Cologne hieß. Dann ging er zu Hunken Willem, der Feuerspritzenkommandeur war, und entwickelte seinen strategischen Plan zur Bekämpfung des dem König missfallenen Dorfgeruchs. „Willem, wir stellen die große Wasserkufe hinter der Dorflinde auf, die Jungs sollen sie schon heute voll Wasser tragen. Wenn dann der Vorreiter die Ankunft des Königs meldet, gieße ich die Flasche voll Odekolomje rein, dann besprengst du damit noch schnell den Umspannplatz."
Dann ließ er im Dorf ausschellen, dass jedermann am nächsten Morgen nach dem Misten seine Miststätte mit frischem Stroh oder Heidekraut zu bedecken habe, auch solle man die Kuhfladen von der Straße entfernen. So, nun konnte der König kommen, alles war parat!

Hunken Willem war ein Pfiffikus. Um den Duftspender wirksamer zu gestalten, hatte er auf das Strahlrohr der Feuerspritze den Brausekopf einer Gießkanne plaziert. Das Signalhorn in der Hand, stand er fertig, um das Kommando: „Pumpen!" zu erteilen. Auch der Schulze stand mit der geöffneten Odekolonje neben der Kufe, in der einen Hand die Flasche, in der andern einen Besen, um das Gemisch gut zu durchquirlen.
Da sprengte der Vorreiter bereits heran.
Aber, o Schreck, der König folgte unmittelbar hinterher und hielt vor der Linde.
Hunken Willem war starr. Er hatte noch eben das Pumpsignal gegeben, da hielt der königliche Wagen bereits vor ihm. In der Verwirrung hielt er das Rohr dem König direkt auf den Leib. Zum Unglück löste sich auch noch der Brausekopf vom Rohr und flog dem König vor die Brust. Mit Händen und Beinen fuchtelnd schrie er dem Kutscher „Weiterfahren!" zu. Immer noch die Situation nicht fassend, lenkte Hunken Willem den Wasserstrahl auch noch dem Wagen nach und versetzte dem Landesvater eine erfrischende Nackendusche.
Er kam erst zu sich, als ihm sein Nachbar zurief: „Van vörne hätt hei g'naug, nui man van ächen!"

Der König hat nie wieder in Melle umgespannt!

Feuer und Eis

DORIS SLOOT
Bad Iburg

Eine Stadt ist nur so lebendig wie ihre Bürger es sind.
Stadtfeste leben unter anderem von den Aktivitäten der ortsansässigen Vereine, Institutionen und Gruppen, die ein solches Fest mitgestalten.
Die Fahnenkompanie des SV Iburg 1869 e.V. ist solch eine starke Truppe, die durch ihren großartigen Einsatz das Bennofest maßgeblich prägt und mitträgt. Fast schon Kultcharakter hat das Bier- und Weindorf im Hof des Alten Gasthauses Fischer-Eymann erlangt. Hier spielt neben der guten Organisation und Logistik natürlich der persöhnliche Einsatz eines jeden einzelnen eine entscheidende Rolle für das Gelingen solch einer Veranstaltung, also letztendlich: Teamwork.
Seit 2003 wählt die Fahnenkompanie jährlich auf dem Bennofest die Bad Iburger Weinkönigin: Eine Frau, die mit beiden Beinen fest im Leben steht und sich durch ein besonderes Engagement, z.B. in einem Verein, für die Stadt oder im sozialen Bereich auszeichnet.
2004 wurde mir diese Ehre zuteil.
Damit verbunden sind Momente, die mir unvergesslich wurden und an die ich mich sehr gerne zurück erinnere.
Momente, die unwillkürlich die Assoziation von Feuer und Eis in mir erwecken.

Bennofest-Samstag 2004.
Lediglich 2°C über Null zeigt das Thermometer in dieser Nacht auf dem Weg nach Hause an. Eine unerwartet niedrige Temperatur für Ende Mai.
Ich trage meine neuen Amtsinsignien bei mir: In einer Hand das große Weinglas mit meinem Namen und in der anderen die Krone der Weinkönigin, jetzt meine Krone.
„Ein handgefertigtes Unikat, echt vergoldet und einige hundert Euro wert", hatte der Winzer mich nach meiner Wahl aufgeklärt, „Passen Sie gut darauf auf!"
Und ob ich das tat, ich trug dieses unbezahlbare Einzelstück nicht auf dem Kopf sondern auf Händen und ebenso den Weinpokal. Bei dieser Temperatur kurz über dem Gefrierpunkt eine eher frostige Angelegenheit. Aber wer nimmt schon Handschuhe mit auf das Bennofest?
Entsprechend eiskalt waren meine Hände, die Weinköniginnenkrone und der Pokal, als ich die wertvollen Stücke, unbeschadet zu Hause angekommen, in Sicherheit brachte.

In dem Pokal befand sich am Glasrand sogar eine zarte Schicht Rauhreif.
In diesem Moment war ich dann mehr die Eisweinkönigin und hätte einen warmen Punsch vertragen.

Ein Jahr später, Bennofest 2005.
Bereits Freitagnachmittag veranstaltet die FKI ein Benefiz-Kaffeetrinken für die Bewohner und Mitmenschen der Alten-, Wohn- und Pflegeheime der Stadt Bad Iburg sowie alle Bürger über 65 Jahre.
Meine letzten Stunden als Weinkönigin haben begonnen mit dem Auftrag bei dieser Veranstaltung zu repräsentieren.
Prinzessin Sophie Charlotte ist anläßlich mehrer Events zu ihrem 300. Todestages ebenfalls zugegen und wir gehen gemeinsam von Kaffeetisch zu Kaffeetisch und begrüßen die Gäste dieses Nachmittags und halten hier und dort einen kleinen Plausch.
Die Prinzessin und die Weinkönigin.
Wir bewegen uns gemessenen Schrittes und würdevoll, denn es sind schließlich hochsommerliche Temperaturen von über 30°C.
Mancher Gast trinkt lieber kühles Mineralwasser als heißen Kaffee, eine sicherlich weise Entscheidung.

Ich nippe ab und zu ein Schlückchen aus meinem Weinpokal. Ganz vorsichtig, denn ich habe eine besondere Mixtur in meinem Pokal: Der Winzer hat die Weinladung für das Bennofest noch nicht ausgeladen und deswegen trinke ich eine Spezialmischung, denn als Weinkönigin kann ich unmöglich den Gästen mit einem leeren Glas zuprosten!
Die Freude der Menschen aus dem Christopherus- und dem Franziskusheim und vor allem der Bewohner des Sanatorium Kassen auf dieser nachmittäglichen Veranstaltung ist ansteckend.
Sie sind glücklich dabei sein zu dürfen, einmal etwas anderes in ihrem Alltag erleben zu können. Es macht richtig Spaß und Freude sie so zu sehen.
Auch ich bin habe meine Freude daran. Und niemand wollte wissen welche Weinsorte ich bevorzuge.
Mein Favorit heute Nachmittag ist nämlich ein verlängerter Kräuterwacholder, ein Mettinger Landwein gespritzt!
Im Weinpokal macht er den Anschein ein süßer schwerer Eiswein zu sein. Ein gedanklicher Kreis schließt sich für mich: Am ersten Abend als Weinkönigin war es der Eiswein wegen der Kälte, am letzten Abend wieder der Eiswein diesmal jedoch wegen der Hitze ....

Übrigens: Er ist mir gut bekommen bei über 30°C Hitze und einer längeren tropischen Nacht im Bad Iburger Weindorf ...

Die Weinköniginnen der FKI:

2003	Martina Giesen
2004	Doris Sloot
2005	Claudia Stapenhorst
2006	Sabine Raude
2007	Brigitte Köppen-Börs
2008	Beate Große-Rechtien
2009	Ulrike Haking
2010	Ulrike Niemeyer
2011	Susanne Hannibal
2012	Susanne Schöwing
2013	Maike Mentrup

Stiftung „Hilfe für Petra und andere"

PROF. DR. MED. DR. RER. NAT.
MATHIAS HÜDEPOHL
Osnabrück

Im Jahre 1991 erkrankte die 14-jährige Gymnasiastin namens Petra aus Oesede an Leukämie. Da die Chemotherapie keinen Erfolg brachte, wurde als letzte Hilfe eine Transplantation eines gesunden Knochenmarks geplant.
Die Suche nach einem geeigneten Spender in der Familie und in den damals bestehenden Knochenmarkspenderdateien verlief ergebnislos.
Es galt nun, möglichst viele Menschen zwischen 18 und 60 Jahren zu mobilisieren, die bereit waren, ihr Blut typisieren zu lassen und gegebenenfalls als Stammzell- oder Knochenmarkspender bereit zu stehen.
Die Stadt Georgsmarienhütte startete die Aktion „Hilfe für Petra". Innerhalb weniger Wochen fanden sich über 5000 Bewohner zur Bluttypisierung bereit. Leider war auch unter ihnen kein geeigneter Spender, so dass Petra nicht geholfen werden konnte.

Parallel zu dem Aufruf zur Typisierung wurde die Bevölkerung um eine Geldspende gebeten - damals betrugen die Laborkosten für eine Typisierung zweihundert Deutsche Mark.

Durch die Mitfinanzierung der Deutschen Krebshilfe, des NRW Gesundheitsministeriums und des Bundes der gesetzlichen Krankenkassen konnten nicht nur die Laborkosten beglichen werden, es blieb ein kleiner Überschuss übrig. Dieser Betrag wurde, da eine Rückgabe nicht möglich war, mit breiter Zustimmung als Grundkapital in eine Stiftung „Hilfe für Petra und andere" eingebracht. Die Gründung der Stiftung erfolgte im Dezember 1992.
In der Stiftungssatzung ist als Stiftungszweck die Durchführung und Finanzierung von Bluttypisierungsaktionen zur Ermittlung von Stammzell- und Knochenmarkspendern zugunsten Leukämie-Erkrankter festgelegt. Eine Aufgabe, die die Stiftungsorgane seit ihrer Stiftungs-Gründung erfüllen.
Über 50 000 Bluttypisierungen wurden in vielen Aktionen, besonders an Berufsschulen, erzielt.
Aus diesem Pool konnten über 750 Stamm- und Knochenmarkspender ermittelt werden. Ein Erfolg, der anspornt.
Der Landkreis Osnabrück ist, gemessen an der Zahl der Bewohner, in der Bundesrepublik der Kreis mit der höchsten Zahl an Stammzell- und Knochenmarkspendern.

„Es sind Begegnungen mit Menschen, die das Leben lebenswert machen.“ Guy de Maupassant

ULRIKE LÜBBERT
Bielefeld / Bethel

Hospize, so beschrieb es der Theologe Michael Schibilsky, sind Herbergen auf dem Weg zum Ende des Lebens. Sie haben sich im Unterschied zu ihrer mittelalterlichen Herkunft technisch radikal geändert, in ihrer Grundaufgabe jedoch hat sich deshalb nichts geändert, weil sich die Seele des Menschen nur wenig, vielleicht sogar gar nicht ändert.
Das Hospiz ist der Ort, der die Sicht des anderen maßgeblich macht, Gastlichkeit eben.

Hospize sind Orte, in denen man sich des anderen annimmt, der Ort, an dem die Sprache der Seele gesprochen, gehört und verstanden wird. Und das ist in unserer Gesellschaft keine Selbstverständlichkeit.
Schwerstkranke und sterbende Menschen stehen in unseren Betheler Hospizen mit ihren Bedürfnissen im Mittelpunkt der Behandlung, Pflege und Umsorgung. Diesem tragenden Grundgedanken folgend, werden die Menschen als Gäste wahrgenommen, behandelt, gepflegt und umsorgt.
Der Patient als Gast; dieser Ausdruck - entstanden aus dem geschichtlichen Hintergrund der Gastfreundschaft von Hospizen im Mittelalter, wo pilgernde Menschen auf dem Weg zu den Wallfahrtsorten Rast und Ruhe, aber auch Betreuung und Pflege angeboten wurde - ist in unseren Hospizen Zeichen der Wertschätzung gegenüber dem Erkrankten und seiner Situation.

Durch die Haltung des Teams gegenüber dem Gast wird angestrebt, die Einzigartigkeit und Besonderheit eines jeden Menschen wahrzunehmen, ihn nicht auf die Krankheit zu reduzieren oder in ein Schema des Sterbens zu pressen. In der Begegnung mit dem Gast wird uns die Möglichkeit der Begleitung eröffnet und, als wichtige und manchmal schmerzliche Erkenntnis, die eigene Begrenztheit in unserem Handeln deutlich.
Das Leben im Hospiz wird durch den Moment bestimmt, leben im Hier und Jetzt.
In der Arbeit bedeutet das, täglich neu zu verstehen oder zu akzeptieren, was die Betroffenen wünschen oder ablehnen - ein Balanceakt zwischen dem Handeln und der Zurückhaltung der Begleitenden. Immer wieder dürfen wir berührende und bereichernde Situationen erleben.

Vor einiger Zeit stand im Eingangsbereich des Kinder- und Jugendhospizes ein älteres Ehepaar. Eine sichtbare Trauer stand in ihrem Gesicht. Sie entschuldigten sich dafür, nicht angemeldet zu sein. Auf meine Frage hin, ob ich ihnen etwas von dem Haus zeigen solle, baten sie um die Besichtigung des Abschiedsbereiches. Sie setzten sich hin, weinten um ihre Tochter, die vor über 40 Jahren im Alter von 4 Jahren gestorben war. „Damals gab man uns keine Zeit, in Würde Abschied zu nehmen. Wir haben den Tod unserer Tochter nie verkraftet. Wie gut, dass es hier die Möglichkeit für einen würdevollen Abschied gibt."

Im Gästebuch des Erwachsenenhospizes „Haus Zuversicht" findet sich folgender Eintrag:
„Dies ist ein Ort des Lernens: von der Liebe, vom Leiden, von der Freundschaft, von der Menschlichkeit. Vom Festhalten, vom Loslassen und vom Weitermachen."

Es ist immer wieder eine große Herausforderung für alle Beteiligten, einerseits Freude, Begegnung und Gemeinschaft zu leben und andererseits die notwendige Auseinandersetzung mit Abschied, Tod und Trauer zuzulassen.

Viele Fragen können wir nicht beantworten. Doch wir bieten an, Gefühle und Empfindungen aufzufangen und zu begleiten. Wenn sich die Sprachlosigkeit ausbreitet, kann gemeinsames Schweigen helfen. Gebete und Rituale können durch schwere Situationen tragen. Unser Glaube bestärkt uns darin: Wir dürfen Mut machen, über den Tod hinaus zu denken und dadurch einen Blick auf das Leben zu gewinnen, der nicht von Leid und Schmerzen sondern von Zufriedenheit und Dankbarkeit für eine erfüllte gemeineinsame Zeit geprägt wird.

Die Brücke

Die Kühle am Morgen
Streicht sanft durchs Gesicht,
es entschwinden die Sorgen
in diffus schimmernden Licht.

Ich beschreite die Brücke,
die steinern und ehern den Fluss überwindet,
die allen zum Glücke
Menschen – hüben und drüben der Moldau – verbindet,

Es grüßen die Türme der goldenen Stadt.
Hinter mir weiß ich die Burg vor dem
strahlenden Himmel,
die wechselnde Geschichte beobachtet hat,
Heute wundert sie sich über Touristengewimmel.

Reisende Menschen schlendern an Malern vorbei,
lauschen den Klängen der Jazzkapelle,
fühlen sich sonderbar frei,
verweilen an pittoresk anmutender Stelle.

Die Altstadt empfängt mich, vibrierend vor Leben.
Gotik, Barock, Renaissance
sich miteinander verweben.
Ich spüre vergangene und erlebe real Elegance.

Am Abend lockt mich die Brücke zurück.
Vor dem Dunkel des Himmels
staun ich wie im Märchen voll Glück
über das Lichtergewimmel.

In der Moldau spiegeln sich Prag, der Mond
und die Sterne,
leise plätschert der Fluss.
Er trägt meine Gedanken weit fort in die Ferne.
Ich fühle, dass ein Abschied sein muss.

Anni Ebbeskotte

Kapverden: Kleines Land, große Vielfalt

TORSTEN SCHÖWING
Hamburg

Ein Witz von Propellermaschine steht am Flughafen von Rabil und wartet darauf, mich von der Insel Boa Vista auf das Nachbar-Eiland Santiago zu bringen. Wie wir zehn Passagiere in den winzigen Flieger passen sollen, ist mir schleierhaft - so was geht sonst nur bei „Wetten, dass..?". Ein flaues Gefühl macht sich in mir breit.

„Mach Dir keine Sorgen, Propellerflugzeuge sind sehr robust", beschwichtigt mich Tony. Er muss es wissen. Denn Tony ist Ingenieur, auch wenn er aussieht wie eine Mischung aus Roberto Blanco und Robert de Niro. Der redselige Kapverdianer, der in Deutschland studiert hat, hat im Flughafen-Café meinen Weg gekreuzt. Dort hat er mir den ersten Rat für die Kapverden gegeben: Bestell niemals Milchkaffee, sondern möglichst starken schwarzen Kaffee. Hätte ich bloß nicht auf ihn gehört! Zwar war der angenehm herbe Geschmack perfekt - schließlich wird auf den Kapverden hochwertiger Kaffee produziert. Doch koffeinaufgepeitscht pocht mein flugängstliches Herz jetzt noch mehr. Schwerfällig setzt sich die Maschine in Bewegung, steigt knatternd auf - und plötzlich ist die Angst weg.

Liegt es am beruhigenden Gemurmel von Tony, der unaufhörlich auf mich einredet? Wahrscheinlich jedoch ist es der Ausblick: Unter uns verschwindet langsam Boa Vista mit seinen einsamen Sandstränden samt kirchhohen Dünenbergen. Zu besichtigen gibt es auf der Insel zwar wenig; dafür kommen Wassersportler auf ihre Kosten. Und Abenteurer, die per Jeep durch die Wüstenlandschaft im Inselsüden brausen können.

Highlight für Wanderer ist allerdings der Weg zum Wrack der „Cabo de Santa Maria". Der spanische Frachter strandete 1968 an der windumtosten, bis heute völlig unbebauten Ostküste von Boa Vista. Dass die armen Inselbewohner das Schiff mit Irrlichtern zum Stranden gebracht haben, um an die geladenen Lebensmittel zu gelangen, mag ein Märchen sein. Auf jeden Fall ist das Wrack heute das malerische Wahrzeichen der dünn besiedelten 4000-Einwohner-Insel. In der Mitte bereits zerbrochen, rostet der wellenumtoste Stahlkoloss seinem totalen Zusammenbruch entgegen - und wirkt dabei ungemein meditativ.

Lange Zeit war es schwierig, überhaupt auf eine der neun bewohnten Inseln der Republik Cabo Verde zu kommen. Nun jedoch ist der nur eine halbe Million Einwohner zählende afrikanische Inselstaat, der 500 Kilometer vor der Westküste Senegals liegt, von der Tourismusindustrie auserkoren worden, die neuen Kanaren zu werden. Die Voraussetzungen sind gut. Zum einen wegen des mild-trockenen Klimas mit ganzjährigen Tagestemperaturen zwischen 23 und 30 Grad Celsius und entsprechend angenehmen Wassertemperaturen. Zum anderen gehört der seit 1975 von Portugal unabhängige Inselstaat zu den wenigen politisch stabilen Staaten Afrikas - Argumente, weshalb immer mehr Direktflüge aus Eu-

ropa angeboten werden und weshalb auf den Inseln Sal und Boa Vista riesige Hotelkomplexe entstehen. Immerhin wird nicht der Fehler wiederholt, wie er einst in Spanien begangen wurde: Statt hoher Betonklötze setzt man auf flache Bauten. Sie überragen die umliegenden Dünen kaum und wirken, als duckten sie sich vor dem beständig wehenden Wind. Dass sie oft arabische, afrikanische und indische Baustile vereinen, lässt sie wie eine märchenhafter Fata Morgana erscheinen.
Besonders Boa Vista und Sal, beide inzwischen mit internationalen Flughäfen, sollen zum touristischen Hot-Spot für Pauschalurlauber werden. Doch die Kapverden sind weit mehr als diese beiden Sandinseln. Will man die Vielfalt des Landes kennenlernen, muss man sich allerdings wie ich in eine der wackeligen Propellermaschinen wagen. Als wir uns nach einem Zwischenstopp meinem nächsten Ziel nähern, ragt aus dem weißen Wolkenmeer plötzlich der schwarze, perfekt ebenmäßige Vulkankegel des Pico do Fogo hervor. Fogo, die Insel des Feuers, kommt in Sicht.

Schon am nächsten Tag wechsle ich die Perspektive. Statt von oben aus dem Flugzeug sehe ich den Pico, mit mehr als 2800 Metern der zweithöchste Berg im Atlantik, direkt vor mir. Die Uhr zeigt sechs Uhr in der Früh, an meiner Seite geht Henri, der sich als Wanderführer ein Zubrot verdient. Der Weg ist mühsam. Drei schweißtreibende Stunden geht es über Geröll und Lavaasche steil nach oben. Auf der Spitze angekommen, bietet sich dafür ein Blick wie auf eine weite Mondlandschaft. Vom Gipfel aus gut zu erkennen: die verschiedenfarbigen Lavaschichten vorheriger Vulkanausbrüche. Der letzte war 1995 und hat bizarre Formationen zurückgelassen, als habe ein Maler in Ekstase riesige Eimer mit dicklicher schwarzer Farbe verschüttet.

Auch der Abstieg ist spektakulär, wenngleich er gerade einmal 30 Minuten dauert. Als machte ich eine Kneippkur, laufe ich mit hoch angewinkelten Beinen Schritt für Schritt den steilen Aschehang hinunter, hinter mir wirbelt eine Staubwolke. Sobald ich stehen bleibe, drohe ich bis zu den Knien in Asche zu versinken – also weiter, bis nach unten.

Ein solch perfekter Tag muss natürlich bei Ramiro enden. Dem gemütlichen Endvierziger mit den grauen Haarstoppeln gehört eine winzige Bar in Chã das Caldeiras, dem Dorf am Fuße des Pico do Figo. Wenn es abends dunkel wird, zündet er seine Gaslaterne an – Stromleitungen gibt es im Dorf nicht – greift zur Gitarre und seine Freunde zu Trommeln. Dann wird gesungen, mit Inbrunst. Denn um Musik, das lerne ich schon nach kurzem Aufenthalt, dreht sich auf den Kapverden fast alles. Sie ist allgegenwärtig. Kein Tag, an dem nicht in einem Häusereingang, einer Kneipe oder am Hafen spontan aufgespielt wird: mal ein sentimentales Morna-Stück, das an den Fado aus Portugal erinnert; mal rhythmisch-lebhaft, wenn der afrikanische Trommeltanz Batuko mit Sprechgesang verbunden wird.

Nach einem Zwischenstopp in Fogos Inselhauptstadt São Felipe, in der malerische Kolonialbauten in der Mittagshitze dösend von einem neuen Anstrich träumen, geht es zurück zum Flughafen. Diesmal heißt es nicht bangen, sondern warten. Mit sechs Stunden Verspätung trudelt die Maschine ein, diesmal immerhin eine etwas größere Propellermaschine. Am frühen Abend erreiche ich mit ihr São Vincente, eine Insel im Nordwesten des Archipels. São Vincente, das ist vor allem Mindelo: In dieser inoffiziellen Kulturhauptstadt des Landes mit ihrem regen Nachtleben pilgern vor allem Musikfans. Denn hier wohnte Cesária Évora.

Tony, der in der 70.000 Einwohner zählenden Inselmetropole geboren ist und mich abends in sein Haus eingeladen hat, kannte die weltbekannte Sängerin persönlich. Nach einem Konzert in Deutschland, wo Tony inzwischen den größten Teil des Jahres arbeitet, hat er sie einmal hinter der Bühne besucht. Lachend erzählt er: „Zusammen haben wir eine Flasche Rum geleert und gemeinsam von unserer Heimat geträumt." Ungewöhnlich ist das Bild nicht: Weltweit wohnen mehr Kapverdianer außerhalb als innerhalb des Landes. „Aber auch wenn uns die Armut oft zwingt, das Land zu verlassen - in unseren Herzen werden wir es nie verlassen", sagt Tony ebenso resolut wie melancholisch, und legt mir noch einen Teller Cachupa nach, das Nationalgericht des Landes. Zum Anbeißen lecker schaut er nicht eben aus, dieser undefinierbare braune Mix aus Bohnen, Mais, Kürbis, Kohl und Kartoffeln. Und tatsächlich fühle ich mich eher an die Mahlzeiten früherer Landheimausflüge erinnert. Weit besser gefallen mir anschließend der - wie im ganzen Land - schmackhaft zubereite Fisch. Besonders lecker: die Meeresfrüchte, allen voran Langusten. Und zum Abschluss darf als Verdauungshilfe natürlich nicht das obligatorische Glas Grogue fehlen, der starke Zuckerrohrschnaps, der in jedem kleinen Dorf destilliert wird.

Santo Antão, mein nächstes Ziel, erreiche ich per Schiff: Auf die nahe Schwesterinsel verkehren von Mindelo aus täglich ein bis zwei Fähren. So klapprig die Flugzeuge der Kapverden wirken: Noch stärker verrostet sind die Fähren.

Santo Antão lockt besonders Wanderer an, die durch üppige subtropische Vegetation mit Bananenstauden, Rhododendron und Drachenbäumen lustwandeln können. Im Hafen von Porto Novo an

der Südküste steige ich in eins der Aluguers, einem der stets hoffnungslos überladenen Sammeltaxis ein, und fahre nach Ponta do Sol auf der Nordseite. Die Straße aus Kopfsteinpflastern ist kaum breiter als das Auto, und doch rast der Fahrer mit seinen dreizehn Insassen und reichlich Gepäck - jeder Millimeter ist effektiv genutzt - den Berghang hoch. Immer üppiger wird die Vegetation, immer dramatischer die Landschaft. Vorhin noch Wüste, jetzt plötzlich Regenwald, denke ich, als die Straße plötzlich über den Kamm eines Berges führt. Direkt links und rechts neben der Fahrbahn, abgesichert nur durch eine kniehohe Mauer, geht es jeweils mehrere hundert Meter steil nach unten. Jetzt ist es wieder da, das Kribbeln wie vor dem ersten Flug. Doch auch diesmal lenkt mich die Landschaft erfolgreich ab: Die über die Bäume huschenden Nebelschwaden, der Blick auf das tiefblaue Meer in der Ferne und die wild gestikulierenden Käseverkäuferinnen, die am Straßenrand ihre auf Decken ausgebreiteten Waren anbieten.

All diese Bilder lasse ich noch einmal Revue passieren, als ich am Ende der Reise am Flughafen von Sal sitze. Beeindruckt hat mich besonders die landschaftliche Vielfalt auf kleinstem Raum. Und klein ist dieser Inselstaat zweifellos. Würde ich sonst schon wieder Tony treffen? Auch er ist auf dem Weg zurück nach Europa. Begeistert erzähle ich ihm von meinen Eindrücken. Doch Tony, sonst ganz Plappermaul, schweigt. Ihm fällt der Abschied schwer. Wie immer. In Deutschland wird er wieder vom Licht, der Musik, der Landschaft dieses Landes träumen. Genau so, wie er es einst mit Cesária Évora hinter der Bühne getan hat. Und nun kann ich ihn verstehen.

Geschichten von ...

H.-Jürgen Homuth
Hasbergen-Gaste

Feuer-Lager

Umberto ist Südamerikaner. Genauer gesagt Argentinier. Er ist in Patagonien aufgewachsen, hat in einem landwirtschaftlichen Großbetrieb als junger Mann Rinder getrieben. Das war in den 50er Jahren, so lange her, dass die Erinnerung schon verblasst.
Jetzt lebt Umberto in einem kleinen Ort, eine halbe Autobusstunde von Rosario entfernt. Seine Haut ist von den oft unwirtlichen Wettern der südlichen Region Argentiniens gezeichnet. Natürlich, so entgegnet er den Besuchern auf dem Marktplatz in Ciudad Calpa, natürlich sei er katholisch erzogen worden. Der Kirchgang zählt heute zu den festen Punkten in seinem Leben. Aber, so schiebt er nach, so richtig im Kontakt mit Gott bin ich draußen in der patagonischen Wildnis gewesen. Abseits von städtischer Zivilisation, von Verlockungen und süßem Leben. Seine Kirche war der weite Himmel über den endlosen Weideflächen, die sich in die schroffe Landschaft einfügten. Hier, so betont Umberto, habe er gespürt, dass es da noch etwas anderes gibt, etwas, das in ihm eine Form von Ehrfurcht hervorrief.
Wir waren da draußen nicht so intelligent, um alles zu begreifen. Wir mussten die Rinderherden durch die Pampa treiben. Da ist man nur ein ganz kleiner Philosoph. Entscheidend war, dass man sicher im Sattel blieb, wenn man denn einen hatte und sein Pferd diese Torturen mitmachte. Freundschaften gab es unter den Gauchos kaum. Nur der gemeinsame Wille zum Erfolg, sprich die Ablieferung der Herden beim Patron, brachte die sauer verdienten Pesos. Nachts war es meist ein besonderes Schauspiel der Natur. Auch am Himmel. Oft lag ich mit weit geöffneten Augen und starrte in die unendlich funkelnden Sternenmassen am schwarzen Firmament.
Eine Begebenheit, die ihn sehr verwunderte, passierte ihm im Herbst 1958.
Er war mit gut 10 Reitern von Rincon da Luz nach Mendeliz unterwegs. Gut 2000 Rinder stampften unter schnaubendem Getöse durch das Gras, als der Vormann das Handzeichen zur Beruhigung der Herdenbewegung gab. Ein Feuer war in nicht allzuweiter Distanz auszumachen. Mitten in der Pampa brannte ein mannshohes Feuer, loderten seine Flammen empor. Die Reiter, so Umberto, konnten die Herde zum Stehen bringen und beschlossen, nachdem sie das Feuer begutachtet hatten, an ihm ihr Nachtlager aufzuschlagen. Umberto zieht die schon sehr zerfurchte Stirn noch mehr in Falten und sagt: Einige von uns fingen an zu beten. Andere brachten ihre Pferde in Ruhestellung und schlugen das Kreuzzeichen. Es war völlig windstill, und innerhalb kürzester Zeit hatten wir Bohnen und talgiges Rindfleisch in unseren rußigen Pfannen und Töpfen gegart. Wir aßen still und betrachteten immer wieder dieses Feuer. War es ein Blitzschlag, welcher das Steppengras entfacht hatte? War es die Glasscherbe einer zerschlagenen Mescalflasche, die linsengleich das Sonnenlicht zentrierte und Gras entzündete?

Zumindest wärmte das Feuer die Gruppe und hielt Wildtiere auf Distanz. Die Herde war etwas tiefer, zu einer leichten Bodensenke hin getrieben worden, fand dort auch eine Wasserstelle. Umberto erinnerte sich weiter an die Begebenheiten mit dem Feuer. Niemand von uns konnte sehen, was da eigentlich brannte. Manuel, der Vormann, sagte, es sei kein Lagerfeuer anderer Gauchos, welches wie auch immer wieder aufgeflammt sei. Man sah keine Holzscheite, kein Geäst oder Reisig. Es brannte sehr gleichmäßig und sehr hell. Das ist ein Feuerlager, ein Zeichen der indianischen Ahnen und der Götter, sagte einer von ihnen kreidebleich.

Davon habe er schon als Kind gehört. Das sei ein Zeichen für Glück und Wohlstand. Umberto unterstreicht gestenreich die Szene, so wie sie sich wohl damals am Feuer zugetragen hatte. Ich bin religiös erzogen worden, sagt er. Aber irgendwie haben wir auch alle von den alten Schamanengeschichten Patagoniens gehört. Darum hätten die meisten von ihnen auch sofort angefangen zu beten. Sie wollten ihrem Herrgott zeigen, dass sie nicht den heidnischen Dingen nachhingen. Wie gesagt, fügt Umberto an, wir sind nur kleine Philosophen.

Am nächsten Morgen, schon sehr früh, sei er, Umberto, aufgewacht und habe erschrocken festgestellt, dass das Feuer erloschen war, ja, es war so gut wie nichts zu sehen von Brandspuren im welken Gras. Einer nach dem anderen nahm sein Sattelzeug und bereitete den Aufbruch vor. Alle beeindruckt von dem, was sie da gesehen hatten.

Viele Jahre später, so Umberto, habe er in einer Zeitung gelesen, dass es immer öfter mal zu sogenannten selbstentzündenden Gasabfackelungen in dem Gebiet vor Mendeliz gekommen sei. Mein Gott, so Umberto, ich erinnerte mich an die Geschichte mit dem brennenden Dornbusch, die mir früher mal ein Padre erzählte.

Spuren-Suche

Die Geschichte ist jetzt gut vier Jahre her und hat mit dem Heimatgefühl der in den Wirren des 2. Weltkrieges aus den Gebieten des heutigen Polen vertriebenen Menschen zu tun. Edelgund A. stammte aus der Nähe von Posen, heute Poznan. Ihre einzige Tochter Margarete wuchs in der Nähe von Münster auf und konnte sich gut an ihre Kinder- und Jugendzeit erinnern, in der das Thema Heimat im Osten beinahe Tagesgespräch bei ihnen zu Hause war. Das Zuhause der Mutter war unerreichbar verloren und mutierte in ihrer Phantasie zu einer ganz eigenen Welt ...

... bis im Jahre 2006 die Tochter Margarete, eine gerade in den Ruhestand getretene Realschullehrerin, die Idee hatte: sie organisierte eine Reise in die frühere Heimat ihrer Mutter.

Edelgund A. ist beinahe 86 Jahre alt. Ihr Mann ist vor 7 Jahren verstorben. Ihre Tochter Margarete betreut sie seit gut 3 Jahren. Edelgund ist körperlich und geistig soweit noch ganz aktiv und war fassungslos, als ihre Tochter ihr die Idee näherbrachte.

„Kindchen, wie willst du das denn anstellen?" fragte sie ungläubig. „Meinst du wirklich, dass ich da noch etwas wiedererkenne? Da liegen jetzt über 60 Jahre zwischen, da ist die Welt anders geworden. Und ich weiß eigentlich gar nicht, ob ich da wirklich hin will...?" Margarete lehnte am Küchenschrank und sah ihre Mutter festen Blickes an: „Mutti, meine ganze Kindheit und Jugend über habe ich nur von Liebenow gehört, wie schön dort der Frühling war, wie viele Vögel dort gesungen haben, wie du die Störche beobachtet hast oder wie schön es auf dem Wochenmarkt war, wenn ihr das saftige Obst geholt habt. Oder von der alten Kirche, in der du konfirmiert worden bist, vom gepflegten Grab deiner Großeltern, das ihr besonders zu Ostern immer schön bepflanzt habt."

Margarete drehte sich auf dem Absatz um und sprach gegen die mit Bildern dekorierte Küchenwand „Alles das, was dich damals bewegt hat, hat auch mich geprägt. Deine Geschichten von den Kladows, den Gohlkes, dem Onkel Karl oder eurem Pastor Bertold ..." Margarete drehte sich erneut um 180° und nahm ihre Mutter wieder fest ins Visier „Und darum Mutti, darum fahren wir beide jetzt nach Liebenow. In drei Wochen geht's los, ich habe mit Richard alles geplant. Es soll eigentlich eine Überraschung für dich sein. Wir sind heute auf der ganzen Welt unterwegs, da sollte es doch mit dem Teufel zugehen, wenn wir das mit deinem Liebenow nicht auf die Reihe bekämen." Margarete verschränkte ihre Arme vor der Brust, verdeutlichend, dass sie da keine Widersprüche zulassen würde. „Wenn Du meinst, mein Kind, viel Zeit bleibt mir ja wohl auch nicht mehr", sagte Edelgund leise und nestelte an ihrer Bluse. „Irgendwie berührt mich das schon, zu sehen, wo alles für mich angefangen und so abrupt beendet worden ist. Das Leid, die Not, die Flucht, Angst, fürchterliche Angst ..."
Richard, Margaretes Mann, steuerte seinen Wagen routiniert über die Autobahn Richtung Berlin. Edelgund saß, den Mund leicht geöffnet, im Fond des Wagens und stierte in die vorbeiziehende Landschaft. „Berlin war früher so weit weg", murmelte sie.

Knapp zwei Stunden später und mit genügend Rastzeiten kamen sie an ein Hotel namens Pamkenowski, wo sich Margarete mit einem jüngeren Herrn verabredete hatte, Herrn Bronskowiak, einem Studenten der Geschichte aus Poznan, den sie über das Internet als Reiseführer für Menschen kennengelernt und engagiert hatte, die aus diesen ehemaligen deutschen Ostgebieten stammten oder sich dafür interessierten. „Zbingiew, auf Deutsch Siegfried", gab Herr Bronskowiak seinen Vornamen preis. Sie fuhren die nächsten zweieinhalb Tage alles ab, was sich nach der Erinnerung so anbot. Edelgund war meist still und hörte Zbingiew angespannt zu. Die Kirche sei jetzt katholisch, der alte Friedhof, auf dem früher um die 150 Gräber waren, war soweit eingeebnet, dass nur noch 4 bis 5 alte, sehr alte Gruftstätten erhalten worden sind und in eine Art Park für Senioren einbezogen worden waren. Direkt im Anschluss hatte sich ein Supermarkt in einer schlichten Mehrzweckbauform angesiedelt. Die alte Dorfschmiede war zu einer Art musealen Mittelpunkts für die Dorfjugend umgestaltet, und das alte Schulgebäude war zwischenzeitlich Polizeischule, Psychiatrie und zuletzt Hobby-Künstlertreff. Das Vorderhaus von Edelgunds Verwandschaft, den Gohlkes, stand auch noch, aber die Reste der blassblauen Fensterfarbe, so meinte Edelgund, stammten noch vom Anstrich um 1939 ...
Am anderen Morgen nahm Edelgund ihre Tochter in die Arme und sagte: „Laß uns nach Hause fahren, hier bin ich zwar aufgewachsen, aber hier bin ich auch noch nie so weit weg gewesen von meinen Erinnerungen wie in diesem Moment." Ein letzter Wink an Zbingniew, dann startete Richard das Auto.

Nordwest-Passage

Erinnerungen als Handgepäck

Die Wellen des Nordatlantiks rollen in nicht enden wollender Prozession gegen die Stahlwandungen der „Marlyne Hallwingson". Das Schiff kämpft sich unter voller Leistung und mit gut 700 Passagieren auf seiner Route von Galway im Nordwesten Irlands Richtung amerikanischer Ostküste. Die Bedingungen an Bord sind schlecht. Viele Passagiere leiden schrecklich unter der Seekrankheit. Auch die Krätze ist bei etlichen Passagieren diagnostiziert worden.

Einige der Mitreisenden nutzen die angespannten Zustände auf dem Schiff, sich an den wenigen Habseligkeiten der Anderen zu bereichern. Wer erwischt wird, erfährt nach alter irischer Art Gerechtigkeit und der Schiffsarzt hat noch mehr zu tun. Kleinkinder schreien und alte Menschen stöhnen. Ihnen hilft hier nur der liebe Gott ...

Ein noch ziemlich rüstig erscheinender grauhaariger Mann mit abgewetzter Lederkappe lehnt an der Reling und kaut auf Tabaksresten. Seine von harter Arbeit zerfurchten Hände hat er, so gut es geht, zum Gebet gefaltet. Seine tiefliegenden Augen richten sich gen Himmel, der seine sturmbereiten Wolken zu endlosen Gebirgen aufgetürmt hat. Das Schiff beginnt in der tosenden Dünung zu rollen. Seine graubraune Lederjacke trägt er am Hals hoch zugeknöpft. Mit seiner Hüfte drängt er sich gegen die rostigen Relingstangen, um halbwegs sein Gleichgewicht zu halten. Mit den gefalteten Händen ein gewagtes Unterfangen.

Ein Matrose fordert ihn auf, auch unter Deck zu gehen. Der Alte knurrt zurück und presst sich noch stärker an das kalte Eisen. Amerika ist sein letzter Traum. Dafür hat er alles gegeben. Seine Familie ist nach und nach an schweren Krankheiten gestorben. Sein Ziel und seine Zukunft liegen jetzt jenseits der grünen Insel.

Zwei schäbige Koffer beinhalten alles, was ihm geblieben ist. Handgepäck hat er keines. Die Erinnerungen brauchen keine Tasche, keinen Rucksack. Sie sind im Herzen, gehen im Kopf herum und quälen ihn. Immer wieder. Vor allem nachts.
Fetzen der schäumenden Gischt treffen sein Gesicht. Der salzige Geschmack bringt ein gewisses Unwohlsein mit sich. Brian O'Neil, so der Name des Passagiers, würgt die Übelkeit zurück und muss dann doch mit seinen Händen vollen Halt im Relingsgestänge finden. Einige Flüche sendet er seinen gerade vorher gesprochenen Gebeten hinterher. Spuckend und balancierend wendet er sich dann doch dem Zugang zum Schiffsinneren zu.

Hier und da versperren Gepäckstücke, marode Kisten und in die Jahre gekommene Koffer den Weg und lassen ihn zu einem Stolperparcours werden. O'Neil kann sich an einem Rohrgestänge in einer stinkenden Nische festhalten. Zu seinen Füßen hockt ein anderer Alter, eine Whiskeyflasche an sich gepresst. Als er O'Neil erblickt versucht er, erst die Flasche unter seinem schmutzigen Wams zu verstecken. O'Neil ist schneller. Er greift zur Flasche, wischt hastig mit dem Handrücken über den Flaschenhals und versucht einen Schluck zu ergattern. Es scheint vergebens. Sein Gesicht verzieht sich zu einer Grimasse, und er drückt die Flasche dem am Boden hockenden Landsmann an dessen Brust. O'Neil hat gehofft, seinen salzigen Geschmack wegzuwischen, aber die Flasche ist leer. Das Gedränge auf dem Deck wird immer mehr von Unruhe bestimmt. Irgendjemand fängt an zu singen, andere beten ergriffen und laut. Selbst eine Geige ist zu hören. O'Neil versucht, mehr ins Innere zu gelangen. Eine Frau will ihn am Arm festhalten, fleht ihn um etwas Essbares für sie und ihr Kind an. Die große Armut ist überall spürbar und skizziert elende Situationen auf den Decks des Schiffes. Alle sitzen in einem Boot, doch ist jeder für sich allein. Ein Geistlicher bahnt sich den Weg durch die klagende Menge. Eine Frau stirbt, hört O'Neil und erwehrt sich weiterer Bedrängungen. Kein Gepäck, das ihn belastet, ihn hemmt, vorwärts zu kommen. Nur die Erinnerungen. Dass diese viel schwerer sind, als jedes Seegepäckstück, scheint er nicht wahrzunehmen ...

„Grat-Wanderung“
Ohnmacht in den Bergen

Dreitausender sind eigentlich Routine für die vier Bergsteiger, die sich im Spätsommer 2005 im Ortlergebiet in Österreich nach einer Hüttenübernachtung wieder auf den Weg zum nächsten Gipfel machten. Das frische Magentarot der frühen Morgensonne tauchte die Granitfelswände in ein zartes Rosé und bot nach der etwas unruhigen Nacht im Hüttenlager eine Art optischer Dusche.

Die Vier waren eine Seilschaft unterschiedlichster Herkunft und Profession. Kennengelernt hatten sich alle mehr oder weniger durch Zufall in den Walliser Alpen vier Jahre zuvor. Sie schlossen sich dort einer größeren Gruppe an und es ergab sich, dass man sich immer für das Folgejahr zu einer gemeinsamen Hochgebirgstour verabredete.

Über das Jahr selbst beließ man es bei einigen wenigen SMS oder Telefonaten. Selten, dass mal eine Mail mit einem Bildanhang aus der vergangenen Tour auf dem Rechner eines der anderen auflief. Nein, Freunde in dem Sinne waren sie nicht, die Vier. Aber in der meist gut zweimonatigen Vorbereitung vor der nächsten Tour, in der Hans, ein guter Mitvierziger aus Freiburg im Breisgau den Ton angab, setzte eigentlich jeder vom anderen voraus, dass es wieder klappt und man sich beim Ausgangsort wieder sieht. Neben besagtem Hans, der als Apotheker selbständig ist, bestand die Gruppe aus Albert, einem gut fünfunddreißigjährigen Hochschullehrer aus Konstanz, Alwin, gut fünfzig Jahre und Verwaltungsbeamter aus Wuppertal sowie Max, einem Designer aus Norddeutschland.

„Dieser Anblick ist immer wieder mehr als eine Ersatzreligion für mich“, stieß Hans aus und zeichnete mit seinem Arm einen weiten Halbkreis in die Morgenluft. Die anderen drei Gipfelstürmer knurrten in unterschiedlichen Tonlagen eine Art von Zustimmung. „Hier oben brauchst Du eine gute Ausrüstung, Fitness und Gottes Hand“, setzte Hans noch einen Satz hinterher.

Der Pfad schlängelte sich nun enger an einen Grat heran und ließ die Alpinisten im Gänsemarsch langsam voranschreiten. Plötzlich und ohne jede Vorwarnung drang ein spitzer Schrei an ihre Ohren, wohl von der parallel zu ihrem Grat verlaufenden Wand. Ein steinernes Poltern und lautes Klacken eines nachrutschenden Steinschlages begleitete das Szenario.

„Was war das?“ rief Hans sichtbar erschrocken seiner Gruppe zu und versuchte mit seinem Fernglas an die Stelle zu schauen, von wo er das Schreien zu hören geglaubt hatte.

„Verdammt, das war sicher ein Abgang mit Mensch!“ schrie Hans. Max verlangte zunächst, dass sie sich alle gegenseitig sichern sollten, bevor die Gruppe am Grat Näheres in Erfahrung bringen konnte. Hans brüllte in die vermutete Unfallrichtung: „Was ist los? Ist etwas passiert? Geben Sie Antwort!“

Max und Albert hielten konzentriert inne, hörten aber nichts, auch nicht, weil Hans erneut in geballter Urkraft seine Fragen wiederholt herausschrie. Alwin, der selbst kreideweiß geworden, meinte etwas Dunkelgraugrünes in den gegenüberliegenden Felskonglomeraten ausgemacht zu haben. „Dort, auf 11 Uhr, dort, da ist doch was, da hängt etwas zwischen den Felsnadeln ...“ Hans riss sein Fernglas herüber und tastete die beschriebene Position ab. „Da liegt einer kopfüber im Fels, bewegt sich nicht, er steckt da irgendwie drin, sehe nicht den Kopf und die Arme ...“ Alwin fluchte vor sich hin und versuchte über sein Handy eine Notruffunktion zu senden. „Du wirst keine Verbindung haben, kein Empfang hier ...“, moserte Hans und hob beschwörend die Hände. Max forderte jetzt klaren Kopf zu bewahren

und nahm das Fernglas von Hans, der immer mehr in einen fahrigen Zustand wechselte. „Hallo, hallo was ist denn passiert?" „Das muss ein Freikletterer gewesen sein, da ist kein Zweiter zu sehen oder zu hören", stellte Max ruhig fest. „Zeit zu beten...", sagte Albert leise.
„Wenn es nützt?", entfuhr es Alwin und Hans versuchte wieder in die Führungsrolle zurück zu kommen „Wir müssen da rüber, helfen..." Gleißendes Sonnenlicht flutete den Unfallhang. Und es blieb still.

„Verlust-Reich"

Die eigene Welt des Vergessens

Maria konnte die Stimmen nicht zuordnen. Alles verschallte in ihrem Kopf. Außerdem war es ihr zu hell, ja schon grell. Lichter über ihr huschten vorbei. Sie wusste nicht, dass sie sich auf einer Notfalltrage befand. Direkt auf dem Weg auf die Intensiv-Station. Verschwommen bemerkte sie den Infusionsbeutel aus ihren Augenwinkeln. In ihrem Mund hatte sich ein unangenehmes Gefühl breit gemacht. Ein Brennen und Stechen fühlte sie, konnte kaum die Zunge bewegen. Die Lichter hatten jetzt andere Farben, alles wirkte kühler. Eine Schwester beugte sich über sie und versuchte Maria zu trösten, zu beruhigen. Dann wurde es still. Maria hörte ihren Herzschlag und gut wahrnehmbare Pieptöne. Wenig später waren da wieder Stimmen, aber Maria hatte nicht die Kraft, sie zu verstehen. Vor ihrem inneren Auge tanzten bunte Punkte, meinte sie schlangenähnliche Gebilde zu erkennen...
Knapp drei Wochen später wurde Maria nach Hause entlassen. Ihre Tochter holte sie ab und erhielt vom Arzt die Aufforderung, sich mit dem Krankenhaussozialdienst in Verbindung zu setzen, um erforderliche Pflegemaßnahmen abzustimmen. „Ihre Mutter ist dement, es wird für sie jetzt alles anders. Aber auch für Sie, wenn Sie sich an der Pflege beteiligen wollen", hörte Marias Tochter vom Arzt. „Dies wird ein völlig neuer Lebensabschnitt im Verhältnis Mutter-Tochter. Diese erneute Dehydration hat Ihrer Mutter wohl den entscheidenden Schritt in die Demenz gebracht." Der Arzt nahm seine Brille in die Hand und beschrieb damit einen erweiterten Kreis. „Der Zenit Ihrer Mutter ist jetzt nicht mehr der Gleiche, wie Sie ihn haben. Es ist jetzt ihre eigene Welt. Eine Welt des Vergessens."
Marias Tochter hatte alles soweit vorbereitet, wie es ihr möglich war. Ein Krankenbett stand am Fenster des ehemaligen Gästezimmers, Toilettenstuhl am Fußende, Stützstrumpfanziehhilfe unter dem kleinen Ecktisch am Kopfende. Eine helle Kommode für die Sachen der Mutter und ein Ruhesessel mit diversen kleinen Kissen. Vor dem zweiten Fenster steht eine Blumenvase mit einem dekorativen Trockengesteck. Als Maria von Ihrer Tochter in ihr neues Domizil geleitet wurde, strahlte Sonnenlicht durch das Fenster. Die warmen Töne der Wände und die Farbe des Bodens unterstützten das erhoffte Wohlgefühl. Maria setzte sich, von ihrer Tochter behutsam gestützt, auf die Bettkante.
Ihre Augen waren auf den Fußboden gerichtet. „Hier hast Du es jetzt schön, schau mal, alles neu hergerichtet ..." sprach ihre Tochter auf sie ein. „Es fehlt Dir hier an nichts, ich schaue nach Dir und wenn immer es möglich ist, kannst Du an unserem Leben im Haus teilnehmen. Aber eben auch mal für Dich sein, wenn Du es willst", schob sie nach, während sie ihrer Mutter die Schuhe auszog.
Marias Blick war immer noch auf den Boden gerichtet. Sie hatte noch keinen Ton gesagt, seit sie im Haus ihrer Tochter angekommen war. Ein eher sanftes Stöhnen untermalte einzig und allein ihre Bewegungen. „Wer ist der olle Mann da auf dem Bild?" Mit

plötzlicher Handbewegung wollte Maria den kleinen Messingrahmen vom Nachtschrank wischen. ,,Mama, das ist Dein Mann Werner. Ihr wart fast 60 Jahre verheiratet, Du erkennst Deinen Mann nicht mehr? Das Bild stand die vergangenen 5 Jahre auch auf Deinem Nachtschrank ..." Marias Tochter versuchte den Oberkörper ihrer Mutter etwas aufzurichten und gleichzeitig das Bild wieder gerade zu rücken. ,,Kenn´ ich nicht, nimm das weg!" herrschte Maria Ihre Tochter an. ,,Weg damit sage ich", Maria bäumte sich ein wenig auf, um ihrer Aussage Nachdruck zu verleihen. Ihre Tochter nahm schnell das Bild und wich zurück. ,,Es erschreckt mich schon, Mutter, wie es jetzt um Dich steht", rief sie ihrer Mutter zu und verweilte noch einen Moment in der Zimmertür. Dann ging sie in ihre Küche, nachdenklich und mit Tränen in ihren Augen. Es gingen ihr viele Bilder aus ihrer Kinder- und Jugendzeit durch den Kopf - und nun dieser neue Lebensabschnitt. Sie und ihr Mann hatten sich vor drei Jahren getrennt und es ist für sie alles nicht leichter geworden. Ein Teilzeitjob in einem großen Kaufhaus, etwas Heimarbeit bei sich und nun die Mutter in ihrem häuslichen Umfeld - als Pflegefall. „Es geht jetzt nur noch um Verluste, und täglich einige mehr", sinniert Marias Tochter gegenüber einer Freundin. ,,Bis zum Schluss..."

Tief-Gang

Wieviel Trauer verträgt ein Mensch?

Wir haben uns für den späten Nachmittag verabredet. Es sei die beste Zeit, haben wir durch Margarete, eine Betreuerin von Rudolf, erfahren. Wir, das sind Lennart, fünfundvierzigjähriger Dipl. Psychologe aus München und der Verfasser dieses Berichts. 1998 auf dem Weg nach Neuperlach. Es ist Anfang Herbst und das Sonnenlicht lässt die Natur in einem zarten Licht wie hingehaucht erscheinen.

Rudolf ist knapp siebzig. Der ehemals freischaffende Architekt hat einem Gespräch über selbst erfahrene und durchlittene Trauer zugestimmt. Lennart hat im Rahmen seiner Forschungsarbeiten Menschen gesucht, die in überproportionalem Maße Trauer erfahren haben. Es ist schwer, an Menschen zu gelangen, auf die dieses Merkmal zutrifft. Sehr behutsam, aber dennoch zielstrebig, hat Lennart seine Verbindungen spielen lassen und im Sommer dann doch mehr oder weniger durch Zufall von Rudolf erfahren. Gegen siebzehn Uhr erreichen wir die Einfahrt des Seniorenpalais. Margarete steht schon im Eingangsbereich und begrüßt uns freundlich. Gemeinsam schreiten wir durch die Empfangshalle, vorbei an recht monströsen Vasen, und gelangen nach zwei kurz aufeinander folgenden rechts-links-Abzweigungen auf eine großzügige Terrasse. Der Sandstein bildet zu den fünf dort aufgestellten Sitzkombinationen ein gelungenes Passepartout. Margarete eilt schnell vier, fünf Schritte voraus und meldet uns bei Rudolf an.

„Sie erforschen Trauer?" Rudolf dreht dabei kaum seinen Kopf in unsere Richtung und schaut auch vor sich hin, als wir ihn per Handschlag begrüßen. Er wirkt körperlich ein wenig fragil, scheint aber vom Geist her durchaus sehr rege. „Nun", bemerkt er und wendet seinen Blick gen Himmel, „da bin ich sicher ein gutes Objekt." Lennart setzt sich in den unmittelbar vor Rudolfs Strandkorb stehenden Korbstuhl und versucht dessen Hände zu fassen.

„Objekt? Nein, kein Objekt!" Lennart wirkt ein wenig erschrocken ob der sterilen Einschätzung seiner Forschungsarbeit. „Ich darf mich für die Gelegenheit, Sie zu treffen, sehr, sehr bedanken. Mir geht es hier um ein äußerst zwischenmenschliches Gefühl. Um ein sehr sensibles Gefühl. Wie sind Sie mit all dieser so permanent auf Sie hereinstürzenden Trauer fertig geworden, geht das überhaupt ...?" Lennart betrachtet Rudolfs Gesicht und versuchte einen direkten Blickkontakt herzustellen. Zunächst vergeblich.

Rudolf ist gut fünfundvierzig Jahre alt, als seine Frau nach kurzer schwerer Krankheit plötzlich stirbt. Keine zwei Wochen später verunglücken zwei seiner drei Söhne beim Bergsteigen in den Stubaier Alpen und wieder nur zwei Wochen später ereilt ihn die Nachricht vom Tod seines Vaters, der als Seniorpartner eines Reiseunternehmens in Mexico den Herztod erleidet. Zum Jahresende verstirbt dann seine Mutter in Giesing und am Silvesterabend erliegt sein einziger Enkel einem Leukämieleiden.

„Dieses verfluchte Jahr hat mich ebenfalls lebendig sterben lassen ..." Rudolf verkrampft seine Hände in das Polsterkissen des Strandkorbes und schaut immer noch gen Himmel. „Ich habe den Boden unter den Füßen verloren, ich spürte, wie ich immer tiefer hinuntergezogen wurde, hatte keine Chance mich zu halten. Es schien, als wenn alle meine Organe versteinert wären, meine Augen geben keine Tränen mehr her und die dadurch auftretende Entzündung ließ mich auch nichts mehr erkennen ... alles in mir ist zerrissen. Die stetige Wiederholung von Beileidsbekundungen, Beerdigungsabwicklungen, von Pfarrergesprächen, ja auch von Gebeten, Kirchgängen, alles fand in mir kein Ziel mehr, ging ins Leere. Ich hatte und habe zum Teil heute noch keinen Tiefgang mehr für das Leben ... warum muss ich das aushalten?"

Rudolf hält inne und beugt sich zu Lennart vor: „Wie viel Trauer verträgt ein Mensch?" Lennart nutzte die Chance und legte seine Hände erneut auf Rudolfs Hände und entgegnet: „Wie viel Leben und Liebe ist notwendig, um Trauer zu begegnen? Darauf gibt es keine schlüssige Antwort." Lennart schiebt aber gleich nach: „Die vielfache und rasche Wiederholung von Trauerprozessen kann den Wert persönlicher Trauer entkräften. Und wenn Trauer als wertlos empfunden wird, bricht der Mensch ..."

Rudolf lehnt sich wieder zurück. Lennarts Angebot, ihn mit seiner Forschungsarbeit weiter begleiten zu dürfen, mit ihm zu sprechen um das Unergründliche zu ergründen stand unwidersprochen im Raum. Margarete hat Tee besorgt und schenkt der Gesprächsrunde stumm ein.

„Gleich ist die Sonne verschwunden", sagt Lennart und zieht seinen Rollkragen schon vorsichtshalber ob der aufsteigenden Abendkühle höher. „Die Sonne, die Sonne ist schon seit Jahren verschwunden ...", sagt Rudolf, „und wenn Sie richtige Kälte spüren wollen, die ist tief in mir drinnen ... und ich bekomme sie auch wohl dort nicht mehr raus ..."

Schluss-Punkt

„Früher, ja früher, da hatte Opa hier noch seine Bienen ..." Tante Agathe beschrieb mit ihrem rechten Arm einen noch halbwegs passablen Bogen in die Luft, um die wohl nicht von ihr in Worte zu fassende Geländegröße deutlich zu machen.

„Da waren wir schon gut eine halbe Stunde zu Fuß unterwegs, runter zum Waldbach, um ans Ende der Obstwiesen zu gelangen." Agathe zog sich etwas gerade und es schien, als ob sie immer noch die Herrin über dieses Terrain war ...

Früher, das war vor gut 50 Jahren. Da war Elsede noch ein kleines, eigenständiges Nest mit 140 Leuten und einem Bürgermeister. Das war übrigens „Opa", Agathes Vater.

„Lang ist's her, aber die Zeit bleibt nicht stehen..." sinnierte Agathe.

„... da stand noch Hellenkötters Kotten unten an der Wegegabelung, war immer zur Kirschenzeit unser Ziel. Es heißt ja so schön, die Kirschen aus Nachbars Garten ..." Agathe stiefelte Stück für Stück weiter

über den zum Teil durch die Baufahrzeuge sehr morastig gewordenen Boden. Hier, auf dem ehemaligen Hofgelände, das seit gut fünf Generationen bis zum vergangenen Herbst in Familienbesitz war, wird jetzt ein „Technologiepark 2020" entstehen. Agathe blieb vor dem großen Bauschild stehen und versuchte, die dort aufgeführten Baugewerke zu entziffern.
„Rudolf Hohne, Stahlbau? Ist das nicht einer von den Hohne-Brüdern, die uns früher immer auf dem Kirchweg auflauerten und zu Tode erschreckt haben?" Agathe schien das Erschrecken der Vergangenheit wieder gegenwärtig und sie wich instinktiv zwei, drei Schritte zurück.
„Tante Agathe, der müsste doch heute so alt sein wie Du, wenn nicht ein paar Jahre älter", erwiederte Rena, ihre Nichte.
„Vielleicht sind das schon dessen Nachkommen. Gehört habe ich aber nie, das ein Hohne in der Bauwirtschaft tätig geworden ist." Agathe drehte den Kopf in Richtung ihrer Nichte und schob schnell nach: „In der Wirtschaft schon, bei Langekamps Krug hatte er so etwas, wie einen Stammplatz ..."
„Was Opa wohl dazu gesagt hätte, wenn er das alles noch miterlebt hätte?" Rena stützte ihre Hände in die Hüften und drehte sich einmal um sich selbst.
„Technologiepark, hier in der einst so grünen, armen Buddenaue ..."
„Und Bienen gibt's hier auch keine mehr", rief Agathe provokant in die Gegend. Von der nahe vorbeiführenden neuen Autobahn brandete der Verkehrslärm zwischen der noch nicht lückenlos geschlossenen Schallschutzwand in die diversen Rohbauten des entstehenden Technologieparks. Rena fand noch ein altes Stück Sandstein, in dem eine eingemeisselte Jahreszahl auszumachen war.
1789. Sie zeigte es ihrer Tante und fragte zugleich: „War das nicht der Stein aus dem Torbogen zum Hof von Wellenbrünger?" Agathe sah nur kurz hin und rief: „Die hatten doch keine Hoftorbogen, wir hatten einen, einen sehr schönen! Aber den hat Opa damals abgerissen, als der neue Traktor mehr Platz für die Durchfahrt benötigte."
Rena zuckte mit den Schultern. Irgendwie war es ihr auch gleich. Sie schlenderte, in sich vergessen, über die Baustraße und wurde erst durch einen lauten Aufschrei Agathes in die Wirklichkeit zurück geholt. Eine Biene hatte Agathe gestochen ...

„Schlüssel-Erlebnis"

Die alte Kirche lag etwas abseits vom Ortsrand. Ein wenig erhöht auf einem Hügel. 1689 prangte es auf den stark korrodierten Eisenziffern auf dem ausgebluteten dunkelrotblauen Ziegelverbund. Die sehr salzige Seeluft hatte dem in sich leicht verschoben wirkenden Bauwerk eine Patina verliehen. Im näheren Umfeld hatten es einige Grabsteine geschafft, sich auf dem wankenden Grund in einer Balance zu halten, wenn auch teilweise in sehr verschobenen Positionen. Der neben dem Kirchenschiff fast liebevoll nach Anlehnung suchende Kirchturm überragte das Kirchenschiffdach nur um wenige Meter und war mit einem augenfälligen Segelschiff verziert. Grünlich schimmerte es vom quietschenden Haltemast in der Mittagssonne. Die schwere Eingangstür, mit reichlich Eisenbändern versehen, war nur mit viel Mühe zu öffnen. In der Kirche war es erstaunlich hell und auch der irgendwie erwartete Muff hielt sich in Grenzen. Leo, ein Fotograf aus Hamburg und Henner, ein Journalist und Autor aus einem Antiquariat in Bremen, hatten sich diese Kirche im Rahmen einer Reihe über alte Gotteshäuser am Rande von Dörfern und Einöden zur Dokumentation vorgenommen.
Pastor Petersen hatte die Beiden erwartet. „Kommen Sie zu mir, ich bin in der Sakristei, gleich hier hinten ..." rief er den Besuchern zu und zeigte sich

zugleich auch in der kleinen Türöffnung. „Hier kann ich Ihnen das Kirchenbuch zeigen, bin sehr gespannt, wie Sie die Sache angehen wollen ..."
Leo und Henner begrüßten den Pastor und zwängten sich in die kleine Sakristei hinein. „Wir wollen morgen anfangen, heute möchten wir uns einen ersten Eindruck verschaffen, sehen, was hier so unverwechselbar und typisch ist. Es ist doch eine Seefahrerkirche."
„Wo wollen Sie denn wohnen?" fragte Pastor Petersen und verwies darauf, dass er ja im Seelsorgedienst auf der Insel tagsüber auch viel unterwegs sei, der Aufenthalt, vor allem, was seine Kirche betraf, also geregelt sein müsse. „Mommsen-Hus", entgegnete Henner knapp und schien damit auch schon anzudeuten, dass es sich um ein dem Pastor bekanntes Haus handeln musste. „Morgen früh, gegen 9 Uhr, möchten wir mit den Aufnahmen in der Kirche anfangen", sagte Leo und tippte virtuos in seinem Notebook. „Ich vertraue Ihnen die Schlüssel für die Kirche an und stoße dann morgen Mittag zu Ihnen. Dann lade ich Sie zu einem kleinen Imbiss ins Pfarrhaus ein. Ist Ihnen doch recht, oder?" sprach der Pastor und überließ Henner seinen dicken Schlüsselbund, verließ die Kirche und machte sich mit einem rostigen Fahrrad auf den Weg. Henner und Leo machten sich noch Notizen, betrachteten die Eintragungen im Kirchenbuch und legten Aufnahmepunkte für den nächsten Tag fest.
Es war schon spät abends, als Henner nach einem Moorgeist an der kleinen Bar im Mommsen-Hus auf die Idee kam, noch mal in die Kirche zu gehen, weil er in seinen Utensilien seinen wertvollen Federhalter vermisste und diesen in der Sakristei vermutete.
Mit dem Schlüsselbund fest in der Hand bewegte sich Henner Richtung alte Inselkirche. Am Haupttor angekommen versuchte er den passenden Schlüssel in das alte Schloss zu führen, was aufgrund der Anzahl der Schlüssel und der Auswirkungen des Moorgeistes zu einem echten Vabanquespiel verkam. Er hatte alle Schlüssel probiert und ging, leicht irritiert, um die Kirche herum, zu einem kleinen Seiteneingang. Auch hier Versuche, keiner war erfolgreich. So versuchte Henner an der Sakristeitür, die mit besonders wuchtigen Eisenbändern versehen war. Mit leichten Flüchen am unpassenden Ort rumorte Henner mit den Schlüsseln nacheinander in den kordierten Schlosskasten. Der Erfolg blieb aus. Nachdenklich verließ Henner die Kirche und ging zurück ins Mommsen-Hus, legte sich schlafen.
Am nächsten Morgen trafen sie auf einen alten Mann, der sich als Kirchendiener vorstellte und sagte, der Pastor hätte ihn gebeten, ihnen die Türen zu öffnen. Henner sagte, er habe doch das Schlüsselbund und wisse, dass keiner passen würde. Der Kirchendiener lächelte und machte eine abwertende Handbewegung in Richtung der Schlüssel am Rostring in Henners Hand.
„Es macht immer einen guten Eindruck, mit so einem Bund an der Pforte zu stehen. Jeder meint, die Türen sind dann sicher zu. Aber im Vertrauen, diese Schlüssel schließen schon seit Jahren keine Türen mehr auf oder zu. Mit starker Hand könnt ihr die Türen so aus ihrer Starre lösen und öffnen", verriet der Kirchendiener sein Geheimnis.
„Und, eine Kirche sollte eigentlich nie verschlossen sein, schon gar nicht hier auf unserer Insel. Noch nie hat ein Sturm es geschafft, die Türen aus den Angeln zu heben, Schaden zu verursachen ..." fügte er noch an.
Beide, Leo und Henner, konnten also mit vereinten Anstrengungen die Kirchentüren öffnen und ihren Tätigkeiten nachgehen. Das alte Schlüsselbund legten sie auf den Tisch, Henner fand seinen Stift dort wieder und dachte über die symbolische Bedeutung der Schlüssel nach.

Wer fühlt, was man sagt, der versteht am besten, was man meint!

BERND U. THYE
Melle

Der (Rück-)Weg ist das Ziel

Jetzt bin ich wieder auf der Autobahn, halt zwar nicht den Daumen in den Wind - es wurde trotzdem Zeit, mal wieder los zu fahr'n! Doch anders als damals, als Udo L. dieses Lied sang und es mir egal war, wohin mein Weg mich führte, Hauptsache neu und anders. Jetzt fahr ich los - fahr selbst - um anzukommen. Bei mir? - War ich weg von mir? Muss ich mich wieder finden? Wenn ja, wo such ich mich? Wann und wo bin ich mir eigentlich verlorengegangen oder hab' ich mich selbst verloren?

Ein bisschen auf den Verkehr konzentrieren könnte jetzt auch nicht schaden. Was stell' ich mich eigentlich so an? Ich bin hier schließlich nicht auf irgendeinem Selbsterfahrungstrip, sondern auf dem Weg in ein Kloster, um mal 4 - in Worten: vier - Tage Ruhe zu finden. Ich wollte mich vorbehaltlos darauf einlassen und nun will ich auch nicht hier schon irgendwelche Vorbehalte aufbauen. Also, zusammengerissen, kleines Denkverbot erteilt und gemächlich nach Kornelimünster gefahren. Unweit von Aachen und der belgischen Grenze, die Eifel und das Hohe Venn in Sichtweite (wenn das Wetter besser ist als heute), komme ich am Nachmittag an. Mein erster Eindruck - leider das große Schild mit dem Immobilienangebot, ist das hier etwa 'ne Baustelle? - er löst sich in Wohlgefallen auf. Zweiter Eindruck: An der Klosterpforte steht 'ne Frau. Nanu!? Was kommt jetzt wohl?

Ein sichtlich verschnupfter Abt Friedhelm begrüßt mich herzlich, möchte mir aber die Hand wegen der Ansteckungsgefahr nicht geben. Dabei bin ich doch die Bazillenschleuder - seit Wochen.
Ich bekomme eine kurze Einweisung in das Gebäude und werde zu meinem Zimmer geleitet. Die Mauern strahlen Ruhe ab und ich atme sie begierig ein - angekommen bin ich hier!
Es geht mir ein merkwürdiges Bild durch den Kopf. Es ist wie im wirklichen Leben. Trubel und Hektik in der obersten Etage.
Man steigt mit vielen anderen in den Fahrstuhl und fährt nach unten. Der Aufzug hält, ein paar Leute steigen aus und frische Luft kommt rein. Er fährt wieder los, langsamer, hält wieder. Es steigen ein paar Leute aus und frische Luft kommt rein. Er fährt wieder los, ganz langsam, hält nach einer Weile, die letzten Leute steigen aus und - frische Luft kommt rein. Die Türen schließen, ich bin allein - und frei! - frei in einem kleinen Raum! Der Aufzug fährt sehr, sehr langsam weiter, so tief, wie ich es zulasse.
Back to the roots? Ich bin in einem Kloster, einem katholischen. Vesper ist jetzt angesagt. Nein, das ist nicht die nachmittägliche Brotzeit, das ist Andacht mit Eucharistiefeier. Hier steht der aus der Kirche ausgetretene 68er plötzlich wieder vor den Wurzeln seiner katholischen Kindheit. Die Texte und Handlungen sind irgendwie vertraut im Klang, in ihrer Bedeutung sehr viel weniger! Die kleine

Schar der Mönche und anderen Gläubigen betet voller Andacht - aber auch mit einer gewissen Routine. Mir bleiben die Lippen noch zu - der Sinn des Gesagten oder Geschriebenen erschließt sich mir nur schwer.
Sinn ist ja auch die Basis des Sinnlichen und der Besinnung auf - mich selbst vielleicht? Komisch - der „Gedankenhektiker" kann sich auf einmal konzentrieren, in sich hineinhorchen.
Ich zieh' mich für einen Moment zurück in die große Kirche. Ganz allein bin ich hier und merke, wie die wohltuende und sakrale Stille geradezu in mich hineinzieht. Fast ein physischer Prozeß, in jedem Fall ein metaphysischer.
Kann Schweigen ein Ausdruck von Freiheit sein? Für so einen berufsmäßigen „Widersprecher", wie ich es bin? Ja! Es bedeutet ein sich Einlassen auf eine Erfahrung, die nur in der Freiwilligkeit des Schweigens möglich ist. Schweigen ist ja nicht das Fernsein von Kommunikation - im Gegenteil: hier erfahre ich intensivste Kommunikation - mit mir? meiner Seele? - in der Freiheit des Schweigens. Im Schweigen und im „Hören der Stille" erfahre ich in der kalten nächtlichen Kirche eine Spiritualität, die ihre ungeheure Kraft aus dem genius loci, dem Geist, der Idee, die diesem Orte zugrunde liegt, zu schöpfen scheint.

Ich nehme teil an den täglichen Abläufen, die da heißen Vigil, Laudes, Mittagshore, Vesper und Komplet. Alles hat seinen festen Ritus, manches ist mir bekannt, manches unbekannt, manches verständlich, manches ganz und gar unverständlich. Anfänglich lese ich die Texte mit, kann allerdings kritisches Hinterfragen in mir nicht unbedingt unterdrücken und lasse teilweise auch den alten Besserwisser in mir zu. Agnostiker haben wohl immer Bauchschmerzen mit den Texten Gläubiger.

Ganz anders plötzlich, als ich die Texte nicht mehr mitlese, das angebotene Buch ignoriere. Das phonetische Erlebnis - die Mönche und Gläubigen beim Gebet nur zu hören - ermöglicht mir eine bis dahin unbekannte Konzentration auf mich selbst - ein ungestörtes „in mich hineinhorchen"! Es ist quasi die Gesamtheit aus Ritual, Regel und Regelmäßigkeit und Atmosphäre, die mich hier für eine kurze aber intensive Zeit anders leben und erleben läßt.

Mit den Mönchen gemeinsam die Mahlzeit einzunehmen, still, ohne zu schwätzen, ohne unnötiges Geklapper, mit festem Ritual - das ist so wohltuend weit entfernt von der Alltäglichkeit der gewohnten hektischen Nahrungsaufnahme, die uns Menschen außerhalb solcher Mauern schon gar nicht mehr bewußt ist. Wie sehr Regelmäßigkeit in der Tat bedeutet, mäßig und nach festen Regeln zu handeln, wird mir hier mit nur schwer zu beschreibender Intensität deutlich. Die intelligente Schlichtheit einer wortlosen Kommunikation, die sich auf die - freiwillige - Vereinbarung eines reduzierten Austausches stützt, läßt mich erst jetzt den wirklichen Gehalt einer so schlichten Ausage erkennen, die ich als Schüler bis zum Überdruss habe aufsagen müssen: „Erst denken, dann arbeiten!" So einfach war das damals und ist es heute - hier - wieder. Strukturen in mein Denken und Fühlen zu bringen, gelingt mir auf einmal leichter; andererseits findet die mir selbst, aus welchen Gründen auch immer, auferlegte innere Gedankenzensur nicht statt.

Zeit spielt keine andere Rolle - nein, sie scheint einer ganz anders eingestellten Uhr zu folgen. Ich höre das übliche Ticken meiner inneren Stoppuhr nicht mehr, am Ende meiner Überlegung muss kein Ergebnis stehen, es darf ebenso eine neue Frage sein und ich habe Zeit - und Raum - für eine Denk„mal"pause. So ein seltsames Wort wie Entschleunigung fällt mir ein.

Für einen widerspenstigen Geist halte ich mich nach wie vor - aber noch nie war mir so klar, dass eben auch der Widerspruch bedacht sein will und wie sehr eben das mit „bedächtig" zusammenhängt. Das „Nichtplappern" macht mir die Semantik meiner gedachten Worte in der Kommunikation mit mir selbst sehr viel deutlicher, als dass das in der Alltäglichkeit der Wortgefechte mit anderen überhaupt möglich wäre.

Die absolute Unaufdringlichkeit, die ich hier erfahre, ist das eigentlich Überzeugende. Das Kloster erscheint mir wie ein Deviationsdalben, an dem ich die Ablenkungstabelle meines seelischen Kompasses neu abgleiche - die eigene Kursbestimmung wird wieder etwas genauer.

Es kommt mir vor, als hätte ich einen Segeltörn durch mich selbst gemacht, bei angenehmer steifer Brise und nicht zu hohen Wellen, hoch, aber nicht all zu hart am Wind - segeln, so wie ich es mag!

Faszinosum Bauerngarten

„Stirpe-Oelingen, Bundesstraße 65, vor der Eisenbahnunterführung links ab in die Sackgasse...", das war meine Anfahrtsbeschreibung und ich hätte mir vorher nicht denken können, dass der Weg in ein kleines Paradies so irdisch einfach ist.

Einen Bauerngarten hatte ich mir anders vorgestellt, einen Park jedenfalls hatte ich nicht erwartet und die Cherubim am Eingang hab' ich erst beim Abschied vermisst, dann aber richtig!

Auf ca. 5.000 qm Fläche ist hier auf dem alten Meyerhof zu Stirpe ein Garten mit einer unglaublichen Aura gewachsen, behutsam gesteuert von einer Gärtnerin mit großer Leidenschaft und ebenso großer Sensibilität. Der Natur die Kraft zum Eigentlichen lassen, lenken und nicht zwingen, das scheint die Gärtnerin in erster Linie zu befolgen. Das Ergebnis ist ein parkähnlicher Garten, der im Kontext

steht zur an sich schon überzeugenden Landschaft am Nordhang des Wiehengebirges, ihr aber deutlich eine spezielle Duftnote verleiht.
Es ist nicht kitschige Idylle wie in so vielen anderen Gärten, die den Besucher hier umgibt. Ulrike Mithoffs Garten ist ein Paradebeispiel dafür, dass weniger oft erheblich mehr bedeutet. Ihr behutsamer Umgang mit Anpflanzungen und die Beschränkung auf die ihr wesentlichen Gehölze, Sträucher und Blumen erzeugen diese beeindruckende Atmosphäre. In diesem Garten kann der sensible Besucher ganz besondere Früchte in vollen Zügen geniessen: Ruhe und Entspannung!
Im Schatten einer 160 Jahre alten Robinie auf einer Decke sitzend, ein gutes Buch, einen alten Rotwein, dazu ein Bauernbrot mit Käse oder Schinken - so kann man seine Seele ins ideale „Naherholungsgebiet" ausführen. Rotbuchen und Trauerweiden sind romantische Kulisse, Gott Amor kommt auf duftendem Jasmin daher, der Alltag hat hier trotz unmittelbarer Nähe zur Bundesstraße 65 und zur Intercity-Strecke Osnabrück-Bremen keine Chance. Eine Oase nicht nur der Ruhe, unterstrichen u.a. durch einen aus fränkischer Zeit stammenden Brunnen, verzaubert mit einer ganz eigenartigen Harmonie.
Üppige Sträucher und Stauden versprühen die selbstverständliche Kraft einer fruchtbaren Landschaft, Düfte und Farben unzähliger Blumen und Kräuter erzeugen die Illusion eines weiten Landes auf diesen 5.000 Quadratmetern. Sinnlichkeit in ihrer ursprünglichsten Form macht diesen großartige Flecken Erde erfahrbar. Mit geschlossenen Augen sehen, sich erzählen lassen von zwitschernden Vögeln, summenden Insekten oder den rauschenden Blättern uralter Bäume und die eigene Fantasie von den Zivilisationsgrenzen befreien, das ist das Geschenk eines Aufenthalts an einem ganz bestimmten Platz „am Rande der B 65"!

Seit über 10 Jahren haben die Mithoffs „ihren" Garten nun geöffnet. Viele Besucher haben sich inzwischen erfreuen können an einer außergewöhnlichen gärtnerischen Leistung. Wenn man dann aber von der Gärtnerin selbst durch die Anlage geführt wird, sich ihrer Leidenschaft und Begeisterung nicht entziehen kann, dann wird selbst der größte Gartenmuffel zum Liebhaber einer „kunstvollen" Natur!

...und am Ende geht sie dann durch mit einem, die Fantasie. Man verlässt ein kleines Paradies und wundert sich am Ausgang, dass sie hier nicht stehen, die Cherubim, die es doch bewachen sollen!

Die Lust oder Last mit den Vorzimmern und Telefonzentralen!

Es ist schwierig, an ihnen vorbeizukommen, den Damen und manchmal auch den Herren in den Vorzimmern deutscher Unternehmensführungen. Gut, es ist ihre Aufgabe, zu selektieren und dafür zu sorgen, dass die Chefin oder der Chef nicht mit jeder „Kleinigkeit" behelligt wird und etwa von unliebsamen Call-Center-Anrufen dubioser Finanzdienstleister verschont bleibt. Aber, sie sind immer auch der erste Eindruck des Unternehmens und sollten sich dessen häufiger bewusst sein. Jeder, der anruft, hat zunächst einmal den Anspruch auf Höflichkeit und Respekt.

Natürlich gibt es eine ganze Menge, meisten Frauen, weniger Männer, die es verstehen, ihr Unternehmen mit ausgesuchter Freundlichkeit zu präsentieren. Leider aber nehmen diejenigen immer mehr zu, denen man mit dieser Aufgabe zuviel Macht gegeben hat. Nachfrage nach dem Begehr ist etwas anderes als inquisitorisches Befragen. Anmaßende Beurteilungen über das Anliegen des Anrufers sind keine Seltenheit, eigenmächtige ablehnende Bescheide führen häufig zum Tod einer noch nicht begonnenen unter Umständen lukrativen Geschäftsbeziehung.

In Einzelhandelsunternehmen ist „Mystery Shopping" zur Beurteilung der Dienstleistungsqualität inzwischen gang und gäbe, „Mystery Phoning" wäre in vielen Unternehmen angebracht. Wissen die Entscheider wirklich, wie viele eventuell erfolgreiche Kontakte nie zustande gekommen sind, weil man am telefonischen Wachhund nicht vorbei gekommen ist? Wie groß mag die Anzahl der geplatzten Beziehungen sein, die noch immer lukrativ sein könnten, wenn dem Anrufer der notwendige Respekt gezollt worden wäre.

Nun ist das Problem der „Wachhundmentalität am Telefon" beileibe keines, dass nur große Unternehmen betrifft. Sie finden diese heute in jeder Behörde, in der Arztpraxis, beim Anwalt oder Steuerberater ebenso wie in Person der Ehefrau des Handwerkers, der selbst gerade nicht zuhause ist. Vielleicht ist es an der Zeit, einmal darüber nachzudenken, dass Freundlichkeit gerade dann Sinn macht, wenn man sich nicht in die Augen schauen kann. Gott sei Dank weiß die weitaus größere Zahl derer, die andere Menschen am Telefon empfangen, sich guter Umgangsformen zu bedienen. Diejenigen aber, die meinen, das kleine Stückchen Macht, das man ihnen mit dieser Position gegeben hat, für ihr Ego ausnutzen zu müssen, sollten sich einmal Gedanken machen zu den „Bärendiensten", die sie sich und ihrem Unternehmen erweisen. Fingerspitzengefühl und Sensibilität sind gefragte Eigenschaften – es muss nicht für jeden am anderen Ende der Leitung sofort die Sonne aufgehen, ein Gewittersturm darf es aber gar nicht sein!

Er war und ist einer meiner Helden!

Es muss 1969 gewesen sein, als ich Hannes Wader das erste mal bewußt wahrgenommen habe. Das intensive Gitarrenspiel war das eine, dass hier aber einer genau das sang, was ich dachte, war die andere Seite der Wahrnehmung. Hier säuselte nicht einer von Friede, Freude, Eierkuchen – hier sang einer mit charismatischer Stimme Texte, die meinen eigenen Ideen, Träumen aber auch Erfahrungen entsprachen.

Von da an, kleine Textanleihe bei Marius Müller-Westernhagen, war es mir nicht mehr möglich, ihm aus dem Wege zu gehn. Seine Konzerte, allein, mit Reinhard Mey oder in Begleitung des genialen Gitarristen Werner Lämmerhirt sind mir präsent, als wären sie gestern gewesen. Als meine kleine Tochter von mir die ersten Märchen hören wollte, war es natürlich Hannes Waders Version vom Rattenfänger von Hameln, die ich ihr erzählte und „Aufgewachsen auf dem Lande" war ich schließlich auch. Aber wie so oft im Leben, irgendwann verliert man sich aus den Augen – nicht aus den Ohren. Die alten Vinyl-Platten sind gepflegt trotz der vielen Runden, die sie auf dem Plattenteller zurücklegen mussten. Aber dann hab' ich doch noch das Konzert zu seinem 60sten mit Reinhard Mey und Konstantin Wecker verpasst!

Dann aber erzählte mir Volker König, Hannes Wader kommt in die Alte Stadthalle nach Melle. Die Scheiben wurden zuhause vermehrt gespielt, ich musste schließlich wieder textsicher werden.

Früher vergaß Hannes schon ab und zu mal seine Verse, war ja kein Problem, seine Fans konnten ja soufflieren. Hatte mich also gut vorbereitet auf mein Wiedersehen mit meinem Helden.

Ich war nicht der Einzige, über 500 Leute wollten Hannes Wader in Melle erleben und so verlegte Vol-

ker König das Konzert kurzerhand in den Saal am Schürenkamp.
Ein seltsames Wir-Gefühl stellte sich bei mir ein, als ich beobachtete, wer hier zum Konzert erschien. Lang nicht gesehene Gesichter aus alten Bielefelder Tagen: „Bist Du nicht Iris, hallo Udo, kennst Du mich noch? Mann, unsere Töchter waren doch zusammen auf der Gesamtschule! Wie alt bist Du jetzt eigentlich? – Wird wohl 'n „Back to the roots-Abend", denk ich mir. Viele junge Menschen sind nicht im Saal. Schade, denn in den nächsten Stunden gibt's was zu lernen.
Zu lernen über Geradlinigkeit und Authentizität. Nein, er singt sie nicht, die alten Lieder – bis auf wenige Ausnahmen - aber es ist der „alte" Hannes Wader, der seine Zuhörer in den Bann zieht. Man muss mit ihm nicht einer Meinung sein, aber man glaubt, was er singt und eben deshalb ist er immer noch mein Held.
Hannes Wader, das ist der musikalische Poet oder poetische Musikant seit den 1960er Jahren in Deutschland. Er hat angeeckt und tut es noch immer.
Der Mainstream des Showbiz ist nicht seine Welt und ein Medienliebling ist der sture Ostwestfale mit der Mentalität der Menschen von der Küste weiß Gott nicht. Nichts in seinen Texten ist dahin gesagt, aber auch nichts ist klein genug, als dass er nicht große Worte dafür hätte. Er hat immer eine Botschaft, aber er ist niemals Missionar.
Das Repertoire des Hannes W. umspannt einen weiten Bogen. Das eigene umfangreichen Œuvre ist aufgefüllt mit Vertonungen der Werke u. a. Joseph v. Eichendorffs, er interpretiert Lieder von Schubert und tut sich als Übersetzer und Interpret des schwedischen Volkssängers Carl Michael Bellmann (1740 bis 1795) hervor. Immer aber wird bei Hannes Wader deutlich, wie sehr er ein politischer und gesellschaftkritischer Sänger ist, einer, der aber auch

die leisen und zarten Töne zu spielen vermag. In dieser unglaublichen Bandbreite aber immer glaubwürdig zu sein, das zeichnet diesen „Liederschöpfer" aus. Einer wie er zeigt Haltung und bleibt sich treu. Zwölf Jahre war der Kommunismus seine politische Heimat und sein Ende machte Hannes Wader schwer zu schaffen. Seine Leidenschaft zu politischer Aktivität hat stark nachgelassen, seine sozialistische Grundüberzeugung aber nicht, sein Herz schlägt links!
Ein Messias linken Gutmenschentums und Verkünder miesepetriger Botschaften ist er nicht. Manchmal gerade zu spitzbübisch, ironisierend und auch durchaus selbstkritisch ist das Konzert, ein Parforceritt durch Geschichte und Gegenwart allemal und ein ordentliches Stück Unterhaltung obendrein. Okay, er hatte ein „Heimspiel" - hat einer wie er wahrscheinlich immer.
Und so kam Hannes Wader an diesem Abend natürlich nicht ohne Zugaben davon. Zugaben als

überzeugender Interpret seiner Anliegen, Zugaben aber auch vom Menschen Hannes Wader, der sich am Ende seines Konzerts Zeit nahm, Zeit für einen ganz besonderen Fan. Melanie Hartmann aus Melle ist seit sieben Jahren blind. Die 29-jährige war mit „Nase", ihrem Blindenhund, zum Konzert gekommen, zum Konzert ihres „Gitarrenidols".
Die Lieder von Hannes Wader kennt sie aus den Platten ihres Vaters und als sie begann, Gitarre zu spielen waren es vor allem Waders Lieder, die sie immer wieder geübt und gespielt hat.
Ihre Gitarre hatte sie natürlich dabei und selbstverständlich hat Hannes Wader sie signiert. Melanie Hartmann wird den Namenszug ihres Idols auf ihrer Gitarre niemals sehen können, aber immer wenn sie übt und spielt, wird ihre Hand darüber gleiten. Und von all den Besuchern dieses Konzerts wird sie beileibe nicht die einzige sein, die sich beim nächsten Konzert von Hannes Wader in unserer Region erneut ein Stelldichein geben werden. Ich werde auch da sein!

Seit 30 Jahren auf der Walz!

Seit 30 Jahren ist Bernard Edgar Buch auf der „Rue", wie er sagt. Ich traf den Huf- und Wagenschmied und studierten Veterinär zufällig an einem ersten warmen Märztag in Ostercappeln. Dort saß ein Mann mit dem Aussehen eines Handwerksburschen in der Sonne und ich kann bis heute nicht sagen, warum ich ihn angesprochen habe. Es war nur eine kurze Begegnung, in der er mir aber fast seine gesamte Vita schilderte. Nach dem Tod seiner Frau hielt den Mann aus Frankfurt am Main, der 1955 geboren wurde, nichts mehr zuhause. Er tingelt durch die ganze Republik, heute hier, morgen dort. Sein Rucksack, der sein Handwerkszeug enthält, wiegt 42 Kilo. Er trägt ihn genauso leicht, wie sein Schicksal. Bernard Edgar Buch hadert damit nicht. Er ist voll des Lobes über die Unterkunft in Ostercappeln - okay, Waschmaschine und Trockner fehlen ihm, dem Sauberkeit sehr wichtig ist, und, dass der Fernseher defekt war. Denn hier holt er sich seine Nachrichten aus der Welt.

So ganz kann er dann den Stolz auf seine Herkunft und Ausbildung doch nicht verhehlen. Vom Studium in Heidelberg spricht er, parliert Latein wie andere nicht mal mehr Plattdeutsch und hätte wahrscheinlich schnell meinen Hund verarztet, wenn er denn dabei gewesen wäre.

Über Bohmte weiter nach Diepholz sollte es an diesem Tage noch gehen, vielleicht ist ja unterwegs noch ein Pferd zu beschlagen oder ein Goldhamster zu therapieren. Mir fällt das Lied von den wilden Gesellen wieder ein, den Fürsten in Lumpen und Loden: „Zieh'n wir dahin, bis das Herze uns steht", heißt eine Zeile. Alles Gute auf der Walz!

Ein colossaler Kopf

Ein in jeder Hinsicht internationales Ausstellungsprojekt, umgesetzt in einer Gegend, die blasiertes Vernisagepublikum von vornherein als Provinz abtut, das war COLOSSAL, das Konzept des „kleinen" Belgiers, der unter den Ausstellungsmachern der Welt einer der Größten ist.

Chambres d'Amis in Gent 1986 oder 1992 die documenta 9 in Kassel sind u.a. „Werke" des genialen „Ausstellungskonzepteurs" Jan Hoet, der als Gründungsdirektor des Herforder MARTa dem benachbarten westfälischen Provinzstädtchen Weltgeltung in der Kunstszene verschaffte. Dass Provinz nicht provinziell bedeutet, beweist eben jenes MARTa ebenso wie es auch beweist, wie sehr die Provinz unter provinziellem Verhalten leiden kann -

das aber sollen die westfälischen Nachbarn mit sich selbst ausmachen.
Für den „Landschaftsverband Osnabrücker Land e.V." und seine Geschäftsführerin Dr. Susanne Tauss war es ein Glücksgriff, Jan Hoet als künstlerischen Leiter eines Projekts gewinnen zu können, dessen kulturelle Bedeutung in und für die Region bis zu seinem Ende gar nicht erkannt wurde, obwohl das Projekt nicht nur ungewöhnlich war - es dauert schließlich auch ungewöhnlich lang - immerhin von 2009 bis 2011!
Der Aufhänger des Projekts, könnte man meinen, war die Varusschlacht. Eine Kunstroute ist sozusagen entstanden. Entlang dem Wiehengebirge bewegte sich vor 2000 Jahren der lange römische Heereszug, jene drei Legionen des Varus, von denen Sueton berichtet und die Augustus meinte mit dem Ausspruch: „Varus, Varus, gib mir meine Legionen zurück!" Hat er natürlich nicht gekriegt, der Kaiser - dafür aber 2000 Jahre später ein grandioses Kunstprojekt, das ihn vielleicht versöhnt hätte.
Voller Namen mit Klang ist die Liste der am Projekt COLOSSAL beteiligten Künstlerinnen und Künstler, die der Einladung Jan Hoets folgten. Ebenso eindrucksvoll und unglaublich heterogen die Auseinandersetzung mit dem Thema und die entstandenen Arbeiten. Man kann sich dem „kleinen Belgier" eben nicht entziehen - und das haben nicht nur die beteiligten Künstler gemerkt. Das Projekt COLOSSAL fand an zum Teil für Kunst sehr ungewöhnlichen Orten in der Regi-

Die Skulpturen von Wim Delvoye winden sich um die Bäume und wachsen scheinbar mit.

on seinen Platz, z. B. auf Bauernhöfen. Begeisterung hat er entfacht bei den Menschen, die Raum und Zeit und Kraft für das Projekt zur Verfügung stellten und mit „ihren" Künstlern ein völlig neues, im wahrsten Sinne colossales, sinnliches Erlebnis darboten.

So erschien z. B. auf dem Hof Hellbaum in Ostercappeln Susanne Tunns zinnene „Lache" dem Betrachter hier in der Umgebung eines Kuhstalls in solch einer intensiven Selbstverständlichkeit und wurde gleich darauf von dem darauf spielenden Kätzchen ad absurdum geführt. Oder wenn der Generalissimus Franco in einer Kartoffelhalle auf dem Hof Massmann für einen Euro seine „Ups" and „Downs" vollführte, wurde einem vielleicht auch die Lächerlichkeit mancher in der Geschichte handelnder Personen überdeutlich. Horn-Formel, das ist der von Anna Lange in ein Lichtobjekt umgesetzte Notizzettel des Bio-Bauern Bünte, die Berechnung für den aus Kuhmist selbst hergestellten Bio-Dünger. Mit der Erklärung des Bauern dazu bekommt „LebensArt" eine ganz neue Bedeutung. Ich will Jan Hoet nichts unterstellen, aber eine gehörige Portion Bauernschläue steckte auch in der Umsetzung gerade dieses Werkes.

Weil das Projekt nicht nur in der Landschaft angesiedelt war, sondern auch in und mit ihr lebte, machte es Kunst in mehr als nur doppeltem Sinne erfahrbar – zeitlich, räumlich, sinnlich und kognitiv. Aufgestellt in Lebensräumen waren die Objekte in ihrer Betrachtung befreit von musealer Sakralität – Kinderlachen und Hundegebell wurden zum Teil der Installationen, der säuselnde Wind in den Blättern ließ die sich um die Bäume windenden Christusfiguren von Wim Delvoye noch leichter und filigraner erscheinen, sie wurden geradezu zu einer flüsternden Ästhetisierung.

COLOSSAL war bewusst ein Kunstprojekt, das seinen Visitoren keine Deutung gab und damit sowohl

Die zinnene Lache auf dem Hof Hellbaum – der Hund hat das Kätzchen vertrieben.

dem Künstler als auch – vor allem! – dem Betrachter jede Menge Freiheit bescherte – und Befreiung, von schwerer, teilweise unguter Mythologie beispielsweise, die ja in deutscher Geschichte und speziell diesem „germanischen" Thema immer ein wenig mitschwimmt. Unverbindlichkeit fand ihr Recht und Ironie und Sarkasmus ihren Platz in diesem Konzept, das einerseits so wohltuend undeutsch war und sich doch der deutschen Tugenden auf so sympathische Weise bediente.

Einen Tag mit Jan Hoet als Exkursion durch diese „colossale" Kunstroute – ohne aufgeregte Medienbegleitung – gehörte zu Erlebnissen der besondern Art. Intensiv transportierte er seine Begeisterung für die Künstler und die Projekte selbst dann, wenn er nachdenklich schwieg. Seine Begeisterung über die Menschen, die er zum Mitmachen überzeugen konnte, blitzte immer wieder auf. Auf den Höfen wurde er begrüßt wie ein alter Bekannter und hier war überhaupt keine Diskrepanz zwischen dem „Kunstmenschen" aus Belgien und den bodenständigen Bauern im Osnabrücker Land. Vordergründig divergierende Denkdimensionen konvergierten zu einer Aufbruchshaltung für ein Projekt, das, Gott sei Dank, auch zeitlich so angelegt war, als hätte der Kurator sich das alte deutsche Sprichwort „Gut Ding will Weile haben!" sehr zu Herzen genommen.

Der unprätentiöse Herr aus Belgien, immerhin über 70 Jahre alt, begeisterte und entflammte Menschen als Künstler und für Kunst wie kaum ein anderer – und er brachte die Kunst dahin, wo sie hingehörte: zu den Menschen! „Kunst · Fakt · Fiktion" war der Untertitel dieses Projekts, das faktisch aus der künstlerischen Fiktion zu einer kunstvollen Realität wurde – seltsam widerspruchlos eingebettet in die Natur des Osnabrücker Landes! Chapeau, Jan Hoet! Die Liste der beteiligten Künstler war ein Who is Who der internationalen Kunstszene!

Massimo Bartolini, Italien · Katinka Bock, Frankreich/ Deutschland · Bazon Brock, Deutschland · Heinrich Brummack, Deutschland · Pedro Cabrita Reis, Portugal · Rui Chafez, Portugal · Wim Delvoye, Belgien · Fabrice Gygi, Frankreich · Wilfried Hagebölling, Deutschland · Anna Lange, Niederlande · Hans Lemmen, Niederlande · Ives Maes, Niederlande/Belgien · Aurelia Mihai, Rumänien · Slava Nakovska, Bulgarien · Dennis Oppenheim, USA · Anette Rose, Niederlande · Fernando Sanchéz Castillo,Niederlande · Andreas Slominski, Deutschland · Susanne Tunn, Deutschland · Yue Minjun, China

Der verpasste Star

Obwohl der King of Rock'n Roll nun schon über dreißig Jahre tot ist, sein Mythos lebt. Unzählige Fans halten dem „Elvis the pelvis" bis heute die Treue. Es gibt viel zu lesen über den Mann aus Memphis, man denkt, alles sei längst aufgedeckt und erzählt. Aber eine kleine Begebenheit aus dem Osnabrücker Land scheint allen Biografen entgangen zu sein. Es war in der Zeit vom 1. 10. 1958 bis zum 1. 3. 1960, in der Elvis Presley bekanntlich als amerikanischer Soldat in Deutschland stationiert war. Das war die Zeit der ersten Medien-Hypes – überall, wo der Mann aus dem mittleren Westen auftauchte, verursachte er einen beispiellosen Medienrummel, Verkehrsstaus, ja Menschenansammlungen, für die man heute facebook-Aufrufe benötigt. Auf Schritt und Tritt wurde der Mann von einer begierigen Paparazzimeute verfolgt. Es muss ihm allerdings dann und wann gelungen sein, nicht auf dem Präsentierteller zu erscheinen und die lechzende Meute abzuschütteln. Und so sind noch bis heute interessierte Menschen damit beschäftigt, diese „Lücken" aufzuspüren. Dass ihnen dabei eventuell Wilhelm Mönnich aus Wehrendorf bei Bad Essen behilflich sein könnte, wird den wenigsten von ihnen in den Sinn kommen.

Die Familie jenes besagten Wilhelm Mönnich führte über Generationen einen Dorfladen mit angrenzender Kneipe in Wehrendorf an der Straße von Bramsche nach Minden.

Wie es in einem Familienbetrieb damals gang und gäbe war, hatte der junge Wilhelm natürlich auch seine Aufgaben zu erfüllen. Eine davon war die Betreuung der Music-Box. Klar, dass der junge Mann dies mit besonderer Hingabe und Leidenschaft verfolgte. Fachmännisch versorgte er den „elektronischen Alleinunterhalter" mit den neuesten Hits, zu der Zeit natürlich auch mit Rock'n Roll.

Wie damals üblich, half Wilhelm, wenn er aus der Schule gekommen war, seiner Mutter regelmäßig in der Kneipe, während sie im Laden nebenan die Kunden bediente. Damals waren die Kneipen noch besucht, auch morgens, an Werktagen, Ruhetage brauchte man noch nicht. Heute würde Lina Mönnich wahrscheinlich als Universalmanagerin eines Familienunternehmens mit Unterhaltungsabteilung zu irgendwelchen Preisen vorgeschlagen. Damals hätte man für solche „Spirenzchen" wenig übrig gehabt, schließlich musste nebenbei noch das Mittagessen gekocht werden und da hatte man dann auch nicht unbedingt noch einen Blick für irgendwelche Gäste, die nicht so ganz ins gewohnte Bild passten. Das wurde dann mal eben beiläufig erwähnt, dass da so ein seltsamer Gast in der Kneipe gewesen sei.

„Du hast was verpasst!", erzählte Lina Mönnich dem dreizehnjährigen Wilhelm so ganz nebenbei, als er eines Tages von der Schule nach Hause kam - wie immer mal wieder: ein bisschen zu spät. Drei amerikanische Soldaten seien in der Kneipe gewesen. Sie habe sich mit ihnen so gut wie nicht verständigen können, Englisch habe sie ja nie gelernt. Auf ihre Frage, ob sie etwas essen möchten, habe sie überhaupt keine verständliche Antwort bekommen - überhaupt habe sie kaum verstanden, was die bei ihr gewollt hätten. Einer von ihnen habe sich fast nur für die Music-Box interessiert und immer auf sich und den komischen Apparat gezeigt. Sie habe aber nicht aus ihm herausbekommen können, was er auf dem Herzen habe, obwohl sie mehrmals nachgefragt hätte - Cola sei das einzige, was sie verstanden habe und die hätten die drei ja auch bekommen. Sich die ganze Zeit um die drei zu kümmern, wäre ja nicht gegangen, schließlich stand das Essen auf dem Herd und im Laden waren auch noch ein paar Kunden.

Wilhelm war aber nun neugierig geworden und insistierte. Was der eine Soldat denn nun genau zu der Music-Box gesagt habe, wollte er wissen. Nun, Lina Mönnich konnte kein Englisch und ihrem Sohn nur die Laute nachmachen. „säts mi" und „aim elwis" habe er immer gerufen und dabei auf die Music Box gezeigt. Dass diese sie aber nicht interessiere, wisse Wilhelm ja wohl am besten und außerdem habe sie ja auch noch anderes zu tun gehabt.

Ja, hätte Wilhelm an diesem Tage nur nicht so gebummelt auf dem Nachhauseweg - ihm war klar, dass der Amerikaner „that's me" und „I'm Elvis" gerufen hatte, der „King" musste hier gewesen sein!

Wehrendorf wäre heute vielleicht ein Wallfahrtsort der Rock'n Roller, gäbe es ein Foto von Elvis in oder vor der Kneipe oder ein Autogramm auf der Theke. Was aber sollte seine Mutter mit so einem Amerikaner anfangen, den sie nicht verstand und bei dessen Musik sie doch eher weghörte. Man stelle sich einmal vor, Hans Albers wäre in die Kneipe gekommen - der Wilhelm hätte an dem Tage bestimmt kein Mittagessen bekommen, selbst, wenn er pünktlich gewesen wäre.

Von einem der auszog, die Welt zu verbessern ...

Rolf Linge aus Buer ist auf den ersten Blick ein bodenständiger Mann, Berufssoldat mit ostfriesischer Herkunft, in den sozialen Netzen des Grönegaus und familiär gut verankert.

Also keiner von denen, die mal gerade los ziehen, um die Welt zu retten. Wie also kommt so jemand dazu, für ein paar Wochen in eine der dreckigsten Städte der Welt zu gehen, um Kindern zu helfen?

Ein Arbeitskollege von Rolf Linge hatte an einem sogenannten Neurolinguistischem Seminar teil-

Müll ohne Ende - ein Paradies nur für Schweine.

genommen. Eines dieser „Lebensweisheits- oder -steuerungs-Seminare, mit denen die Veranstalter viel Geld verdienen. Geld, mit dem man dann aber auch was Sinnvolles tun kann - hier zum Beispiel die Unterstützung einer speziellen Schule in Katmandu in Nepal. Zumindest gibt der Besitzer Chris Mulzer offenbar einen Teil seiner Gewinne dafür her und lässt die Seminarteilnehmer als Unterstützer und/oder Paten anwerben, so eben auch Rolf Linge's Kollegen. Ja, und was macht ein deutscher „Abenteurer"? Richtig, er sucht sich einen Mitstreiter, Rolf Linge eben. Der hatte sich dann auf diese gemeinsame Aufgabe auch sehr gefreut, er wusste ja nicht, dass er sie allein erledigen musste. Wenn man ihm heute so zuhört, hat man das Gefühl, dass er immer noch ganz ungläubig ist, das wirklich gemacht zu haben.

Es ist eine sehr spezielle Schule, an der Rolf Linge in Katmandu gearbeitet hat. Diese Schule nimmt nur Straßenkinder, Waisenkinder und Kinder aus ärmsten Verhältnissen auf, die durch die Patenschaft in einer Familie unterkommen und somit ein geregeltes Leben führen und durch die Schule eine bessere Aussicht auf einen Beruf haben.

Damit wird ihnen auch ein vorteilhafteres Zurechtkommen in der Gesellschaft ermöglicht. Da die öffentlichen Schulen ausschließlich in Nepali unterrichten und nur etwas Englisch lehren, gibt es in Nepal viele private Schulen, um die Zukunftschancen der Kinder zu verbessern. Aber die sind natürlich für die meisten Eltern nicht bezahlbar.

Ohne Englischkenntnisse ist eine berufliche Perspektive quasi unmöglich.

Kurz und gut, Rolf Linge ließ sich von dem Projekt faszinieren, stellte per E-Mail den Kontakt zur Schule her und bewarb sich als Volunteer. Alles ging offenbar sehr unkompliziert, nur, dass der Kollege sein Urlaubskontingent schon verbraucht hatte und Rolf Linge allein fahren musste. Ansonsten: Flug gebucht, Hotel (auf Empfehlung der Schule) reserviert und ab ging die Reise. Es ist wohl ein Eintauchen in eine andere Welt, wenn man vom Flughafen nach Katmandu hineinkommt. Müll über Müll und eine eklatante Luftverschmutzung.

Die Gelassenheit des Rindviechs - Kühe haben einen heiligen Status.

Ganz nah am Dach der Welt scheint die Dachrinne im übertragenen Sinne hier direkt durchzugehen! Dienstfahrzeug mit Fahrer hatte er hier jeden Tag, schließlich musste er von seinem Hotel zur Schule einmal quer durch die Stadt. An so einen kleinen viersitzigen japanischen Reisbrenner denkt man, wenn er erzählt, bevor er die Fotos von den wilden Moped-Fahrten zeigt. Abenteuerlich im wahrsten Sinne, der prozentuale Anteil der Schlaglöcher an der Straßenfläche ist schließlich erheblich höher als der des noch erhaltenen Teils. Aber er hat es überstanden, er ist in Buer zurück.

Davor aber hat er gearbeitet, mit Kindern in für West-Europäer ganz außergewöhnlichen Situationen. Der Soldat, Hauptfeldwebel, ist noch immer sehr bewegt, wenn er von seinen Erfahrungen berichtet. Von Kindern, die dankbar sind für Zuwendung, die sich einer Disziplin unterwerfen ohne dass man Druck ausübt, die sich auf die einfache tägliche Schulspeise freuen und die ihren „deutschen" Lehrer jeden Morgen mit erwartungsvoll fröhlichen Augen begrüßen. Nach einer kurzen Einweisung und dem krankheitsbedingten Ausfall eines nepalesischen „Kollegen" ist der „ungelernte Pädagoge" auf sich allein gestellt.

Grundsätzlich wird komplett in Englisch unterrichtet, von daher übernahm Rolf Linge auch keine erste Klasse, da er hier noch hätte Nepali sprechen müssen. Es gibt in etwa folgende Einteilung der Klassen: Kindergarten 3-4 Jahre, Unterklasse 4-5 Jahre, 1. Klasse 6-7 Jahre und 2. Klasse 8-10 Jahre. Der Unterricht findet an sechs Tagen in der Woche von 10.00 bis 15.30 Uhr statt. Für jedes Kind gibt es täglich eine warme Mahlzeit, nicht so selbstverständlich in einer Stadt, in der sich manche Menschen vom Müll ernähren.

„Ganz besonderen Spaß hatten die Kids an dem von mir eingeführten deutlichen Lesen und Sprechen

Rolf Linge und SEINE Schützlinge.

mit Komma und Punkt sowie an Highlights wie der korrekten Aussprache des ‚th'. Ich habe auch immer versucht, mit einfachen Wörtern die Geschichten und schwierigen Begriffe zu erklären, damit die Kinder auch verstehen konnten, was sie da lesen und begreifen sollen. Ihre Hausaufgaben zu korrigieren war den Kindern ganz besonders wichtig. In der Zeit, in der ich mit korrigieren beschäftigt war, haben sie dann gelesen oder gemalt", erzählt Rolf Linge. Man wundert sich, wenn man ihm so zuhört. Gar keine pädagogische Erfahrung außer der als Vater, wie geht das? „Man muss kein Lehrer sein und unser Schulenglisch reicht für diese Klassen auch aus", sagt er. „Es war für mich eine sehr eindrucksvolle und spannende Erfahrung, an dieser Schule helfen zu können. Ich kann nur jedem empfehlen, der gerne mit Kindern arbeitet, es auch einmal zu machen!" Dass ihm auch noch ein besonderer Dank zu teil wurde, erzählt er allerdings nicht so begeistert:

„Die letzten drei Tage an der Schule haben die Lehrerinnen für mich das traditionelle Gericht Dal Bhat (Reis mit einer Bohnensoße und Pickles) als Anerkennung für die geleistete Arbeit gekocht", für den verwöhnten Europäer reicht offenbar ein Tag.

Ganz klar, Rolf Linge hat natürlich über die Schule hinaus eine Menge Erlebnisse gehabt und kann begeistert aber auch erschrocken erzählen: Er hat die lebende Göttin der Nepalesen, Kumari, ein sechsjähriges Mädchen, in ihrem Palast gesehen. Er hat nach der Schule oder an den freien Samstagen die Stadt mit ihren Stupas und Tempeln auf sich wirken lassen, hat die heilige Verbrennungsstätte der Hindus ebenso erlebt wie Boudhanat Stupa, einen der größten Tempel der Welt.
Ja, er wird wieder dorthin fahren, in seine Schule, zu seinen Kindern. Und er möchte andere dafür begeistern, was ihm ohne Zweifel gelingen wird.

Der Moment – eine Betrachtung, für einen Moment!

Als Moment bezeichnen wir ein kurzes Zeitintervall. Aber was ist kurz, was ist lang? In der Einsteinschen Definition von Zeit und Raum kann jeder Moment zur Ewigkeit mutieren. Vom lateinischen movere = bewegen abgeleitet, ist der Moment ohnehin keine statische Zeitdimension, sondern ein im Kontext seines Seins sich entwickelnder Ablauf.
Trotzdem sind es eben die Momente, die unsere Aufmerksamkeit erfahren, weil wir sie über den zeitlichen Raum ihres Geschehens hinaus vor allem mit der Intensität oder der Außergewöhnlichkeit ihres Ablaufs verbinden. Vor allem aber verbinden wir Momente häufig mit der Intensität ihrer emotionalen Kraft auf uns. Momente unendlichen Glücks - man bemerke den Widerspruch - oder grenzenloser Trauer - auch hier die scheinbar unpassende Dimension - graben sich ein und werden zur permanenten bzw. immer wiederkehrenden und nicht nur momentanen Reflexion des Erlebten in uns.
Neben bewegen hat movere auch die Bedeutung von entstehen und so haben Momente auch immer etwas Gebärendes. Der Moment bedarf zu seiner Existenz der Aufmerksamkeit und führt allein damit mindestens zu einer Form innerer Kommunikation. Er ist eine scheinbar abgeschlossene Dimension, dabei liegen sein Anfang und Ende immer in der Bestimmung des ihn Betrachtenden. Konsequenterweise aber erhält er eben gerade dadurch seine zeitliche Unbestimmtheit, da der reflektorische Umgang mit ihm zwangsläufig zur Erweiterung mindestens der zeitlichen Dimension führt. Interessanterweise erleben wir den Moment auch nicht momentan, da wir letzteres als zeitlichen Ablauf unserer Gegenwärtigkeit empfinden, Momente als zeitliche Beschreibung aber im Kontext ihrer chronologischen Einordnung zu verstehen sind, also auch zukünftig sein können.
Nur ein Augenblick, ein Weilchen oder eine Weile - das entscheidet sich manchmal erst im Moment der Betrachtung des Moments. Augenblicklich wird entschieden über die chronologische Länge eines Moments, gegenwärtig, also momentan! Ist das der entscheidende Moment für das Sein des Moments auch in seiner zeitlichen Dimension?
Der Moment ist eben so relativ wie seine Realität nur relativ absolut ist. Er ist da, aber nicht zu fassen und ändert seine Realität mit seiner Beschreibung, Erfahrung oder Rezeption.
Heinrich Böll wird immer wieder der Ausspruch zugeschrieben: „Ich bin ein Clown, ich sammle Momente". Die Hauptfigur in „Ansichten eines Clowns", Hans Schnier aber sagt: „Ich bin ein Clown, ich sammle Augenblicke". Der Augenblick kann sehr wohl ein Moment sein, aber nicht jeder Moment ist nur ein Augenblick, denn seine Dimension erhält der Moment immer aus dem Geschehen einerseits und seiner Rezeption andererseits.
Aber all das ist auch nur eine momentane Betrachtung!

Am südlichsten Punkt Afrikas

BERND U. THYE
Melle

Nein, dass ist nun mal nicht das Kap der Guten Hoffnung, es ist das noch deutlich südlicher (und östlicher) liegende Kap L'Agulhas, das sich geografisch genau auf 34°50'00''S 20°00'09.15'' E befindet, also etwa 30 nautische Meilen näher am Südpol.

Auf den ersten Blick ist es nicht so spektakulär, wie das auch Kap der Stürme genannte Cape of Good Hope, dafür kann man hier aber ins Wasser gehen und auch noch in zwei Ozeane gleichzeitig.

Hier nämlich, am 20. Längengrad E, stoßen sie zusammen, der Atlantik und der Indische Ozean. Und dann kann man sich fragen, ob der zweite Blick nicht intensiver ist. Das Meer hat hier ein unglaubliches Blau. Die Strände von L'Agulhas und Struisbaai sind Bade- und Surfer-Paradiese. In Europa wäre ein solch paradiesischer Platz hoffnungslos überlaufen, hier hat man eine unendliche Ruhe, die Eindrücke in sich aufzunehmen. Wo in Europa jede kleine ins Meer ragende Spitze gleich als das Ende der Welt, Finisterre oder ähnliches bezeichnet wird - wo ist eigentlich der Anfang? -, steht hier nur kurz und knapp: Southernmost Tip of Africa.

Noch 150 m und dann nur noch Wasser bis zum Südpol.

Der Portugiese Bartolomeu Diaz hat Kap L'Agulhas 1488 das erste mal umrundet. Von daher soll auch der Name kommen. L'Agulhas bedeutet Nadel. Um 1500 soll hier die Kompassnadel genau nach Norden gezeigt haben, da zu diesem Zeitpunkt die magnetische Deklination an diesem Ort genau 0° betrug.

Etwa 7000 Kilometer Atlantik muss man von hier nach Westen bis Argentinien überqueren, nach Osten liegen 8500 Kilometer Indischer Ozean zwischen hier und dem nächsten Festland - Australien. Und nach Süden, dahin, wo hier mittags die Sonne den Schatten wirft, ist bis zur Antarktis auch nur Wasser. Wenn man sich das vor Augen hält, wenn man an diesem Punkt steht, bekommt man trotz weihnachtlicher Hitze schon mal ein bisschen Gänsehaut.

Natürlich muss man hier auch den kleinen Leuchtturm besteigen, auch, um zu sehen, dass um das Kap herum eine viel befahrenen Schifffahrtsroute führt. Nicht zuletzt das Piraterie-Problem am Horn von Afrika und auch die nicht gerade niedrigen Kosten der Suez-Passage lassen die modernen und schnelleren Schiffe wieder um Afrika herum fahren.

Moderne Navigation lässt die Seefahrer die Kaps hier unten auch sicherer passieren als in den ver-

gangenen Jahrhunderten, in denen sich von hier bis nach Kapstadt hinauf ein wahrer Schiffsfriedhof entwickelt hat. Der warme Agulhasstrom und der kalte Benguelastrom führen hier zu eigenartigsten Wetterphänomenen, das „Tischtuch" auf dem Kapstädter Tafelberg ist eines davon.
Stürmisches und vor allem unsichtiges Wetter hat manche Seefahrer der Vergangenheit glauben lassen, das Kap der Guten Hoffnung schon passiert zu haben. Sie landeten dann eben südlich von Kapstadt bei Muizenberg in der False Bay, der falschen Bucht.
Für Meeresforscher: An seiner Retroflexion, etwa 100 nautische Meilen in den Atlantik hinein, bildet der Agulhasstrom im Abstand von etwa 2-3 Monaten mächtige Wirbel, die sogenannten Agulhasringe. Diese wandern in den Südatlantik und werden von dort mit dem Südäquatorialstrom nach Nordwesten mitgeführt. Sie transportieren so das warme und salzreiche Wasser des Indischen Ozeans nach Nor-

Ein bisschen zurück ins Wasser und ein Fuß steht im Indischen Ozean und einer im Atlantik.

Vom Leuchtturm der Blick nach Osten, an Struisbaai vorbei gingen sie hier damals nach Indien.

den und bilden damit einen Teil der globalen thermohalinen Zirkulation.

Die Agulhasringe gehören zu den mächtigsten Wirbeln im Weltozean.

Das alles verbindet man natürlich vielleicht erst auf den dritten oder vierten Blick mit diesem, wie gesagt, auf den ersten Blick unspektakulären Ort. Dabei begann hier, wenn man es genau nimmt, die Globalisierung der heutigen Tage. Die Umquerung von L'Agulhas bedeutete den freien Weg nach Indien, die Entdeckung der Welt. Von da an war es nicht mehr weit bis zum ersten mächtigen Weltkonzern, der Niederländischen Ostindien-Kompanie, die nach heutigen Maßstäben mit Sicherheit als „Heuschrecke" bezeichnet würde.

Daran mag man aber in der Beschaulichkeit dieses Land- und Meeresstrichs nicht denken. Den Blick vom Leuchtturm schweifen lassen übers Meer, die Brandung, den weißen Sand, die kleinen malerischen Häuser – das ist so wohltuend fern von europäischer Geschäftigkeit. Und bevor man dann wieder aufbricht, um vielleicht in Gansbaai noch weiße Haie zu sehen oder in Hermanus die Südkaper, diese großen Wale, sollte man im Hafen von Struisbaai darauf warten, dass die Fischer zurück kommen.

In ihrer Begleitung sind mit Sicherheit ein paar Stingrays. Nein, keine amerikanischen Sportwagen-oldies, sondern mächtige Stachelrochen.

Den hätten sich die alten Seefahrer gewünscht: Cape-L'Agulhas-Lighthouse.

Momente im Leben, Leben mit Momenten

FRIEDHELM WECHELMANN
Bad Iburg

Auf dem Lebensweg stellen sich viele Momente ein. Es gibt positive Momente, die von Glück und Freude erfüllt sind. Aber ebenso begegnen einem negative Momente wie Schicksalsschläge und Leid, die das Leben beeinträchtigen. Die negativen Augenblicke werden nach meiner Erfahrung schneller vergessen, dagegen erinnert man sich an die positiven Momente im Leben mit Freude entschieden länger.
Ein glücklicher Moment war, als mir meine Mutter erklärte, warum ich 16, beziehungsweise 14 Jahre später als meine Schwester und mein Bruder geboren bin. Der Grund hierfür war, dass meine Mutter ein Versprechen gemacht hatte: wenn ihr Mann gesund aus dem 2. Weltkrieg kommt, möchte sie gerne noch ein Kind.
Nach kurzer Gefangenschaft kam mein Vater gesund aus dem Krieg heim. Im Dezember 1946 erblickte ich das Licht der Welt. Die Geburt war umso bedeutender, weil meine Mutter vier Wochen später 42 Jahre wurde.
Ein weiterer glücklicher und freudiger Moment war die Hochzeit mit meiner lieben Frau Gabriele.
Später wurde das Glück durch die Geburt unserer beiden Töchter erweitert. Enkelkinder verstärkten desweiteren die glücklichen Momente.
Auch im Beruf und im gesellschaftlichen Leben gab es immer wieder positive Momente: Im Beruf erreichte ich eine gute Stellung und in der Gesellschaft durch die Wahl zum Ratsherrn und stellvertretenden Bürgermeister der Stadt Bad Iburg.
Durch die ehrenamtlichen Tätigkeiten in Vereinen, Verbänden und in der Kirche gab es natürlich auch negative Momente, doch die positiven überwogen das ganze Spektrum. Durch die Ämter als Ratsherr und stellvertretender Bürgermeister, als Präsident im Schützenverein Iburg und auch als Kirchenvorstandsmitglied konnte ich mich für das Allgemeinwohl, aber auch für die einzelne Person, einsetzen.
Es ist dann ein freudiger Moment, wenn man einer Person in schwieriger Situation helfen kann.
Durch die Freude des Helfens springt der Funke auf einen selber über. So möchte ich mit einem Zitat sagen:
Geteilte Freude ist doppelte Freude!
Es gab auch traurige Momente, vor allem der Tod der Eltern.
Durch eine christliche und soziale Erziehung war es immer ein Leitfaden auf meinem bisherigen Lebensweg: sich immer wieder ehrenamtlich zu engagieren. Eine große Motivation ist dann natürlich, wenn durch schöne Momente diese Arbeit belohnt wird. Nach meiner jetzigen Erfahrung gibt es eine gewisse Verpflichtung gegenüber unserem Gemeinwohl sich ehrenamtlich einzusetzen.
Ich möchte alle Menschen ermutigen, sich in einem Ehrenamt zu engagieren, denn es bereitet große Freude, ist eine sinnvolle Freizeitbeschäftigung und vermittelt Kontakte zu anderen Menschen - und das gute Gefühl, gebraucht zu werden!

Man kann auch nach einem Zitat von Marie Curie sagen: *Ich beschäftige mich nicht mit dem, was getan worden ist, mich interessiert, was getan werden muss!*

… haben Sie heute schon die Zeitung gelesen?

Anonym - Name bekannt

Sie war eine der ersten Bewohnerinnen des Christophorus-Heimes in Bad Iburg.
Sie: Frau Schibalski - nach eigener Aussage die Witwe eines Zahnarztes, der leider viel zu früh verstorben war. Wie, wo und wann hat sie mir nie verraten - das sei eine ganz private, persönliche Angelegenheit. Basta!
Verraten hat sie mir aber, dass sie, leider, nicht viel Geld für persönliche Dinge zur Verfügung habe.
„Aber das sei auch nicht wichtig, ich kann zumindest die mir noch verbleibende Zeit im Iburger Heim verbringen - und dafür danke ich täglich meinem Herrgott" - so der Originalton der alten Dame.
Mit 85 Jahren lernte ich sie kennen und im gesegneten Alter von gut 90 Jahren ist sie ganz ruhig und zufrieden in ihrem letzten Heim eingeschlafen.
Meine „Moment-Aufnahme", neben den fast wöchentlichen hoch aktuellen und überaus interessanten Kurz-Gesprächen, die wir führten:
Frau Schibalski kam in ganz regelmäßigen Abständen zusätzlich auf einen „Snack" in unser Geschäft.
Der Ablauf: „Guten Morgen - haben Sie heute schon die Zeitung gelesen"?
„Ja, Frau Schibalski."
„Wo sind Sie angefangen zu lesen?"
„Natürlich auf der Titelseite!"
„Gut, junger Mann, das halten Sie bitte möglichst lange durch, denn wenn Sie hinten beginnen (gemeint waren die Familiennachrichten) werden Sie alt! Glauben Sie es mir. Auch wenn die Titelseite nicht immer Ihrem Sinn entspricht, müssen Sie geistig, kulturell und politisch aktiv und auf dem Laufenden bleiben."
Sprach es und verschwand genauso unauffällig, wie sie gekommen war.
Zeitweise kam sie auch „außer Plan", wenn es die Natur zuließ, mit einer Möhre, einer Pflaume oder Birne - es konnte auch ein Apfel oder ein kleiner Rettich sein. Bei der Übergabe: „Junger Mann, Sie wissen ja, dass ich nicht viel Geld habe, um diese Früchte kaufen zu können, aber die Natur beschenkt uns so reichlich, und das völlig gratis! Man muss sie nur „ernten". Jede Jahreszeit bringt andere Gaben! Aber Sie müssen die Früchte auch essen, es sind Vitamine, und die braucht der Mensch - bis bald!"

Diese Momente mit einer alten gescheiten Dame - eine wunderbare Erfahrung - und sie hatte und hat immer noch Recht!

Wie viel Glück habe ich verdient? - oder die Angst davor, dass es anders wird

Melanie Haunhorst
Hagen a.T.W.

Soweit ich mich erinnern kann, Jahrgang 1974, habe ich bisher viel Glück gehabt. Eine schöne Kindheit liegt hinter mir - meine Eltern waren stets für meinen Bruder und mich da, obwohl sie beruflich in ihrer Bäckerei „Conny`s Backstube" gefordert waren - teilweise noch sind. Aber es war stets jemand im Hause und somit für uns da! Meine Eltern haben durch ihr Interesse und ihre Liebe an Pferden und dem Reitsport sicherlich diese und die Leidenschaft uns Kindern vererbt.

Für mich folgte nach der Schulzeit eine Ausbildung zur Bankkauffrau. Diese Ausbildung kommt mir heute sehr zugute, zumal der Sprung in die erfolgreiche Selbständigkeit in den Reitsport und den Pferdehandel, gemeinsam mit meinem Mann Martin, am Anfang auch riskant schien.

Eine weitere Zufriedenheit und ein großes Glück stellt die eigene Familie mit zwei Kindern dar.

Es sind so viele Momente in meinem bisherigen Leben, wobei ich keinen davon missen möchte.

Weil das Glück und die Zufriedenheit für mich nicht selbstverständlich sind - und nicht von Dauer sein müssen - ist es m.E. wichtig, wenn einem das Glück zur Seite steht, auch andere Menschen daran teilhaben zu lassen, oder zumindest es zu versuchen.

So versuche ich aus Überzeugung und Dankbarkeit etwas Hilfe und auch Freude weiter zu geben.

Alle 2 Jahre organisieren wir auf unserer Reitanlage, in Verbindung mit dem Reitverein St. Martinus in Hagen a.T.W. und unserem Nachbarn, der Reitanlage Huster, ein großes Sommerturnier bei freiem Eintritt. Viele Reitsport- aber auch andere interessierte Besucher folgen unserer Einladung.

Selbstgebackene Kuchen und andere Leckereien, Getränke, Aktionen der verschiedensten Art und weitere „Einlagen" erbringen die Erlöse, die wir vollständig an hilfsbedürftige Personen und ihren Einrichtungen weitergeben.

Dieses sind besondere Momente, die ich nicht missen möchte. Während des Events und bei der Übergabe der „erwirtschafteten Gelder": Die erwartungsvollen Gesichter, die leuchtenden Augen - sei es bei den Kindern, Kranken, Behinderten, oder den begleitenden Personen. Für mich immer wieder der Ansporn zu neuen Aktivitäten.

Bedacht wurden z.B. die Heilpädagogische Hilfe, das Kinder-Hospiz Löwenherz und die Kinderkrebshilfe in Münster mit jeweils einem ansehnlichen Unterstützungs-Betrag.

„Mit Geld kann man sein Glück zwar nicht kaufen - aber man kann anderen Glück schenken"!

Hinter der Maske

wenn – wie beim maskenball um mitternacht –
wir alle von zeit zu zeit
die masken von unseren herzen lösen würden ...

... wie viele gefühle
würden endlich den mut finden
ausgesprochen und gelebt zu werden ...

... wie viele worte
würden endlich eine brücke
von einer einsamkeit zur anderen bauen ...

aber vielleicht ist es besser
wenn wir alle unsere masken weitertragen
damit niemand uns so sieht
wie wir wirklich sind

nur ...
warum versuchen wir nicht einfach
und von zeit zu zeit
an einem sicheren platz
die maske kurz zu lüften ...
... vielleicht treffen wir auf jemanden,
der grad dasselbe tut ...

Monika Lepper

... immer bereit, Aufgaben zu übernehmen

URSULA LOHEIDE
Ostercappeln

Nicht nur sieben eigene Kinder großgezogen, davon kam ein Kind schwerstbehindert zur Welt, nein, Frau Loheide hatte und hat stets ein Ohr für ihre Mitmenschen - aber auch ein Auge für die Umwelt.

Die Aufgaben, die man Frau Loheide übertrug, bzw. von ihr auch heute noch gewollt sind - konnte sie nur durch ihr ausgeglichenes Wesen und ihre positive Lebenseinstellung erfüllen. Natürlich fand sie stets die Unterstützung ihrer Familie, vorrangig durch ihren Mann Johannes Loheide.

Ihr soziales Verhalten und ihre christliche Lebenseinstellung zeigt sich vor allem dadurch, das Frau Loheide 28 Jahre ihr eigenes behindertes Kind gepflegt hat, und trotz der weiteren sechs Kinder, noch gut drei Jahre die Betreuung eines Pflegekindes übernahm.

Kaum zu glauben, dass sie neben der Erziehung ihrer Kinder noch Zeit fand, sich etlichen sozialen und politischen Aufgaben zu stellen.

Als eine der ersten Frauen im Rat der Gemeinde Ostercappeln (Landkreis Osnabrück) war sie 25 Jahre gestaltend zum Wohle der Gemeinde tätig. Ihre Aktivitäten sind überregional bekannt und anerkannt. Das Amt der Frauenbeauftragten hat Frau Loheide über 12 Jahre intensiv mit besonderer Energie ausgeübt - ja gelebt.

In besonderer Weise war Ursula Loheide an vielen Entscheidungen in den Ortschaften Ostercappelns beteiligt und hat den Umweltgedanken aktiv vorangetrieben. Stets war sie eine konstruktive Streiterin, sie lebte und lebt die Demokratie in vollen Zügen vor.

Aktiv mitgearbeitet hat Frau Loheide auch in der „Lenkungsgruppe Prävention Altkreis Wittlage".

Die Lenkungsgruppe wurde im Jahre 2000 von den Gemeinden Bad Essen, Bohmte und Ostercappeln zusammen mit der Polizeistation ins Leben gerufen und hat sich in den vergangenen Jahren sowohl mit der Verbesserung der Sicherheit der Einwohner wie auch Drogen-, Gewalt- und Kriminalprävention beschäftigt. Frau Loheide gehörte der Lenkungsgruppe seit ihrer Gründung bis zum Jahre 2006 an. Ihre Schwerpunktaufgabe war zuletzt die Seniorenarbeit. Dabei hat sie Veranstaltungen organisiert, in denen Senioren auf besondere Sicherheitsaspekte hingewiesen wurden.

Frau Loheide fungierte als CDU- Vorsitzende des Gemeindeverbands Ostercappeln 12 Jahre lang, war ebenfalls 12 Jahre im erweiterten Bezirksvorstand und 14 Jahre Mitglied im Kreisvorstand der Partei.

Eine Mitarbeit im Verein für Jugendpflege war ihr ein besonderes Anliegen. Eine weitere Leidenschaft war ihre Mitwirkung im Verschönerungsverein.

Nachdem sich Frau Loheide aus der Politik zurückgezogen hat, kümmert sie sich ehrenamtlich um die Bewohner des Altenpflegeheims in Ostercappeln.

In Abstimmung mit dem Bürgermeister der Kommune betätigt sie sich bei öffentlichen Veranstaltungen zum Thema „Demographie" und „Leben im Alter".

Frau Ursula Loheide ist wahrlich eine besondere Person, wobei die Momente in ihrem Leben alle für sie selbstverständlich sind.

„Enzo" oder eine besondere Art von Lebensgefühl

DRAGO JURAK
Bürgermeister von Bad Iburg, Hasbergen

Ein sehr guter Freund hatte uns zu seinem 50. Geburtstag eingeladen. Er ist Italiener. Mit seinem Bruder gehört er zu den besten Eismachern der Welt und er arbeitet mit seiner Familie den größten Teil des Jahres in Deutschland und lebt nur wenige Monate in Italien. Er hat zwar im Mai Geburtstag, wollte aber zuhause in Italien erst nach der Eis-Saison groß feiern. Also ging es mit einigen anderen Freunden Anfang November für ein Wochenende ab Hannover mit dem Flieger nach Venedig und dann in die Berge. Im Nachgang zu der eigentlichen Feier in einer Trattoria in Mezzocanale in der Provinz Belluno, typisch italienisch, einfach klasse, gab es am Tag darauf einen Frühschoppen der anderen Art bei Liseo, dem Nachbarn von Angelo, natürlich auch Eisdielenbesitzer. Jede Menge Prosecco, Käse, Schinken und Ciabatta, angeregte Gespräche und dann nahm die Geschichte ihren Lauf:

Liseo bot mir seinen Fiat 500, Baujahr 1965, zum Verkauf an. Für Italiener ist das kein Auto, sondern ein Lebensgefühl. Sie nennen ihn Cinquecento oder liebevoll ihre „bambina". Eine kurze Abwesenheit meiner Frau hat gereicht und ich war per Handschlag stolzer Besitzer dieser kleinen in der Ferraristadt Maranello getunten Rennmaus. Ich nannte ihn „Enzo".

Aber wie sollte ich diesen Wagen nach Deutschland holen? 1100 km selbst fahren? Nicht zumutbar, weder für den Fahrer noch für das Auto. Mit einem Anhänger vielleicht? Aber erstens hatte ich damals keine Anhängerkupplung und zweitens dauert es sehr lange, wenn man nicht schneller als 100 km/h fahren darf.

Das Internet musste helfen. Schnell Fiat 500-Freunde gegoogelt und prompt hatte ich eine Telefonnummer aus dem Raum Bielefeld. Ein kurzer Anruf, ein junger Mann meldete sich. Natürlich hatte er Erfahrung, wie man einen Fiat 500 über eine längere Distanz transportiert. Sein Tipp: „Er passt hervorragend in einen Sprinter von Mercedes oder einen VW LT-Transporter." Wieder Fragen über Fragen. Wo bekomme ich ein solches Transportfahrzeug her und wie bekomme den Fiat dort hinein? Aber auch dafür sollte es eine Lösung geben. Zwei nagelneue Rampen, noch originalverpackt, stellte mir mein neuer Fiat 500 Clubfreund bereit. Nur blöd, dass ich erst nach Bielefeld musste. Ein weiteres Telefongespräch und es war geklärt, er arbeitete in Osnabrück und würde mir die Rampen zur Arbeit mitbringen. Super, klappte ja prima. Einen Transporter konnte mir mein alter Fußballkollege Uwe besorgen. Tat er auch. Letzte offene Fragen: Wann sollte es losgehen, allein oder fährt noch jemand mit? Mein Freund Benno wollte unbedingt dabei sein, Alessio, der Neffe von Angelo auch. Wir mussten ein verlängertes Wochenende vor Mitte Februar für unsere Tour festlegen, denn danach waren unsere Italiener wieder in Deutschland, um ihre Eisdielen zu eröffnen. Wir einigten uns auf Anfang Februar.

Es wurde Anfang Februar und es war endlich so weit. Donnerstagabend gleich nach einer Fachausschuss-Sitzung um genau 20:34 Uhr begann unsere Fahrt. Bis Sonntag wollten wir mit Enzo im Gepäck wieder zurück sein, wenn alles gut ging!
Wir kamen in dieser Nacht schnell voran, das Wetter war gut, genauso die Stimmung. Gegen 3:00 Uhr auf Höhe der bayrischen Landeshauptstadt München rief Benno bei Radio Bayern 3 an und er kam tatsächlich durch. Er erzählte dem Moderator, dass wir auf dem Weg nach Italien seien, um die Mutter aller Ferraris nach Deutschland zu holen und was wir sonst noch so vorhätten für die nächsten Tage. Und Bayern 3 wünschte uns eine gute Fahrt. Was sollte da noch schief gehen? Kurz nach 7:00 Uhr kamen wir in Belluno an.
Erst einen guten Capuccino zum Wachwerden und „un dolce" in der Nähe des Fußballstadions in einer mit Gästen randvollen Bar, und das um diese Zeit. Und dann noch etwas mehr als eine Stunde Fahrt in die Berge nach Forno di Zoldo.
Von Angelo bereits erwartet und freudig begrüßt wurde das Wichtigste zuerst erledigt. Den Fiat aufladen. Passte Enzo tatsächlich in den LT? Die Radkästen des Transporters mussten erst überwunden werden, aber mit Hilfe des Nachbarn Liseo, eines erfahrenen Ferraristi, und eines hydraulischen Wagenhebers gelang das sehr gut. Der Fiat stand wunderbar, noch die Spanngurte festzurren und er rührte sich nicht mehr vom Fleck. Wir hatten noch Platz für etliche Kartons Prosecco, Käse und Tiroler Speck. Den Transporter noch sicher abstellen. Fertig, die Arbeit war getan. Wieder völlig entspannt hatten wir jetzt noch knapp 44 Stunden Zeit für die schönen Dinge des Lebens. Erst Benno die Gegend zeigen mit den Wahrzeichen Civetta und Monte Pelmo, dann ein kleiner Abstecher nach Belluno, in einer Weinbar auf dem Marktplatz stundenlang fachsimpeln, Pizza essen, abends Live-Musik hören in einer kleinen Bar in Forno und, und, und ... Die Zeit verging wie im Flug.
Sonntagmorgen nach dem Frühstück war es dann so weit, Abfahrt Richtung Heimat. Kurz vor Mitternacht waren wir wieder heil, glücklich und zufrieden im Osnabrücker Land angekommen. Schnell Enzo abladen. Problemlos, wir hatten ja inzwischen unsere Erfahrungen gesammelt! Am nächsten Morgen den Transporter wieder abgeben und ab in den Arbeitsalltag der neuen Woche.
Alle zwei Jahre wiederholt sich dieses Abenteuer und ein Ende ist nicht abzusehen. Benno ist immer dabei. Denn unser kleiner Enzo muss regelmäßig zum TÜV nach Italien. Aber das ist eine andere Geschichte. Ich erzähle sie Euch ein andermal, vielleicht.

Ecuador: Im Land der Liebe

TORSTEN SCHÖWING
Hamburg

Erst vor zwei Stunden bin ich angekommen - und schon weiß ich: Ecuador ist das Land der Liebe! Fast an jeder Ecke von Guayaquil wird geknutscht, gekuschelt und gefummelt was das Zeug hält. Die meist jungen Pärchen sind derart intensiv miteinander beschäftigt, als wären sie beim Casting zu „Ecuador sucht die Superküsser". Der Ort ist aber auch wie geschaffen, um Herzen in Aufruhr zu versetzen: Die vor wenigen Jahren romantisch mit duftenden Gärten, begehbaren Skulpturen und plüschigen Cafés aufgepeppte Promenade am Rio Guayas. Hier, am Ufer des breiten Flusses, hat Guayaquil zu sich selbst gefunden.

Dabei ist es noch nicht lange her, dass Ecuador-Besucher einen weiten Bogen um die mit drei Millionen Einwohnern größte Stadt des Landes gemacht haben. Als trostlos und verbaut galt die tropische Pazifik-Metropole, zudem war die Kriminalität hoch. Nun gibt es überall fast ebenso viele Polizisten wie Knutschende. Entspannt also flaniere ich an den reißenden braunen Fluten des Flusses entlang, der hier nur noch wenige Kilometer vor sich hat, um seine Wassermassen im Pazifik zu entladen.

Das Ziel meines Spaziergangs ist am Ende der Promenade bereits zu erkennen: Der auf einem Hügel thronende Stadtteil Santa Ana. Auf unzähligen Stufen geht es hinauf durch das Künstlerviertel, das sich jüngst neue Schminke gegönnt hat. In Eigeninitiative haben die Bewohner viel renoviert und sind damit dem drohenden Verfall der malerischen Holzhäuser entgegengetreten. Das Ergebnis kann sich sehen lassen: Zahlreiche Restaurants und Galerien locken, den schweißtreibenden Treppenaufstieg zu unterbrechen. Doch zunächst gehe ich bis zur Spitze. Die Mühen lohnen sich: Vom Leuchtturm hier oben bietet sich bei Sonnenuntergang ein stimmungsvoller Blick über den Fluss und weite Teile der Stadt. Dass diese Kulisse besonders viele ineinander verschlungene Liebespaare nutzen, neugierig beobachtet von den Nonnen der nahen Kapelle: sowieso klar.

Am nächsten Morgen weckt mich Hahnengeschrei - und das mitten im Stadtzentrum. Nicht nur turtelnde Liebespärchen, sondern auch das morgendliche Hahnengeschrei wird in den kommenden Wochen mein täglicher Begleiter sein. Ich will Ecuador bereisen, wie es auch die Einheimischen machen: mit dem Bus. Eigentlich sollte das kein Problem sein, schließlich gibt es Dutzende Busgesellschaften, die nahezu jedes Dorf ansteuern. Allerdings sind Fahrpläne, falls überhaupt vorhanden, eher als grobe Orientierungshilfe zu verstehen. Vor allem aber habe ich viele Horrorgeschichten über übermüdete Fahrer, waghalsige Überholmanöver und allein von ihrem Rost zusammengehaltene Busse gehört. Immerhin: Mit einem Dollar pro Fahrstunde ist das Transportmittel preislich unschlagbar.

Entschlossen also trete ich meine erste Fahrt an, nach Cuenca im Süden. Etwa fünf Stunden soll die Tour dauern. Es werden nur dreieinhalb. Denn ich habe einen Fahrer erwischt, auf den offenbar seine Geliebte wartet. Oder warum sonst gibt er dermaßen Gas? Zunächst ist das noch nicht sehr beunruhigend: Auf gerader Strecke geht es durch weite Mais- und Getreidefelder – also Entspannung! Dann jedoch kommen die mächtigen Anden, die Ecuador mittig in einen breiten Küstenstreifen und den Regenwald teilen, immer näher.

Die Straßen werden schmaler und gehen über in eine einzige Aneinanderreihung von Serpentinen, die mit großem Aufwand in die Berge gehauen wurden. Auch die Landschaft verändert sich, wird zu einem Mix aus Wäldern und Geröllflächen. Nur eins bleibt gleich: das Tempo des Fahrers. Ohne zu bremsen geht er in die engen Kurven, so dass der Bus – und mein Magen! – hoffnungslos den Fliehkräften ausgeliefert ist. Ein ewiges Rätsel bleibt, wie es die vielen Verkäufer, die zwischenzeitlich ein- und aussteigen, trotzdem schaffen, ihre Waren zu verkaufen: gekochte Maiskolben, selbstgemachtes Eis oder Raubkopien von Pornofilmen.

Vielleicht ist es aber gar keine Geliebte, sondern Cuenca an sich, die den Busfahrer zum Rasen drängt. Denn die Kulturmetropole ist dank ihrer Kolonialarchitektur die attraktivste Stadt Ecuadors. Dieser Schönheit in nichts nach stehen die Kleider der Einwohnerinnen: Ihre bunten, mit Blumenmustern verzierten Röcke sollen sie sich einst von einer österreichischen Prinzessin abgeschaut haben, die in Cuenca auf Kur war. Dazu tragen die Frauen weiße Hüte – Panamahüte, die trotz ihres irreführenden Namens hier ihre Heimat haben. Spitzenprodukte, hergestellt aus den Fasern der Toquilla-Palme, kosten schon mal einige Hundert Dollar.

Am nächsten Morgen, wie gewohnt vom Hahnenschrei geweckt, mache ich einen Wanderausflug in den nahen Nationalpark El Cajas. Er gilt mit seinen 232 Seen als landschaftlich spektakulärste Gegend Ecuadors – zu Recht! Durch die bis auf 4500 Meter reichende Vulkanlandschaft, die sich als Kulisse für „Herr der Ringe" anböte, führt mich Diego. Keine Pflanze, kein Vogel, die dem Ranger entgehen. Er verweist aber auch auf die Tücken der Abgeschiedenheit und plötzliche Wetterumschwünge: Erst vor wenigen Wochen hätten sich drei Schweizerinnen verirrt. Sie mussten die Nacht in einer Höhle verbringen, ehe man sie am Folgetag entdeckte.

Ähnlich schwer zu finden sind die scheuen Bewohner des Parks, etwa Bergtapire, Pumas und Brillenbären. Aber auch ohne sie zu Gesicht zu bekommen, bin ich sofort verliebt in diese unwirkliche Gegend, besonders in den märchenhaften Papierbaumwald mit seinen wild in alle Richtungen wachsenden Bäumstämmen. Wer hier auf einen Troll träfe, würde sich wenig wundern.

Nächste Station ist Banos, ein Bade- und Wallfahrtsort im Herzen Ecuadors am Fuße des 5000 Meter hohen Tungurahua. Als wollte mich der Vulkanriese begrüßen, spuckt er kilometerhoch Aschewolken in den Himmel. Auf Autos, Dächern, Straßen: Überall liegt eine fingerdicke Schicht Vulkanasche. Direkt vom Ort aus kann ich mit bloßen Augen sehen, wie der Tungurahua riesige Gesteinsbrocken in die Höhe wirbelt, die mit lautem Poltern zu Boden krachen. Nach diesem Naturspektakel führt mich die Ruta de las Cascadas nach Osten in Richtung Regenwald hinunter, vorbei an Schluchten, Wasserfällen – und etlichen Kreuzen. Am Straßenrand erinnern sie an die vielen Opfer von Verkehrsunfällen. Deshalb bin ich froh, als ich am Rio Napo in ein Boot umsteigen

kann. Der längste Fluss Ecuadors - er mündet in den Amazonas - schlängelt sich quer durch den ecuadorianischen Regenwald und führt mich zu einer einsam gelegenen Lodge.

All die Klischeebilder, die man über den Regenwald im Kopf hat - hier werden sie wahr. In der Hängematte zu dösen, auf die Baumriesen und den Fluss zu starren und morgens dem anschwellenden Zirp-Konzert der Insekten zu lauschen: Schon allein dafür haben sich die Bustorturen gelohnt. Auf Exkursionen lerne ich in den Folgetagen das ein oder andere Tier aus der Nähe kennen, das sich hinter den Geräuschen verbirgt. Auch erhalte ich Einblick in das Leben der Indigenas, die indianischen Ureinwohner des Landes, deren einfache Holzhäuschen wegen der häufigen Überflutungen auf Pfählen gebaut sind.

Das Kontrastprogramm zu diesem ärmlichen Leben ist Papallacta, das ich wenige Tage später nach einer einmal mehr rasanten Busfahrt erreiche. Bekannt ist der relativ wohlhabende Ort am Anden-Ostrand für seine Thermalquellen. Sie gelten als die besten ganz Südamerikas. Die wiesenumrankten Natursteinbecken mit angeschlossenem Luxushotel in Holz-Optik fügen sich harmonisch in die alpenartige Landschaft ein, die beste Möglichkeiten für Trekkingtouren bietet. Von solch einer Wanderung erhole ich mich dann auch am Nachmittag, im 40 Grad heißen Wasser liegend - und bestaune dabei den 5700 Meter hohen Vulkan Antisana, dessen von ewigen Gletschern bedeckten Gipfel die schnell vorbeirasenden Wolken immer wieder freigeben.

An meinen letzten Tagen im Land erkunde ich das Umland von Quito, der auf 3000 Metern gelegenen Hauptstadt Ecuadors im Norden des Landes. Aus-

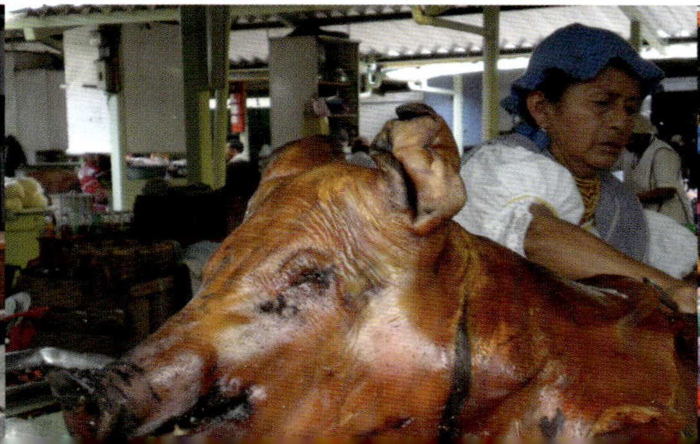

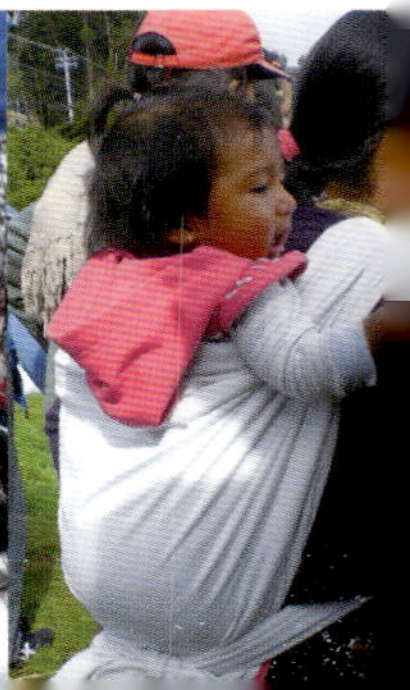

flüge lohnen in jede Richtung, etwa in den bezaubernden Nebelwald bei Mindo mit Dutzenden Kolibriarten, manche kaum größer als eine Hummel. Oder zur Kraterlagune Cuicocha, in dessen Mitte sich wie mächtige Brüste zwei Inseln erheben. Dass Cuicocha „See der Liebe" heißt – und wundert mich längst nicht mehr.

Ganz in der Nähe ist auch Otavalo. Das Indianer-Städtchen gehört mit seinem samstäglichen Tiermarkt, auf dem wenig zartbesaitete auch Hahnenkämpfen beiwohnen können, zu den Höhepunkten meiner Tour. Überall Menschen- und Tiergewimmel: Hier zieht eine Frau ein gekauftes Ferkel an der Schnur, eine andere preist ihre Kaninchen und Hühner an, die sie jeweils im Dreierpack in die Höhe hält. Die Männer schauen sich derweil ganz genau die Rinder und Lamas an, bevor zum Kauf geschritten wird. Und selbstverständlich gibt es auch Meerschweinchen zu kaufen, lebend ebenso wie knusprig gebraten. Ich überwinde mich und kaufe ein gegrilltes Exemplar, das hier deutlich größer ist als die uns vertraute europäische Kuscheltiervariante. Der Geschmack erinnert an Kaninchen. Lebend gefallen sie mir deutlich besser.

Meine letzte Busfahrt führt mich schließlich nach Quito. Die Altstadt begeistert mich mit ihren schmalen, von prächtigen Kolonialbauten gesäumten Gassen. Zwischen den beiden Großstädten Quito und Guayaquil herrscht seit langem eine erbitterte Rivalität. Doch bei aller Streitigkeit, in zwei Dingen gleichen sie sich: Im morgendlichen Geschrei der Hühner – und in den an jeder Ecke knutschenden, kuschelnden und fummelnden Liebespärchen. Längst kann ich sie verstehen, denn auch ich bin inzwischen verliebt: in Ecuador.

Unvergessene Momente auf dem Hof Averbeck

AGNES WIEMANN
Bad Iburg

In Bad Iburg-Glane gibt es den Hof Averbeck, der nachweislich zu den ältesten bäuerlichen Anwesen im Kirchspiel Glane zählt. Auf dem Hofgelände befindet sich auch „Averbecks Speicher". Zusammen mit dem ehemaligen Wohnhaus von 1766 und der Remise prägt er das heutige Hofbild. In ihm wurde 1998 vom Heimatverein Glane gemeinsam mit dem Verein für Orts- und Heimatkunde Bad Iburg ein heimatkundliches Museum eingerichtet. Möglich war das, weil der letzte Eigentümer von „Averbecks Hof", Adolf Averbeck, sein Anwesen 1994 in eine Stiftung einbrachte, deren Zweck u.a. die Förderung kultureller Zwecke, der Denkmal- und Heimatpflege ist. Als Vorsitzende des Heimatvereins Glane gebe ich einige nachhaltige Eindrücke wieder.

Im Jahre 2008 konnte die Averbeck Stiftung mit dem Heimatverein Glane und dem Verein für Orts- und Heimatkunde Bad Iburg zehn Jahre Averbecks Speicher feiern. Über die Averbeck Stiftung, die Dauerausstellungen und die wechselnden Ausstellungen im heimatkundlichem Museum Averbecks Speicher wurde regelmäßig berichtet.[1]

Wie kam es bei mir dazu, dass ich mich in die Pflege von Tradition und Heimatgeschichte einbringe?

Da war zunächst die Führung der Vereinskasse des Heimatvereins Glane im Jahre 1996. Für mich war es seinerzeit eine Herausforderung, den Umgang mit dem Computer zu lernen. Das Schreiben auf der Schreibmaschine war mir durch die Ausbildung zur Industriekauffrau geläufig. Da erinnere ich mich an meine letzten Berufsjahre bis 1971, wo das Schreiben auf der elektrischen Schreibmaschine schon ein Fortschritt war. Nach meiner Heirat und der Geburt von drei Kindern kam die aktive Zeit für die Familie, die mich ausfüllte und mir viel Freude bereitet hat. Meine Kinder waren es wohl, die mir dazu rieten, eine Aufgabe im Heimatverein, seinerzeit speziell am Computer, anzunehmen.

Dann kam der 2. Oktober 1998 mit der feierlichen Eröffnung und der Segnung des Speichers durch Pfarrer Linkemeyer. Danach wurde das Einrichten der Dauerausstellungen zum heimatkundlichen Museum in Angriff genommen. Zunächst zurückhaltend, unbedarft und laienhaft brachte ich mich immer wie-

[1] Averbecks Speicher - Heimatkundliches Museum; in: Bad Iburg - Kleiner Stadtführer; Hrsg. Verein für Orts- und Heimatkunde Bad Iburg e.V., 2000, S. 38 f.
Wilhelm Simon: Averbecks Speicher - Heimatkundliches Mueseum in Bad Iburg - Glane; in: Heimat-Jahrbuch Osnabrücker Land; Hrsg. Heimatbund Osnabrücker Land e.V., 2003, S. 184 ff.
Couragierte & interessante Personen unserer Region: Hermann Tovar; in: Nur Profile hinterlassen Spuren; Bad Iburg 2009, S. 250 ff.
Heinz Köhne: Geschichtliches und Aktuelles über das Schloss Iburg und die Stadt Bad Iburg:
Averbeck-Stiftung; in: Nur Profile hinterlassen Spuren; Bad Iburg 2009, S. 334 f.

der ein. Ich erinnere mich an Momente der Freude über Ausstellungsstücke, die uns aus der Bevölkerung überlassen wurden, aber insbesondere an das Kennenlernen von Frauen und Männern, die kompetent an Sachthemen arbeiteten und denen ich Respekt entgegenbrachte.
Die ersten Besucher und Besuchergruppen kamen. Das Interesse am Speicher war groß. Die Sonderausstellungen wurden erfreulicherweise auch von Schulklassen besucht. Da erlebte ich Momente meiner Hilflosigkeit, aber durchaus Momente, in denen der Mut siegte.
Höhen und Tiefen im Vereinsleben durch Krankheit und Tod sind Momente, die ausgehalten werden wollen. In so einer Situation den Vereinsvorsitz zu übernehmen, waren für mich Momente, die ich nie wollte und die mich zunächst lähmten.
Traurige Erfahrungen im familiären Bereich sind der Tod eines lieben Menschen. Das in all seiner Härte zu erfahren, ist nicht nur ein Moment, sondern von Dauer. Hilfreich ist es dann, den erfahrenen Rat zu bekommen, wieder auf Menschen zuzugehen. Und so bin ich wieder, mit ganz anderen Gefühlen, in den Speicher gegangen, um einer Schulklasse historische Exponate zu zeigen und zu erklären. Keine einfache Führung, aber die Ablenkung und die sinnvolle Arbeit waren und sind bis heute tröstlich für mich.
Es gibt Momente der Enttäuschung. Menschen, mit denen man vertrauensvoll und gut auf dem Hof Averbeck zusammengearbeitet hat, orientieren sich anders. Da gibt es Situationen, die einem viel Geduld und Rücksichtnahme abfordern.
Ein Museum mit einzurichten, das Heimatgeschichte für unsere Region lebendig erhält, ist eine nicht selbstverständliche, aber dankbare Aufgabe. Es war eine Herausforderung mit viel ehrenamtlichem Engagemant. Sich in die Hofgeschichte, die sowohl mit der Kirchengeschichte als auch mit dem Kloster Iburg in Verbindung steht, zu versetzen, bringt Momente der engen Verbundenheit zur Heimat. Darüber hinaus wertvolle Menschen kennenzulernen, deren vielfältige Hilfe und Unterstützung zu erfahren, sind schöne Momente des gemeinsamen Arbeitens.

Die erfreuliche Entwicklung in Averbecks Speicher brachte weitere Veränderungen

Im Fachwerkwohnhaus der Familie Averbeck aus dem Jahr 1766 wurde eine Nutzungsänderung durchgeführt. Dieses Fachwerkhaus ist wohl das älteste auf dem Hof erhaltene Gebäude.
Der Stifter Adolf Averbeck zog nach dem Tod seiner Schwester im Jahr 2006 in eine Wohnung der Averbeck Stiftung in unmittelbarer Nähe des ehemaligen Fachwerkwohnhauses von 1766. Damit war das historische Gebäude zunächst unbewohnt; lediglich zwei Räume waren als Büro für die Averbeck Stiftung hergerichtet worden.
Am 23. März 2010 wurde von der Averbeck Stiftung beschlossen, dieses Fachwerkwohnhaus zu renovieren. Es sollte u.a. für das Heimatarchiv Glane-Iburg hergerichtet werden, in dem der Heimatverein Glane seit 2004 Schriftgut aller Art, das für die Heimatgeschichte unserer Region wichtig ist, sowie Karten und Bilder sammelt, systematisch ordnet und zur Nutzung für Interessierte bereitstellt. Nach Fertigstellung des ehemaligen Wohnhauses wurde am 29. Juni 2011 zur Haussegnung durch Pfarrer Kuiter eingeladen. Danach, am 7. Juli 2011, zog das Heimatarchiv vom ehemaligen Schwesternhaus an der Mühlenstraße zum Hof Averbeck um. Momente mit viel Arbeit!
Das Heimatarchiv wächst ständig. Es umfasst inzwischen neben dem eigentlichen Archivgut weit mehr als 1000 Bücher und ca. 3000 Totenzettel, die besonders für Familienforscher wertvoll sein können.
Mit Sorgfalt ist auch dieses historische Hofgebäude hergerichtet und in seinem Ursprung erhalten

geblieben sowie durch das Heimatarchiv und eine Handdruckwerkstatt einer sinnvollen Nutzung zugeführt worden. Besucher, die Averbecks Speicher ansehen, können auch durch das Fachwerkwohnhaus gehen. Die dortige Sammlung des Schriftgutes, die Druckerei, die gut erhaltenen jahrhundertealten Schränke sowie andere historische Hausgegenstände werden mit viel Respekt angesehen.

Der Hof Averbeck hat sich zu einem Kultur- und Begegnungszentrum entwickelt, das angenommen und genutzt wird, und zwar weit über die Grenzen Bad Iburgs hinaus. Die Geschwister Maria und Adolf Averbeck haben die vielen Momente der Veränderung auf dem Hof erlebt und wohlwollend begleitet. Sie vermittelten immer einen „offenen Hof" und waren bei Kindern und Erwachsenen für ihre Gastfreundschaft (Kinder bekamen Süßigkeiten) bekannt und beliebt. In Zukunft wird es sicher weitere Veränderungen auf dem Hof Averbeck geben.

Es wäre zu wünschen, dass sich auch weiterhin viele Menschen hier begegnen und die Heimatgeschichte auf dem Hof Averbeck dauerhaft fest verankert ist.

Ich bin dankbar für viele Momente der guten Zusammenarbeit mit den Personen, die Averbecks Speicher und die Hofgeschichte gut kennen und immer da sind, wenn Hilfe gebraucht wird. Stellvertretend für viele, die sich einbringen, nenne ich Gerlinde Simon, die von Anfang an dabei war.

Viele gute Momente des Miteinander wünsche ich allen, die sich mit dem Hof Averbeck verbunden fühlen.

Momente, die das Leben schreibt ...

DIPL.-ING. (TU) ING. (GRAD)
RICHARD WILHLEM BITTER
Leiter Staatliches Baumanagement Osnabrück-Emsland
(bis 31. August 2012), Schloss Iburg

In der Endphase eines abwechslungsreichen Berufslebens kommen mir im Rückblick Momente in Erinnerung, die außergewöhnlich und in ihrer Einzigartigkeit nicht wiederholbar sind. Davon soll in diesem Beitrag die Rede sein.

Wer unter den Lebensälteren erinnert sich nicht an die beeindruckenden Bilder, die am Abend des 9. November 1989 über die Fernsehschirme flimmerten und von der „Maueröffnung" zeugten. Die damalige Regierung der DDR hatte eine „zeitweilige Übergangsregelung für Reisen und ständige Ausreisen aus der DDR in das Ausland" [1] verfügt, die als vorgezogene Regelung bis zum Inkrafttreten eines neuen Reisegesetzes gelten sollte. Mit unseren Kindern saßen wir - wie tausend andere - vor dem Fernsehgerät und staunten fassungslos über die Geschehnisse. Dass die Ereignisse auch Einfluss auf mein weiteres berufliches Leben haben würden, war mir sofort klar aber ich wusste in diesem Moment natürlich nicht welchen.

Es folgten diverse politische Diskussionen und Entscheidungen über das Zusammengehen der beiden deutschen Staaten und die Wiederherstellung der deutschen Einheit.

Nach Unterzeichnung des „Zwei-plus-vier-Vertrages" [2] am 12. September 1990 in Moskau zeichneten sich die neuen Umrisse einer sich verändernden Gesellschaft ab. Die Regierungsvertreter der ehemaligen Alliierten und der beiden deutschen Staaten beschlossen die „volle Souveränität Deutschlands über seine inneren und äußeren Angelegenheiten" und damit eine neue Machtarchitektur in Europa. Dazu gehörten konkret die Reduzierung der deutschen Streitkräfte diesseits und jenseits der innerdeutschen Grenze von bisher 500.000 Soldaten auf 370.000 und der vollständige Truppenabzug der sowjetischen Westtruppen bis 1994.

Etwa zeitgleich wurden politische Ziele wie „blühende Landschaften schaffen" mit politischen Handlungsprogrammen z. B. „Aufschwung Ost" hinterlegt. Zu einer der Folgen gehörten die Stornierung von Baumaßnahmen der Bundeswehr in Westdeutschland und die Umlenkung der öffentlichen Gelder in das sogenannte „Beitrittsgebiet".

Für meine Mitarbeiter und mich begann im damaligen Staatshochbauamt Diepholz eine Zeit des Umbruchs. Die Perspektive eines sicheren Arbeitsplatzes in Diepholz war praktisch über Nacht weggebrochen. Anderseits wurden in den neuen Bundesländern händeringend erfahrene Bauleute gesucht, die bereit waren, ihr baufachliches aber

---

[1] Günter Schabowski, Politbüromitglied, während einer Pressekonferenz am frühen Abend des 9. Nov. 1989; zitiert in: Informationen zur politischen Bildung Nr. 312/2011, Seite 72 ff.

[2] Zwei-plus-Vier-Vertrag; vollständiger amtlicher Titel: Vertrag über die abschließende Regelung in bezug auf Deutschland; daher auch kurz als Regelungsvertrag bezeichnet. Zitiert in: http://de.wikipedia.org/wiki/Zwei-plus-Vier-Vertrag.

auch verwaltungstechnisches Know-how vor Ort zur Verfügung zu stellen.
Die zuständigen Bundesministerien hatten Regelungen getroffen, die eine verwaltungsseitige Aufbauhilfe in den neuen Bundesländern vorsah. Niedersachsen übernahm eine Partnerschaft mit Sachsen-Anhalt und suchte nach Freiwilligen innerhalb der eigenen Verwaltungen.
Beherzt griff ich zu und überzeugte meine Mitarbeiter von der Notwendigkeit, auch am „Aufschwung Ost" mitzuwirken. Die Sorge um die Sicherung des eigenen Arbeitsplatzes, der Reiz des Neuen, der Reiz, ohne starre Reglementierungen Problemlösungen vor Ort auch außerhalb des eingefahrenen Dienstweges zu finden und auch der uneigennützige Wunsch zu helfen und den neuen Mitbürgern unsere Botschaft einer anderen Gesellschaftsordnung zu vermitteln, alle diese und noch mehr Motive waren unsere Beweggründe als Protagonisten des „kapitalistischen" Westens loszufahren.
Zur ersten Fahrt brachen wir Ende Mai 1991 zu dritt im PKW auf. Die schlecht ausgebauten, mit Schlaglöchern übersäten Straßen führten durch Thüringen, an Naumburg und Weißenfels vorbei nach Hohenmölsen. Straßenkarten hatten wir uns beschafft und vorsichtshalber Proviant für mehrere Tage mitgenommen. Der kleine Ort Hohenmölsen, ca. 25 km südwestlich von Leipzig, war vor der sogenannten Wende Militärstützpunkt einer NVA-Einheit, mit einer Kasernenanlage am Rande des Städtchens. Es war für uns sehr ungewöhnlich, als uns der sächselnde Wachsoldat in Bundeswehruniform und einer Kalaschnikow sowjetischer Bauart am Kasernentor nach unseren Ausweisen fragte. Wir waren mit

1991, Juni, im Harz: Die innerdeutsche Grenze wird durch neue Straßen perforiert, der Todesstreifen hat keine Funktion mehr.

den dortigen Kollegen des Staatshochbauamtes Merseburg verabredet und wurden freundlich und neugierig empfangen. Unsere erste Aufgabe sollte die Fertigstellung eines Unterkunftsgebäudes sein, das bis zum Rohbau durch ehemalige NVA-Soldaten errichtet worden war. Westliche Ausführungsstandards und Baumaterialien gewohnt und unsere DIN-Vorschriften im Kopf standen wir vor der diffizilen Aufgabe zu entscheiden, was kann von der sozialistischen Baukunst weiterverwendet werden und welche Bauteile müssen abgebrochen werden, um die erwartete Funktionsfähigkeit entsprechend den westlichen Standards zu gewährleisten. So konnte mir auch der herbeigerufene Dachdecker z.B. keine Auskunft über die Materialeigenschaft der Abklebungen in den Duschräumen geben. „Wir mussten die „schworze Bohn" von unserem sozialistischen Bruder (gemeint war die UdSSR) kaufen", erklärte mir der Zeitzeuge und nahm die teergetränkte, einen Zentimeter starke, mit Stofffasern durchsetzte Teerpappe in die Hand. Als ich den vollständigen Ausbau der schwarzen Teerpappe verlangte, erwiderte der Handwerker widerwillig: „Nuh, das habe ich schon gehört, bei Euch im Westen ist der Kunde Keenig!"

1993: Sanierung eines bundeseigenen Plattenbaues in Schwerin, Ludwigluster Chaussee.
Blick in einen zwischen Küche und Bad angeordneten Installationsschacht. Die Verdrahtung ist abenteuerlich. Ohne Brandabschnitte verlief der Installationsschacht ohne Unterbrechung in Form von Geschossdecken über die gesamte Gebäudehöhe und bot der „Firma Horch und Guck" die ungehinderte Möglichkeit, unbemerkt alle Wohnetagen abzuhorchen.

Abends saßen wir zum Bier mit unseren ostdeutschen Kollegen zusammen. Es wurde gefachsimpelt und gescherzt, Privates erzählt und Vergleiche über die unterschiedlichen Bauweisen, Bauabläufe und Beschaffungsverfahren angestellt. Unter den Ostdeutschen war ein älterer Kollege, der bereits vor der sozialistischen Ära Berufserfahrung gesammelt hatte und sich nun freute, im letzten Jahr seiner Berufstätigkeit endlich wieder „mit ordentlichem Baumaterial" und ohne Wartezeit darauf umgehen zu dürfen. Nachhaltig sind mir die Schilderungen in Erinnerung, mit der die Mangelbewirtschaftung und die unrealistischen Planvorgaben beschrieben wurden und mit welcher Kreativität improvisiert wurde, um doch noch das Plansoll zu erreichen. Beeindruckt haben mich die Schilderungen der Berufskollegen, wenn sie über die bisher eingeschränkte Meinungsfreiheit berichteten und die Denunziation fürchteten, wie sie ihre Karriereplanung staatskonform gestalten mussten und mit welcher Sorge sie aber auch dem Zugewinn an Freiheit und Eigenverantwortung nach der „Wende" gegenüberstanden.

In der Retrospektive der insgesamt 10-jährigen Unterstützungsarbeit – in Sachsen-Anhalt beginnend und später in Mecklenburg-Vorpommern – sind mir besonders die Momente der Begegnungen lebendig in Erinnerung geblieben. Gespräche mit verunsicherten Menschen, deren bisheriges Leben durcheinandergewirbelt worden war, die sich völlig neu orientieren mussten, die unsere Unterstützung brauchten und die auch dankbar dafür waren. Aber auch uns halfen die Begegnungen in unserer Entwicklung weiter. Zwei unterschiedliche Erfahrungswelten kamen zusammen und bargen die Chance, persönliche Prioritäten und Wertmaßstäbe zu relativierten. Ich möchte die Erfahrungen der 10-jährigen Unterstützungstätigkeit – trotz aller Erschwernisse - nicht missen. Sie bergen wichtige Momente in meinem Leben.

Mit dem „OS“ führen wir nur Gutes im Schilde

Pressestelle Landkreis Osnabrück

Ein Autokennzeichen ist zunächst mal wie ein Fingerabdruck. Nur dieses eine Auto hat dieses eine Kennzeichen und kann so jederzeit identifiziert werden. Das kann weniger schön sein, wenn der Fahrer dieses Autos falsch geparkt hat oder zu schnell unterwegs war. Das kann aber auch schön sein, wenn zum Beispiel in der Firma ein fester Parkplatz genau für dieses Kennzeichen reserviert ist oder wenn der Fahrer sich für ein Wunschkennzeichen entschieden hat, das die Initialen des Autobesitzers trägt.

Doch das Autokennzeichen ist zumindest in Deutschland immer auch ein regionaler Absender, denn an den ersten Buchstaben lässt sich erkennen, woher das Fahrzeug stammt. Aus dieser Besonderheit ist eine der liebsten Beschäftigungen von Kindern auf der Autobahnfahrt in den Urlaub geworden: das Kennzeichen-Raten. Wer weiß schon, wofür „OAL" steht oder wofür „DH"? Im Scherz werden diese Kennzeichen übersetzt mit „Oh Armer Landwirt" oder „Doller Hecht", in Wirklichkeit stehen sie natürlich für Ostallgäu und Diepholz. Die Stadt Osnabrück hatte immer schon das Kennzeichen „OS", gern übersetzt mit „Ohne Sorge".

Und die alten Landkreise im Osnabrücker Land vor der Gebietsreform? Kennt noch jemand deren Kennzeichen? Kaum, zumal diese alten Kennzeichen ja auch rein zeitlich kürzer Verwendung gefunden hatten als das gute „OS" für den gesamten Landkreis Osnabrück von Glandorf bis Gehrde, das die Menschen im Landkreis schon seit 40 Jahren begleitet. Der ganz besondere Moment im Leben eines Autobesitzers ist der Tag, an dem das Kennzeichen an das erste eigene Auto geschraubt wird. Und da haben die Menschen im Osnabrücker Land seit der Gebietsreform ihren ganz besonderen Moment eben mit dem „OS".

„Ich komm zum Glück aus dem Landkreis Osnabrück" stand vor ein paar Jahren mal auf einem Aufkleber, als die Menschen im Osnabrücker Land bei einer bundesweiten Umfrage zum Thema Glück auf dem Spitzenplatz gelandet waren. Der Aufkleber prangt noch auf vielen Autos, die mit dem Kennzeichen „OS" nur Gutes im Schilde führen. Nur die Kinder beim Kennzeichen-Raten auf der Autobahn, die hätten natürlich an „WTL", „BSB" oder „MEL" mehr zu knacken als am „OS" - aber das ist ja nicht die Sorge der Menschen aus dem Osnabrücker Land, die „Ohne Sorge" durchs Leben fahren.

„Warum suchst Du Dir immer den schwierigsten Weg?“

MITCHEL GRELL
Pastor,
Poel

Am Abend meines Rigorosums in Tübingen hat mein Doktorvater, Prof. Dr. Eberhard Jüngel, sich mit den folgenden Worten von mir verabschiedet: „So, Du hast vor, nach Mecklenburg zu gehen. Warum suchst Du Dir immer den schwierigsten Weg? Überleg es Dir gut. Die Arbeit in der Kirche dort kann sehr undankbar sein". Damals haben mich der eigene „Pioneergeist" wie auch die Aufbruchstimmung in den neuen Bundesländern beflügelt. Außerdem war die kirchliche Arbeit in meiner ersten Pfarrstelle schon eine „dankbare Arbeit" - das heißt: Eine Arbeit, die von vielen dankbar angenommen wurde. Der Doktorvater schien zunächst nicht Recht zu haben. Doch die schwere Sehbehinderung des ersten Kindes überschattete bald unser Familienleben und veranlasste uns zu einem Gemeindewechsel. Wir zogen in die Nähe der Sehbehindertenschule Mecklenburg-Vorpommerns in Neukloster. Ich wurde Pastor auf der schönen Insel Poel.

Strandtaufe auf Poel

Diese Kirchengemeinde ist wohl eher typisch für eine Kirchengemeinde auf dem Gebiet der ehemaligen DDR. Das Gemeindeleben lag hier lange ziemlich danieder. Wie die Gemeinde befanden sich das Kirchengebäude, das Pfarrhaus und der große Pfarrhof in einem desolaten Zustand. Wir trafen hier auf große Indifferenz, ja zeitweise auf Aggressivität, was Glaube und Kirche anbelangte. Und doch fanden wir auch einige Menschen vor, die Kirche noch wollten und bereit waren, sehr viel dafür zu tun. Mit ihrer Hilfe, durch Chor- und Kinderarbeit in der Gemeinde wie in der hiesigen Schule, durch die allmähliche Sanierung des Kirchengebäudes, durch Konzerte in der Urlaubersaison und nicht zuletzt durch die ständige Förderung der ehrenamtlichen Arbeit wächst der Gemeindekern langsam wieder an. Aber hart und steinig ist der Weg zu einer lebendigen Gemeinschaft schon. Wer die Schätze des Glaubens nicht einmal kennt, dem fehlen sie auch nicht, und wo sie auch noch Jahre lang durch Propaganda verzerrt dargestellt und ins Lächerliche gezogen worden sind, sind es wenige, die ein offenes Ohr für die Botschaft der Kirche haben, und noch weniger, die sich für die besondere Gemeinschaft namens Kirche entscheiden. Und doch: Gerade wenn ich mir unter solchen Umständen schwach vorkomme, sehe ich mich auf meinen Gott und aufs Gebet angewiesen. Das ist eigentlich eine gute und gesunde Erfahrung - gerade für einen Pastor und für die Kirche insgesamt!

„Über eine große Liebe, die meine Flugangst besiegte“

EDITH RUDNICK
Georgsmarienhütte

Was hatte ich mir denn dabei gedacht? Hatte ich mich nicht gerade mit Haut und Haaren verkauft? Meinen immerhin noch spärlich vorhandenen Seelenfrieden, einfach zerstört?

Ich höre mich im Nachhinein selbst reden, was ich meinem Mann gerade so zwischen Brötchen und Morgenkaffee, völlig unvorbereitet entgegen schmetterte.

„Wir machen mal etwas ganz Verrücktes!" Und nach kurzer Pause - „Wir fliegen zur Einschulung von Lilli nach Jakarta!"

Das ungewohnt schelmische Grinsen in meiner Seele konnte er nicht sehen; denn das war mir selber fremd. Nun schaute ich noch immer in seine Richtung.

Hatte er mich etwa nicht verstanden? Musste ich mich vielleicht wiederholen? Aber Klartext hatte ich bereits gesprochen. Ich glich einer einzigen Hochspannungsleitung. Ich glühte mir sicher schon rote Flecken ins Gesicht.

Da, endlich legte er seine Zeitung zur Seite, in die er sich vergraben hatte, und mein Blick fixierte seine Lippen, als erwarte ich eine Entscheidung über Leben und Tod.

Eine Antwort blieb dennoch aus.

Doch aus anfänglichem Zögern wurde plötzlich Aktion. Mein lieber Mann drehte sich auffällig zur Seite, und bückte sich nach seinem Laptop, der unten am Boden ans Tischbein gelehnt, auf seinen Einsatz zu warten schien.

Ich begriff auf der Stelle, dass er sich jetzt nach einem passenden Flug um schauen würde.

Und ich irrte mich nicht.

Im Internet wühlte er sich emsig durch die verschiedenen Airlines, bevor ich noch einen Rückzieher machte. Womöglich kam ich noch auf die Idee, „Ätsch," zu sagen, oder, „April, April."

Er beugte vorsichtshalber schon mal vor, und ich verstand jetzt auch ohne Worte, seine noch ausstehende Antwort.

Es mir anders zu überlegen, das hätte schon zu mir gepasst. Plagte mich doch ewig diese entsetzliche Flugangst. Er wollte lieber gar nicht daran denken. Er kannte mich zu gut. Oder vielleicht doch nicht? Denn genau so exotisch wie der Name Jakarta klang, so exotisch waren inzwischen meine Gedanken. Er konnte nicht ahnen welches „Fieber" mich gepackt hatte. Doch, dass es eins sein musste, das stand für ihn außer Frage. Er musste also handeln, damit der Entschluss nicht einer großen Seifenblase zum Opfer fiel. Wir sagten dann nichts weiter als die Daten auf, die uns jetzt wichtig waren, vom Termin bis zur eventuellen Abflugzeit und kamen schließlich zu dem Schluss: „Da muss ein Reisebüro her."

Zu ungeübt waren wir im Buchen internationaler Flüge. Also stürmten wir, als sei Schlussverkauf, in eine dieser Agenturen, wo einem schon beim bloßen Streifen der Schaufenster, von der Sonne glitzernde Meere, wehende Palmzweige und weit-

reichende Strände in Großformat auflauerten, und dabei meine noch etwas schüchterne Seele unverschämt an blinkten.
Eine Stunde später hielt ich stolz zwei Tickets in der Hand.
Meinen Mann wunderte nichts mehr, er fügte sich problemlos ein, in dieses Fernwehpuzzel. Auch er vermisste seine Enkelkinder sehr. Die Kehrtwende seiner Frau allerdings, die ihre Flugangst vergessen zu haben schien, war für ihn schon das erste Vergnügen, aber auch ein großes Fragezeichen auf dem Weg, die Kleinen wieder zu sehen.
Jetzt wurde es also langsam spannend. Und das Abenteuer begann.
Warum nun aber ausgerechnet Indonesien?
Genau genommen geht's um die Insel Java mit seiner Hauptstadt Jakarta und ihren 16 Millionen Einwohnern, für dessen Leben ich nie ein Ohr gehabt hatte und auch keinerlei Sehnsucht empfand. Ich hatte kurzgesagt kein Feeling für tropische Länder. Schon wegen der Entfernung nicht, und der brütenden Schwüle.
Aber unsere Enkelin Lilli kam in die Schule, in diesem mir so fremden Land. Und alle Liebe, die aufzubringen ich fähig war, verwebte sich mit Fernweh und dem Wiedersehen der kleinen Familie, eng verbunden mit Lillis erstem Schultag.
Ja, es musste sehr, sehr weit sein.
Im Atlas hatte ich es mir immer wieder angeschaut. Gleich nach Bekanntwerden, und später immer wieder, nachdem unser Sohn mit samt seiner Familie, für „die Firma" in die für uns unerreichbare Ferne auswanderte, und uns mit unserer Liebe zu den Enkelkindern zurück ließ.
Gewachsen war sie mit der Zeit, und hatte sich zu einer selbstverständlichen Enkel-Großeltern-Beziehung von ganz besonderer Herzlichkeit ausgedehnt, nachdem wir immer wieder mal eine Woche zum „einhüten" bei ihnen, nahe Hamburg, gewesen waren. Gab es doch viel zu erledigen, bevor sich die Familie endgültig in Richtung Jakarta auf den fernen Weg machte. Wir hatten daher mittlerweile eine wirklich schöne, innige Zeit mit den Kleinen. Ja, sie waren uns sehr ans Herz gewachsen.
Und jetzt nach fast zwei Jahren ging es nicht mehr vor und zurück in mir. Ich sehnte mich unsterblich nach ihnen. Nur immer wieder stand diese Überbrückung der Entfernung im Weg.
Für eingefleischte Fernreisende sicher nicht zu verstehen, aber für die, die einen Flieger lieber am Himmel von unten sehen, könnte sowas wie Solidarität aufkommen.
Es arbeitete also gewaltig in mir und das ganze Programm vom Abflug bis zum „Absturz", ganz genau, bis zum Absturz, kannte meine Seele in- und auswendig. Ich drehte mich wiederholt im Kreis. Bis ich eines Tages auf die Idee kam meine Liebe sprechen zu lassen. Ich entwickelte in mir sowas wie eine Fata Morgana, für eine unter Enkelentzug leidende Großmutter. Ich sah meine Kleinen ganz dicht vor mir, und malte mir im Geist ihre kleinen Gesichter nach und was sie wohl sagen würden wenn wir plötzlich in der Tür stehen. Ich sah ihre vor Aufregung glühenden Wangen und wie sie uns um den Hals fielen. Täglich machte ich diese Übung. Ich war ihnen ganz nah. Aber natürlich eben doch nicht wirklich. Und so schaukelte ich mich immer weiter hoch, und sehnte mich unsagbar danach, ihre kleinen Körper im Arm zu halten.
Was hatte ich schon gelitten. Erst ein Weihnachtsfest ohne die Kinder und später die Geburtstage. Pakete habe ich abgeschickt, die wahrscheinlich riesig ausgefallen wären, wenn da nicht die Anweisung gekommen wäre:„Nur Kleinigkeiten. Bitte! Zu hohe Zollgebühren!"
Also nahm ich Bücher, weil zu schwer, und Spiel-

zeug, weil zu groß, und viel zu viel, wieder heraus und legte was mein Herz endgültig zum Überlaufen brachte, erste Weihnachtsanhänger, vom Engelein über Sternchen, bis hin zum Herz und einem Rehlein, alle aus leichtem Holz, und für jedes Familienmitglied ein Teil, mit größter Sorgfalt hinein. Es war ein zaghafter Versuch, aber mit der ganzen Liebe aus der Heimat, ihnen nahe zu sein, am ersten Weihnachtsfest im fremden Land. Dazu legte ich einen Brief, bei dem ich schluchzend jeden Buchstaben wie durch Regentropfen verschleiert und verschwommen wahr nahm, und schrieb und schrieb und schrieb.

Vom Winter in Deutschland, der deutlich kälter als in den Vorjahren daher kam. Von Kindern in gefütterten Stiefeln und mit Mützen und Schals gegen Kälte und eisigem Wind ....

Sollten meine Kleinen im fremden tropischen Land doch unbedingt fühlen, wie gut sie es hatten im neuen Domizil, nahe dem Äquator, bei +30° C im Schatten, und am hauseigenen Pool.

Hier, so dachte ich mir, war frieren angesagt, aber sie, meine Lilli und Mia, konnten im Badeanzug herum laufen.

Und ich heulte und heulte. Und dann war meine Seele mit einem Male leer. Nichts als rohe Haut blieb in ihr zurück, die gerne einbalsamiert, Trost empfangen hätte. Ich legte diesen Brief, der von gewischten Tränen zeugte ins Paket, mit der glückseligsten Erwartung, dass die Kleinen Luftsprünge machen würden, wenn sie Post von ihrer Oma aus Deutschland bekamen. Ich hörte nichts.

Viel später wurde mir klar, dass der Brief wohl unangebracht gewesen war, weil die Kinder eher Heimweh bekommen hatten. Jedenfalls machte mein Sohn so eine klitzekleine Andeutung in dieser Richtung, dass die Wortwahl wohl eher ungeschickt gewesen sei. Ich verstand nicht. Es tat weh.

Aber da war es wieder mal, Liebe macht wie wir alle wissen, eben auch mal blind.

So lebte ich Tag für Tag weiter in unserem geschäftigen Alltag hinein, ohne auch nur ein einziges Mal zu vergessen, dass am anderen Ende der Welt zwei kleine Herzen schlugen, die mir so sehr fehlten. Ich lebte zwar hier, und hatte Theo und Mats, unsere beiden anderen Enkel, die wir ebenfalls über alles lieben, und die uns genau so viel Freude bereiten, aber in dieser Zeit fühlte ich in zwei Zeitzonen. Ich war „ferngesteuert". Und wie!

Wenn ich aufstand schaute ich auf den Wecker und dann auf meine Armbanduhr. Die hatte ich in Jakarta Zeit eingestellt, was bedeutete, dass es schon 6 Stunden später war als hier. Wenn es hier 12 Uhr mittags war, wurde es in Indonesien schon wieder dunkel. Was mir vorher auch nie bewusst war, fiel mir jetzt deutlich auf. In diesem fremden Land ging die Sonne immer um 6 Uhr morgens auf und um 18 Uhr abends unter. Tag für Tag. Es ändert sich nie. Java liegt unmittelbar am Äquator und es gibt auch keine wirklichen Jahreszeiten wie bei uns. Frühjahr Sommer oder Herbst und Winter gehen wie parallel neben einander her. Hier blüht es, dort stirbt am gleichen Baum etwas ab. Natürlich gibt es die sogenannten Regenzeiten bei so ungefähr + 27° C, die man als Winter bezeichnen kann, und die 90% Luftfeuchtigkeit zeichnen dieses Land geradezu aus. Es blüht und wächst, und wächst und blüht, und wären diese idiotischen Waldrodungen nicht auf den Plan gerufen worden, gäbe es eine Idylle nach der anderen und es wäre das uneingeschränkte Paradies. Aber wir sind nun mal auf dieser Erde, und es wird zerstört was es nur so zu zerstören gibt.

Es ist eine Schande.

Aber das alles sah ich nicht. Nur die unglaublich weit entfernten geliebten Menschenkinder. Deren Liebe ich vermisste. Ich litt unter Entzug. Entzug

der Enkelinnen. Es war der helle Wahnsinn. Doch auch mein Sohn fehlte mir, dem ich aus unserem Garten ein rot gefärbtes Blatt des Essigbaums unter der Scheibe eines Bilderrahmens presste, damit er in der Ferne ein Stück Heimat besaß. Ob er es werten konnte? Ich weiß es nicht. Aber was fällt einem nicht so alles ein, wenn man wie gelähmt dasteht, um Abschied zu nehmen, zu üben. Und als wir uns zum vorläufig letzten Male in den Armen lagen sagte er noch schnell, fast lapidar in meine Tränen: „Kommt einfach mal zu Besuch Mama, ich zeige euch das Paradies!"

Oh Gott, oh Gott Michael, dass darfst du nicht mal denken, ging es mir durch den heulenden Kopf. Ich undankbare Mutter. Wie sollte er auch wissen, dass genau dieser Satz, diese Formulierung, kommt „einfach ....", meine Angst herauf beschwor zu fliegen.

Und sie übermannte mich, noch ehe ich überhaupt ein Ticket in den nächsten 3 Jahren gebucht und einen Flieger zu Gesicht bekommen hatte. Ich bekam spontan weiche Knie und zitterte was das Zeug hielt.

Und nun sitze ich hier auf der Terrasse mit meinem lieben Mann und hatte etwas ganz Verwegenes ausgesprochen.

Wir fliegen nach Jakarta, wir machen etwas Verrücktes.

Ich musste wirklich meine Sinne verloren haben.

War ich überhaupt noch zurechnungsfähig?

Ängstigte ich mich nicht zu Tode, wenn ich in einen Flieger stieg?

Aber es kam ganz anders. Ich wurde immer stärker. Der Entschluss war klar und deutlich. Wenn ich die Mädchen vor meinem geistigen Auge sah, schmolz ich dahin und zeitgleich die Angst. Es gab keinen Rückzug mehr. Im Gegenteil. Ich kramte meine Sachen zusammen, und dass ich unter Bluthochdruck litt, interessierte mich überhaupt nicht mehr. Obwohl, ich ging noch mal schnell zu meiner Ärztin. Aber alles war O.K. Lilli kam in die Schule und wir waren in Gedanken schon auf halbem Weg zu ihr. Und wenn es nicht Jakarta sondern auf dem Mond gewesen wäre, nichts konnte sich uns mehr in den Weg stellen. Es war eine Anziehungskraft ohne gleichen, eine Sehnsucht, die sehnlicher nicht sein konnte. Es war eine Liebe, die alle Ängste überwand.

„Ich renne euch am Flughafen um", hatte meine Schwiegertochter noch ins Telefon gerufen, weil sie

eigentlich nicht glauben konnte, uns wirklich in Jakarta wieder zu sehen.
Tage später saßen wir im Flieger.
Und dann flog, und flog, und flog ich. 15 lange Stunden, mit einer Zwischenlandung, nach elf Stunden, in Bangkok. Und mit mir mein lieber Mann, der „witzige Opa", wie ihn liebevoll meine Kleinen nannten.
Als wir über die Landebahn rollten und plötzlich die riesigen Buchstaben AIRPORT BANGKOK auftauchten, musste ich an meine Mutter denken, die an dieser Stelle hundertprozentig gesagt hätte: „Mein Gott, dass ich das noch erleben darf." Jetzt hallten diese Worte in mir.
Nach gut einer Stunde ging es weiter, für letzte vier Stunden bis zum Airport Jakarta.
Dann war es endlich soweit.
Als ich indonesischen Boden betrat, musste ich mich erst mal kneifen, um auch sicher zu gehen nicht zu träumen.
Es war Tatsache!
Und was für eine!
Wir standen am anderen Ende der Welt.
Und hätte ich einen roten Teppich wahrgenommen, ich hätte ihn geküsst.
Und ich sog die schwere, feuchte Luft ein, die so fremd, exotisch roch und spürte erste Schweißperlen auf meiner Haut, obwohl ich mich nur gemächlich bewegte; denn die Koffer ließen auf sich warten. Und ein tropisch, feucht warmer Wind wehte von irgendwoher zu uns herüber.
Und was war das für ein Wiedersehen.
„Oomaa, Oopaa!!!"
Die Mädchen kamen uns schon im Absperrbereich des Flughafenterminals entgegen gelaufen. Mia, die jüngere, war einfach losgerannt, und Lilli folgte ihr. Mein Gott, wie groß sie geworden waren. Und mit welcher Selbstverständlichkeit sie uns umarmten. Man spürte und sah ihre große Erleichterung, uns zu sehen, und selbst die Beamten verzogen ihre versteinerten Mienen zu einem flüchtigen Lächeln. Familienzusammenführung schien auch hier eine Bedeutung zu haben.
Und auch unseren Sohn so gesund und fröhlich wieder zu sehen, trieb mir Freudentränen in die Augen. Ich meinte sowas wie, bin-stolz-auf-meine-Eltern, in seinem Gesicht zu lesen, als er sagte: „Na, habt ihr´s geschafft? Willkommen in Jakarta!"
Dann lagen wir uns in den Armen.
Und nun wieder diese lieben, kleinen Stimmen, die durcheinander riefen: „Oma, darf ich neben dir im Auto sitzen? " Das war ganz klar meine kleine, große Lilli.
„Ich möchte auch neben Oma sitzen!" Da wusste ich, Mia fehlte ich auch.
Und vier zarte Ärmchen umklammerten jetzt meinen eher fülligen Leib und unsere Liebe strömte in unsere aufgeregten Herzen, zu je gleichen Teilen. Wir glichen einer einzigen erfüllten Seele.
Mia war die erste die sich aus dieser Umarmung löste. Mit einem kessen Blick zu ihrem Opa, rief sie: „Ach, Ooopa, ich sitze neben dir!" Mia hatte ein großes Herz auch für ihren Großvater. Und nichts hatte sich verändert. Es war alles so überwältigend. Und unsere ganze Liebe ergoss sich über Jakarta!
Später im Auto lagen zwei kleine Händchen in den meinen und wir umklammerten uns, als wollten wir uns nicht mehr loslassen. Ich schloss die Augen für einen Moment und etwas sagte in mir. Du lebst noch. Du hast es wirklich geschafft! Und ich dachte noch kurz, aber umso intensiver, DANKE, mit einem vielsagenden Blick nach oben.
Diese Reise war ein Wunder. Ein Wunder der Liebe. Und die Einschulung unserer Enkeltochter Lilli in die Internationale Montessori School of Jakarta, war für uns ein weiterer, großer Höhepunkt.

Wie des Himmels Blau, als Rosarot auf die Erde kam

Liesel Marie-Luise Kriege
Bad Iburg

Das Jahr 2000 war ihr letztes Jahr, denn gegen Ende, gleich Anfang November, starb sie in den Armen von uns fünf Kindern nach 3-jähriger Pflegezeit. Mama wurde 86 Jahre alt. - Obwohl, und da bin ich mir sehr sicher, sie musste niemals wirklich leiden in dieser Zeit. Sie war wohl ganz ohne Angst, in sich ruhend, sehr zufrieden, einfach herzensgut und vor allem voller Liebe!

Ach, ich spreche von der Vergangenheit, denn mein Mütterlein lebt ja schon seit 13 Jahren nicht mehr. Damals, - da traute ich meinen Ohren nicht! Was hörte ich da mit ihrer liebevollen zarten Stimme, aus dem Schlafzimmer meiner Mutter, sie sagen - sprechen - oder gar singen?

Zum Krankenzimmer umfunktioniert, lag nämlich dieser Raum direkt gegenüber meiner Küche. Das hatte ich drei Jahre vor ihrem Tod, sehr bewusst so gewählt, um nichts zu übersehen, oder, wie gerade jetzt z. B., nichts zu überhören, was meine Mutter mir vielleicht zu sagen hatte. Aber natürlich auch, um vor allem kurze Wege zu haben bei ihrer Pflege, denn auch das Bad lag direkt neben der Küche.

Sie lag da, unbeweglich, dennoch mit wachen Sinnen und reagierte auf jedes ihrer Kinder und Kindeskinder immer ganz sanft, meistens mit ihren Augen. Sie kannte aber noch all' ihre Namen, und antwortete manchmal auf Fragen mit einem langgezogenen jaaaa oder neiiin. Und wenn ich ihr Gedichte vortrug, die sie so liebte, ließ ich sehr bewusst in jeder Zeile das letzte Wort fehlen, - Mama ergänzte es mühelos und sicher, geradezu perfekt.

Außerordentlich gern hatte sie auch die Musik. Sie war sehr musikalisch und vererbte es an all' ihre Kinder. (Obwohl wir da doppelt gesegnet sind, denn auch aus väterlicher Linie bekamen wir eine große Portion mit.) Mutter jedenfalls spielte nie ein Instrument, aber sie sang mit ihrer „Singbegabung" viel, sehr viel mit uns in unserer Kindheit und auch später noch! Leider konnte sie es zuletzt nicht mehr selbst, aber, wenn meine Zwillingsschwester und ich an vielen Nachmittagen mal gemeinsam an ihrem Bett saßen, dann sangen wir für Mama, zweistimmig. „Sooo schöööön!", wie sie sagte, dass wir gleich noch von der „himmelblauen Serenade" (aus den 50ern) singen sollten. Beim Schreiben kommen mir die Tränen, so deutlich „sehe" und „höre" ich

die Stunden des Glücks vor mir. Auch mein Bruder sang sonntags nachmittags ganze Potpourris für sie. Und meine beiden älteren Schwestern kamen ebenfalls regelmäßig, um Mutter zu erfreuen. Wir sind alle sehr dankbar für die Zeit mit ihr.

Aber - für noch viel mehr bin ich dankbar, denn etwas ist noch geblieben, speziell seit der Zeit der Pflege. Wann immer ich mit Menschen zusammentreffe, die mir von ihrer neuen oder alten, aber schweren Aufgabe, eines ihrer Elternteile pflegen zu müssen, erzählen. Ich habe noch immer das Bedürfnis, von meiner persönlichen Erfahrung zu sprechen und sie zu ermutigen. „Alles kommt tausendfach als Dank zu Euch zurück." - Es wäre nämlich eine glatte Lüge, wenn ich heute sagen würde, auch nur eine Minute hätte mich genervt.

Ganz im Gegenteil: Ich kämpfte mit Leidenschaft für das Wohl meiner Mutter! Und wenn ich jetzt doch ein Detail anführe (welches ich ja eigentlich gerade vermeiden möchte), dann nur, um all' die die in gleicher Situation sind anzuregen, einmal die Beipackzettel der Medikamente einzusehen. Die Nebenwirkungen haben es nicht nur in sich, sie können sogar die gesamte Persönlichkeit des geliebten Menschen verändern. Schlimmstenfalls nehmen! Nicht selten wird Verwirrtheit an erster Stelle dort aufgeführt. Viele wissen es einfach nicht und akzeptieren die Veränderungen oder diesen neuen Zustand des Angehörgen als Krankheits- oder Alterserscheinung (Alzheimer und Co.?). Setzt man aber die entsprechende Medizin ab oder stellt sie einfach nur um auf ein anderes Präparat (das ist ja immer möglich), sind die Patienten wieder „voll da"! Wenn auch nicht körperlich, so doch, und das halte ich für das Wichtigste, im Vollbesitz ihrer geistigen Kräfte. Dieses Erlebnis darf und möchte ich niemandem vorenthalten. Es ist bei unserer Mutter genau so geschehen!

Jede Hilfe, für mich, seitens all' meiner Geschwister und deren Partner, die mir nicht nur angeboten, sondern erfüllt wurde, begann so: „Du musst auch mal was für dich tun!" Das empfand ich eher als unnötig. Ich wollte ja gar nicht weg. Was gab es denn Schöneres zu erleben, als sein eigenes Mütterlein zufrieden zu sehen? - Das machte mich glücklich, aber sicher auch meine Geschwister.

Ich stellte mit Begeisterung aus Mutters so geschmackvoll eingerichtetem Wohnzimmer, das sie nun leider nicht mehr betreten konnte, ihre „Lieblingsstücke" zusammen und brachte sie kurzer Hand zu ihr ins Schlafzimmer. Ich stellte alles ihr gegenüber hoch oben auf ihren schlichten Schrank, so, damit ihr Blick es einfangen und mühelos ansehen konnte. Auch Fotos und Kunstbilder hängte ich um! - Mamas Augen leuchteten vor Freude. Sie fand, es sehe wunderschön aus.

Ich öffnete auch hin und wieder Mamas Kleiderschrank, um ihr ihre Garderobe aus der Nähe zu zeigen und sie anfühlen zu lassen. Sie wollte meine Hand gar nicht mehr loslassen vor Glück. Hatten diese Dinge doch einmal zu ihrem Leben gehört, das sich so sehr verändert hatte. Ich dachte mich von morgens bis abends einfach in sie hinein. Was mag *ihr* noch fehlen? - Was liebte *sie* noch?

Richtig geliebt habe ich die Gespräche mit Mama. Die mich zum Beispiel einmal fragte: „Was kommt denn nach dem Tod, Liesel?" - Und wie ich ihr darauf mit größter Sicherheit (Woher nahm ich die?) als Antwort anführte: „Die liebsten Menschen, die vor uns gegangen sind, holen uns mit ihrer immerwährenden Liebe ab, und der Teil, der in uns als Liebe noch vorhanden ist, verbindet sich gleichsam mit ihnen, und alles sich dann mit der ganz großen

LIEBE, nämlich GOTT!" Und ich fügte noch mehr hinzu: „Wir alle leben nach unserem Tod in Form von Liebe ewig weiter in unseren geliebten Nachkommen, nämlich in Menschen die wir liebten und die uns geliebt haben. Vor allem immer, wenn diese in Liebe an uns denken und in Liebe handeln. Je mehr Liebe und Vergebung in uns ist bei unserem Tod, desto mehr Liebe ist auch nach unserem Tod noch durch uns im Umlauf." So sagte ich es ihr und sie war sichtlich zufrieden.

Ein anderes Mal sagte sie: „Liesel, jetzt bist du meine Mutti." Dazu möchte ich anmerken, dass ich selber keine Kinder habe, und die Mutter meiner Mutter nach ihrer Geburt starb. Wir hatten beide, je eine neue Rolle angenommen in unserem Leben, welche uns offenbar gefiel!

Da meine Mutter uns früher eher als ängstlich in Bezug auf das Sterben in Erinnerung war und sie uns aber einen so sanften Tod vorlebte, glaube ich, dass unsere Gespräche sehr dazu beigetragen haben, in Frieden und ohne Angst von dieser Welt zu gehen und in der Hoffnung auf ein Wiedersehen.

Ja, so war und ist mein eigenes Empfinden, mein Glaube, auch heute noch. Ich versorgte und begleitete meine Mutter unwahrscheinlich gern. Es bereitete mir einfach Freude, fast schon Vergnügen, alles für sie zu tun. Selbst nachts stellte ich mir alle zwei Stunden den Wecker, um nach ihr zu sehen und sie auf die andere Seite zu drehen. Alles, wirklich alles machte mir ehrlich „Spaß"; denn ich sah täglich die Freude in ihren Augen. Das allein war es schon wert.
Ihr Hausarzt sagte damals einen sehr bezeichnenden Satz zu ihr: „Hier findet der *Himmel auf Erden* statt, Frau Kriege!"

An dieser Stelle komme ich zum Anfang meiner Beschreibung zurück. Die zarten Worte, die aus ihrem Schlafzimmer an mein Ohr drangen, (obwohl sie zu diesem Zeitpunkt kaum noch sprechen konnte), die sie rief, nein, die sie sang (aber trotzdem deutlich hörbar), lauteten: „L i i i e s e l, - L i i i e s e l, - mein rosarotes - Liiieselchen!"

Es war als wäre soeben ein Wunder geschehen! Ich war so gern zu Hause mit ihr, um sie herum, für sie da. Sie spürte es und drückte ihren Dank so zart wie möglich aus, nicht in himmelblau, aber in r o s a - r o t.

Rosarot sah meine Mutter wohl die Welt um sich herum, obwohl sie einer rundum Pflege bedurfte. Bewusst ließ ich hier alle Begriffe, die Krankheit, Medizin, Pflege usw. betrafen, in dieser so wunderbar erlebten Geschichte aus. Sie sollten das *„Zarte"* nicht überdecken, denn *„Dieses"* war ja viel stärker, als das profane Leben.

Heute, oder besser ein Jahr nach ihrem Tod schon, sah ich die Dinge wie sie gelaufen waren sehr klar vor mir: das, was ich wohl in meinem Leben vermisst und dann gesucht hatte, habe ich nie gefunden, geschweige denn erreicht; außer, etwas ganz anderes, durch diese drei Jahre, in denen ich meine Mutter pflegte.

In dieser Zeit geschah nicht nur mit ihr etwas ganz Besonderes, sondern eben auch mit mir vollzog sich da etwas Neues, ganz Merkwürdiges. Ich empfand so etwas wie Erfüllung! Wie Glück!, dass ich das tun durfte. Die Gefühle waren so stark und so mächtig, dass ich demütig Gott dankte dafür, dass er mir diese, so große Erfahrung in mein Leben gebracht hatte. Ich wurde wieder tiefer gläubig; denn ich sah sehr klar was dahinter stand! Reine wahre Liebe, ohne Zweckgebundenheit, nur einfache bedingungslose Liebe. Wenn SIE uns aktiv werden lässt, sind wir glücklich.

Es war und ist noch immer das einfachste Prinzip, das es gibt auf dieser Welt. Ich würde es immer wieder tun, auch, um dieses *Erfülltsein* nochmal zu erleben!

Dieses intensive Zusammenleben mit meiner Mutter, auch wenn meine zweite Ehe damals zerbrach, hat denn auch mein weiteres Leben geprägt. Es hat mir einen neuen Blickwinkel offenbart. Meine neue Sichtweise über die wirklich wichtigen Dinge des Lebens nahm und nimmt mich ganz ein. Die wahren Werte hatten und haben ein unglaubliches Gewicht in mir angenommen: „Sich selber nicht so wichtig nehmen" - „Auf drei Jahre Eigenleben verzichten, macht glücklicher als alles Gold der Welt" - „Meinem jetzt erkrankten Bruder helfen, wo ich nur helfen kann!" usw. usw. - es gibt noch so viel zu tun. Neulich las ich den Satz: „Gemeinwohl gegen Gewinnstreben!" Das spricht mir aus dem Herzen.

Aus diesem Empfinden entstanden und entstehen noch immer in meiner Freizeit seither viele Texte, Gebete, Gedichte, Bilder und Lieder (mit ihren Melodien) von mir.

In einem kleinen Gebetbüchlein und auf einer CD wurde schon einiges festgehalten, um meine Gedanken weitergeben zu können. Alles beinhaltet die bedingungslose Schöpferliebe und ihre Vergebung, die im Jahre 2000 zu meinem Thema geworden ist. LIEBE ist die größte Macht!!!, egal in welcher Farbschattierung. Meine Mutter prägte SIE in ROSAROT. Auf meiner CD gab ich IHR den Titel ROSENROT.

Ich danke meinen Eltern, dass sie durch ihre Liebe mir das Leben geschenkt haben, obwohl sie gar nicht mit mir gerechnet hatten; denn meine Mutter wusste bei ihrer vierten Schwangerschaft gar nicht, dass sie Zwillinge bekam. Ich war die absolute Überraschung als meine Schwester als viertes Kind geboren war. Gerade mal fünf Minuten gab ich Mama Zeit - da war ich auch schon da. Einfach so - von jetzt auf jetzt.

Ich danke Gott in Demut, für die Gnade all' dieser Erkenntnisse und vor allem, für den Glauben daran! Ich spüre die Liebe meiner Eltern, insbesondere meiner Mutter, noch immer sehr, sehr deutlich in meinem Leben.

Anmerkung:
Leider verstarb Frau Krieges geliebter „großer" Bruder plötzlich und unerwartet drei Tage nachdem sie der Redaktion diesen Text übergeben hatte am 29. Juni 2013.

Eine Momentaufnahme.... das Schloss im Zeichen des „Dannebrog!"

IRIS GLUTH
Georgsmarienhütte

Das Themenjahr Dänemark 2012 brachte die gebürtige Dänin schlagartig in das „Rampenlicht" des Osnabrücker Landes.
1950 in Holbeck auf der dänischen Insel Seeland, auf der auch die Hauptstadt des Königreiches liegt, geboren, und seit vielen Jahren Wahl-Iburgerin.
Kirsten Skarsø: „Dänemark ist schön, klein - und das Beste: überall ist Meer! Nur die Berge habe ich immer vermisst!"
Seit dem 1. Juni 2002 wohnt Kirsten Skarsø mit ihrem Mann Hans-Jørgen in Bad Iburg, und zwar an einem der höchsten Punkte des Städtchens, dem Urberg.
Aus ihrer Wohnung hat sie einen phantastischen und unverbaubaren Blick über den Kneipp-Kurort Bad Iburg bis weit in das Münsterland hinein.
Vielen Bewohnern war die Familie Skarsø bis zum Jahre 2012 unbekannt. Aktiv, und dadurch bekannter, wurde Kirsten Skarsø durch ihr vielfältiges Engagement in dem städtischen Themenjahr „Velkommen Dänemark 2012".
Ein buntes wie turbulentes Programm stellte Kirsten Skarsø mit ihren Helfern für die „Märchenhafte Schlossnacht" zusammen. Sie hatte mit großem Engagement die Inszenierung übernommen.
Die „Allround-Künstlerin" stellte drei Märchen von Hans-Christiansen Andersen vor:

„Die Prinzessin auf der Erbse",
„Des Kaisers neue Kleider" und
„Tölpel Hans".

Die Bad Iburger Dänin brachte eine Menge origineller Ideen und Bräuche ihrer skandinavischen Heimat ein.
Vor weit über 500 Kindern und Erwachsenen wurden die Erzählungen längst vergangener Zeiten lebendig.
Gespielt nur von Laiendarstellern aus Dänemark und aus Bad Iburger Vereinen, Schulen und des öffentlichen Lebens.
Durch Musik und Tanz und zeitgenössische Requisiten wurde die Aufführung vor einer malerischen Kulisse des Schlosses wirklich zu einer märchenhaften Schlossnacht.
Prominentester Mitspieler bei „Des Kaisers neue Kleider" war Bad Iburgs Bürgermeister Drago Jurak. Was für ein Bild, mochte sich mancher Zuschauer gesagt haben: Der Bürgermeister als Kaiser mit einer vollen Staats-Schatulle, aus der er mit vollen

Händen Goldstücke verteilt - wenn das wahr wäre! „Das kann ich natürlich nicht in die Realität übertragen. Aber ich will sagen, dass es unheimlich viel Spaß gemacht hat, mit den anderen Mitwirkenden zu spielen", so die spontane Aussage des Bürgermeisters.

Drei Stunden lang stand die Iburg bei herrlichstem Sommerwetter im Zeichen des „Dannebrog", der dänischen Nationalflagge.

Kirsten Skarsø hatte einige Verwandte aus Dänemark zum Mitspielen engagiert und die Kostüme eigenhändig aus Dänemark geholt.

Unter anderem mit Uwe Schäfer als Hans-Christian Andersen, Joana Weßling als Meerjungfrau, der Märchenerzählerin Waltraud Weiß-Hackmann und dem Conferencier Udo Herz, Vorstandsmitglied der Volksbank Osnabrück eG, fand die abwechslungsreiche Show den dankbaren Applaus eines zufriedenen Publikums.

Zum Finale ging der Gesang von Ute Gartmann mit „What a Wonderful World" unter die Haut - und der Schlusspunkt: ein atemberaubender Feuerzauber im Innenhof des Schlosses - einfach grandios.

Eine Veranstaltung, die lange in Erinnerung bleiben wird. Die „Märchenhafte Schlossnacht", es muss gesagt werden, belastete nicht das Stadtsäckel - nein, eine Inszenierung von interessierten Bürgern - einfach vorbildlich für zukünftige Aktivitäten in unserer wunderschönen historischen Stadt.

„Das Leben ist das schönste Märchen, denn darin kommen wir selber vor.“ *(Hans Christian Andersen)*

WALTRAUD WEISS-HACKMANN
Wallenhorst

Die wunderschönen Märchen von H. C. Andersen begleiten mich schon seit meiner Kindheit. So ist es nicht überraschend, dass sie mir viel bedeuten und ich sie gerne erzähle.
In meinem Repertoire sind außerdem zahlreiche Roma-Märchen und Märchen aus aller Welt.
Seit 2001 erzähle ich öffentlich bei Veranstaltungen in Kulturzentren, Museen, Galerien, Kindergärten, Schulen und Altenheimen.
Im Jahr 2002 und 2003 war ich Mitinitiatorin der Osnabrücker Märchenwoche.
In unterschiedlichen Programmen verbinde ich Erzählung, Tanz und Musik zu einer stimmungsvollen Einheit. Um neue Elemente in meine Auftritte einzubringen, ist es mir wichtig, mich weiter zu entwickeln: Nach zehnjähriger Erfahrung im Ausdruckstanz nahm ich dreizehn Jahre Unterricht in traditionelle Tänze des Orients, speziell Romatänze- und seit 2005 Flamenco-Unterricht.
Außerdem belege ich Märchen-Seminare bei der Europäischen Märchengesellschaft, ergänzt durch regelmäßige Workshops zur Sprach- und Stimmgestaltung. Als spannende Bereicherung empfinde ich das gemeinsame Erzählen im Emsdettener Märchen- und Sagenkreis.

Anmerkung vom Herausgeber:
Märchen vorlesen - die übliche Art, Märchen den Kindern und Erwachsenen näher zu bringen. Mir fiel Waltraud Weiß-Hackmann bei der „Märchenhaften Schlossnacht" in Bad Iburg im September 2012 durch ihre lebhafte und lebendige Art des Märchen-Erzählens auf.
Ihre Erzählweise war faszinierend - so entstand eine wirklich märchenhafte Stimmung. Durch die Spielfreude der Aktivisten, die Zufriedenheit des breitgefächerten Publikums aller Altersschichten und die ebenfalls märchenhafte Abendsonne war die Veranstaltung ein wahrer Genuss.
Die Märchenerzählerin Waltraud Weiß-Hackmann aus Wallenhorst hat einen interessanten Werdegang: Bei Erneste Junge aus Osnabrück erlernte sie den Ausdruckstanz. Fortführenden Unterricht in den traditionellen Tänzen des Orients nahm sie bei der Tänzerin und Tanzethnologin Helene Eriksen, die in Göttingen und Seatle ihren Wohnsitz hat.
Flamenco-Unterricht bei Nikolaus und Antina Gutenberger in Düsseldorf und bei Angeles Santiago in Detmold sind weitere Stationen.
Ihre künstlerischen Tätigkeiten, hier in Auszügen: Mitwirkung im Tanztheater Stakato zum 350. Jahrestag des Westfälischen Friedens in Osnabrück. Aktiv beim „Festival der Musik" der Roma und Sinti in Berlin. Mitwirkung bei „Märchen, Musik und Tanz" in Marfa in Archangelsk, Russland. Veranstaltung „Märchen-Erzähl-Festival" in Gelsenkirchen. Auf der dänischen Insel Bornholm aktiv beim Märchenfestival. Mitwirkung als Märchenerzählerin und Tänzerin bei der „Flamenco-Matinee" in Bielefeld. Eine vielseitig gestaltende Künstlerin.

Mensch! Motivation!

BERTHOLD KONJER
Georgsmarienhütte

„Wie kommt es bloß, dass junge Menschen immer wieder so wenig erklären können, welche Ziele, Träume oder Wünsche sie in ihrem Leben haben oder verwirklichen möchten?" Diese Frage habe ich mir immer wieder gestellt. Sowohl in Vorstellungsgesprächen, in denen die Bewerber auf diese gezielte Frage keine Antwort wissen, als auch z.B. zum Abschluss nach den mündlichen Prüfungen für Automobilkaufleute und Groß- und Außenhandelskaufleute. Dass jemand nicht immer ein konkretes Ziel hat und dahin auch probiert, weil er seinen Interessen folgt, ist gut nachvollziehbar. Somit wählt der eine den Berufsweg, weil er gerne handwerklich arbeitet, die andere einen anderen, weil sie z.B. gerne bestimmte Bücher liest. Spätestens daraus jedoch final abzuleiten, welcher Berufung diese Menschen folgen möchten, ist leider selten erlebbar und spiegelt sich logisch entsprechend häufig in den Leistungen wider.

Die Frage nach dem Motiv, also dem zielgerichteten Grund für eine Entscheidung, ein Handeln oder eine Vorgehensweise zur Berufs- und Lebensplanung, sollte meiner Meinung nach in diesem Zusammenhang eindeutig im Vordergrund stehen.

Nicht selten fehlt bei genauerem Hinterfragen offenbar eine Prägung durch Eltern und Freunde. Die Profilierung durch das intensive Auseinandersetzen mit den Kindern und deren Bedürfnissen, Sorgen, Ängsten und Nöten, aber auch das Aufzeigen von Strukturen und möglichen Lebensregeln sowie wichtigen Grenzen halte ich für enorm wichtig.

Wenn ein Kind oder junger Mensch völlig autonom und ohne die Vermittlung von Werteankern in und durch das Leben geht und kein Profil hat, an dem es sich festhalten und orientieren kann, erhält es bzw. er letztlich das Gefühl von Hilflosigkeit und Verunsicherung, verbunden mit fehlender, aufrichtiger und herzlicher Wertschätzung.

Ich freue mich stets sehr, wenn ich Bewerbern und denen, die schon in unserem Unternehmen, dem Audi-Zentrum Osnabrück, arbeiten eine echte Chance zur Verwirklichung ihrer Ziele durch aktives, konstruktives, miteinander Arbeiten geben kann. Es gibt auf diesem Weg große Herausforderungen und viele positive Erfolge. Dabei aufeinander zu achten, sich zu respektieren und die Wertschätzung, die ich selbst erwarte meinem Mitmenschen gegenüber zu geben, ist jeden Tag zentrale Aufgabe, um letztlich auch betriebswirtschaftlich an das Ziel kommen zu können.

Das Spannende für mich ist das täglich neue ganzheitliche Erlebnis Mensch. Jeder fordert und fördert durch seine Persönlichkeit auf so unterschiedliche Art und Weise. Zugleich motiviert er mich so facettenreich durch die Erkenntnis, wieder ein

Stück gemeinsam erlebt, aber auch produktiv geschaffen zu haben. Lob und Kritik in ausgewogener Vielfalt sind dabei überwiegend die Leistungsbringer mit nachhaltiger Wirkung in der Loyalität, aber auch der Erlebbarkeit für unsere Kunden als Begeisterungsfaktor.

Das versetzt uns gemeinsam in die Lage, erfolgreich unsere Ziele zu verwirklichen und uns selbst in unserer Arbeit wieder zu finden. Denn was gibt es schöneres als die Feststellung treffen zu können: „Das ist auch meine Idee, mein Beitrag und meine Leistung die ich hier wiederfinde!"
Motivation! Mensch!

Finde Deinen Weg!

Die meisten Führungskräfte zögern,
ihre Leute mit dem Ball laufen zu lasen.
Aber es ist erstaunlich,
wie schnell ein informierter und motivierter
Mensch laufen kann.

Lee Lacocca

Das tollste Erlebnis welches mich jeden Tag aufs Neue motiviert ist die Geburt unserer Tochter. Da sie sich entschieden hatte in der sogenannten Steißlage zu verharren, wurde sie per Kaiserschnitt geboren. Wie es ja zur Ablenkung oder Entspannung im OP durchaus der Fall ist, spielte auch zu diesem Zeitpunkt Musik im Radio. Genau dann, als die Chirurgin mit der OP begann, begann auch das Lieblingslied von meiner Frau und mir im Radio zu spielen: „Angels" von Robbie Williams. Und so hat meine Frau unserer lieben Maus mit unserem Lied das leben geschenkt.

Kam mit „Angels" von Robbie Williams auf die Welt.

Haben wir heute Grund zum Klagen?

Aus einem Brief vom 16.02.1949, der uns vorliegt.

Familie Friedrich und Anneliese Worch
Hildesheim

Liebe Erna!

Zu Deinem Geburtstag senden wir Dir unsere herzlichsten Glückwünsche, vor allem möchten wir Dir Gesundheit für Dich und Deine Lieben und baldige Wiederkehr Deines Mannes (aus der russischen Gefangenschaft) für das neue Lebensjahr wünschen.

Nun ist es Fritz endlich gelungen, etwas Mehl aufzutreiben, er ist gestern extra nach Bockenem gefahren, heute ist es abgegangen und wollen wir hoffen, dass es noch rechtzeitig zum Geburtstagskuchenbacken dort eintrifft. Es ist furchtbar schwer, an Mehl heranzukommen, nirgends wollte es klappen und hatten wir die Hoffnung schon beinahe aufgegeben.

Gestern erhielten wir auch Dein Paket, recht herzlichen Dank dafür. Leider waren die Eier alle entzwei, das hat mir sehr leid getan. Auch dafür hab vielen Dank. Den leeren Kasten schicken wir gleich mit dem Mehl zurück.

Wir stehen nun mit leeren Händen dar und haben für Dich gar nichts, aber ich denke, wir werden es mal wieder rechtmachen können.

Geht bei Euch auch die Grippe so um? Ich bin schon die zweite Woche krank und Renate legte sich auch 2 Tage nach mir. Wir mussten die Oma Worch aus Ostendorf holen, die uns dann versorgte. Ich bin nun seit 3 Tagen wieder auf, aber es ist noch nicht das Richtige, heute fühle ich mich gar nicht gut. Der Husten quält mich noch sehr und dabei bin ich so matt und unlustig. Solche Grippe dauert eben seine Zeit, da kann man nichts machen. Aber es ist scheußlich, wenn man nicht so kann, wie man möchte. Renate liegt noch im Bett, aber es geht ihr schon wieder ganz gut, sie hatte noch eine Ohrengeschichte dazu bekommen.

Hatte ich mich für das vorige Paket schon bedankt? Wenn nicht, möchte ich es hiermit nachholen. Ein Hemd für mich ist schon in Arbeit, auch Strümpfe haben wir schon mit dem Garn von Euch angestrickt.

Nun feiere Deinen Geburtstag recht nett im Kreise Deiner Gäste, die sicher nicht fehlen werden - und lasst Euch den Kuchen gut schmecken.

Nochmals alles Gute und viele herzliche Grüße Dir, Waltraud und Oma, Deine vier Hildesheimer.

Anmerkung:
Wie schnell sind die Zeiten vergessen!

Ein fremder Junge auf unserem Hof

DR. MICHAEL LÜBBERSMANN
Landrat des Landkreises Osnabrück

Ich habe meine Kindheit auf einem Hof in Belm-Icker verbracht. Ich war schon als kleiner Junge dabei, wenn die Kühe gemolken wurden, die Kälber ihr Futter bekamen oder die Schweine umgetrieben wurden. Vor den Borstenviechern hatte ich mächtig Respekt: meine Mutter brachte mich und meine beiden kleinen Brüder immer in einer Futterkiste in Sicherheit, wenn die wilden Vierbeiner über die Stallgasse gesaust kamen.

Je älter wir Kinder wurden, umso mehr Verantwortung mussten - oder aus heutiger Sicht - durften wir übernehmen. Melken, Zäune reparieren, im Wald Holz schlagen und neue Fichten setzen, die Äcker bestellen: als Kinder und später als Jugendliche hatten wir oft das Gefühl, dass einfach nicht genügend Zeit zum Spielen, Herumtoben oder Fußball spielen übrig blieb.

Als ich zwölf war, brachte mein Vater eines Tages einen fremden Jungen mit auf unseren Hof. Kurt war vierzehn und konnte fürchterlich fluchen - meine Brüder und ich waren definitiv schwer beeindruckt. Und plötzlich war der kräftige, immer etwas knurrige Junge überall dabei: er zog mit uns Ende Oktober bei Minustemperaturen Runkelrüben, stapelte mit uns Heu- und Strohballen und bereitete voller Stolz mit uns die Tiere für den Zuchtviehmarkt in Osnabrück vor. Genauso saß er mit uns am Mittagstisch, schimpfte mit uns „kleinen" Jungs, wenn wir etwas angestellt hatten, und sang mit uns unter dem Weihnachtsbaum.

Erst sehr viel später erfuhr ich, dass Kurt aus schwierigsten Verhältnissen stammte und gerade aus der Schule geflogen war. Ein befreundeter Pädagoge hatte meinen Vater gebeten, den Jungen unter seine Fittiche zu nehmen - und der hatte ohne lange zu überlegen zugestimmt. Übrigens hat Kurt später noch seinen Schulabschluss nachgeholt und eine Lehre absolviert - und ich weiß, mein Vater war sehr stolz auf ihn.

„Von Lodz nach Bad Iburg im Osnabrücker Land“

HARRY JAHNS
1. Preisträger des Courage-Preises

Kriegsbeginn und Einmarsch der deutschen Wehrmacht

Es muss Sonntag, der 1. September 1939 gewesen sein, als ich mit meiner Mutter-beide noch polnische Staatsbürger deutscher Herkunft, sog. Volksdeutsche- über den Rasen eines Sportplatzes nahe unserer Wohnstraße „Golembia" Nr. 9, später in „Taubenstraße" umbenannt, spazierte. Ich erinnere mich genau daran, dass die Kirchenglocken offenbar den Kriegsbeginn einläuteten und meine Mutter von heftigen Weinkrämpfen geschüttelt wurde, wie von einer Vorahnung, was der Bevorstehende Krieg an Leid über sie bringen würde.

Vor dem Einmarsch der Deutschen war die Aufregung unter Polen und Deutschen gleichermaßen groß, die Gerüchteküche brodelte! Man habe einen Deutschen dabei ertappt, wie er mit einem Spiegel in der Hand auf dem Dache stehend via Sonne den deutschen Flugzeugen Zeichen zugeblinkt habe. Einer deutschen Frau seien in einer Nacht Hakenkreuze in die Brüste geschnitten worden, und vieles mehr! Aus dem Buch von Armin Hirsekorn habe ich erfahren, dass es unter den Lodzer-Deutschen Männern Todesopfer durch polnische Täter gegeben haben soll! Unsere Familien hatten auch Angst und die Väter, in den deutschen oder jüdischen Fabriken arbeitend, rieten ihren Frauen mit den Kindern „aufs Land" auszuweichen. Also fuhren wir zu unseren Holzhäuschen, die sich etwa vier Kilometer von Tomaschow, mit Namen „Kolonie Neu Wilhelmswald" befanden, um uns vor polnischen Horden in Sicherheit zu bringen.

Familienvater August Steinbrenner, der mit Frau und seinen zwei Söhnen in Stefanow, einem rein polnischen Dorf etwa 20 Kilometer von Lodz entfernt wohnte, wurde von den polnischen Dorfbewohnern wegen des drohenden Kriegsbeginns- richtiger wäre die Wortwahl. „wegen des drohenden Überfalls"- mit dem Tod bedroht. Sie verfolgten ihn mit dem Satz „Schwaby, do Berlina!" (Schwaben, ab nach Berlin!), so dass die Familie 1938 „über die grüne Grenze" nach Deutschland fliehen musste. (Schwaby = „Schwaben", Schimpfwort für Deutsche)

Am letzten Abend vor dem vermuteten Einmarsch der Deutschen vergruben unsere Mütter und Großmütter einige Habseligkeiten in hölzernen Truhen neben dem Häuschen von Oma Wanda Böttcher. Sie streuten ein bisschen Laub darauf, um es zu tarnen und wir zogen uns in Omas Haus zurück (Oma Böttcher, Oma Jahns, Tante Wanda Klemm, Tante Spielmann, Tante Else und Mutter). Wir hatten uns kaum in dem einzigen Raum des weiß getünchten Häuschens gesetzt, als wir Pferdegetrappel hörten und ein Trupp polnischer Kavallerie auf dem Hof erschien. Kurz darauf klopte es an der Tür und ein polnischer Offizier bat um Quartier und ein Abendbrot für sechs bis zehn Offiziere. Die Frauen brieten Spiegeleier zu Brot und Kwas oder Tee. Im nahe gelegenen Birkenwäldchen, auf dessen geschlungenem Pfad ich mit einem gebogenen Ästchen meine

„Motoradfahrten" betrieb, hörte man Geräusche vom Abhacken von Birken zum Zwecke der Tarnung. Oma Böttcher geriet derweil in Panik, weil sie unbeabsichtigt ein faules Ei in die Pfanne gehauen hatte, aber es wurde zum Glück nichts bemerkt.

Danach boten die Frauen den Offizieren das 200 Meter entfernte Häuschen der Oma Jahns zum Übernachten an. Wir hatten bisher natürlich nur Polnisch gesprochen. Als meine Mutter mit Oma Jahns die Holztür öffnete, fiel der Lichtschein auf einen gerahmten Spruch in deutscher Sprache: „Der Herr ist mein Hirte, mir wird nichts mangeln!" Ein Schock durchfuhr ihre Herzen, denn sie fühlten sich nun als Deutsche verraten und fürchteten sich sehr. Doch die Herren Offiziere ließen sich nichts anmerken. Später vermuteten wir, das es sich möglicherweise um Deutsche in polnischen Uniformen gehandelt haben könnte.

In ihrem Buch „Die Töchter der Weber" berichtet Ina Weise, die aus einer immens reichen deutschen Fabrikantenfamilie aus Lodz stammt, folgendes: „Dann holte sie (die Urgroßmutter) den Orden hervor, den ihr Sohn posthum, nachdem er im November 1914 bei der ersten russischen Offensive gegen das Osmanische Reich im Kaukasus gefallen war, für seine Tapferkeit erhalten hatte." Und: „Onkel Eugen musste zweimal in den Zweiten Weltkrieg ziehen. Zuerst als polnischer Offizier gegen die Deutschen, und nachdem Polen annektiert worden war, für die Deutschen gegen die Russen."

Das soll belegen helfen, dass die oben genannten Vermutungen meiner Mutter und Oma nicht grundlos waren!

Etwa eine Stunde später wurden wir Kinder von großem Lärm geweckt; Pferdegetrappel, Stimmengewirr und Rufe „Wjo! Wjo!!" was im Polnischen eine spezielle Aufforderung für Pferde ist, loszulegen. Innerhalb einer Viertelstunde waren alle polnischen Truppen verschwunden. Danach trat für etwa eine Stunde eine gespenstische Stille ein. Allmählich wurde es heller und plötzlich nahmen wir aus weiter Ferne ein anderes Geräusch wahr. Es musste von der fünf Kilometer entfernten Tomaschower Chaussee kommen und stellte sich als ein leises Surren von Motorfahrzeugen dar. „Das müssen die Deutschen sein!", riefen die Omas und Tanten. Kurz darauf, es wurde schon richtig hell, waren wir alle auf dem Weg nach Grömbach zur Chaussee! Als Tante Wanda im feuchten Sand des Waldrandweges diese seltsamen Spuren von genagelten Stiefeln sah,(alle deutsche Soldatenstiefel hatten symmetrisch angeordnete Nägel unter den Sohlen!) kniete sie nieder, sah zum Himmel auf und sagte. „Herr, nun lässest Du Deinen Diener in Frieden fahren, denn meine Augen haben Dein Heil gesehen!"

Zur Erklärung der pietistischen Frömmigkeit unserer Familie soll dies kleine Beispiel dienen: Wenn ich bei meiner Oma Böttcher übernachtete- natürlich mit in ihrem bett- ließ sie mich nach dem Nachtgebet meine Händchen führend bekreuzigen und mit dem original-lutherischen Worten sagen: „Dass walte Gott Vater, Gott Sohn und Heiliger Geist! Amen!", was ich von keiner heutigen evangelischen Strömung kenne. Darauf schloss sie etwa mit den Worten: „Wenn wa morgen frieh wern läbn, wärma z`ärscht die Hiehna fittern!"

Wir erreichten die deutsche Armee nach etwa einer halben Stunde und fanden eine ermattete, aber fröhliche Armee vor, die einen 16stündigen Marsch hinter sich hatte. Ich bekam einen Helm voll Süßigkeiten und mein erstes 10Pfennigstück. Die jüngsten Soldaten waren 16jährig und hatten zum Teil blutige Füße. Also zog Tante Wanda als Erste ihre Strickjacke aus, zerschnitt sie in mehrere Teile und bot sie den jungen Soldaten als Fußlappen für ihre blutigen Füße an. Meine pietistisch-fromme Frauenverwandtschaft entdeckte das „Gott mit uns" auf den Koppelschlössern aller Soldaten, und als General-Oberst von Brauchitsch mich auf sein Pferd heben ließ und dann seinen Adjutanten mit lauter Stimme verkünden ließ: „Helm ab zum Gebet!", war meine fromme Verwandtschaft völlig aus dem Häuschen!

Nach dieser ersten Begegnung mit der deutschen Wehrmacht an der Tomaschower Chaussee hatte ich noch Gelegenheit zu sehen, wie ein paar Scharfschützen sich in aller Ruhe im Straßengraben in Position brachten, um eine am Waldrand aufgetauchte polnische Reiterpatrouille abzuknallen. Ich erzählte den Soldaten, dass auch bei uns am Waldrand hin und wieder polnische Soldaten mit Lehm beschmierten Gesichtern auftauchten, um Wasser oder etwas Heu zu erbitten und in einem Falle riefen sie verzweifelt aus: „Pa`ni, Bomba za Bombom! (Frau! Eine Bombe nach der anderen!) Wir aber mussten Oma Böttcher den Mund zuhalten, damit sie uns mit ihrem schlechten Polnisch nicht verriete.

Ein besonders schlechtes Gewissen, das mich noch heute quält, aber erst Jahre nach dem Geschehen auftrat, beruht auf folgendem Ereignis: Vor unseren vier Familien-Datschen- Holzhäuschen mit Veranden- verlief ein Sandweg, den ich zum Spielen als Sandkasten benutzte, weil im Durchschnitt höchstens einmal pro Woche ein Pferdewagen vorbeizog, Hinter diesem Sandweg begann der aus Kindersicht unermessliche Wald, dessen Ende ich nie gesehen habe. Nach dem Einmarsch der Deutschen war dieser Sandweg vor dem Wald die Grenze zum so genannten Generalgouvernement, dem von Deutschland (vorläufig!) verwalteten Restpolen.

Ich hatte während meiner Spielchen beobachtet, dass in gewissen zeitlichen Abständen deutsche berittene Wehrmachtsangehörige als Grenzpolizisten auf dem Sandweg vor dem Walde entlang Patrouille ritten. Bald bemerkte ich polnische Schmuggler, die sich durch das Steppengras in östlicher Richtung auf den Wald zu bewegten und sich in den Getreidefeldern versteckten, sobald sie die Patrouille bemerkten. Als die beiden Reiter eines Nachmittags vorbei kamen, lief ich auf sie zu, hielt sie durch meine Zeichen an, und sagte ihnen mit stolzem, patriotischem Tonfall, dass sich dort im Lupinenfeld eine Frau und ein Mann versteckt hielten. Nach meinem Hinweis ritten die beiden zur gezeigten Stelle und nahmen die beiden fest. Danach banden sie beide vor ihre Pferde und schlugen einen leichten Trab an. Ich hoffe, dass die arme Frau das durchgehalten hat, denn die nächste Grenzkontrollstelle lag in etwa 10 Kilometer Entfernung.

Zum Thema „Schlechtes Gewissen" noch dies: In dem erwähnten Buch von Ina Weisse fragt die Autorin beim gemeinsamen Besuch in Lodz ihre Mutter zum Thema Ghetto in Lodz:

....Also,......ihr müsst doch etwas bemerkt haben? Sie (die Mutter) wehrte ab. „Nein, wir haben nichts bemerkt."

Das „Nein" schrie sie jetzt fast!

Zur Entlastung der Mutter kann ich Folgendes beitragen: Meine Großeltern Jahns wohnten vor dem Krieg im Ortsteil Baluty, dem später mit Stacheldraht umzäunten Ghetto Baluty. Ich habe meine Großeltern vor dem Krieg, wie auch während des Krieges, häufig per Straßenbahn, bei uns Lodzern „Tramwai" genannt, besucht. Vor dem Krieg begleiteten mich meine Eltern, nach dem Einmarsch der Deutschen und als inzwischen Sechs- bis Elfjähriger fuhr ich häufig allein. Beim Anblick der jüdischen Bevölkerung gewahrte ich kaum einen Unterschied. Die streng gläubigen Chassidim- in Lodz sehr verbreitet- wurden von keinem Unternehmer eingestellt, weil sie den Sabbat heiligten und an

Samstagen nicht arbeiteten. Sie waren bitter arm, was auch an ihrer Kleidung sichtbar war. Außerdem töteten sie kein Tier- auch keinen Floh, keine Wanze, keine Laus! Ich sehe jüdische Männer, die ihre Rücken an Hausecken oder Laternenpfählen reibend ihre „Untermieter" zu dezimieren suchten, ohne eigenhändig töten zu müssen. Daher bot sich mir als Kind kein erkennenswerter Unterschied zum Anblick von vor dem Krieg, da ich diese schwarz gekleideten Männer mit schwarzen Hüten und den „Pejses" (Schläfenlocken) genauso an den Häuserecken stehen sah, wie vor der deutschen Invasion. Unterschiedlich war allein die Fahrt durch den fast ausschließlich von Juden bewohnten Stadtteil Baluty, nur, dass ab 1940 die Straßenbahn bei der Abfahrt abgeschlossen wurde und man unter den hoch errichteten Holzbrücken durchfuhr und die Straßenbahn nur im Notfall anhielt. Diese Holzbrücken wurden als Übergänge von einer zur anderen Straßenseite benutzt, weil ja der ganze Stadtteil von Stacheldraht umzäunt war. Den einzigen negativen Hinweis auf die Zustände im Ghetto habe ich von den Erwachsenen meiner Familie aufgeschnappt, als von einem Onkel berichtet wurde, der als Polizist über seine Einsätze im Ghetto nie aprach., bis auf den Hinweis, dass er lieber zehn Stunden Kohle schippen würde, als eine Stunde im Ghetto zu arbeiten. Später vermuteten wir, dass er wahrscheinlich zur Aufsicht beim Abtransport von Juden aus dem Ghetto abkommandiert worden war.
Diesen Umstand, dass der Anblick der jüdischen Bevölkerung für mich keinen besonderen Unterschied ergab, habe ich gegenüber dem Autor des Buches „Ich war Hitlerjunge Salomon" vor einigen Jahren erwähnt, als Herr Sally Perel zu einer Lesung in Osnabrück weilte. Er reagierte sehr abweisend und hat sich auf kein Gespräch mit mir eingelassen. Herr Perel wurde 1925 in Peine bei Braunschweig geboren und hat als Jude die zeit des Nationalsozialismus als Hitlerjunge überlebt. Als die Nazis den Druck auf jüdische Mitbürger verstärkten und das Schuhgeschäft der Eltern zerstört wurde, zog die Familie nach Lodz in Polen, nach Einmarsch der Deutschen in Polen floh Perel weiter in den sowjetischen teil Polens.

Luftangriffe und Erdbeereis

Die Luftangriffe der russischen „Bomber" wirkten im Vergleich zu den Bombardements, die wir später in Sachsen und im Westen Deutschlands erlebten, wie Kinderspiele. Wenn sie am Samstag stattfanden, pflegte meine Mutter mich in die Badewanne zu setzen. Sie versah mich mit einer Packung Erdbeereis auf einem Holzbänkchen vor mir und ich ließ es mir während des „Bombardements", von dem in der Regel nichts zu hören war, in der Badewanne gut gehen.
Trotzdem wurden Frauen mit Kindern aus Litzmannstadt „aufs Land" evakuiert- die wahren Gründe sind mir bis heute unbekannt geblieben.
Uns schickte man in ein polnisches Dorf mit einem deutschen Gutsbesitzer südlich von Litzmannstadt bei Ostrowo, wo wir in einer leer stehenden Schule einquartiert wurden.
Ich hatte inzwischen meine ersten drei Geigenstunden bekommen und konnte mit meinem Vater, der Weihnachten 1944 auf Urlaub von der Ostfront für ein paar Tage bei uns war, mein erstes Duo spielen. Ich strich dabei nur leere Saiten. Das war das letzte Mal, dass ich meinen damals 35-jährigen Vater sah. Nach seiner Rückkehr zur Front haben wir noch einen einzigen Brief vom Narev-Bogen (Grenzfluss zwischen Polen und Weißrussland) erhalten und danach nie wieder etwas von ihm gehört.

Ein Kapitel aus dem im Books on Demand Verlag (Norderstedt) erschienenen Buch von Harry Jahns

„Blinky Bill" – Sydney 2000

MICHELLE OSTMAN VON DER LEYE
Hagen a.T.W.

Die Olympischen Sommerspiele waren schon immer eines meiner Wunsch-Reiseziele. Um diesen Traum allerdings wahr werden zu lassen, mussten einige Voraussetzungen erfüllt sein: ausreichend Zeit, genügend Geld, das Beherrschen der Landessprache und reisewillige Freunde. Pünktlich zum neuen Jahrtausend stimmte alles, und so ging es auf zu den XXVII. Olympischen Spielen in SYDNEY - Down Under!

Im Vorfeld hatten wir uns mit Hilfe von australischen Freunden Karten für verschiedene Wett-

kämpfe sichern können. So sahen wir im Olympia-Stadion zum einen Leichtathletik - unter anderem Nils Baumann in seinem fulminanten 800m-Qualifikationslauf, der die Grundlage für sein Gold im Finale legte. Auch beim Basketball der Herren wurde es spannend: etwa bei den Qualifikations-Spielen von Angola gegen Russland und dem späteren Bronzemedaillenteam Litauen gegen das „All in Black" Kiwi-Team aus Neuseeland. Ganz besonders genossen haben wir das Kür-Finale im Dressurreiten, in dem das deutsche Team am Ende Gold in der Mannschaft und Silber in der Einzelwertung gewann, sowie den Geländetag der Vielseitigkeit im Horsley Park, an dem die Gastgeber den Grundstein für die Goldmedaille in der Mannschafts- und Silber in der Einzelwertung legen konnten.
Neben den Olympischen Spielen wollten wir in den zwei Wochen möglichst viel von Australien genießen. So reisten wir bereits über Melbourne nach „Down Under" ein und gaben uns für die Fahrt von Melbourne nach Sydney eine ganze Woche Zeit. Übernachtet wurde in stilechten Bed & Breakfast-Unterkünften. Wir fuhren durch das King Valley, sahen Kängurus, Kakadus, Emus, Rainbow Lorikets, Whombats, Tasmanian Devils und natürlich Rinder und Schafe, hielten in Milawa, um die „Brown Brother Winery" zu besichtigen, entdeckten dort den köstlichen „Sparkling Shiraz", ließen uns in der „Milawa Cheese Company" die Besonderheiten des heimischen Käses erklären und folgten danach dem

Ruf des Goldes in der Goldgräberstadt Beechworth. Wir standen vor dem Parlament in der Hauptstadt Canberra, warfen einen Blick auf die Tasmansee vor Wollongong und gelangten schließlich an unser Ziel: die Terry Hills nördlich von Sydney. Unsere Unterkunft dort war ein im Garten stehender Wohnwagen bei australischen Freunden.

Unser Plan war es, abwechselnd die Olympischen Spiele zu besuchen und nicht-olympische Aktivitäten wahrzunehmen. Zu letzterem gehörte der Besuch des Waratah-Parks, der damit wirbt, die Heimat von Skippy zu sein – für alle, die nicht im Thema sind: Skippy das Buschkänguruh war die australische Antwort auf Lassie und Flipper! Wir erforschten die surrealen Jenolan-Caves, besuchten die sagenumwobene Felsformation Three Sisters in den Blue Mountains, genossen die Tage am Palm Beach und die Abende im Sydney Hafen.

So fantastisch für uns die Olympische Spiele waren, so war es am Ende doch ein nichtolympisches Erlebnis, das uns am meisten in Erinnerung geblieben ist: Unser BridgeClimb der Sydney Harbour Bridge. Wir hatten gehört, dass es möglich sei, die Sydney Harbour Bridge über Servicewege zu besteigen. Mit viel Glück ergatterten wir drei Tickets für die Nachmittags-Tour, die durch die Abenddämmerung in die Nacht führt. Was unlängst vom Reiseführer Lonely Planet zu einem der Top-Ten-Adrenalin-Must-Have-Erlebnisse gekürt wurde, war vor zwölf Jahren noch nahezu unbekannt – und dazu als Klettertour von drei bis vier Stunden Dauer bis auf 134 Meter und mitunter unter heftigen Windböen eine echte Herausforderung!
Bevor wir auf die Harbour Bridge durften, hieß es: Schutzanzüge und eine Mütze gegen Wind und Wetter überziehen! Außerdem mussten wir eine Kopf-

lampe aufsetzen, um beim Einsetzen der Nacht für den Abstieg gut gerüstet zu sein. Ganz ehrlich: In unserem Outfit machten wir den Schlümpfen Konkurrenz! Nach der Einweisung für BridgeWalker, die jedem Neuling zuteilwird, wurden wir per Laufhaken an einem Stahlseil gesichert und bestiegen die Sydney Harbour Bridge.

Per BridgeWalk ging es für uns stetig nach oben auf der sich mit dem Wind bewegenden Brücke, die immerhin als eine der größten Stahlkonstruktionen der Welt gilt. Die Sekunden, an denen wir unter „Blinky Bill", dem roten Blinklicht auf dem höchsten Punkt der Brücke, standen und uns wie die Königinnen der Welt fühlten, waren einfach sagenhaft! Der Rundumblick aus der Höhe auf das Meer, die Hafenbucht und die Skyline von Sydney, der leicht salzige Wind auf der Haut, die Wärme der untergehenden Sonne im Gesicht, all dies erzeugte ein Gefühl von Freiheit und Dankbarkeit für das Schöne in der Welt. Für mich ein unvergesslicher Moment.
Australien im Jahr 2000: Wir sahen großartigen Sport, erlebten echte Gastfreundschaft und nahmen überwältigende Eindrücke mit von diesem faszinierenden Land, das zugleich eine Insel und ein ganzer Kontinent ist. G'day down Under!

Hotel Sacher Wien – Tradition im Wandel

Reiner Heilmann
Hoteldirektor

Das *****Sterne Superior Hotel Sacher Wien wurde 1876 von Eduard Sacher, dem Sohn des Erfinders der Original Sacher-Torte eröffnet und erlangte als Treffpunkt von Persönlichkeiten aus Adel, Politik, Wirtschaft und Kunst binnen kurzer Zeit Weltruhm. Das Haus befindet sich seit jeher in Privatbesitz und vereint das Beste aus mehreren Generationen. Die Faszination des Hauses besteht nicht allein in den zahlreichen Besonderheiten, die es als Hotel, als Restaurant, als Kaffeehaus, als Bleibe für kurz oder lang, als Treffpunkt und Wohlfühlort aufzuweisen hat.

Sacher in motion

... bedeutet einen Aufbruch in eine neue Ära. Prima vista ist „Sacher in motion" an Umbau- und Restaurierungsarbeiten im Hotel Sacher Wien sofort zu sehen. Doch „Sacher in motion" bedeutet mehr, denn es ist die permanente Umsetzung wie Vollendung eines Erneuerungsprozesses, der bereits vor rund zehn Jahren eingeleitet wurde. Mit diesem wird das Hotel Sacher in Wien sowie die Marke Sacher in die Zukunft geführt und erhält die Luxus-Hotellerie eine neue, besondere Note.

Sanft, aber doch deutlich erkennbar wurde das Sacher den Anforderungen des 21. Jahrhunderts angepasst und versucht, nicht im Jetzt zu verharren, sondern bereits den Luxus der kommenden Jahre und Jahrzehnte zu antizipieren wie umzusetzen. Luxus drückt sich nicht mehr durch äußerlichen Prunk aus, sondern vor allem durch Service, durch Zeit, durch Individualität"

Das Sacher ist berühmt für hervorragenden Service mit persönlicher Note in einem exklusiven Ambiente mit österreichischem Charme. All diese Attribute bedeuten aber kein Verharren, sondern eine permanente Erneuerung, die es erlaubt, die Erwartungen der Gäste immer wieder zu übertreffen und ihnen das zu bieten, was einen Aufenthalt angenehm macht: individuelle Gastlichkeit auf höchstem Niveau. Denn das Sacher folgt keinen Standards sondern setzt diese.

Prominente Gäste

Seit jeher finden hochrangige Staatsgäste und Persönlichkeiten aus Politik, Wirtschaft und Kultur im Hotel Sacher einen Ort, der nicht nur deren Status, sondern auch deren Persönlichkeiten respektiert, John. F. Kennedy, Kofi Annan, Herbert von Karajan, die monegassische Fürstenfamilie, John Malkovich, Sharon Stone, Anna Netrebko, Julie Andrews, Nicolas Cage ... ein Auszug aus einer Namensliste, die den Stellenwert eines Hauses besser nicht repräsentieren könnte - und die eine Vielzahl an pikanten wie amüsanten Geschichten zu erzählen weiß.

Doch: Diskretion ist oberstes Gebot im Sacher, was man erzählen kann, ist nicht interessant. Und was interessieren würde, kann man nicht erzählen!

HOTEL SACHER
HOTEL SACHER
Das Original
Hotel Sacher
WIEN

Individuelle Betreuung

Was es im Hotel Sacher bedeutet, auf die persönlichen Wünsche der Gäste einzugehen, beweist das Vertrauen, das Leonard Bernstein ein Leben lang dem Haus entgegen gebracht hat. Der Künstler verreiste niemals ohne seinen Flügel. „Zuerst kam am Morgen sein Klavier und mittags der Maestro selbst", erinnern sich Mitarbeiter des Sacher. Er buchte stets dieselbe Suite, die nach seinem Ableben nach ihm benannt wurde. Warum er die Räumlichkeiten so liebte, wurde erst bekannt, als er eines Tages ein Bild in „seinem Wiener Wohnzimmer" vermisste. Es war Eduard Veits Gemälde „Schwarz und Blond", das daraufhin unverzüglich wieder in Bernsteins Suite aufgehängt wurde.

Wussten Sie, dass ...

- Eduard Sacher 1876 sein Hotel ursprünglich „Hotel de l'Opera" nannte?
- Anna Sacher ihre Lieblingshündchen (Bullis) gelegentlich sogar mit Kaviar verwöhnte? Auf die Frage eines Gastes, was denn der Hund da fresse, soll Anna schlagfertig, aber etwas verlegen „Powidl. Zwetschkenmarmelade, Durchlaucht!" geantwortet haben.
- auf dem berühmten Tischtuch der Anna Sacher die Unterschrift Kaiser Franz Josephs fehlte, da er nie das Hotel Sacher betreten hat? Also griff Anna Sacher zu einer List: Sie bat des Kaisers Gefährtin Katharina Schratt, seine Unterschrift auf ein „Mundtüchl", eine Serviette, zu setzen. Diese fügte Anna Sacher in das Zentrum ihres Tischtuchs ein, das damit seine Krönung erfuhr.
- dass nach der Befreiung 1945 zunächst sowjetische Soldaten das Hotel Sacher besetzt und im Marmorsaal einen Pferdestall eingerichtet hatten?
- John Lennon und Yoko Ono, die bis heute gerne gesehener Stammgast ist, im Hotel Sacher 1969 ihr „Bag-In" veranstalteten und österreichischen Reportern, u.a. auch André Heller, Interviews gewährten, in denen sie, sich unter der Bettdecke verbergend, ihre Botschaft vom Weltfrieden verkündeten?

Als es noch eine innerdeutsche Grenze gab!

Gerd Schöwing
Bad Iburg

Eine Gruppenfahrt zu organisieren ist, wenn man Erfahrung hat, nicht (unbedingt) schwierig.
Diese Tour sollte eine besondere werden.
Ein Ehepaar war sofort beim Bekanntwerden der Reiseausschreibung nach Berlin (West- und Ostberlin) dabei. Der Grund aus der Sicht von „Helga" war, dass ihr Bruder in der Nähe Ostberlins lebte und sie sich nach ihrer „Auswanderung" in den Westen nicht mehr gesehen hatten - und auch nicht sehen durften.
Da die Fahrt auch eine Stadtrundfahrt Ostberlins beinhaltete, keimte bei Helga natürlich ein Funke Hoffnung, auf diese Weise zumindest ihren Bruder, wenn auch nur kurz, zu sehen!
Die Reisegruppe wohnte im Westteil der Stadt und ein Tag galt der „Hauptstadt der DDR".
Bei der „Einreise" in den anderen deutschen Staat musste ich als Reiseleiter mit den seit Monaten vorher ausgestellten Formularen auf Weisung eines Grenzbeamten in eine Art Baracke gehen, um eine endgültige Einfahrtsbescheinigung zu erhalten. Es ging verhältnismäßig schnell. Uns wurde ein „Stadtbilderklärer" (es gab keinen Stadtführer, denn das Wort „Führer" gab es nicht!) zugewiesen - und ab in den Bus! Auf dem Weg dahin nahm ich meinen ganzen Mut zusammen und fragte: „Ist es möglich, auch zu dem russischen Ehrenmal zu fahren?" Antwort: „Selbstverständlich, denn die Tour liegt fest und das Ehrenmal ist natürlich dabei. Weshalb fragen Sie?" Meine Antwort, etwas mutiger geworden: „Wir haben eine ‚Helga' in der Gruppe, die ihren Bruder seit Jahren nicht gesehen hat. Er wohnt unweit ‚Ihrer Hauptstadt' (die Formulierung fiel mir sehr schwer!) und hat Helga geschrieben, dass er sich den ganzen Tag am Ehrenmal aufhalten würde."
Keine Antwort, keine Reaktion von dem etwa 40-jährigen Stadtbilderklärer.
Hatte ich etwas falsch gemacht, würde die Reisegruppe durch das doch wohl sehr berechtigte Ansinnen meinerseits „leiden"?
Unser Stadtbilderklärer zeigte uns die Sehenswürdigkeiten seiner Hauptstadt - alles vollkommen, aber natürlich fuhren wir nur die streng festgelegte Tour der „Zentrale". Plötzlich stand der Bus auf dem Parkplatz des Ehrenmals.
Beim Aussteigen flüsterte mir, für mich völlig überraschend, unser „Führer" ins Ohr: „Ist er hier?"
Da ich Helgas Bruder nicht kannte, fragte ich sie: „Ist dein Bruder wohl hier?" Sie nickte nur, mit Tränen in den Augen. Sie hatte ihn bereits gesehen, konnte aber vor Aufregung nicht sprechen!
Unser Stadtbilderklärer wieder flüsternd zu mir: „Wir gehen jetzt sehr langsam zum Ehrenmal, halten uns etwas länger dort auf. Helga mit Mann und dem Bruder haben dann Zeit, sich auszutauschen. Aber in 45 Minuten müssen sie am Bus sein!"
Wie besprochen, fanden wir uns alle am Bus ein. Kaum zu ertragen war das Abschiedsnehmen zwischen Bruder und Schwester. So empfand es anscheinend auch der „Diener der DDR". Sein mir schon

vertrauter Flüsterton: „Der Fahrer soll die hintere Bustür öffnen, der Bruder schnell einsteigen, ICH habe nichts gesehen!"
Da wir im „Operncafé" einen kleinen Imbiss vorbestellt hatten, fuhren wir nach einiger Zeit dieses Gebäude an. Wir nahmen unsere reservierten Plätze ein - aber es fehlte (natürlich) ein Gedeck, weil wir den Bruder kurz entschlossen mit in das Café genommen hatten. Die Bedienung: „Es ist eine Person zu viel." Unsere Antwort: „Wir haben einen Gast zusätzlich eingeladen." Das ging aus der Sicht des Kellners überhaupt nicht. Der „Gast" durfte sich aber ausnahmsweise an einen anderen entfernteren Tisch setzen und musste selbst bestellen und bezahlen. Außerdem durfte es keinen Kontakt während des Essens geben, so frei war es in der „DDR"! Unser Führer durfte natürlich nicht eingreifen, weil er von der Anwesenheit Helgas Bruder nichts wusste - nichts wissen durfte!
Der Bruder musste auf Weisung unseres Stadtbilderklärers vor uns das Lokal verlassen - nicht ohne mich vorher wieder im Flüsterton zu informieren: „Der Bruder steigt in den hinteren Teil des Busses ein, setzt sich zu der Schwester und dem Schwager, dann haben sie bis kurz vor dem Grenzübergang etwas Zeit für sich - natürlich weiß ich nichts von dem Einstieg."
Kurz vor Erreichen der „Staatsgrenze" sagte der Stadtbilderklärer zum Busfahrer: „Stoppen Sie einmal, am hinteren Reifen ist etwas defekt, es klappert so." Die Antwort des Fahrers: „Ich habe nichts vernommen." Darauf die Antwort: „Stoppen Sie sofort und öffnen die hintere Tür. Der Reiseleiter soll nachsehen, er kann eine Person mitnehmen!"
Natürlich wusste ich sofort, wen ich mit aussteigen lassen sollte!
Diesen tränenreichen Abschied und die nicht enden wollende Umarmung zwischen Bruder und Schwester ging der Reisegesellschaft schon unter die Haut!

Aus heutiger Sicht klingt diese „Deutsche Geschichte" unwahrscheinlich - und doch liegt diese nur etwa 35 Jahre zurück!
Manch ein Deutscher sollte sich stets der ehemaligen Teilung Deutschlands bewusst sein. Erinnern wir uns der Worte der Bürger nach dem Fall der Mauer: „Wir sind ein Volk!"
Leider konnten wir den Namen des Stadtbilderklärers nie erfahren. Er bekäme ganz sicher eine Auszeichnung wegen Courage. Er war in einer schweren Zeit schon ein Held. Nicht alle „DDR"-Bürger waren mit dem Regime einverstanden, mussten es aber!
Bei dieser wahren Begebenheit spielte das Herz eines einzelnen Bürgers mit!
Ich verabschiedete mich, nachdem der Bus bis zum Grenzübergang gefahren war, von „unserem" Begleiter außerhalb des Busses mit einem aufrichtigen Dank (und einer kleinen Gabe).
Die letzten Worte des mutigen Stadtbilderklärers: „Bei Ihrer Einreise war natürlich ein Misstrauen meinerseits vorhanden. Man muss bei uns sehr vorsichtig sein. Man hat nicht nur Freunde. Sie waren eine nette Gruppe, es hat mir Freude bereitet, Sie begleiten zu dürfen. Wir haben BEIDE Glück gehabt. SIE, weil Sie einer Mitreisenden einen so berechtigten Wunsch erfüllen konnten, und ICH, weil wir während der Stadtrundfahrt im Bus nicht kontrolliert wurden!

Anmerkung:
Helga erkrankte einige Jahre später an Leukämie. Der Bruder wurde (die Mauer war bereits gefallen) im Jahre 1994 als Knochenmarkspender von den behandelnden Ärzten „empfohlen". Nach anfänglicher Angst, ja Sorge, willigte er aber doch einer Übertragung zu. Leider wurde die Knochenmarkspende von Helgas Körper abgestoßen. So konnte der Bruder das Leben seiner stets fröhlichen und lebensbejahenden erst 56-jährigen Schwester nicht retten.

Uschi Glas - von der Schirmherrin der Deutschen Stiftung Patientenschutz bis zum Verein „brotZeit"

GERD SCHÖWING
Bad Iburg

Eine Schauspielerin die durch heitere Rollen bekannt geworden ist, als Botschafterin für ein ernstes Thema, als Schirmherrin der Deutschen Stiftung Patientenschutz? Was zunächst widersprüchlich erscheinen mag, hat doch eine innere Logik. „Das Glück, auf der sonnigen Seite der Straße zu gehen, ist auch Verantwortung und Verpflichtung" - sagte Uschi Glas, als sie 1999 den Courage-Preis für ihr Engagement in der Patientenschutzorganisation für Schwerstkranke und Sterbende erhielt.

Obiger Text stammt von Torsten Schöwing, Hamburg, aus dem Buch „Nur Profile hinterlassen Spuren ...".

Zwischenzeitlich hat sich das Engagement von Uschi Glas ergänzt. Sie hat mit ihrem Mann und Freunden einen Verein gegründet, der „brotZeit" heißt.
Der Verein hat sich zur Aufgabe gestellt, Grundschulkindern in Brennpunktschulen ein tägliches Frühstück zu sichern (wir geben Brot) und diesen benachteiligten Kindern auch eine Förderung in Form von Nachhilfe jeglicher Art zuteil werden lassen (wir geben Zeit).

Uschi Glas: „Hierfür haben wir fitte, interessierte, qualifizierte Senioren und Seniorinnen engagiert. Wir haben in München, Berlin, Hamburg, Leipzig und Heilbronn inzwischen über 100 Schulen, das heißt täglich kommen ca. 4.000 Kinder zum Frühstück bzw. zur Förderung. Wir beschäftigen inzwischen über 500 Senioren/innen. Demnächst schlagen wir unsere „Zelte" im Rhein-Ruhr-Gebiet auf."

Ins Leben gerufen wurde die Vereinsidee Ende 2008 von der Schauspielerin Uschi Glas, ihrem Ehemann Dieter Hermann, dem Rechtsanwalt Dr. Harald Mosler und seiner Frau Gisela sowie einigen gleichgesinnten Mitstreitern.

Ein kleines, schlagkräftiges Team arbeitet hinter den Kulissen. Ein Großteil der Aufgaben wird ehrenamtlich erledigt. In der Vereinsgeschäftsstelle in München werden die Fördermaßnahmen bundesweit koordiniert und organisiert. In einzelnen Förderregionen sorgen aktive Senioren in „Vor-Ort-Büros" für einen reibungslosen Ablauf und stehen als erste Ansprechpartner für die Schulen zur Verfügung. Alle vierzehn Tage werden die geförderten Einrichtungen mit Lebensmitteln, die kostenlos von Firmen bereitgestellt werden, versorgt. Aktive Senioren beliefern die Schulen. Auch die „brotZeit"-Logistiker sind ehrenamtlich tätig und erhalten lediglich ihren Aufwand entschädigt.

Für das Förderprojekt „Brot geben" - das kostenlose brotZeit-Frühstück: Was muss eine Schule unternehmen, um in das Förderprojekt aufgenommen zu werden? Zum Beispiel muss die Schule in einer aktiven Förderregion liegen, sollte die räumlichen

Voraussetzungen, z.B. einen Frühstücksraum und passende Lagerkapazitäten haben, muss das Frühstück - neben der Nahrungsaufnahme - als „einzigartige Plattform für eine Unterhaltung in deutscher Sprache und praktizierte Integration" - verstehen.

Wie wird eine Schule in das Förderprogramm „zeit geben" aufgenommen?

Zum Beispiel muss sie am Programm „Brot geben" bereits teilnehmen, muss bereit sein, aktive Senioren in das Projekt einzubinden und die von „brotZeit" geforderten Rahmenbedingungen, wie die statistische Erfassung der Projektdaten, akzeptieren.
Weitere Informationen unter:
www.brotzeitfuerkinder.com

Wir helfen Kindern,

wir fördern Kinder,

wir geben Brot,

wir geben Zeit!

Schulkinder sollen keinen

Hunger leiden!

„brotZeit"

„Noch nie war ich meinem Herrgott so nahe“

GERD SCHÖWING
Bad Iburg

1988 - eine Fahrt in das Fjordgebiet Norwegens hatte ich organisiert. Es war eine Ausschreibung, die eine Vollverpflegung und das komplette Ausflugsprogramm in Westnorwegen beinhaltete.

Die einzige Ausnahme war, weil man die Witterungsverhältnisse in den Bergen nicht einplanen kann, ein Gletscherflug.

Das Eikum-Hotel in Hafslo war für einige Tage unser Quartier, von dem wir täglich unsere Ausflüge unternahmen. So lernten wir mit unserem eigenen Bus völlig zeit- und routenmäßig unabhängig die wunderbare Landschaft kennen.

Es war ein sonniger Tag, und schnell entschlossen ging es frühmorgens in die Richtung der Provinz Sogn og Fjordane. Diese Landschaft kann mit Superlativen aufwarten: hier liegt das größte Gletscherfeld Europas, der Jostedalsbreen und der „König der Fjorde", mit gut 180 Kilometern und bis zu 1308 Meter tiefe Sognefjord.

Auf dem großen Parkplatz zum Gletscher-Aufstieg standen zwei Helikopter. Da es noch früh am Morgen war, hatten beide Piloten Zeit für uns. Von den 32 Mitreisenden wollten spontan 31 Personen gerne das Gletscher-Wunder von oben erleben. Es wurde schnell ein respektabler Preis ausgehandelt. Pro Start und Helikopter wurden 3-4 Personen zu einem 15-minütigen Rundflug mitgenommen.

Die ersten beiden Maschinen starteten. Wir warteten gespannt auf die Rückkehr und die Reaktionen der ersten Mitflieger.

Aus dem zuerst gelandeten Hubschrauber stieg Herr Mönkemöller aus, kam auf mich zu mit Tränen in den Augen und „fiel" mir in die Arme. Mein erster Gedanke war, dass dem Herrn der Flug nicht bekommen wäre. Dabei dachte ich natürlich an die noch offenen Flüge! Das Gegenteil meiner „bösen" Ahnung war der Fall. Herr Mönkemöller, 65 Jahre alt: „Lieber Herr Schöwing, solch ein Erlebnis habe ich noch nie erlebt. Einen Gletscher von oben zu bewundern, diese Farben, diese tiefen Gletscherspalten, das unendliche Eis - ich kann es nicht beschreiben - noch nie war ich meinem Herrgott so nahe."

Mir fiel ein Stein vom Herzen - und alle wartenden Personen konnten nach dieser Aussage gar nicht ihren Flug abwarten.

Und von allen kamen nach dem Flug euphorische deckungsgleiche Aussagen.

Abschied vom Kirchenvorstand nach 41 Jahren

Ein Rückblick aus dem Jahre 2012

DR. SIGRID PEES-ULSMANN
Osnabrück

Am 15. Juli 1971 nahm ich als Kirchenvorsteherin - damals als Nachrückerin - erstmals an einer Kirchenvorstandssitzung teil. Meine letzte Amtshandlung war die Visitationssitzung am 21. Mai 2012, am 10. Juni wurde ich von meinen Aufgaben als Mitglied des Kirchenvorstands „entpflichtet". Dazwischen liegen 41 Jahre gemeinsamer Arbeit mit vielen „Mitstreitern" im Haupt- und Ehrenamt an der St. Marienkirche Osnabrück.

Vertraut ist mir St. Marien seit 1953, als ich als 13-jähriges Mädchen nach Osnabrück kam und in den sonntäglichen Kindergottesdienst ging. 1956 wurde ich hier mit fast 400 Konfirmandinnen und Konfirmanden (Jahrgang 1941) konfirmiert. Seit der Konfirmation sang ich in der Marienkantorei, seit drei Jahren singe ich nun im Motettenchor.

Ich habe 10 Pfarrer an St. Marien erlebt, 6 Superintendenten, 6 Landessuperintendenten und 3 Kirchenmusikdirektoren, und sicher 40-50 Kirchenvorsteherinnen und Kirchenvorsteher. Bevor ich vor 6 Jahren zur Vorsitzenden gewählt wurde, erlebte ich vier Vorgänger in diesem Amt. Frauen waren in der St. Mariengemeinde in allen haupt- und ehrenamtlichen Ämtern immer in der Minderheit; aber immerhin gibt es in St. Marien jetzt eine Pastorin. Wir hatten eine Landessuperintendentin, eine Kirchenmusikdirektorin, und ich durfte die erste Kirchenvorstandsvorsitzende sein. Die Zusammensetzung des Kirchenvorstands hat sich in über 40 Jahren von 3 Frauen und 9 Männern (1971) nun seit 6 Jahren auf 6 Frauen und 6 Männern eingependelt.

Große Veränderungen gab es am Kirchengebäude. Die Schäden des Krieges waren 1971 weitgehend behoben, aber 1987-1989 wurde dann eine große Innen- und Außen-Renovierung erforderlich, so dass wir fast zwei Jahre ausziehen mussten. Der Marienturm war zwar bereits 1958/59 wieder errichtet worden, er musste aber 2003 ein zweites Mal gedeckt werden, weil Materialveränderungen eingetreten waren. Die Zeit der Kirchenrenovierung haben alle, die daran mitgearbeitet haben, in sehr guter Erinnerung, weil die intensiven Planungen, die häufigen Zusammenkünfte und das Durchsetzen der Vorstellungen des Kirchenvorstands uns alle zusammengeschmiedet haben. So war die Wiedereinweihung der Kirche 1989, direkt nach der Wende, zusammen mit der Oelsnitzer Schwesterngemeinde und Kirchenvertretern aus den Partnerstädten Greifswald und Derby ein großes Fest.

In der Zeit, als die Gemeinde „heimatlos" war, konnten wir in der Bergkirche und in der „Kleinen Kirche" (Gymnasialkirche am Dom) Gottesdienste feiern. Dadurch wuchsen unsere ökumenischen Beziehungen zu der reformierten und der katholischen Nachbargemeinde. Das Miteinander der verschiedenen Konfessionen - auch unter Einbeziehung der ACKOS, der Arbeitsgemeinschaft der christlichen Kirchen in Osnabrück - ist in den 41 Jahren meiner Kirchenvorsteherinnen-Zeit erfreulich verstärkt worden. Dafür bin ich sehr dankbar.

Ökumenische Gottesdienste in der ganzen Stadt, häufig auch in der Marienkirche, gehören zum Festablauf des Jahres. Viele theologische Vorträge im „Offenen Abend St. Marien" unter der Leitung von Pastor Sieg, zusammen mit dem Katholischen Forum, das mein Mann leitet, trugen zum besseren Verständnis der je anderen Konfession bei. Die freundschaftlichen Beziehungen zur „Kleinen Kirche" sind über mehr als 25 Jahre gefestigt worden und in den gemeinsamen Gottesdiensten, besonders im „Ökumenischen Feiermahl", erlebbar.
Höhepunkt des ökumenischen Miteinanders war der Katholikentag 2008 in Osnabrück, der auch für St. Marien zu einem großen Fest des Glaubens wurde.
Liturgische Veränderungen im Gottesdienst sind in der vergangenen Zeit immer wieder Thema in den Sitzungen des Kirchenvorstandes gewesen. Stärkere Beteiligung von Kirchenvorstehern und -vorsteherinnen in den Gottesdiensten, Einbeziehung des Abendmahls in den Hauptgottesdienst, häufigere Abendmahlsfeiern und stärkere Betonung der „communio", des Gemeinschaftsmahles, am runden Abendmahlstisch seit der Renovierung der Kirche, haben die Gemeinde von früher eher seltenen Teilnahme am Abendmahl an hohen Feiertagen zu einer Abendmahlspraxis auch in normalen Gottesdiensten geführt. So werden Wort und Sakrament gleichermaßen gefeiert.

Im Kontakt auch zu unserer städtischen Umgebung wurden seit den 90er Jahren zunehmend Bestrebungen verfolgt, die Kirche zu öffnen. Durch die Kirchenwache konnten wir alle Bürger und Touristen zu uns herein bitten; viele Veranstaltungen, die vom Rathaus aus geplant wurden, waren Gast in St. Marien, die „Offene Kirche am Markt" zeigte sich in vielen Festgottesdiensten zu großen städtischen und ökumenischen Anlässen. Schließlich ziehen unsere großen kirchenmusikalischen Veranstaltungen und Ausstellungen viele Menschen aus Osnabrück und dem Umland in die Marienkirche, und so erreichen wir - neben den Gottesdienstbesuchern - auch andere interessierte Menschen, für die die Kirche zu einem Raum der Besinnung wird.

Die Öffnung der Kirche nach außen hat aber auch den diakonischen Auftrag der Christen in unserer Gemeinde erneut in den Mittelpunkt gerückt. In der letzten Kirchenvorstandsperiode konnte St. Marien, auf Initiative des Diakonie-Ausschusses, das Bistro in der Lohstraße einrichten. Hier ist neben dem Angebot, ein gesundes Essen zu niedrigem Preis zu haben, auch die Gelegenheit zu Gespräch und Gemeinschaft für einsame und bedürftige Menschen gegeben. Ehrenamtliche Helfer sorgen für eine freundliche und einladende Atmosphäre. Die Gemeinde trägt mit ihren Spenden einen großen Teil der Kosten. Wir konnten aber auch die Evangelischen Stiftungen und andere Sponsoren für dieses Projekt begeistern.
Die Kindertagesstätte in der Turnerstraße, die neben der Kindertagesstätte in der Flohrstraße zu unserer Gemeinde gehört, habe ich 40 Jahre lang im Auftrage des Kirchenvorstands betreut. Dabei gab es, zunächst im alten Gebäude der Stadt, später im Neubau, eine gute Versorgung und Förderung der jeweils 70 Kinder zu gewährleisten.

Viel Wandel gab es in der pädagogischen Führung der Kinder und Mitarbeiterinnen; eine intensive Begleitung der Leiterinnen bei Problemen im Personal-Management war erforderlich. Alle Mühen waren aber vergessen, wenn ich beim Besuch unserer Kita die Kinder spielen sah oder erlebte, wie sie bei Festen selbstbewusst und vergnügt ihre erlernten Fähigkeiten präsentierten.

Auf die oft gestellte Frage, wie ich als voll beschäftigte Hausärztin und Mutter zweier Kinder die ehrenamtliche Arbeit in der Gemeinde geschafft habe, antwortete ich gerne so: meine Erfahrung ist, dass ich für die Dinge, die mir wichtig waren, immer Zeit gefunden habe. Außerdem ist die Kirchenvorstandsarbeit nicht nur zeitaufwändig, sondern auch beglückend und erfüllend. Meine Kraftreserven sind - Gott sei Dank - nie versiegt, weil das Leben in der Gemeinschaft der Mariengemeinde eine Kraftquelle war und ist, und viele Freundschaften hier entstanden und gewachsen sind.

Mit den Pastoren von St. Marien habe ich nicht nur im Bereich der Kirchenvorstandsarbeit gute Beziehungen gepflegt, wir halten auch mit allen freundschaftliche Bindungen und haben häufig fröhlich miteinander gefeiert. Besonders Pastor Sieg, Pastor Schlüter, Superintendent Hammersen und Pastor Ostermeier möchte ich als langjährige treue Begleiter und wichtige Ratgeber herzlich danken. An Landessuperintendent Dr. Sprondel denke ich in tiefer Freundschaft zurück. Nicht unerwähnt lassen möchte ich an dieser Stelle auch die langjährige freundschaftliche Verbindung mit Dr. Klaus Breuning von der Kleinen Kirche, der uns getraut hat und Taufzeuge unseres evangelischen Sohnes war, sowie unsere herzliche Freundschaft mit Domkapitular Prof. Heinrich Jacob.
Unzählige Erlebnisse von herrlicher Kirchenmusik waren ein Geschenk der Gemeinde. Die Gewissheit, von anderen mitgetragen zu sein, die z.B. in den jahrelangen Glaubensseminaren der 80er Jahre vermittelt wurde, war Stärkung und Freude. In der über lange Jahre bestehenden „Wandergruppe St. Marien" mit jungen Familien gab es zwischen Erwachsenen und Kindern Erfahrungsaustausch und enge Gemeinschaft. Und dass in unserem Hey-

winkelhaus auch unsere beiden Mütter bis zuletzt menschliche Geborgenheit und christliche Zuwendung erfuhren, hat meine Überzeugung bestärkt, dass St. Marien meine Heimat ist - und das wird auch nach der aktiven Arbeit im Kirchenvorstand so bleiben.

Der Gottesdienst am Sonntag ist mir wichtige Bestätigung meines Glaubens und Ort des Innehaltens in der Unruhe der Woche, der Kirchenraum von St. Marien ein kleines „himmlisches Jerusalem". Hier kann ich mit dem Beter des 26. Psalm sagen: „Herr, ich habe lieb die Stätte deines Hauses und den Ort, da deine Ehre wohnt."

Was für ein Tag, was für ein Moment!

WOLFGANG MOLLENHAUER
Bad Iburg

Ich spreche vom 23. Dezember 1989, einem wahrhaft denkwürdigen und zweifellos historischen Tag, an dessen Wahrwerdung ich selbst nicht - und wohl kaum jemand sonst - in den vorherigen zweiundvierzig Jahren meines Lebens ernsthaft zu glauben gewagt hätte. Aber zunächst einmal die Vorgeschichte.

Im Oktober 1947 wurde ich in dem kleinen Städtchen Gardelegen in der Altmark geboren. Gardelegen war Kreisstadt im Bezirk Magdeburg der Sowjetisch besetzten Zone Deutschlands (SBZ), und mein Vater leitete das dortige Landwirtschaftsamt. Dieses war unter anderem zuständig für die landwirtschaftlichen Reparationsleistungen an die Sowjetunion, und als es hierbei zu Mindermengen gegenüber den Forderungen kam, sollte mein Vater zur Rechenschaft gezogen werden. Er wurde des Boykotts bezichtigt, und ihm drohte die Festnahme durch die sowjetische Militärverwaltung.

Nach einem entsprechenden Hinweis blieb gerade noch Zeit meine Mutter und mich im Hause meiner Großeltern in Gardelegen mit dem Nötigsten zu versorgen und dann über Nacht die Flucht über die nur 30 km entfernte Zonengrenze in die Britisch besetzte Zone anzutreten. Die Grenze verlief in diesem Gebiet östlich von Wolfsburg entlang der Aller. Und unmittelbar westlich des Flusses auf niedersächsischem Gebiet lag das Dorf Grafhorst, in dem der älteste Bruder meines Vaters vor dem Krieg eine Molkerei betrieben hatte. Mein Vater war deshalb kein Unbekannter. Er fand eine winzige Bleibe und hoffte mit uns auf eine baldige Entspannung der Situation, um entweder zurückzukehren oder aber meine Mutter und mich nachkommen zu lassen.

Monate vergingen, ohne dass sich etwas änderte, außer der wachsenden Gewissheit, dass an eine Rückkehr meines Vaters nicht zu denken war. Er stand auf der Fahndungsliste und wäre sofort verhaftet worden. So schlug er sich im Raum Braunschweig/ Wolfsburg mit verschiedenen Tätigkeiten durch, und es gelang ihm über Verwandte und Freunde, meine Mutter und mich materiell zu unterstützen. Eine legale Ausreise aus der SBZ war uns verwehrt, aber die Zonengrenze, die auf östlicher Seite zwar von sowjetischem Militär und der so genannten Kasernierter Volkspolizei der entstehenden DDR bewacht wurde, war an bestimmten Stellen immer noch durchlässig. So gelang es meiner Mutter und mir mit Hilfe von ortskundigen Führern mehrmals, meinen Vater in Grafhorst aufzusuchen. Bei einem dieser illegalen Grenzübertritte in einer größeren Gruppe wurden wir jedoch entdeckt, zwei Tage interniert und dann unter Auflagen nach Gardelegen zurückgeschickt.

Damit stand für meine Eltern fest: das nächste Mal musste gelingen, und es würde kein Zurück mehr

geben. Mein Vater setzte nun alles daran, einen regelmäßigen Gelderwerb sowie eine kleine Familienunterkunft zu finden. Und eines Nachts durchquerten meine Mutter und ich mit Hilfe meines Vaters und eines Freundes an einer verborgenen Stelle die Aller, um von diesem Moment an im Westen zu bleiben.
Grafhorst wurde unsere neue Heimstatt. Und zwar zunächst immer noch in der Erwartung meiner Eltern, dass der kurze Weg zurück in die Altmark vielleicht doch bald wieder möglich werden könnte. Diese Hoffnung zerschlug sich zusehends mit der Verschärfung des Kalten Krieges. Zum Glück hatte mein Vater dauerhafte Arbeit im Volkswagenwerk in Wolfsburg gefunden, und inzwischen war auch meine Schwester geboren. 1956 bezogen wir also unser neues Haus in Grafhorst.
Alle Straßen- und Schienenverbindungen von unserem Ort aus nach Osten waren längst vollständig unterbrochen und wurden im Zuge des massiven Ausbaus der „Staatsgrenze West" der DDR mit Stacheldraht, Betonsperren, verminten Todesstreifen und Wachtürmen auf lange Sicht getrennt. Und so sollte es die nächsten vierzig Jahre bleiben. Während mein Vater bis zu seinem Tode 1979 nie wieder die Möglichkeit hatte, seine alte Heimat noch einmal zu sehen, bekamen meine Mutter und wir Kinder nach einiger Zeit die Erlaubnis zu Verwandtenbesuchen in der DDR. Dabei war die Überwindung von nur dreißig Kilometern Luftlinie nach Osten geradezu abenteuerlich und oft schikanös, und sie wurde meistens zu einer Ganztagesreise mit dem Zug über mehrere Umsteigebahnhöfe in West und Ost.
Mein eigener Lebensweg führte mich in den folgenden Jahrzehnten quasi im Uhrzeigersinn durch die Bundesrepublik sowie an einige Stationen im Ausland. Und wie anfangs gesagt, hätte ich niemals zu träumen gewagt, mich von meinem Elternhaus in Grafhorst aus jemals frei und direkt nach Osten zu meinem Geburtsort bewegen zu können. Dann kam Gorbatschow und mit ihm die Wende und den sich schließlich überschlagenden Ereignissen in Deutschland im Jahre 1989.

„Kinder, ihr müsst kommen, die Grenze wird geöffnet!" So kündigte meine Mutter uns am Telefon den 23. Dezember 1989 an. Und fassungslos erlebten wir daraufhin alle, wie die auf östlicher Seite kaum noch erkennbare frühere Landstraße zwischen Grafhorst in Niedersachsen und dem nur einen Kilometer entfernten Breitenrode in Sachsen-Anhalt zunächst notdürftig repariert und dann auf Dauer wieder hergestellt wurde. Während vieler weiterer Besuche bei unserer Mutter in der Folgezeit wurde es für meine Schwester und mich und unsere Familien zum besonderen Vergnügen und auch Abenteuer, diese Straßenverbindung wieder zu nutzen und das ehemalige Grenzgebiet auf östlicher Seite mit dem Fahrrad zu erkunden.

Noch heute, da ich dank meiner Frau längst im schönen Bad Iburg am Teutoburger Wald heimisch geworden bin, fahre ich auf dem Weg zu Verwandten immer wieder gern über die Aller-Brücke bei Grafhorst gen Osten, um kurz innezuhalten:
Was war das doch für eine Zeit - und was für ein Moment!

„Ja, ich habe Sie gesehen!“

RICHARD OETKER
Bielefeld

Szenen wie diese passieren täglich hundertfach und überall: Zwei Menschen gehen durch eine Kaufhaustür, der vordere stürmt hindurch ohne sich umzublicken und schlägt dem nachfolgenden die Tür fast mit voller Wucht vor den Kopf. Lautes Schimpfen des Beinahe-Opfers bewegt ihn doch noch zu einem Blick nach hinten, und ein erschrockenes „Oh, ich habe Sie gar nicht gesehen!" soll, sicherlich einigermaßen ehrlich gemeint, die für den forschen Zeitgenossen peinliche Situation retten. Es gehört eben zum hektischen Alltag, dass man hin und wieder, und sicherlich meist nicht in böser Absicht, jemanden übersieht oder nicht wahrnimmt. Die Kaufhaustür, der Überholvorgang auf der Straße, die Schlange an der Supermarktkasse, wir kennen diese Situationen. Meist sind es kleine, eher harmlose aber ärgerliche Momente, die von allen Beteiligten schnell wieder vergessen werden.

Und doch steckt etwas dahinter, das mich persönlich bewegt: Es ist die fehlende Beachtung von Mitmenschen, von Situationen, die den Einzelnen umgeben. Es sind diese Momente, die mich nachdenklich machen darüber, wie wir miteinander umgehen. „Oh, ich habe Sie gar nicht gesehen!" - diese als Entschuldigung gedachte Formel stellt für mich gerade das Grundproblem der Szene dar, denn sie zeigt egozentrische Unaufmerksamkeit und Gedankenlosigkeit gegenüber anderen Menschen. Ich kümmere mich in erster Linie um mich selbst, andere Leute gehen mich nichts an, ich will sie weder wahrnehmen noch gar mich um deren Probleme kümmern - sollte das die dahinterstehende Haltung sein? In vielen Fällen wird man diese Frage wohl leider bejahen müssen. Kulturkritisch gesehen bedeutet das für mich, dass die angeblich zur modernen, freien Gesellschaft gehörende Individualisierung sich hier auf den negativen Gipfel zubewegt.

Denn was im Kleinen an der gedankenlos zugeschlagenen Kaufhaustür beginnt, endet, wir wissen es, oft am anderen Ende in dramatischen Vorfällen: Mitten unter uns vereinsamen alte Menschen, verwahrlosen und verhungern Kinder, werden Menschen brutal zusammengeschlagen oder Opfer von Überfällen und niemand greift ein oder holt Hilfe. Was geht mich das an, Wegsehen ist doch viel bequemer und macht meist keine Scherereien. „Oh, das habe ich gar nicht gesehen!", lautet dann oft die banale Ausflucht auf die Frage, warum man als Passant, Umstehender oder Nachbar nicht eingegriffen habe. Ich möchte klar stellen: Ich erwarte von niemandem, dass er falsch verstanden den Helden spielt. Aber ich wünsche mir, dass wir uns stärker als Mensch unter Menschen in einer Gemeinschaft verstehen. Dass wir nicht mit Scheuklappen durch die Welt, unsere eigene kleine Welt, gehen, sondern dass wir aufmerksam sind für Menschen und Dinge, die uns umgeben.

Die dem Buddhismus entspringende Lehre der Achtsamkeit, das bewusste Erleben des gegenwärtigen Momentes, mag hier Pate stehen: Zivilcourage zu zeigen, einzugreifen, um Mitmenschen in gefährlichen Situationen Hilfe und Beistand zu leisten, das ist schon die hohe Schule und erfordert Urteilsvermögen, Überblick über eine Situation, Mut und die richtige Einschätzung für die eigene Situation. Das kann nicht jeder, und dafür habe ich volles Verständnis. Aber in jedem Augenblick achtsam sein und die Dinge, und vor allem die Menschen, die uns umgeben, wahrzunehmen, das erfordert nun wirklich nicht viel, das sollte doch jeder schaffen. Wer im Kleinen damit beginnt, wer nicht gedankenlos seinen Mitmenschen Türen vor den Kopf schlägt, sondern aufmerksam und achtsam hinschaut und grundsätzlich eine Tür für andere aufhält, der entwickelt im Laufe der Zeit ein Gefühl dafür, was um ihn herum gerade passiert. Und aus dieser Achtsamkeit im Kleinen kann dann im besten Fall die Bereitschaft zur Zivilcourage, wie wir sie uns alle wünschen, erwachsen. Voraussetzung dafür ist, dass aus dem beschämenden „Oh, ich habe Sie gar nicht gesehen" ein bewusstes und aufmerksames „Ja, ich habe Sie gesehen" wird.

Zivilcourage zeigen, eingreifen –
Hilfe und Beistand leisten!

Zeigen Sie Herz:
„Ja, ich habe Sie gesehen!"

Rückschau und Momente ... von der Geburt bis zum Firmen-Jubläum

MARIANNE GROSSE-RECHTIEN
Bad Iburg

Natürlich kann ich mich nicht an meine Geburt 1932 erinnern. Es waren im Nachhinein betrachtet 80 erlebnisreiche und vor allem bewegte Jahre.

Zumindest weiß ich schon aus jungen Jahren, dass sich mein Vater Hermann Bäumker, mit bäuerlichem Humor gesegnet, der „höchste Bürger von Iburg" nannte. „Höchster Bürger Iburgs", weil Bäumkers am Fuße des Dörenbergs auf der höchsten Erhebung Iburgs ihr Anwesen hatten. Meine Eltern hatten eine Landwirtschaft mit angegliederter

Gastwirtschaft und schon damals ein Hotel mit einigen Betten. Hier verbrachte ich mit meinen drei Geschwistern, die alle noch leben, meine schönen Kinder- und Jugendjahre. Wir hatten viel Platz auf Wiesen, Äcker und Wald zum Spielen, mussten aber auch nach der Schule und an den Wochenenden sowie Feiertagen in der Gastwirtschaft und Landwirtschaft viel mitarbeiten.

In meiner Erinnerung sind aus jener Zeit vor allem die Kriegs- und direkten Nachkriegsjahre präsent. Ich erlebte als 13-Jährige wie einige Unverbesserliche die Engländer mit Krückstöcken, Mistgabeln und wenigen Pistolen aufhalten wollten. Ich erlebte den Besuch der ausgebombten Verwandtschaft aus Köln und Münster mit ihrer panischen Angst vor Flugzeugen.

Dann kam die Besatzungszeit durch die Engländer, wir wurden aus unserem Haus ausquartiert und bei unseren Nachbarn untergebracht. Süße Erinnerungen in Form von geschenkter englischer Schokolade von den Soldaten gehören auch zu dieser Zeit - und bald konnten wir auch wieder in unser unbeschädigtes Haus zurück.

Nach dem Mittelschulabschluss besuchte ich anschließend noch die Hauswirtschaftsschule in Münster.

Der größte Unterschied zur heutigen maschinenunterstützten Zeit waren die sogenannten Waschtage. Mit Waschbrett und per Hand wurde mit starkem körperlichem Einsatz bis hin zur Stoffwindel alles gereinigt. Von Pampers, Waschmaschine, Fernseher und Computer war noch nicht die Rede. Aber auch aus unserer Generation ist etwas geworden, denn wichtige Werte wie Zusammenhalt und Arbeitswille waren groß.

Ein Schnitt in meiner Erinnerung: Es ist das Jahr 1955, meine Hochzeit mit dem Bäckermeister Heinrich Große-Rechtien aus der „Fleckensmitte" Iburgs.

Heinrich, der nach sechsjähriger Wehrmachtszeit 1945 unverletzt aus dem Krieg zurückkam, übernahm die von seinem Vater Hermann 1912 gegründete Bäckerei. Neben seinem Beruf engagierte sich Heinrich seit 1948 über 38 Jahre lang im Rat seiner Heimat für die Allgemeinheit.

Iburg entwickelte sich zur Sommerfrische, und es folgte der Aufbau zum Kneipp-Heilbad.

Auch in der Familie und Firma Große-Rechtien waren die fünfziger und sechziger Jahre von Zuwachs und Aufbau geprägt. Neben etlichen Neu- und Umbauten der Bäckerei, des Cafés und der Wohngebäude wurden unsere drei Kinder geboren: Anette, Hermann und Frank.

Zum Glück war ich durch meine Jugendzeit schon viel arbeiten gewohnt, trotzdem wundere ich mich in der Erinnerung manchmal, wie wir alles bewältigt haben. Betrieb, Umbauten und Kindererziehung - vielleicht kam die Erholung zu kurz. Aber ich will nicht jammern, denn Feiern konnten wir auch. Nicht so oft wie heute, aber bestimmt genau so schön.

Mitte der Neunziger Jahre übergaben wir die Bäckerei und das Stadtcafé an unseren Sohn Hermann.

Nach Meisterprüfung und Heirat bildet er mit seiner Ehefrau Beate, geborene Hermes, nun die 3. Firmengeneration. Die Entwicklung des Betriebes ging mit der Eröffnung eines Bistro`s am Mühlentor und der Auszeichnung zur „Fünf Sterne Bäckerei" weiter.

Leider verstarb schon im Jahr 1999 mein lieber Mann Heinrich, so dass er das 100-jährige Geschäftsjubiläum 2012, und vor allem die prächtige Entwicklung unserer vier Enkelkinder Jonas, Eva, Maximilian und Charlotte nicht mehr erleben durfte. Aber ich weiß, da er noch oft in meinen Gedanken ist, dass ihm alles sehr gefallen hätte.

Ich selbst stehe der Firma und meiner Familie, auch nach meinem 80. Geburtstag, immer noch gerne mit Rat und Tat zur Verfügung, wo es gewünscht ist und die Gesundheit es zulässt.

Denn alt ist nur der, der sich alt fühlt!

Anmerkung des Herausgebers:

Die nur zu besonderen Anlässen vom Komitee Courage vergebenen Pralinen mit eigenem Logo werden von dem Hause Große-Rechtien in stets guter und bewährter Handarbeit hergestellt.

Namenlos

Fischrestaurant Hauptbahnhof Hannover.
Mir gegenüber
alte Frau, bleich, faltiges Gesicht.
Graue Augen sehen ins Leere,
lassen sich nicht per Blick erfassen.
Wirkt verloren.

Ich gehe.
Sehe sie dann auf dem Hauptbahnhof
an anderer Stelle sitzen.
Nun erblicke ich erstmalig das,
was als Gepäck getarnt ist:
eine dreckige Stofftasche.

Ich merke, sie reist nicht,
sondern verbringt ihr Restleben
auf dem Hauptbahnhof,
wohl um nicht ständig
allein in der Wohnung sitzen zu müssen.

Sie steht auf, geht.
Wer wird sie finden,
wenn sie in der Wohnung vermodert?

Dr. Erika Heyde

Die besten Reiter der Welt kommen nach Hagen a.T.W.

GERD SCHÖWING
Bad Iburg

Kaum ein anderer Name in der Osnabrücker Region ist so sehr mit Pferden verbunden wie der von Ullrich Kasselmann.

Weshalb? Einige Momente über und von Ullrich Kasselmann: Hier ist alles zentralisiert im Umkreis von 50 Kilometern, es gibt Tausende von Pferden. Sei es in Mühlen, Riesenbeck, Warendorf oder Hagen a.T.W.. Hagen liegt in der Mitte dieser Region, und deshalb ist der Osnabrücker Raum im Reitsport bundesweit Spitze.

Gerade die Menschen in dieser Region wissen noch, wie das Pferd den Menschen geholfen hat, den Acker zu bestellen. Das ist fast in Vergessenheit geraten. Kasselmann: „Ich habe früher noch wirklich mit Saategge und Drillmaschine jeden Quadratmeter hier abgelaufen."

Ullrich Kasselmann: „Meine Vorfahren haben immer versucht neue Wirtschaftszweige zu finden. Mein Großvater war ganz stark im Tourismus engagiert. Schon nach dem Ersten Weltkrieg, er hatte damals schon ein Schwimmbad, und schickte seine Kinder nach Italien, um das Kochen zu erlernen.

Tourismus ist hier also schon fest verwurzelt. Mein Vater hat das dann gemeinsam mit mir weiterentwickelt. Wir boten Ferien auf dem Bauernhof an, früher hieß es noch Sommerfrische."

Als landwirtschaftlicher Hof beginnend, war das Land im 16. und 17. Jahrhundert im Besitz des Grafen von Tecklenburg. 1765 erhielten die Bauern von Friedrich dem Großen die Gelegenheit, sich aus dieser Herrschaft freizukaufen. Kasselmanns nutzten diese Chance und waren fortan freie Bauern.

Im 20. Jahrhundert verlagerte sich, bedingt durch den Wandel in der Landwirtschaft, der Schwerpunkt des Hofes mehr und mehr zu der heutigen Passion, der Dressur.

Ullrich Kasselmann war es, der die stetig wachsende Beliebtheit der Sportreiterei erkannte und dem Hof sein heutiges Gesicht verlieh. Seit er 1972 den elterlichen Hof übernahm, sind Ausbildung und Verkauf von Dressurpferden die Leidenschaft der „Kasselmanns".

Bekannt ist der Hof Kasselmann heute vor allem für das Internationale Reitturnier „Horses & Dreams", welches bereits seit 11 Jahren mit großem Erfolg veranstaltet wird. So kamen im Jahre 2012 fast 70.000 Besucher und 150 Journalisten zu dem Reiterlebnis. Am Start waren 745 Reiter aus 15 Nationen.

Luxus-Pferdeställe auf dem Hof Kasselmann.

Ein weiterer Erfolgsfaktor für das Turnier ist die enge Verbindung von Sport, Kultur und Lifestyle. So waren bei der letzten Veranstaltung 170 nationale und internationale Aussteller, die ihre Waren anboten.

„6.000 Übernachtungen waren zu verzeichnen, das bedeutet einen Umsatz von 3,5 Millionen Euro an einem Wochenende. Daran kann man schon sehen, welche wirtschaftliche Bedeutung dieses Turnier mittlerweile für die Region hat", so Kasselmann.

2011 erwarb der erfolgreiche Pferdezüchter, Unternehmer und Turnierausrichter Ullrich Kasselmann das historische Rittergut Osthoff in Georgsmarienhütte. Von der über 500-jährigen Anlage waren wenig mehr als Ruinen geblieben. Mit großem Engagement investierte Kasselmann Zeit, Geld und Mühe, um das alte Gebäude nach altem Vorbild zu restaurieren. Schon heute verzaubert die Anlage mit ihrem historischen Flair und eleganter Gutsatmosphäre, obwohl noch nicht alle Bauarbeiten abgeschlossen sind.

Ullrich Kasselmann ist jedoch nicht nur ein erfolgreicher Geschäftsmann und Arbeitgeber in der Osnabrücker Region, sondern auch eine couragierte Person. Er beweist dieses seit vielen Jahren. Er hat regelmäßig ein offenes Herz für zahlreiche soziale Einrichtungen, ob als Initiator oder Unterstützer. Seine Unterstützungen trägt er nicht prestigebringend in die Öffentlichkeit.

Hier seien nur einige Förderungen genannt: Jugendförderung beim Jugendfestival „Future Champions", allgemeine Förderung des Internationalen Reitsports, Ein Herz für Kinder, Unicef, Wünsch Dir was, Pink Ribbon, Erdbebenhilfe Italien, Reiten gegen den Hunger, Therapeutisches Reiten im Osnabrücker Land, Verein zur Unterstützung hilfsbedürftiger Personen und weitere Projekte. Aktuell ist Kasselmann Schirmherr des neuen Benefizlaufes von John Mc Gurk in Verbindung mit „terre des hommes" zugunsten des Vereins „Sportler 4 a childrens world" anläßlich der kommenden Fußball-Weltmeisterschaft in Brasilien.

Ullrich Kasselmann mit seinem Hund.

Prägende Momente aus der Nachkriegszeit - erlaubter Kohlenklau und andere Erinnerungen

Willi Peters
Bad Rothenfelde

Der Güterzug auf der Bahnstrecke Hasbergen nach Natrup-Hagen fuhr so manches Mal langsamer - so langsam, dass man ohne Schwierigkeiten auf den Zug aufspringen konnte.

Wann drosselte der Zugführer das Tempo? Wenn der Lokführer auf der besagten Bahnstrecke plötzlich einen „Stab mit anhängendem Schinken" sah. Sollte heißen: Fahre langsam, damit ich auf den Güterzug aufspringen kann und etwas von der für uns so wichtigen Kohle, die transportiert wurde, runter werfen kann! Kohle, die für Wärme und zum Kochen, Backen etc. in der Küche und im Zimmer gebraucht wurde.

Heute kaum vorstellbar - wer kennt von der jüngeren Generation noch Kohle zum Heizen? So wechselten die Kohle und der Schinken die Besitzer.

Es war natürlich für die Landbevölkerung, die noch teilweise Schweine, Kühe, Schafe und Ziegen besaßen, und evtl. auch noch einen Gemüse-Garten betrieben, leichter „Tauschgegenstände" anzubieten.

So erinnere ich mich z.B. auch an das Kriegsende 1945, wie die „Besatzungsmacht" in unserer Gegend einmarschierte. Plötzlich standen uniformierte Engländer bei uns in der Küche. Sie waren höflich und nett - aber doch irgendwie für uns so fremd und „Respekt einflößend"!

Ich erinnere mich, dass meine Mutter sehr schnell die Pfanne auf den Kohleherd stellte und Spiegeleier zubereitete - für die, wie sie wohl richtig vermutete, hungrigen Besatzungs-Soldaten.

Eier hatten wir stets von den freilaufenden Hühnern, die uns gehörten. Und Speck zum Braten hatten wir ebenfalls aus der zu der Zeit üblichen und normalen Hausschlachtung.

Der aufrichtige Dank der wie von meiner Mutter vermuteten hungrigen Soldaten und der durch sie freundlichen Aufnahme, war, dass wir drei Kinder zu einer „Sitzprobe" in den vor der Tür stehenden „Panzerwagen" einsteigen durften. Welch ein Erlebnis!

Aber dann kam der absolute Höhepunkt: Mein erstes Stück Schokolade! Diesen Riegel bekam ich als jüngster Sohn des Hauses. Es wurde sehr genau darauf geachtet, dass dieser Schokoladen-Riegel in der Größe von etwa 1 x 3 cm in drei gleich große Teile gebrochen wurde.
Eine Erinnerung, an die ich oft denke, wenn ich das Überangebot an Süßigkeiten in den Auslagen der Geschäfte sehe. Aber: besser so - obwohl etwas Maßhalten manches Mal angebracht wäre.

Fazit: Mögen nie wieder die katastrophalen Zeiten kommen, wo Kummer, Angst, Not, Armut und Hunger an der Tagesordnung waren. Arbeiten wir alle daran!

Doch das Prägendste war und ist für mich der Tod meiner Mutter - ich war gerade 13 Jahre alt.

Unfassbar, dieser Abschied von der geliebten Mutter. Es war und ist der nachhaltigste Moment in meinem Leben. Sie war „einfach weg" - weg für immer!

Im späteren Leben hat mich diese unwiederbringliche Trennung aber auch nachhaltig geprägt - und ich habe meine Lehren daraus gezogen: man kann sich leichter von etwas trennen, man wird mit negativen Ereignissen leichter fertig!

Was sind diese Trennungen gegenüber dem Verlust der Mutter?

Meine Lehre aus den zum Glück gewesenen Zeiten: Ich versuche, wo und wie immer es möglich ist, soziales Engagement zu leben. Es braucht und soll nicht an die Öffentlichkeit gelangen - es soll nur bei wirklich benötigten Einrichtungen ankommen.

Gelebtes Engagement bedeutet aber auch die heile Familie, mit seinen Enkeln mindestens einmal im Jahr gemeinsam einige Tage gestalten, und dadurch genießen. Einmal fern vom Betrieb und der täglichen Arbeit dem Alltag entrinnen.

Soziales Engagement bedeutet für mich auch die Ausbildung von Jugendlichen, wo immer es möglich ist. Natürlich ist auch das aktive Mitwirken in der Jugendarbeit in Vereinen oder Institutionen sehr wichtig.

Noch viele Momente, die nicht nur einem selbst in Erinnerung sind, könnte ich aufführen.

Wie sagt Jean-Baptiste Moliere:
„Wir sind nicht nur verantwortlich für das, was wir tun, sondern auch für das, was wir nicht tun."

Erinnere dich
an die Vergangenheit,
träume von der Zukunft,
aber lebe heute.

Sören Kierkegaard

Ein Tag aus dem früheren Klosterleben zu Iburg

Überlieferung: Autor und Jahr unbekannt
Versuch der Übersetzung im Originaltext: Gerd Schöwing

***„In der Habsucht liegt der Stachel,
im Entsagen aber Frieden."***

Mitternacht! Das Kloster-Glöcklein tönet durch die Nacht so helle,
und die frommen Mönche wachen auf in ihrer stillen Zelle.
Wachen auf und gleich erheben sie sich von dem harten Bette;
denn die Ordensregel ruft sie in die Kirche zu der Mette.
Ruft sie, ob sie breitgeschultert oder ob sie schwache, zarte,
ob sie in der Jugend Vollkraft, oder schon im weißen Barte.
In Gehorsam, Zucht und Armut und in strenger Weltverachtung
kennen sie nur harte Arbeit, Fasten, Beten und Betrachtung.
Seht, wie sie mit Ernst und Würde in die Klosterküche treten,
das Officium nocturnum miteinander abzubeten!
Wieder tönt das helle Glöcklein. Helios will sich erheben,
als die stillen Bergbewohner sich zum Kloster hinbegeben.
Alte sieht man dort und Krüppel wortkarg zu dem Kirchlein wanken,
Hunger in dem leeren Magen, Klostersuppe in Gedanken.
Bettelgabe schmeckt so herbe, wenn sie gibt der Stolzbewußte.
Aber wenn die Liebe reichet, mundet selbst die trock'ne Kruste.
Und zur Klosterküche kommen sie, sobald die Messe endet.
Nehmen dort, was jeden Morgen hilfsbereit das Kloster spendet.
Kilian, der alte Holzknecht, ist seit Jahren stets der Erste;
er bekommt, weil krank am Magen, zu der Suppe Brot aus Gerste.
Ursula, des Torwarts Weib, die mit aller Welt im Streite,
findet ihren Suppenteller auf der Holzbank an der Seite.
Wenzelaus, der Müllerbursche, der den Arm ließ im Getriebe,
isst mit Meinrad, dem beim Raufen zugeteilt die meisten Hiebe.
Anselm und der lahme Rupert, sind auch des Klosters Gäste,
jener ließ sein Bein bei Verden, dieser stürzte vom Geäste.

Neben ihnen in der Ecke sitzt ein Weib mit ihren Kleinen,
die beim Essen um den toten Vater bitt`re Tränen weinen.
Und beschämet an der Pforte lehnt ein Mann, wohl aus der Fremde.
Seiner Kleidung abzumessen, mangelt es ihm auch am Hemde.
Pater Prior winket freundlich: „Komm herein und lass dir`s munden.
Unterdessen hat der Bruder Hemd und Schuh für dich gefunden!"
Doch nicht Hemd und Schuh allein ihm bei dem Wort im Sinne lagen,
solche muss der gute Pater auch nach geist`gen Nöten fragen.
Heribert, der Pater Gärtner, zieht vorbei zum Klostergarten,
Klosterknechte ihm zur Seite, um der jungen Saat zu warten.
Nicht allein des Klosters Keller hat im Herbste er zu füllen,
auch die Not verschämter Armen muss der Klostergarten* stillen.
Auf dem zweiten Klosterhofe sieht man heut ein emsig Treiben;
Pater Markward cum registro steht dabei, um anzuschreiben.
Sydiko mit seinem Ochsen bringt an Leinwand zwanzig Ellen,
zweiundzwanzig Scheffel Hafer und ein Fässchen Oel vom hellen.
Sein Urahne hat den Mönchen treu gedient; ihn zu belohnen,
gab das Kloster ihm das Erbe gegen diese Prästationen.
Solms, der arme Kuhhirt, kommt mit fünfzehn neuen Reiserbesen;
weinend fleht er, für seine Trude auch ein Requiem zu lesen.
Weil dem Ferian geliefert Klosterholz zur neuen Scheuer,
bringt alljährlich er, auch heute, zweiundfünfzig frische Eier.
Harald, der aus Klostergründen sich zwölf Tagwerk durfte roden,
schickt den Zehnten: acht Pfund Wolle und zwei Schinken mit fünf Broten.
Berian aus gleichem Grunde liefert ab denselben Zehnten
wie der Harald und für Flößrecht noch dazu zwei junge Enten.
Vierzehn Stück gebleichte Leinwand bringt der Claus vom Föhrenteiche,
weil dem Vater zugeeignet einst die alte Klosterbleiche.
Abels Gertraud ist gestorben, ließ den Didam (Mann) bei acht Kindern;
Pater kreuzt den Zins und füllt ihm seinen Korb, die Not zu lindern.
Not zu lindern ist der Mönche erste Pflicht; ob sie in Peinen
eines Kranken, in der Armut oder liegt im stillen Weinen;
Denn sie wissen, dass man sich nicht im Gericht am End' der Zeiten
wird berufen können auf den Mangel an Gelegenheiten.

* Nördlich vom Schloss an der Lindenallee, mit einer Mauer umgeben.

Jener Mann, der heut am Morgen an der Klosterpforte lehnte,
war es Kleidung nur und Nahrung, die sein stummer Blick ersehnte?
Ach, es gibt für manche Menschen Schlimmeres als Hungerschmerzen.
Mehr als nackte, kalte Glieder zittern oft beklomm'ne Herzen!
Jener ist der Sohn des Walkers aus der nahen Walkemühle,
der das Vaterhaus verlassen aus gekränktem Ehrgefühle;
Weil der Vater ihm verboten, mit des Hauses Magd zu freien,
da nicht Habsucht, sondern Liebe des Gesponses Schmuck soll't seien.
Das verdross den jungen Tollkopf. Trotz der Bitten seiner kranken
Mutter ging er ohne Abschied in das fremde Land der Franken.
Und jetzt kniet er vor dem Prior, um sein Herz ihm auszuschütten;
doch was er von diesem hörte, hat es ihm erst recht zerschnitten.
Seine Mutter war aus Kummer in das kühle Grab gesunken
und der einz'ge Bruder in dem tiefen Mühlenbach ertrunken.
Ganz allein saß jetzt der Vater in der großen Walkemühle,
nur das Wasser rauschte weiter, sonst war alles Totenstille.
Sollte er das Mühlenerbe, das er liebte, nun verganten?
Nein, er nahm den Dido zu sich, seiner Frauen Blutsverwandten.
Und dann ward der alte Vater menschenscheu und immer stiller,
und am Ostermontag hieß es: Eben starb der Walkenmüller!
Kann man Dido nun vertreiben, dem die Mühle ist verschrieben?
Ist dem Sohne, dem enterbten, hierzu denn ein Recht verblieben?
„Sitzt erst einmal Rost am Eisen, muss es immer weiter rosten.
Vaters Fluch", so spricht der Prior, „frisst die Mauern und die Pfosten."
„Glaube nur, von dieser Mühle bleibt ein Stein nicht auf dem andern,
bettelarm wird der Besitzer einmal noch von dannen wandern."
„Nur ein Kampf ist unser Leben mit der Leidenschaft hinieden,
in der Habsucht liegt der Stachel, im Entsagen aber Frieden."
Und noch lange weint der Fremde in des Priors sanften Armen,
weint in wahrer, bitt'rer Reue, und der Himmel hat Erbarmen.
Hier im Kloster fand er wieder nicht nur Hemd und heile Schuhe,
sondern auch als Klosterbruder die ersehnte Seelenruhe.
Wieder tönt das Klosterglöcklein, Abend ist's und im Konvente
betet man für sich und and're um ein gutes Lebensende.

Zu den Bildern: Die Klosterpforte der ehemaligen Benediktinerabtei an der Ostseite des Iburger Schlosses. Sie wurde von 1750 bis 1755 nach den Plänen des Barockmeisters Johann Conrad Schlaun erbaut.

Ein außergewöhnlicher Besuch: Königin Silvia von Schweden in Bad Iburg

GERD SCHÖWING
Bad Iburg

Am 16. Oktober 2009 erhielt Ihre Majestät Königin Silvia von Schweden den Courage-Preis.
Das Bad Iburger Komitee Courage, mittlerweile eine anerkannte Institution von überregionaler Bedeutung, würdigt durch die Verleihung herausragende Personen und Institutionen, die sich um das Wohl der Gemeinschaft verdient gemacht haben.
Solch eine Person ist ohne Einschränkungen auf jeden Fall die 14. Preisträgerin. Eine beeindruckende Monarchin, die sich auf vielfältige Weise für benachteiligte Menschen einsetzt.
Zu Beginn ihres Aufenthaltes in Bad Iburg begrüßten Bürgermeister Drago Jurak und der Vorsitzende des Komitee Courage die Königin im Rathaus, wo sich Ihre Majestät in das Goldene Buch der Stadt eintrug. Vor dem Rathaus warteten ca. 2.000 begeisterte Bürgerinnen und Bürger trotz Regens, darunter 80 Kinder der Grundschule, die durch eine vorbildliche Organisation von der Rektorin Stefanie Baalmann und unter der Leitung von Stefan Meyer den Abba-Song „Thank you für the music" umgetextet vortrugen: „Danke für den Einsatz, den du für Kinder zeigst".
Die Königin freute es sehr und bedankte sich. Ausdrücklich noch einmal während der Laudatio, indem sie sagte: „Ich freue mich sehr über die Auszeichnung des Courage-Preises, aber dass die Kinder mir die Ehre brachten, war besonders schön für mich."
Noch einmal ein Rückblick vor dem Eintreffen der Königin im Bad Iburger Rathaus:
Bei Wasser und Kaffee plaudern sich die „Offiziellen" auf das Eintreffen Ihrer Majestät ein. „Noch acht Minuten" heißt es plötzlich. Die Spannung steigt und eine gewisse Nervosität natürlich auch.
Dann dringt von draußen Jubel ins Rathaus: „Sie kommt, sie kommt!"
Königin Silvia betritt den Ratssaal, klein und zart, in einem silbergrauen Seidenkostüm, mit einer Perlenkette und einem unglaublich sympathischen Lächeln. Sie wird mit einem Gläschen Holunderblütensaft empfangen, denn ihre Majestät trinkt keinen Alkohol. Da man weiß, dass die Königin in ihrer schwedischen Heimat das deutsche Schwarzbrot vermisst, gibt es ein paar kleine Vollkornhäppchen.
Es folgt der Eintrag in das Goldene Buch der Stadt Bad Iburg. Wer denn die schönen Kalligrafien für ihren Eintrag „gezeichnet" habe, erkundigt sich die Königin sehr interessiert. Es ist der in der Stadt lebende fast 90-jährige Diakon Joseph Funke. Eine heute kaum noch gekonnte „handwerkliche Präzisionskunst".
Die Preisverleihung im altehrwürdigen Iburger Schloss in dem prall gefüllten Rittersaal war der absolute Höhepunkt des Tages. Der Laudator Richard Oetker, der im Jahr zuvor den Preis für sein Engagement für den „Weissen Ring" erhalten hatte, rühmte die Königin als „Vorbild für viele Menschen auf der ganzen Welt".
Die Königin bedankte sich für den überwältigten Empfang, die herzliche Atmosphäre und die Laudatio.

„Es geniert mich ein bisschen." Im vorausgegangenen „Gespräch am Kamin" habe sie herausgehört, dass man die direkte Beteiligung der Menschen wünscht, „und so arbeiten wir auch".
Es ginge hier nicht darum Politik zu machen. Sie beschrieb, dass in der von ihr gegründeten Stiftung hilfsbedürftige Kinder „World Childhood Foundation" inzwischen 500 Projekte in 14 Ländern laufen.
Königin Silvia erzählte von einzelnen Beispielen und berichtete von ihrer Hochachtung gegenüber Mutter Theresa, die auf einer Veranstaltung gebeten wurde, über ihre große humanitäre Arbeit zu sprechen. Mutter Theresa wollte aber nicht, ging dann aber doch auf die Bühne und sagte kein Wort. „Liebst du deinen Nächsten?", brachte sie letztendlich doch heraus und beeindruckte damit die prominente Gästeschar. Königin Silvia meinte von sich selbst, sie sei keine Mutter Theresa und auch keine Mutter Courage. Die Königin machte im Rittersaal eine Pause und wiederholte die Frage an das im Iburger Schloss in großer Zahl versammelte Publikum: „Lieben Sie Ihren Nächsten? Danke."
Den Courage-Preis selber überreichte vorher der Vorsitzende des Komitee Courage Gerd Schöwing. Er hatte fast 10 Jahre um den Besuch der Königin Silvia von Schweden „gekämpft"!
Den Abschluss der Veranstaltung bildet traditionell der „Fischschmaus" im Bankettsaal des Iburger Schlosses. Die Küche des „Gasthauses zum Freden" mit neun Köchen und vielen weiteren Mitarbeitern hatte alle Hände voll zu tun, das mehrgängige Menü fernab der eigenen Hotelküche wirklich warm auf den Tisch zu bringen. Eine wahrlich meisterhafte Leistung!
Die musikalische Gestaltung im Rittersaal hatte die Sopranistin Ulla Weller übernommen.

(Einige Textstellen sind der „Neuen Osnabrücker Zeitung" und dem „Stadtgespräch" Bad Iburg entnommen.)

Deutscher Kopf, brasilianisches Herz, schwedische Seele

TORSTEN SCHÖWING
Hamburg

„Es hat mal jemand über mich gesagt, ich hätte einen deutschen Kopf, ein brasilianisches Herz und eine schwedische Seele. Vielleicht ist da was Wahres dran", hat Silvia von Schweden einmal gegenüber Journalisten gesagt. Diese Antwort zeigt zum einen, mit welchem diplomatischen Geschick sich die Königin souverän auf jedem Parkett bewegt. Zum anderen verweist sie auf die verschiedenen Stärken der Königin, die, ihrem multinationalen Hintergrund sei Dank, das Beste aus drei Welten vereinigt.

Da ist beispielsweise die große Disziplin, mit der Silvia ihr Amt ausfüllt und lange Arbeitstage durchsteht - eine der klassischen Tugenden, die den Deutschen zugeschrieben wird. Ferner die südamerikanische Leidenschaft, mit der sie sich für die Kranken und Schwachen auf der Welt engagiert. Und schließlich die nordische Ausgeglichenheit, mit der sie Disziplin und Leidenschaft versöhnt.

Silvia Renate Sommerlath kam am 23. Dezember 1943 in Heidelberg als Tochter eines Deutschen und einer Brasilianerin auf die Welt. Ihr Vater Walter Sommerlath war vor dem Zweiten Weltkrieg Repräsentant der deutschen Röchlingwerke in Südamerika und später Stahlwerksdirektor in der Nähe von São Paulo. Von 1946 bis 1957 lebte Silvia mit ihren Eltern in Brasilien und kehrte 1958 nach Deutschland zurück, wo sie in Heidelberg das Elisabeth-von-Thadden-Gymnasium besuchte und anschließend das Luisen-Gymnasium in Düsseldorf. 1963 machte sie ihr Abitur und absolvierte anschließend eine Ausbildung am Münchner Sprachen- und Dolmetscher-Institut Schmidt. Im Laufe ihres Lebens hat sie neben ihrer Muttersprache Deutsch sechs Fremdsprachen gelernt: Englisch, Französisch, Spanisch, Portugiesisch, Italienisch und Schwedisch.

Dank dieser Vielsprachigkeit wurde sie 1971 als Chef-Hostess und Dolmetscherin für die Olympischen Sommerspiele in München verpflichtet. Als VIP-Hostess betreute sie während der Sportveranstaltungen im Sommer 1972 zahlreiche Politiker, darunter Bundeskanzler Willy Brandt, den britischen Premierminister Edward Heath und das Fürstenpaar von Monaco. Entscheidend wurde jedoch die Begegnung mit dem schwedischen Kronprinzen Carl Gustaf, der per Fernglas auf die brünette Schönheit aufmerksam geworden war - und sich in Silvia verliebte.

Vier Jahre später, am 19. Juni 1976, heirateten beide - zu einem Zeitpunkt, als Carl XVI. Gustaf bereits auf den Thron saß (er wurde am 19. September 1973 gekrönt). Hätte er Silvia bereits als Kronprinz geheiratet, hätte er für seine bürgerliche Liebe auf den Thron verzichten müssen. So jedoch blieb er König - und Silvia wurde Königin von Schweden. „Es war nicht die Entscheidung, einen König zu heiraten, sondern jemanden, den man liebt", hat Silvia einmal in einem TV-Interview gesagt.

Die Hochzeit fand unter großer Anteilnahme der schwedischen Bevölkerung statt, deren Herz Silvia

schnell hat erobern können: Sie gilt als volksnah und unprätentiös. „Ich bin sehr dankbar für die Herzlichkeit, mit der die Schweden mich aufgenommen haben", hat Silvia mehrfach bekannt.
Ihr Privatleben versucht die Königin vor der Öffentlichkeit möglichst abzuschirmen. Viel mehr, als dass sie Musik- und Sportliebhaberin ist, weiß man nicht über sie. Und dass sie Halt findet im regelmäßigen Gebet: „Ich hoffe, dass viele Menschen Hilfe in ihrem Glauben finden, was auch immer dieser Glaube sein mag."
Vielleicht ist es der Glaube, der Silvia Antrieb und Kraft gibt für ihr umfangreiches soziales Engagement, das weit über die pro forma-Aktivitäten hinausgeht, denen sich andere Prominente verpflichtet fühlen. „Meine Situation als Frau des Königs von Schweden gibt mir die Möglichkeit, die Aufmerksamkeit auf bestimmte Themen zu lenken – und das mache ich dann auch gerne", begründet Silvia ihre Aktivitäten. Sie ist Schirmherrin von mehr als 60 verschiedenen Organisationen. Das Themenspektrum reicht dabei von Kindesmissbrauch über Drogensucht bis zu Altersdemenz. Für ihr Engagement im Behindertenbereich lernte sie sogar die Gebärdensprache.
Die Anfänge von Silvias sozialem Engagement reichen bis in ihre Kindheit in Brasilien zurück: Bereits in São Paulo setzte sie sich als Jugendliche für

Kinder ein, die nicht die Schule besuchen konnten. „Wir haben den Kindern der Landarbeiter beigebracht, ihren Namen zu schreiben, haben mit ihnen das kleine Einmaleins geübt", erzählt Silvia rückblickend.
1994 gründete Silvia die Antidrogen-Stiftung „Mentor Foundation", aus der in Schweden, Großbritannien, Deutschland und den USA nationale Vereinigungen hervorgingen, die sich vor allem im Bereich der Sucht- und Drogenprävention bei Kindern und Jugendlichen einsetzt.
Ihr Engagement sorgte dabei durchaus auch für Kontroversen, etwa als sie 1996 auf einem Weltkongress gegen die kommerzielle sexuelle Ausbeutung von Kindern die Kinderpornographie und -prostitution als „moderne Form der Sklaverei" brandmarkte und eine schärfere Bestrafung von Kinderschändern forderte. Ihre offenen Worte wurden in der Öffentlichkeit hitzig diskutiert und auch kritisiert. Der Vorwurf: Die Königin habe kein Recht, in politischen Fragen derart deutlich Stellung zu beziehen.
Das Elend, das Königin Silvia bereits in jungen Jahren in Südamerika gesehen hat, ist ihr nie aus dem Kopf gegangen. Auch deshalb gründet sie 1999 die „World Childhood Foundation", eine Stiftung, die Projekte für vernachlässigte Kinder finanziell unterstützt, vor allem in Brasilien, Russland und den baltischen Staaten. „Kinder sind die ersten, die unter den gesellschaftlichen Problemen leiden", betont die Königin immer wieder.
Ferner gilt Silvias Engagement den Belangen der Behinderten. „Ich freue mich, dass es mir gelungen ist, die Aufmerksamkeit auf eine Gruppe von Menschen zu lenken, die mich in ihrer Lebensführung jedes Mal wieder beeindruckt", sagte die Königin im November 1990, als sie für ihre Aktivitäten den Deutschen Kulturpreis der Stiftung Kulturförderung entgegennehmen konnte. Der Geldbetrag ging teilweise an ihre „Stiftung Prinzessin Victoria", die in Brasilien ein Ausbildungszentrum für behinderte Kinder und deren Familien unterhält.
Von ganz persönlichen Erfahrungen geprägt ist das Engagement für „Silviahemmet", zu deutsch Silviaheim, eine Einrichtung nur wenige hundert Meter entfernt von Schloss Drottningsholm, in dem Silvia und ihre Familie wohnen. Erschüttert darüber, wie die Ärzte einst ihre an Alters-Demenz erkrankte Mutter Alice ruhig stellten, wie schlecht das Pflegepersonal ausgebildet war und wie wenig die Menschen um sie herum über die Krankheit wussten, gründete Silvia „Silviahemmet" 1996. Die Stiftung betreut Demenzkranke und bildet speziell auf solche Patienten geschultes Pflegepersonal aus.
Zeit zum Ausruhen und zum Feiern bleibt Silvia bei so viel Engagement wenig. Sie weiß genau, dass sie nicht allen Menschen, die sich in Not befinden, helfen kann. Aber ihre Philosophie lautet, dass man schließlich irgendwo anfangen müsse. Nur dann könne man Erfolge sehen – und wenn sie zunächst noch so klein sein mögen.

Wie gründet man heute eine Universität? Zum Beispiel die Universität Osnabrück

DR. JUR. KLAUS VOLLE
Bad Iburg

Als ich in Bochum, meiner Heimatstadt, nach meinem Abitur 1956, 20 Jahre alt und erster angehender Akademiker in unserer Handwerker-Familie, entscheiden musste, was ich eigentlich werden wolle, stand mir das ganze Spektrum der Universitäten und aller Fachgebiete offen. Es gab keinen numerus clausus, keine Zulassungsbeschränkungen, und ausreichend Studienplätze. Nur 6 - 8 % aller Schulabgänger begannen ein Hochschulstudium, der Besuch des Gymnasiums war ebenso wie das Studium in Universitäten, Kunst- u. Musikhochschulen, Technischen Hochschulen und Ingenieurschulen gebührenpflichtig. Studienbeihilfen für finanziell schlechter gestellte Studierende gab es allerdings nach dem sogenannte „Honnefer Modell", ein auf Grund eines Staatsvertrages zwischen Bund und Ländern eröffneter Stipendienfonds, der unabhängig von erbrachter Studienleistung oder Abiturnote an einkommensschwache Studienbewerber Studienbeihilfen vergab.

Entgegen dem Rat meiner Eltern, die mir sowohl vom Prestige wie dem erwartbaren Einkommen her den Lehrerberuf nahe legten, studierte ich Rechtswissenschaften - zunächst in Kiel, später in Münster. 1960, im achten Semester, bestand ich das erste Staatsexamen und trat in Bochum das fast vierjährige Referendariat an.

Zu dieser Zeit begann in der Politik, ausgelöst sowohl von Hochschulen, Kultusministerien und Industrieverbänden als auch bei Bildungsplanern aller Couleur ein Nachdenken, ob das tertiäre Bildungssystem der Bundesrepublik den künftigen Anforderungen von Staat, Wirtschaft und Gesellschaft inhaltlich wie quantitativ noch gewachsen sei. Längst hatte ein eklatanter Mangel an Arbeitskräften im Bereich der Industrie- und Bergarbeiter sowie der medizinischen und gerontologischen Dienstleister zu einem Migrationsschub aus südeuropäischen Ländern und der Türkei geführt. Die „Gastarbeiter" lösten einen Teil der Probleme, nicht aber die des akademisch gebildeten Nachwuchses für die immer komplexer und anspruchsvoller werdenden Arbeitsplätze für Hochschulabsolventen. Bekannt wurde das Problem auch durch die Einführung der sogenannten„Mikätzchen", genannt nach dem damaligen NRW-Kultusminister Prof. Mikat, der unter Hausfrauen, Erzieherinnen, Kindergärtnerinnen und sonstigen gut ausgebildeten, aber nicht berufstätigen Frauen erfolgreich für eine Schnellausbildung zur Grund- und Hauptschullehrerin warb, recht erfolgreich sogar. Noch größeres Gewicht bekam die Diskussion durch die von einigen Bildungsforschern, darunter dem Heidelberger Pädagogen Prof. Georg Picht („Die Deutsche Bildungskatastrophe", 1964) angestellten düsteren Prognosen für die bildungsferne Bundesrepublik. Schon etwa ab 1960, verstärkt aber ab 1965, entstand in den Ländern ein Hochschulgründungsboom. Es begann mit der Universität Konstanz und führte über Bochum, Dortmund, Regensburg pp. schließlich zu so umfassenden Neugründungen wie den gleichzeitig entstehenden 5 NRW-Gesamthochschulen. Zehn Jahre später, also 1975, gab es über alle Bundesländer verteilt bereits mehr als 20 Hochschulneugründungen, und die Zahl wuchs weiter. Parallel dazu gab es den fast völligen Abbau von Gebühren und durch das BAFöG (Bundesausbildungsförderungsgesetz) sowie die steuerliche Absetzbarkeit von Hochschulausbildung eine deutlich ausgeweitete Studienplatznachfrage. In der Folge stieg der Anteil der Studierenden pro Jahrgang rasch auf über 20 % an.

Zurück zu meinem Weg von Bochum nach Osnabrück: das Referendariat mit seinen verschiedenen Ausbildungsstationen umfasste einschließlich der Zeit für das Assessorexamen etwa vier Jahre – eine unglaubliche Zeitverschwendung (heute ist die Zeit auf 18 Monate verkürzt). Ich nutzte das Referendariat auch zur Vorbereitung einer Promotion im Verfassungsrecht, fand dann in der neu gegründeten Ruhr-Universität, praktisch vor meiner Haustür, auch einen Doktorvater und in Gestalt des WDR einen Sponsor, der an einer Ausarbeitung meines Themas Interesse hatte. Ich wurde als wissenschaftlicher Angestellter der Universitätsbibliothek Bochum eingestellt und gemeinsam mit meinem Doktorvater mit dem Aufbau der öffentlich-rechtlichen Bibliothek beauftragt. Dabei hatte ich ausreichend Zeit und Gelegenheit, die Dissertation zu schreiben – saß ich doch an der Quelle der Literatur. So wurde ich im Januar 1967 promoviert.
Mein Doktorvater nahm unmittelbar darauf einen Ruf auf einen Lehrstuhl für Völkerrecht an der in Gründung befindlichen Universität Regensburg an. Er riet mir zu einer Habilitation im Völkerrecht an seinem Lehrstuhl, und im übrigen sollte ich wieder zum Aufbau einer leistungsfähigen Bibliothek beitragen. Allerdings wurde ich vor allem zu Dienstleistungen in der Fakultät herangezogen – die Habilitation blieb auf der Strecke. Da ich aber die Verwaltungsgeschäfte des Lehrstuhls gern erledigte und auch bei der Universitätsleitung Anerkennung erfuhr, bewarb ich mich um die Stelle des Justitiars der Universität, die frei geworden war. Ich wurde übernommen und hatte damit, wie die Fakultät mich wissen ließ, das Tischtuch zur Wissenschaft zerschnitten.

Nach zwei Jahren erfolgreicher Verwaltungstätigkeit verfügte ich über gute Kenntnisse in der allgemeinen Hochschulverwaltung, hatte für ein Jahr den Kanzler (Leiter der Zentralverwaltung und Beauftragter für den Haushalt der Universität) wegen dessen Erkrankung vertreten und wäre gern selbst Kanzler geworden. Der Kanzler nach altem Recht (das in Niedersachsen seit einigen Jahren nicht mehr gilt) war quasi Finanzvorstand der Universität und Rechnungshof in einer Person und verfügte über nicht unerheblichen Einfluss, zumindest in Bayern. Da aber dort keine Kanzlerstelle frei war oder frei wurde, bewarb ich mich erfolgreich um die Stelle eines Leitenden Verwaltungsbeamten für den Bereich Kaiserslautern der neu gegründeten Universität Trier-Kaiserslautern.
Diese trat in Trier und Kaiserslautern an die Stelle der ehemals selbstständigen Pädagogischen Hochschulen, und sollte nach einer Gründungsphase von etwa 3 bis 5 Jahren in zwei selbstständige Universitäten umgegründet werden (was mit Verzögerung auch so geschah). Der Leitende Verwaltungsbeamte hatte zwar weitgehend die Aufgaben eines Universitätskanzlers, war aber fachlich und dienstrechtlich dem Präsidenten unterstellt (dieser war Präsident beider Standorte). Nach Teilung sollte das Amt jeweils in das eines Kanzlers umgewandelt werden. Der Standort Trier sollte zu einer herkömmlichen

Universität, wenn auch mit eingeschränktem Fächerspektrum (nur rudimentäre Naturwissenschaften) ausgebaut werden. Kaiserslautern sollte eine Technische Universität unter Zufügung der Fächer Mathematik, Physik, Informatik, Biologie und Chemie werden. Das Konzept berücksichtigte in Kaiserslautern die enge Vernetzung von Natur- und Technikwissenschaften in idealer Weise und führte m. E. von der Attraktivität der Studienangebote wie auch der Forschungseinrichtungen her betrachtet zu der wohl erfolgreichsten Neugründung mit diesem Fächerspektrum.

Der Präsident war ein Ordinarius alter Schule. Als ehemaliger Institutsdirektor einer großen Süddeutschen Universität war er von starker Durchsetzungskraft und in seiner Amtsführung vor allem auf Effektivität und hohen Wirkungsgrad seines Handelns bedacht. Die interne Akzeptanz war nachrangig. Diese Eigenschaften nutzten der Neugründung im Konkurrenzkampf um Finanzierung gegenüber anderen Hochschulen in Rheinland-Pfalz und verschafften ihm hohe Wertschätzung im Ministerium und bei vielen Bildungspolitikern. Leider war er kein Teamspieler und gegenüber der Verwaltung ungeduldig und wenig integrativ. Da er Vorgesetzter des Leitenden Verwaltungsbeamten war, obwohl dieser als Beauftragter für den Haushalt die plan- und rechtmäßige Verwendung der Mittel zu verantworten hatte, ergaben sich immer wieder Konflikte, wobei das Ministerium ihn regelmäßig unterstützte und dem Leitenden Verwaltungsbeamten bei diesen Gelegenheiten verdeutlichte, wer wirklich für den Aufbau der Neugründung zuständig sei.

Da die Trennung der beiden Universitätsteile wegen daraus entstehender Mehrkosten immer weiter hinausgeschoben wurde - und damit die Umwandlung meiner Stelle in eine Kanzlerstelle -, wuchsen meine Zweifel daran, ob ich in Kaiserslautern in absehbarer Zeit die leitende Position einnehmen könnte, die ich erwartet hatte.

Als außerdem die Sorge um die gesundheitlich angeschlagenen Eltern und Schwiegereltern in Bochum und Dortmund häufigere Besuche dort erforderten, was immer mit Stunden langen Bahn- oder Autofahrten verbunden war, entschlossen meine Frau und ich uns, doch noch an anderer Stelle einen Neuanfang zu suchen.

Der Zufall fügte es, dass ich 1974 auf einer Tagung mit dem Staatssekretär des Niedersächsischen Kultusministeriums ein längeres Gespräch über die beiden dortigen Neugründungen führte. Dabei hörte ich, dass Oldenburg ganz gut in Gang käme.Schwierigkeiten mache Osnabrück mit dem Standort Vechta, die kirchenvertragsrechtlichen Regelungen bereiteten große Probleme. Der vom Land eingesetzte Gründungsausschuss sei sehr heterogen zusammengesetzt und trage wenig zum Vorankommen bei. Es werde deswegen durch das Land ein kommissarischer Rektor eingesetzt, den es schon gäbe - ein Hamburger Physikprofessor. Nur leider habe man sich noch nicht auf einen Kanzler einigen können - ob ich denn einen eher unpolitischen Interessenten mit etwas Stehvermögen kenne. Der müsse aus rechtlichen Gründen Volljurist sein und am besten schon eine gewisse Erfahrung in der Hochschulverwaltung aufweisen - dabei sah er mich ganz erwartungsvoll an. Ich brachte vorsichtig meine eigene, mich nicht befriedigende Situation in die Diskussion. Nachdem er meinte, ich sei vermutlich ein willkommener Kandidat, erbat ich zwei Wochen Bedenkzeit, um das mit meiner Familie zu besprechen. Für meine Frau, die als Studienrätin an einem Gymnasium in Kaiserslautern in Teilzeit angestellt war, bedeutete das ja auch einen Wechsel von Schule und Kollegium, für unsere beiden Kinder von Schule und Kindergarten. Bei gründlicher

Überlegung überwogen die Vorteile. Osnabrück gefiel uns als Stadt viel besser als Kaiserlautern. Die Kanzlerstelle war besser dotiert und nicht mehr dem Präsidenten als Vorgesetztem nachgeordnet, sondern dem Ministerium unterstellt. Das Ministerium war bereit, auch meine Frau in den gymnasialen Schuldienst zu übernehmen, und unsere Eltern ließen sich mit einer Autofahrt von eineinhalb Stunden gut erreichen. Also bewarb ich mich förmlich um die Stelle, musste die ganze Prozedur von Vorstellungsgesprächen absolvieren. Kurz um: Im September 1974 wurde ich zum Kanzler der Universität Osnabrück ernannt, bald darauf zum nebenamtlichen Prüfer im Justizprüfungssamt des Nds. Justizministeriums (für das Gebiet „Öffentliches Recht") bestellt und meine Frau erhielt eine Stelle an einem Gymnasium im südlichen Landkreis. Wir konnten in Bad Iburg ein Grundstück erwerben und ein Haus bauen - alles erschien uns im schönsten Licht. Aber, aber ...

Die in Gründung befindliche Universität hatte mehr Probleme, als ein Hund Flöhe.

Da war zunächst das Vechta-Problem. Es ergab sich aus der Niedersächsischen Landesgeschichte, die nur kurz dargestellt werden soll: Nach dem sogenannten Westfälischen Frieden von Münster und Osnabrück 1648 und den regionalen Folgeverträgen ab dieser Zeit blieb das Herzogtum Oldenburg mit protestantischem Bekenntnis erhalten. Osnabrück wurde Fürstbistum, wobei sich in der Regentschaft immer ein protestantischer und ein katholischer Fürstbischof abwechselten. Die Grenzziehung zwischen Oldenburg und Osnabrück entsprechend dem „Normaljahr" 1624 ergab die kuriose Situation, dass Teile des dem Herzogtum Oldenburg zugeschlagenen Gebiets, u.a. die Städte Vechta, Cloppenburg und Friesoythe, katholischen Bekenntnisses waren und auch bleiben wollten. Eigentlich gehörten sie ja auch zum Fürstbistum Münster. Man unterschied in einem weiteren Vertrag zwischen weltlichem und geistlichem Regiment. Letzteres wurde dem Bischof von Münster zugeschlagen. Das weltliche Regiment verblieb beim Herzog von Oldenburg. In Vechta wurde ein katholisches Offizialat eingerichtet und mit einem Regional (Weih-)bischof besetzt. Das ist bis heute so geblieben.

Die Großregion Vechta, später auch als Oldenburger Münsterland bekannt, behielt ihren katholischen Status. Durch Konkordate und Verträge mit dem Heiligen Stuhl und dem Bischof von Münster, später durch das sogenannte Reichskonkordat von 1933 und dem folgend durch das Konkordat mit dem Land Niedersachsen von 1967 nebst Folgeverträgen abgesichert, hatte sich in Vechta seit 1830 eine sogenannte „Normalschule", also eine Lehrerbildungseinrichtung entwickelt, aus der sich dann in ununterbrochener Kontinuität bis in die sechziger Jahre des 20. Jahrhunderts eine Katholische Lehrerbildungsstätte, zuletzt in der Rechtsform einer Pädagogischen Hochschule in Staatlicher Trägerschaft, aber konkordatär abgesichert, mit katholischen Lehrinhalten entwickelt hatte. Es war schon schwierig für das Land gewesen, diese Hochschule in die durch Zusammenlegung aller Pädagogischen Hochschulen des Landes zur „Pädagogischen Hochschule Niedersachsen" entstandene Hochschule zu integrieren. Jetzt aber die Pädagogische Hochschule Niedersachsen aufzulösen und die beiden regionalen PH-Standorte Osnabrück und Vechta den neu gegründeten Wissenschaftlichen Hochschulen (egal ob Oldenburg oder Osnabrück) als Erziehungswissenschaftliche Fachbereiche einzugliedern, war für die ehemaligen Pädagogischen Hochschulabteilungen Osnabrück, insbesondere aber Vechta ebenso wie für den dort zuständigen Bischof (von Münster) nur schwer zu akzeptieren. Und auch die Festle-

gung auf einen Standort übergreifenden, durch konkordatäre Folgeregelungen verbindlich festgelegten „Gemeinsamen Fachbereich für katholische Theologie und Religionspädagogik" in Osnabrück und Vechta erschien für Vechta unakzeptabel. Das Konkurrenzverhältnis der beiden Standorte war vom Gesetzgeber ebenso verkannt worden wie die Problematik, dass dieser Fachbereich lehrinhaltlich und kirchenaufsichtlich in die Zuständigkeit zweier Bistümer fiel, die zu der Zeit nicht gerade durch brüderliche Verbundenheit auffielen. Die Folge waren bittere Streitigkeiten und Verzögerungen in der Ausbauplanung beider Standorte. Es ist nicht möglich, hier die kirchenvertragliche Problematik (Konkordat contra Universitätsorganisationsgesetz (UOG) Oldenburg und Osnabrück) sowie die streitige Planungshoheit abzuhandeln. Ich gebe in den Literaturempfehlungen geeignete Quellen an.
Ein weiteres, zunächst nicht lösbares Problem ergab sich aus der Tätigkeit des durch das UOG eingesetzten Gründungsausschusses. Er sollte und wollte die grundlegende Reform der Hochschulstruktur (basisdemokratisch handelnde, viertelparitätisch besetzte Organe) umsetzen: Ersetzen klassischer Fakultäten durch Fachbereiche, Ersetzen von Instituten durch Projektgruppen und Projektstudiengänge und, ein besonderer Clou der Reformer, die Einführung der einphasigen Lehrerausbildung durch Integration der Praxisphase (Referendariat) in das Studium. Das gesamte Spektrum dieser Bildungsreform sollte in Oldenburg und Osnabrück modellhaft eingeführt werden, um nach einer Bewährungszeit dann in alle Hochschulen des Landes exportiert zu werden.
Die Folge war eine weitgehende Isolierung der beiden Neugründungen in der Deutschen Hochschullandschaft. Die unsinnige Zahl von Sitzungen mit viel Streit und wenig Ergebnissen führte am Schluss zur Erkenntnis, dass es so nicht gehen könne. Der Gründungsausschuss wurde durch die Landesregierung aufgelöst.
Einen ähnlichen Schiffbruch erlitt die Planung als „Integrierte Gesamthochschule Osnabrück" unter Eingliederung der Fachhochschule. Schon die Integration der beiden PH-Abteilungen führte zu einem Rechtsstreit (die meisten der Professoren der PH wollten nicht gegen ihren Willen in eine Gesamthochschule überführt werden und erhoben Klage beim Bundesverfassungsgericht, unterlagen dann aber in Karlsruhe).

Für die Integration der Fachhochschule, die recht erfolgreich aus einer ehemaligen Ingenieurakademie hervorgegangen war, wurde vom Kultusministerium ein Integrationsausschuss eingesetzt, der viel Zeit verbrauchte, schließlich aber ohne Ergebnisse wieder aufgelöst wurde. Die Fachhochschule, die mit ihrem Fächerspektrum, ihrer Praxisnähe, der Verschulung der Studiengänge und kurzen Studienzeiten ziemlich genau den Bedürfnissen der regionalen Wirtschaft entsprach, blieb selbstständig. Die vielen vergeblichen Sitzungsstunden, den häufigen Streit und den Stillstand in der Universitätsentwicklung hat niemand in Jahren oder Geld berechnet - es wäre zu traurig geworden.

Gegenüber vielen mir bekannten Universitätsneugründungen hatte Osnabrück aber einen hoch anzusetzenden Vorteil: eine homogene Universitätsleitung, die auch durch die vielen Querschüsse nicht ihr Ziel aus den Augen verlor: nämlich eine ganz normale Universität aufzubauen. Präsident, Vizepräsidenten und Kanzler pflegten einen sehr auf Einigkeit und Konfliktlösung gerichteten Kurs, der insbesondere die Entwicklung eines möglichst breiten und gut nachgefragten Studienangebots zum

Ziel hatte. Dabei kann die Leistung des damaligen Präsidenten Prof. Dr. Horstmann nicht hoch genug angesetzt werden. Kaum ein anderer Hochschulleiter ist einerseits so umgänglich und verständnisvoll, andererseits aber auch so zielgerichtet und beharrlich in der Sache an sein Amt herangegangen.

Nach den früheren Jahren des Stillstandes gelang es dann 1978, das Land zur Einrichtung der Fachbereiche Wirtschaftswissenschaften und Rechtswissenschaften zu bewegen. Nach einigen Meinungsverschiedenheiten über die Zusammensetzung der jeweiligen Aufbaukommission konnten beide Fachbereiche erfolgreich eingerichtet werden und 1979 (WiWi) und 1981 (ReWi) die ersten Studierenden aufnehmen. Die Bautätigkeit kam in Gang. Es gelang mit Hilfe des Leiters des örtlich zuständigen Staatshochbauamtes, wesentliche Teile der Universität in der Innenstadt anzusiedeln. Dort diente das Schloss und sein Erweiterungsgebäude schon zu Zeiten der PH als Standort. Durch Übernahme und Umbau einer Reihe frei werdender innerstädtischer Gebäude (z.B. ehemaliges Kreishaus, ehemalige Gehörlosenschule Alte Münze, AOK, Haus der Landwirtschaft, Altes Mädchengymnasium am Wall und viele andere, darunter eine Reihe denkmalsgeschützter klassizistischer Kaufmannshäuser am Wall, in der Martini- und Katharinenstraße) sowie durch sehr großzügige Neubauten (Mensa im Schlossgarten, Hörsaal- und Verfügungsgebäude) gelang es, die Universität sehr gut und durch die Innenstadteinrichtungen auch sehr attraktiv unterzubringen. Erfolgreich war auch der Ausbau des Standortes Westerberg mit Neubauten für die Naturwissenschaften, die Mathematik und für die Fachhochschule. Einen besonderen Akzent setzte der für den Fachbereich Biologie / Chemie eingerichtete, auch von Bürgern Osnabrücks gern angenommene, sehr beachtliche Botanische Garten im ehemaligen Middelbergschen Steinbruch.
Der umfänglichen Bautätigkeit folgte zu Beginn der 80er Jahre ein starker Zuwachs an Professoren, anderem Personal und Studierenden. Das führte zu großen Erfolgen in der Drittmitteleinwerbung und -forschung, z. B. durch Einrichtung von zwei Sonderforschungsbereichen in den Naturwissenschaften und einer Reihe von bundesweit anerkannten Forschungsinstituten. Gegen Ende der 80er Jahre konnte man sehen, dass die Universität konsolidiert war - allein das Vechta-Problem blieb ungelöst, obwohl auch in Vechta durch Fächererweiterung und erhebliche Neubautätigkeit die Konsolidierung fortschritt. Dabei störte es die Landesregierung nicht, dass dort mit Vorrang Lehrer für katholische Konfessionsschulen ausgebildet wurden, obwohl Konfessionsschulen durch Schulgesetz längst zu Gemeinschaftsschulen als Regelschulen umgewandelt waren - es galt das Konkordat und darin war für Vechta die Ausbildung zu Lehrern an katholischen Bekenntnisschulen festgeschrieben. Sie wurden aber auch von Gemeinschaftsschulen eingestellt.

Nachdem ein Versuch der Landesregierung, die Abteilung Vechta auf Grund einer Empfehlung des Wissenschaftsrats zu schließen und das Personal sowie die Studierenden an andere Hochschulen des Landes abzugeben, am heftigen Widerstand der Kath. Kirche scheiterte - im Oldenburger Münsterland gab es noch eine Reihe katholischer Schulen - setzte sich immer stärker die Erkenntnis durch, eine einvernehmliche Leitung und Gestaltung der beiden Hochschulteile sei nicht erreichbar. Es sei zweckdienlicher, eine strikte Trennung durch Verselbstständigung der Abteilung Vechta herbeizuführen. So entstand - ich war da schon nicht mehr Kanzler der Universität Osnabrück - zunächst die

„Hochschule Vechta". Später, als die Bezeichnung „Hochschule" durch Gesetz die amtliche Bezeichnung der Fachhochschulen wurde, die Hochschule Vechta aber Wert darauf legte, nicht mit einer Fachhochschule verwechselt zu werden, wurde sie dann durch Gesetz „Universität".

Meine Tätigkeit in Osnabrück endete lange vor der Verselbstständigung Vechtas. Als sich 1988 abzeichnete, dass Präsident Prof. Horstmann aus Krankheitsgründen für eine erneute Wiederwahl nicht mehr zur Verfügung stehen würde, fragte ich mich, was das für Konsequenzen für mich haben könne. Ich konnte mir meine Tätigkeit ohne den immer freundlichen, kooperativen und geduldigen Professor Horstmann als Präsidenten schlecht vorstellen. Zwei mögliche Nachfolgekandidaten schienen sich durch die Absicht, die gewachsene Hochschulstruktur zu ändern und insbesondere die Leitungsstruktur zu straffen und effektiver zu machen, weniger zu delegieren und mehr selbst zu entscheiden, auf Kosten der Universitätsverwaltung profilieren zu wollen .

Als die Universität Göttingen Anfang 1988 die Stelle des ehemaligen Kurators und jetzigen Kanzlers wegen dessen Pensionierung ausschrieb, erwog ich eine Bewerbung, scheute aber sowohl aus eigenen Bedenken wie auf Abraten meiner Familie davor zurück. Dann aber legte mir das Ministerium zu meiner Überraschung eine Bewerbung nach Göttingen nahe (das bisherige Bewerberfeld reiche nicht aus). Da war es mit meiner Zurückhaltung vorbei. Ich bewarb mich, wurde gewählt, ernannt und trat im November 1988 dort meinen Dienst als Kanzler an - die Erweiterung meines Berichts um die Göttinger Zeit wäre ein Kapitel für sich. Nur noch so viel: Göttingen war eine Kraft raubende, aber für mich sehr erfolgreiche Zeit. Ich blieb in Bad Iburg wohnen, nahm eine kleine Wohnung in Göttingen, kam nach Möglichkeit jedes zweite Wochenende nach Hause, wurde nach fast zehn Jahren pensioniert und kehrte endgültig nach Bad Iburg zurück.

Rückblickend kann ich über meinen Berufsweg sagen: es war eine unruhige, oft anstrengende, aber immer auch hoch faszinierende Zeit. Auch wenn meine Familie durch die häufigen Ortswechsel manchen Stress bewältigen musste, was sie mit viel Verständnis für mich auf sich nahm, würde ich diesen Weg immer wieder einschlagen. Allerdings hat sich durch Gesetzesänderungen in Niedersächsischen Hochschulen vieles verändert. Die Hochschulleitung ist ein Präsidium geworden, an die Stelle des Kanzlers tritt ein hauptamtlicher Vizepräsident, Beamter auf Zeit, abwählbar und an Weisungen des Präsidiums gebunden. Ob ich unter diesen Umständen nochmals ein Amt in der Hochschulleitung einer Niedersächsischen Universität anstreben würde - da bin ich mir nicht so sicher.

Literaturempfehlung

Wendelin Zimmer „Turbulente Zeiten" - Ein Lesebuch zur Geschichte der Universität Osnabrück
Universitätsverlag Rasch Osnabrück 1999, ISBN 3-9334005-07-1

Rainer Künzel (HrsG.) „Nicht auf Sand gebaut" - Festschrift für Manfred Horstmann - Beiträge zur Gründung und Entwicklung der Universität Osnabrück
Meinders u. Elstermann 1990, ISBN 3-88926-887-0

A. Hanschmidt / J. Kuropka (HrsG) „Von der Normalschule zur Universität - 150 Jahre Lehrerbildung in Vechta 1830 bis 1980"
Verlag Julius Klinkhart Bad Heilbrunn/Obb. 1980, ISBN 3 - 7815 - 0463 - 8

Bromo – oder der „Ritt über den Bodensee“

DR. JUR. KLAUS VOLLE
Bad Iburg

Vorbemerkung 1:
Fragen Sie in Deutschland jemanden, was ihm beim Stichwort Indonesien einfällt, bekommen Sie meistens die Antwort „Bali“. Dieses „Ferienparadies“ hat aber mit Indonesien so viel Ähnlichkeit, wie Sylt mit Deutschland oder Mallorca mit Spanien. Das wirkliche Indonesien ist eines der vielseitigsten und schönsten Länder der Welt. Es liegt auf vielen Inseln, ist riesig groß, der bevölkerungsreichste muslimische Staat der Welt. Seine Landschaft (Flora und Fauna), seine Kultur (Bauten, Kunst, Musik), seine Menschen: immer freundlich und hilfsbereit, aus vielen Ethnien zusammengesetzt und vielfach von großer Schönheit - es ist fast ein echtes Paradies, gäbe es da nicht einige Probleme, wie: Aufflackernder, militanter Islamismus, eine instabile Zentralregierung, starkes soziales Gefälle Stadt - Land, sprunghafter Bevölkerungsanstieg, für Europäer ein sehr gewöhnungsbedürftiges, warm-feuchtes Klima, trotzdem oder gerade deswegen ein faszinierendes Land.

Vorbemerkung 2:
Ganz Indonesien ist ein Vulkanland. Es gibt hunderte davon, in allen Größen und in allen Kategorien ihrer Gefährlichkeit. Feuerberge, die immer wieder explosionsartig gewaltige Mengen glühenden Gesteins in den Himmel schleudern und die Landschaft mit glühenden Lavaströmen verwüsten, ebenso wie sogenannte Tuff- oder Aschevulkane, die neben gewaltigen Dampfwolken und giftigen Gasen überwiegend Asche und kleinere Tuffsteinbrocken ausspucken, oft viele Kilometer hoch. Dann gibt es noch die giftigen Stinker, wissenschaftlich als Vulkane im „fumeralen Zustand“ bezeichnet. Ihnen entströmen nur noch Gase, die z.T. aber hoch giftig sind. Viele Menschen, die bei vergleichsweise kleineren Ausbrüchen von Aschevulkanen ums Leben kamen, konnten sich nicht rechtzeitig vor den Giftgaswolken in Sicherheit bringen. Als Wanderziele kommen zwar Aschevulkane, nicht aber Feuerberge in Betracht. Das Risiko ist zu hoch.

Vorbemerkung 3:
Ich hatte beruflich mit indonesischen Wissenschaftlern des Botanischen Gartens in Bogor (einer der bekanntesten und wohl auch reichhaltigsten Botanischen Gärten Asiens) Kontakt. Sie beschrieben Java als ein Wanderparadies: tropische Flora und Fauna, überall durchsetzt von großen und kleinen Vulkanen - z. T. erloschen, z. T. aktiv -, Wasserfälle, traumhafte alte Tempelanlagen und einladend freundliche Menschen. Meine Reiselust war geweckt, und es gab auch einen Wanderreisenveranstalter, der geführte Wander-Studienreisen in dieses Paradies in Kleingruppen anbot. Bedingung: Teamfähigkeit, erfolgreiche Malariaprophylaxe, Klimaverträglichkeit und zum Wandern Trittsicherheit und Schwindelfreiheit. Da ich mich für einen halbwegs erfahrenen Bergwanderer hielt, meldete ich

mich zu einer Reise im September 1995 an und fuhr mit. Der nachfolgende Bericht schildert einen Tag dieser Reise.

In nahezu jedem Reiseführer wird für geübte Wanderer eine Vulkanexkursion empfohlen. Besonders im westlichen Java eigne sich der urzeitliche Tengger-Krater, eine mit nahezu 10 km Durchmesser sehr beeindruckende Caldera, als gutes Wandergebiet. Die innere Caldera, die man nach Übersteigen eines etwa 300 m hohen Kraterrandes gut erreichen könne, sei mit grauem Tuff-Granulat bedeckt und werde „Sandmeer" genannt. In dieser Innenfläche seien dann verschiedene kleinere Vulkane entstanden, sowie ein richtig großer, giftiger Stinker, der Bromo. Alle Vulkane dieser Region seien Asche- und Gasvulkane. Das Ganze liege zwischen 2.300 m und 2.500 m Höhe, und besonders der Sonnenaufgang über dem Sandmeer, der wegen der vielen Dampfschwaden die schönsten Spektralfarben wiedergebe, bleibe unvergesslich. Auch sei der Blick auf den mit 3.700 m höchsten Vulkan Javas Semeru bei Sonnenaufgang unvergesslich. Man müsse aber früh auf den Beinen sein. Und: wenn in Surabaya Kreuzfahrtschiffe vor Anker lägen, werde es eng am Rand der Caldera, denn kaum eine Reisegesellschaft verzichte auf einen solchen Ausflug. Also auf zum Bromo!

Um 3 Uhr weckte uns in einem kleinen Berghotel in Sukapura der Gong. Wir, eine kleine, durch den Zufall der Reisebuchung zusammengeführte Gruppe von 16 Personen, Männlein und Weiblein, zwischen 21 und 60 Jahren alt, vertrugen uns bestens, hatten überwiegend landeskundliche Interessen, wanderten gern und viel und wurden begleitet von einer Reiseleiterin, wie sie idealer für uns nicht hätte gefunden werden können: Ende 30, deutsche Ethnologin, mit einem Indonesier ehemals prinzlichen Geblüts verheiratet, vertrieb sie sich die Zeit damit,

kulturell und am Wandern interessierte deutsche Gruppen durchs Land zu begleiten. Ich verdanke ihr viele unvergessliche Eindrücke von Landschaft und Menschen.

Zwei Kleinbusse brachten uns nach einem kurzen Frühstück auf 1.500 m Meereshöhe und entließen uns im ersten Dämmerlicht bei einem größeren Parkplatz, der aber völlig leer war. Die Reiseleiterin war erstaunt. Eigentlich sei an dieser Stelle und zu dieser Zeit reger Besucherverkehr. Nun denn - für uns sei es ein Vorteil, nicht in einer Herde wandern zu müssen. Die Wanderung sollte auf dem Hin- wie Rückweg je 3 Stunden dauern. Je 800 Höhenmeter waren zu überwinden, denn wir befanden uns erst auf 1.500 m Höhe. Der Bromo war aber 2.300 m hoch und man sollte bis zum Kraterrand kommen können. Wir zogen los. Es wurde dämmrig hell, die Luftfeuchte betrug 80 % und es war „erst" 30° warm. Nach einiger Zeit tauchte dann in starkem Dunst der Kraterrand der Tengger-Caldera auf. Über diesen Rand hinweg sollten wir zum Sandmeer absteigen, dann noch 3 km bis zum Bromo wandern, um dann seinen ca. 300 m aus dem Sandmeer aufragenden Kegel zu ersteigen. Wir kamen immer höher, die Sicht blieb aber verhangen wie an einem

Novembertag in Deutschland. Auch roch es intensiv nach Schwefel und faulen Eiern. Als wir den Kraterrand der Caldera erreicht hatten, sahen wir ein schauriges Spektakel: das Sandmeer lag unter einer Wolke von grauem Nebel, aus dem der Bromo herausragte. Aus seinem Kegel stieg senkrecht eine graue Rauchsäule, bestimmt 50 m im Durchmesser, die wie ein Atompilz zunächst mehrere hundert Meter senkrecht in die Höhe schoß, um sich dann pilzförmig auszubreiten. Die oberste Schicht wurde von einem östlichen Höhenwind über den Rand der Caldera geschoben und bedeckte dann die gesamte Westflanke des Tengger-Kraters.

Was nun ? - Unsere Reiseleiterin war der Meinung, wir sollten die Wanderung abbrechen und zurückgehen, ein Besteigen des Kraterrandes sei viel zu gefährlich; es sei zwar ein Aschevulkan und mit Laveströmen nicht zu rechnen. Es sei aber vermutlich ein großer Ausbruch, und der sei wegen der austretenden Gase gefährlich. Nun hatten wir die Busse aber erst auf 17.00 Uhr bestellt, und eine Verständigung mit dem Hotel war unmöglich. Satellitentelefone gab es dort noch nicht. Aber jetzt war uns auch erklärlich, warum wir die einzige Gruppe dort oben waren: alle anderen waren gewarnt worden, nur uns, die wir besonders früh auf den Beinen sein wollten, hatte die Nachricht nicht erreicht. Nun wollten wir aber nicht umsonst den mühsamen Aufstieg gemacht haben: also beschlossenen wir, weiter zu gehen. Wir entwarfen auf einer Serviette einen Text, dass wir uns für die Dauer einiger Stunden aus der Obhut des Reiseunternehmers beurlaubten, über alle Risiken informiert seien und im Schadensfall auf alle Ansprüche gegen das Reiseunternehmen verzichteten. Unsere Reiseleiterin zeigte sich immer noch sehr besorgt. Als wir aber den Abstieg zum Sandmeer begannen, ging sie mit. Sie könne uns doch nicht allein lassen, ließ sie vorwurfsvoll verlauten.

Wir erreichten das Sandmeer, wanderten die drei Kilometer zum äußeren Kraterrand des Bromo, inzwischen mit grauer Asche bestaubt wie die Müllerburschen mit Mehl. Getreu der für Vulkanwanderungen ausgegebenen Regel, Vulkankegel immer nur in Luv zu besteigen, kletterten wir mühsam schnaufend bis auf den Kraterrand und warfen einen Blick auf das Tor zur Hölle. Es war aber eher ernüchternd: der ganze innere Krater war mit Dampf und Rußschwaden gefüllt, aus dem sich wie aus einem etwa 25 m breitem Strudel eine undurchdringliche Aschesäule in den Himmel schraubte. Das ganze geschah mit einem überraschend leisen Dröhnen, Zischen und Rauschen - eigentlich hatten wir mit Donnergetöse und Feuerschein gerechnet, aber das haben Aschevulkane nicht zu bieten, sie haben eher die Funktion von Überdruckventilen. Ihre Gefährlichkeit liegt in der hohen Giftgaskonzentration und der schwefelsauren Asche.

Wir blieben nur kurz auf dem Kraterrand stehen. Niemand sagte etwas, alle waren tief beeindruckt. Dann stiegen wir wieder ab ins Sandmeer, dabei sahen wir aus wie die Kohlebergleute nach der Schicht. Der Ruß brannte auf der Haut, und wir verwendeten die Trinkwasservorräte, um uns Gesicht und Hände zu reinigen. Zum Abschied erlebten wir dann noch, wie der 20 km entfernte, 3.700 m hohe Semeru mit einer bizarren Rauchwolke ausbrach. Die Reiseleiterin erklärte uns, dass das der eigentliche Überdruckausgleich im Bereich des Tenggar Krater sei. Die eher kleinen Ausbrüche des Semeru, und so sei dieser einzustufen, erfolgten regelmäßig, da der Druck nicht über Fumarole (natürliche Rauchgaskanäle) abgebaut werden könne.

Der Rest des Tages ist schnell erzählt: die Busse standen am Parkplatz, und mit ihnen zwei Militärpolizis-

ten. Es gab eine heftige Auseinandersetzung wegen unseres gesetzwidrigen Verhaltens – die ganze Strecke war längst Sperrgebiet -, die dann von unserer Reiseleiterin mit einigen Dollarscheinchen beendet werden konnte. In der Nacht danach kam ich mir zwar vor wie der legendäre „Reiter über den Bodensee" (bin aber nicht tot vom Pferd gefallen), doch der Bromo und das Sandmeer sind mir unvergeßlich geblieben. Die Reise ging danach auf der Insel Sulavesi im Torraja-Land mit einigen Wanderungen zu den Dörfern der ehemaligen Kopfjäger zu Ende - es war wesentlich ungefährlicher als auf dem Bromo - aber die Frage, ob ich solch einen solchen Aufstieg wie auf den Bromo noch einmal machen würde, kann ich mit ja beantworten.

Der passende Augenblick

Klaus Wortmann
Glandorf

Ein Kollege hatte sich eine Farm in Namibia gekauft und da lag es nahe, ihn zu besuchen, zumal wir beide der Natur sehr verbunden sind und uns gerne unter freiem Himmel aufhalten.

Mehrere Haustiere haben Familienanschluss, Nutztiere werden jede Menge gehalten, aber auch viele freilebende Wildtiere ziehen über sein Gelände, das den Namen Dankbaar trägt, weil die Farm relativ viel Niederschlag hat, ein Schatz in einem Land, in dem Trockenheit vorherrscht. Ursache für den Niederschlagsreichtum ist ein kleiner Höhenzug, an dem sich die Wolken abregnen.

Die Rinderherden sind eingezäunt, aber die meisten Antilopen überwinden diese Hindernisse mit einem eleganten Sprung.

Ich hatte mir einen Wechsel ausgesucht, an dem ganz in der Nähe ein Beobachtungsposten in eine Schirmakazie eingebaut war. Eine Leiter lehnte am Stamm, ein Holzbrett verband zwei Astgabeln und den Abschlus nach oben bildeten die Blätterfächer. DIeser Sitz hatte den Name „ Natürlich „ bekom-

men und hier verbrachte ich den ersten Abendansitz. Die von mir sehnlichst erwartete Dämmerungsphase war sehr kurz und bevor ich die nähere Umgebung richtig in Augenschein nehmen konnte, ging die Sonne schon unter und sofort war es auch dunkel.

Nur kurz hatte ich Besuch von drei Giraffen bekommen. Sie haben sich genauso erschrocken wie ich, mahlten hörbar beim Blätterkauen ihre Kiefer gegeneinander und zogen mümmelnd weiter. Ich baumte jetzt ab, noch ganz beeindruckt von dieser Begegnung in „Augenhöhe".

Bei meinem Rundumblick waren mir in einem Buschwerk Hängenester von Webervögeln aufgefallen, eine ganze Kolonie. Ein Farmarbeiter klärte mich dann abends auf, dass die leuchtend bunt gefärbten Männchen ein Nest bauen, das Weibchen einladen, das dann zunächst „kopfschüttelnd" wieder wegfliegt. Es wird ein neues Nest gebaut, ganz in der Nähe, wieder mit einem Eingangsloch nach schräg unten gegen Raubvögel. Wieder wird das Weibchen eingeladen, wieder fliegt es nach einer kurzen Inspektion davon. Der frustrierte Galan baut ein weiteres baugleiches Haus, wieder zieht das Weibchen nicht ein. Der Dorfweber wird nicht müde, biegsame Pflanzenfasern, Federn und Wolle zusammenzutragen und kunstvoll zu verflechten und siehe da, beim x-ten Versuch wird die umworbene Dame schwach, zieht ein, sorgt für den Ausbau des Innenbereichs, um dann die Eier abzulegen. Und so liegt es nicht daran, versicherte mir der Einheimische, dass die ersten Nester mangelhaft waren, sondern das Weibchen war einfach noch nicht zur Eiablage bereit. Auf den Punkt brachte er es mit der Formulierung: Es muss kommen zusammen! - mittlerweile ein geflügeltes Wort bei uns in der Familie und schon in einigen Lebenssituationen ausgesprochen.

Momentaufnahmen der Osnabrücker Sopranistin Ulla Weller

ULLA WELLER
Osnabrück

....und da war sie wieder - diese Freude, weil der Docht sich mit kleiner Flamme streckt ... hoffentlich ...
Dieser Moment ist mir immer schon sehr lieb gewesen, bis heute ...

Ich stehe im Osnabrücker Dom und zünde eine Kerze an und denke in diesem Moment an Menschen, die mir sehr am Herzen liegen.

Natürlich gibt es andere und viele Momente:

... wichtige, einfache, imposante, kleine, großartige, glamouröse, prätentiöse, emotionale, bittere, glänzende, lange, kurze, prägende, vergessene, spannende, glückliche, ärgerliche, gute, schlechte, feine, internationale, intellektuelle, lustige, öde, schräge, unpopuläre, schnelle, langsame, freudige, ängstliche, lachende, bunte, dunkle, rührende, klare, lange, süße, schwere, leichte, musikalische, familiäre, liebevolle ... Momente.

... Jeder Kindergeburtstag, auf großen Bühnen, in kleinen Kirchen, im Arm die Tochter, am bayrischen Baggersee, auf dem Podium im Diskurs, Mutter's 90ster, im mexikanischen Wildwasser, auf der chinesischen Mauer, im Kreißsaal, auf dem Motorrad, im Gesangsunterricht, auf dem Standesamt, auf der Ginza in Tokio, im karibischen Meer, Gründung vom Jugendchor, die Silberhochzeit, in der arabischen Wüste, am Lenin-Leichnam vorbeiflanierend, mit Hund im Wald, Tauchbad im Fjord, bei der Sprachprüfung, auf Reisen, schwimmende und Kinokränzchen, das Ja-Wort, Überschwemmung im Haus, auf dem Segelschiff, Kondolenzbesuch im Klostergarten, heimliche Meßweinprobe, in bunter Runde, Pop-up-Foto im Grand Canyon, im heimatlichen Eiscafé, in der Skihütte, am Taufbecken, vor dem Taj Mahal, auf der Wildblumenwiese, Wunsch am Trevibrunnen in Rom, beim ersten Kuss, die erste Chorstunde, auf der Wies'n, mit standing ovations, beim Elternsprechtag, die Erstkommunion, das erste Rendezvous, bei der Busfahrt durch die arabische Wüste, der Anblick gefrorener Nordseewellen, beim Muttertagskongress, das erste Solokonzert, mit Wunschzettel an der Klagemauer, Valentinsgruß für den Ehemann, das neue Logo, Glücksgefühle zur Geburt, am Kofferband in Toronto, am Time Square in N.Y., im Galopp durch den Wald, am iPad, hoch auf dem Eiffelturm, der Hofknicks vor der Hoheit, umarmt von Mann und Kind .... Momente.

Momente ziehen durch das Leben,
mit Licht und Schatten und mit Glanz -
mit Fragen stet's „wohin wir streben",
elegisch und mit Larmoyanz.

Momente kann man nicht erfinden,
Momente finden ihren Platz -
sie wollen Lebenspunkte binden
und schenken einen Lebensschatz.

Momente spiegeln die Gefühle,
im Alltag oder im Glamour -
sie bringen Hitze oder Kühle,
gehört in Moll, gefühlt in Dur.

Momente können Inseln bilden,
auf die im Kopfe man verreist -
ganz klein die ruhigen, groß die wilden,
es schmunzelt hier der freie Geist.

Momente hüten unsere Seelen,
vergessen lässt sich manches nie -
der klare Blick mag niemals fehlen,
bewahrt sein will: die Euphorie.

Momente sind im Leben wichtig,
sie sind Passion und Leidenschaft -
„Moment gefühlt", dann ist er richtig.
Momente geben Lebenskraft.

Momente sind oft einfach Schätze,
die jeder hat, ob alt, ob jung -
ob nur gedacht, als Bild, als Sätze,
Momente sind Erinnerung!

Die Sopranistin lebt ihr Talent, ist klassische Sängerin mit allen Facetten - froh ist sie darüber, dass auch mit ihrer Hilfe in den vielfältigsten Bereichen schon einiges bewirkt werden konnte.

Dazu genießt sie von ganzem Herzen die Bandbreite der Erlebnisse und Begegnungen, die sie mit ihrer Gesangskunst erfährt - natürlich ebenso die unterschiedlichen Plattformen auf denen sie sich präsentieren kann oder muss ...
Neben den klassischen Auftrittsorten wie Theater, Kirchenraum und Stadthalle, war schon die spangefüllte Arena einer Reithalle, der Ausleger eines Kranes, der Gesellschaftsraum eines eleganten niedersächsischen Schlösschens, die Remise eines französischen Weingutes und ein Nobelrestaurant im Herzen von Hongkong ihre Bühne.
Die Zusammenarbeit mit verschiedenen Orchestern, ein Co-Konzert mit einem „freestyle-Cellisten", die Premiere eines Musicals in Kostümierung, der gesangliche Höhepunkt bei einer jüdischen Hochzeit und auch der bisher höchste erzielte Konzerterlös von mehr als 10.000 € gehören zu den sehr besonderen und bewegenden Erlebnissen ihres Wirkens.

Angebote für die Übernahme von Schirmherrschaften oder für die Teilnahme an Charity-Projekten nur durch Präsenz, ehren Ulla Weller. Die Sängerin sieht sich jedoch einfach als Mitwirkende für das Gemeinwohl - „Mitgestalten ist möglich für Jeden, je nach Begabung und Initiative ...", so ihre Empfehlung.

Neben allen Aktivitäten, CD-Aufnahmen, Jogging für den guten Zweck, Ausstellungsorganisation zugunsten des Tierschutzes ..., bleibt trotzdem noch Zeit für Familie, Freizeit und Qi Gong - dank recht gutem Organisationstalent werden Beruf, Mission und gesellschaftliche Verpflichtungen von der Osnabrücker Sopranistin gekonnt in einen harmonischen Gleichklang gesetzt.

Der Erfinder der Bärchen-Wurst

HANS-EWALD REINERT
Versmold

Februar 2013. Als meine Kinder noch klein waren und wir gemeinsam am Abendbrottisch saßen, sagte meine Tochter „Diese Wurst esse ich aber nicht". So stand ich nun vor dem gleichen Problem wie viele anderen Eltern auch: Süßigkeiten und fettige Snacks waren hoch im Kurs statt einem soliden Käse- oder Wurstbrot. Eine Lösung musste her. Als Geschäftsführer der Privat-Fleischerei Reinert sollte es uns doch gelingen, eine Wurst zu erfinden, die in ihren Inhaltsstoffen auf die Bedürfnisse von Kindern ausgerichtet ist und dem Nachwuchs gleichzeitig Spaß macht zu essen. Das Ergebnis: Die Bärchen-Wurst. Das war vor 15 Jahren.

Vorerst hatte die Wurst nur die Form eines Bären. Eine zweite Sorte dunkleres Wurstbrät ermöglichte es dann im Jahr 2001, dass die Truthahn-Mortadella ein lachendes Gesicht bekam. Im Laufe der nachfolgenden Jahre nahm das Bärchen weiter Kontur an und entwickelte sich zu einer echten Persönlichkeit. Im Rahmen des Relaunches 2012 veränderte sich auch die Verpackung zur Form des Bärchens. Die Bärchen-Familie wurde immer größer und so kamen neben der klassischen Truthahn-Mortadella noch weitere Produkte dazu: Bärchen-Salami, Bärchen-Streich und Bärchen-SchlaWiener gehören mittlerweile zur erfolgreichen Bärchen-Familie.

Ich kann heute ruhigen Gewissens behaupten, dass Bärchen-Wurst ein Produkt ist, an dem Kinder Spaß haben, weil es lustig aussieht und ihnen schmeckt. Gleichzeitig ist Bärchen-Wurst ein Kinderlebensmittel, dem Eltern vertrauen können. Denn die Wurst ist frei von Farbstoffen und Geschmacksverstärkern sowie gluten- und laktosefrei.

So blicke ich auf 15 Jahre Erfolgsgeschichte der Bärchen-Wurst und auf insgesamt 82 Jahre Privat-Fleischerei Reinert. Ich habe es geschafft, für mich genau den richtigen Beruf zu finden und führe mit Stolz in der dritten Generation unser Familienunternehmen. Als Fleisch- und Wurstfabrikant setzen wir auf höchste Qualität der Produkte. Vertrauen und Zufriedenheit unserer Kunden sind unsere Grundphilosophie. Dafür stehe ich mit meinem Namen und für das Gesamtwerk bin ich all meinen Mitarbeitern und meiner Familie sehr dankbar.

Fie Christine Skarsö – sie gehört seit den 90er Jahren zur absoluten Dressur-Elite Dänemarks

GERD SCHÖWING
Bad Iburg

Auf der dänischen Insel Seeland 1976 geboren, auf der auch Kopenhagen, die Hauptstadt des Königreiches Dänemark liegt, hat Fie C. Skarsö in ihrem jugendlichen Alter bisher ein bemerkenswertes Pferde-Leben hinter sich. Und dabei interessante Momente erleben dürfen.

Ihre Jugend konnte Fie in ihrer Heimat Dänemark genießen, in einer wundervollen Natur und mit den geschichtsträchtigen Schlössern in und um Kopenhagen - und natürlich auf den Rücken von Ponys - später dann von Pferden.

Aber der Reihe nach: Mit 9 Jahren ritt sie ihr erstes Dressurprogramm. Mit großem Ehrgeiz und einer ganz bewussten Zielsetzung begann ihre Karriere im Alter von 11 Jahren. Mit ihrem ersten Pony wurde sie zweifache Bezirksmeisterin und errang den 3. Platz bei den dänischen Meisterschaften.

Es folgte mit ihrem zweiten Pony die internationale Karriere. Mit 15 Jahren vertrat Fie das erste Mal die dänische Flagge bei einer Europameisterschaft.

Nach der Pony-Zeit setzte sich der Erfolg auf dem Rücken der Pferde 1994 mit der Dänischen Meisterschaft der Junioren fort. Im selben Jahr bekam sie bei der Europameisterschaft der Junioren in der Schweiz die Einzel-Bronzemedaille, sowie im Team die Silber-Medaille.

1995 machte sie bei den Young Riders mit gleichem Erfolg weiter. Sie wurde erst Dänischer Meister, dann Nordischer Meister. Im selben Jahr wurde sie für die Europameisterschaft der Dressur in Young Riders ausgewählt. 1996 holte sie Team-Bronze bei der EM als auch bei den Nordischen Meisterschaften. Sie beendete die Young Riders-Jahre mit einem souveränen Sieg bei den Nordischen Meisterschaften 1997.

Das Jahr 1997 war für Fie ein besonderes - ein unvergessener Moment: S.K.H. Kronprinz Frederik von Dänemark überreichte den Nachweis der Stiftung für finanzielle Unterstützung.

Um weiter vom Team Dänemark gefördert zu werden, musste sie einen „praktischen Beruf" nachweisen. Dieses tat sie durch die Ausbildung zur Zahnarztassistentin.

Nach ihrer Young Riders Periode in Dänemark auf dem Gestüt Heslegärd ging Fie Christine, um ihre Dressur-Kenntnisse zu erweitern, im Jahre 2000 nach Deutschland.

Nach einem kurzen Zwischenaufenthalt zum „Eingewöhnen" auf einem Reiterhof in Westfalen ging Fie nach Krefeld auf das weltbekannte Gestüt Wiesenhof. In der Hengst-Station des Gestütes bildete sie sachkundig diese auf die schwierigen Dressurklassen aus.

Die größten Erfolge erreichte Fie C. Skarsö mit dem Hengst E.H. Münchhausen.

Ihr bis dahin größtes Glück, ein Freuden-Moment, war die Erringung der Silbermedaille bei der Weltmeisterschaft für Jungpferde. Ein weiterer Erfolg war danach der 4. Platz bei den für sie ersten Dänischen Seniorenmeisterschaften. Nach diesem Erfolg wurde sie für die Nationalmannschaft ausgewählt. Ihr erster Auftritt mit der dänischen Nationalmannschaft war auf dem Hof Kasselmann in Hagen a.T.W., wo sie einen beachtenswerten 6. Platz errangen.

Fazit vom Aufenthalt auf dem Gestüt Wiesenhof: mehrere deutsche und internationale Platzierungen.

Im Jahre 2006 ging Fie nach Luxemburg, um dort Cheftrainerin im Privatstall von Paul Kaiser zu werden. Die guten Ergebnisse setzten sich mit weiteren in Fachkreisen anerkannten Pferden fort.

Fie Christine Skarsö wurde als eine der wenigen mit der „Goldenen Nadel" in Deutschland, in Dänemark und in Luxemburg ausgezeichnet.

Im Jahre 2010 wagte sie den Schritt in die Selbstständigkeit in Luxemburg.

Nach der Eröffnung des eigenen Stalls - mit z.Zt. 33 Pferde-Boxen - im Jahre 2011 in Esch-sur-Alzette stellte sich der erste Erfolg mit „Fabrix Miss Essandri" in Herning (DK) ein, wo sie einen hervorragenden Ritt im Jungpferde-Championat mit nicht weniger als 10 in Rittigkeit ablieferte.

Mit der Gründung von „First Choise Stables" ist der Grundstein zu einem weiteren Erfolg im Reitsport gelegt.

Im Augenblick reitet sie drei Pferde russischer Eigentümer ein. Skarsö: „Ein etwas schwieriger Fall, denn eine ständig anwesende Dolmetscherin muss meine Anweisungen übersetzen."

Die stolzen Eltern, Kirsten und Hans-Jörgen Skarsö, die seit elf Jahren in dem Kneipp-Kurort Bad Iburg in der Friedensregion Osnabrücker Land leben, fiebern verständlicherweise stets mit, wenn ihre Tochter erfolgreiche Momente bei einem Dressurritt erleben kann.

Vergebt die Sünden, damit die Menschen Frieden finden.

Predigttext von Pfingst-Sonntag 2013 nach Joh. 20, 19-23

MARTIN TENGE
Probst

Der Heilige Geist ist schwer zu begreifen. Mit Gott Vater und Jesus Christus kann ich etwas verbinden wie ein Gesicht und Eigenschaften, beim heiligen Geist als der dritten göttlichen Person ist das schwierig. Man erkennt ihn wohl am besten an seinen Auswirkungen. Ihn selber kann man nicht sehen. Er ist wie der Wind, der ein Windrad bewegt. Den Wind kann ich nicht sehen, doch das Windrad dreht sich trotzdem. Bei meinem Windrad, welches ich hier habe, reicht es sogar, wenn ich ganz leicht puste, um es zu bewegen. Ein sanftes Pusten, ein Hauchen bewegt.

Symbolisch haucht Jesus im Evangelium seine Jünger an - sie empfangen den heiligen Geist, und sie werden von diesem guten Geist Gottes in Bewegung gebracht.

Vor einigen Tagen hatte ich ein sehr inspirierendes Glaubensgespräch mit jungen Leuten über dieses eben gehörte Evangelium, bei dem ich den Eindruck hatte, dass der Heilige Geist etwas in mir und den anderen in Bewegung gebracht hat. Von drei dieser bewegenden Gedanken möchte ich Ihnen einfach erzählen.

Uns fielen zuerst die verschlossenen Türen auf. Unser Pfingst-Evangelium ist eigentlich ein Oster-Evangelium, denn den Jüngern steckte noch der Karfreitag in den Knochen. Um sich zu schützen und erst mal zu sich selber zu kommen, haben sie die Türen dicht gemacht. Eine junge Frau in unserem Kreis kommentierte dieses Bild so: „In unserer Kirche reden wir gerne von offenen Türen. Aber es ist doch legitim und manchmal sogar nötig, dass man die Tür hinter sich zu macht." Ja, manchmal kann es sogar passieren, dass man die Tür seines Herzens schließen muss, um sich und seine Gefühle zu schützen!

Das hat mich sehr beeindruckt und entlastet, weil ich das selber auch kenne. Die junge Frau setzte dann noch einen drauf und sagte: „Und wenn Jesus es will, kommt er einfach durch die geschlossene Tür zu mir um mir zu sagen: ich bin da für dich!"

Ein erster Gedanke, den ich mitnehmen will, ist also: wo es dran ist, mache ich die Türen zu- und ich bin trotzdem offen, wenn Jesus zu mir kommt.

Ein zweiter bewegender Gedanke: Im Evangelium spricht Jesus seine Jünger gleich zweimal an mit dem Wort: „Der Friede sei mit euch!". Das scheint ihm besonders wichtig zu sein. Wir haben im Kreis überlegt, was das genauer heißen kann. Es gibt eine große Sehnsucht nach einem wirklichen inneren Frieden. Was wir oft haben, ist kein Friede, sondern eher so was wie ein "Waffenstillstand", so dass äußerlich das Leben in Ordnung ist. Aber wie viele Menschen sehnen sich nach mehr. Friede entsteht dort, wo nicht nur auf Krieg verzichtet wird, wo Waffen schweigen, sondern Liebe geschenkt wird.

In dem Zusammenhang ging es dann bei unserem Gespräch auch um das Wort der Sündenvergebung. In unserem Evangelium steht die Sendung des Heiligen Geistes in engem Zusammenhang damit, dass den Jüngern zugetraut wird, dass sie im Namen Jesu Sünden vergeben können. Doch Jesus sagt noch mehr. Er sagt auch: „Wem ihr die Vergebung verweigert, dem ist sie verweigert." Und gerade dieser Satz schreibt ihnen noch mal mehr ins Stammbuch, wie hoch ihre Verantwortung ist. Ja, das kenne ich auch: wenn ich um Vergebung bitte, sie aber nicht angenommen wird, tut das der Seele zutiefst weh. Vergebung darf kein Automatismus sein. Aber Vergebung verweigern, das ist hart. Doch es ist möglich. Und es passiert unter uns Menschen. Leider viel zu oft.

Ich glaube, Jesus wünscht sich für uns einen tiefen äußeren und inneren Frieden. Und dazu gehört auch, dass wir uns gegenseitig unsere Fehler, die wir nun mal haben und machen, verzeihen können. Und dabei ist jeder mal in der Rolle des Vergebenden und in der Rolle der Person, die um Verzeihung bittet.

Also ein zweiter Gedanke: liebe Jünger damals und heute, vergebt die Sünden, damit die Menschen Frieden finden!

Und ein dritter bewegender Gedanke: „Wie mich der Vater gesandt hat, so sende ich euch." Da kam in unserem Kreis sofort von mehreren, die sich derzeit gerade beruflich orientieren, die Frage: „Wohin werde ich denn gesendet?" Doch uns war sehr schnell klar, es geht hier nicht nur um das Wohin. Entscheidend ist die Tatsache: Ich bin gesendet! Man kann das auch so übersetzen: Ich werde gebraucht, bin wichtig für die Menschen, ich kann was, ich habe einen Auftrag. Das kann nach einem Arbeitsauftrag klingen, der mit Last verbunden ist, kann auch ganz anders als befreiendes Zutrauen verstanden werden, endlich nimmt mal jemand wahr, dass ich was kann und traut mir zu, dass ich nützlich bin für diese Welt. Das heißt aber, dass ich mich möglicherweise selber erst mal verändern muss. Denn um loszugehen, muss ich erst einmal loslassen. Dann brauche ich den Glauben, dass dieser Weg der Sendung für mich und andere gut ist und das Vertrauen: Ich bin nicht allein. Da ist die bewegende Kraft des Heiligen Geistes. Wenn man den heiligen Geist in diesem Sinne wirken lässt, bringt er natürlich auch das Gewohnte durcheinander. Man könnte sogar sagen, er stiftet Unruhe. Da bin ich ganz nah bei unserer Kirche: alle wollen, dass sich was ändert. Doch ändert sich was, gibt es ganz schnell auch große Widerstände. Alles soll bleiben wie es ist. Für mich ein Satz, der dem Wirken des Geistes widerspricht. Der ihm manchmal keine Chance lässt.
Der dritte Gedanke heißt für mich also: „Du hast einen Auftrag!", oder um mit der Sprache des Radios zu sprechen: „Geh auf Sendung!"
Ich danke den jungen Menschen in der Kirche, mit denen dieses intensive Gespräch möglich war. Durch sie lese ich die Frohe Botschaft neu und spüre den drei Gedanken nach:

- Jesus durch geschlossene Türen einlassen
- Vergeben, um den Frieden zu ermöglichen
- Du hast einen Auftrag

Der Heilige Geist - auch wenn man ihn nicht sieht - verändert, provoziert, wirbelt Gewohntes durcheinander und bringt in Bewegung. Und damit schenkt er Leben. Diese bewegende Kraft wünsche ich uns von Herzen. Amen

Am Pfingstsonntag 2013 übertrug NDR-Info einen katholischen Gottesdienst aus Laatzen.
Erinnert wurde zunächst an die biblische „Ausgangssituation": Am Pfingsttag hatten die Freunde Jesu aus Angst vor den Juden in Jerusalem die Türen verriegelt. Sie wollten mit dem, was sich ereignet hatte, unter sich bleiben. Doch dann erscheint Jesus. Und plötzlich ist alles anders! Gott selbst greift ein, stiftet Unruhe, damit Leben aufkommt.
Die 6000 Katholiken, die zur Gemeinde Sankt Oliver gehören, leben in Laatzen und in mehreren Ortschaften vor den Toren der Stadt. Zur Gemeinde gehören neben der Sankt-Oliver-Kirche zwei weitere Kirchen: Sankt Mathilde und Sankt Josef.
Die Sankt-Oliver-Kirche ist dem irischen Bischof und Märtyrer Oliver Plunkett geweiht. Erbaut wurde sie nach den Plänen des hannoverschen Architekten Wolfgang Rauck.
Die Stadt Laatzen hat 40000 Einwohner und liegt in direkter Nachbarschaft im Süden der niedersächsischen Landeshauptstadt Hannover.

„Wichtig ist nicht so sehr wo man lebt, sondern wie man lebt dort wo man lebt.“

(Ute Wiedenlübbert)

GERD SCHÖWING
Bad Iburg

Schon als Kind der Natur verbunden, ökologisch denkend und handelnd, kontaktfreudig: Ute Wiedenlübbert. In Georgsmarienhütte geboren, aufgewachsen und das Abitur in Bad Iburg gemacht. Nach dem Abitur floss in ihren Adern das „Blut der Abenteuer". Mit ihrer Freundin wurden erste Südamerika-Pläne geschmiedet.

Für ein halbes Jahr waren Uruguay, Argentinien und Chile, überwiegend Uruguay, die ersten angesteuerten Ziele. Die überwältigten und gewaltigen Eindrücke und Erlebnisse sowie interessante Bekanntschaften entlockten Ute spontan die Worte: „Hier muss ich wieder hin."

Ute Wiedenlübbert: „Natürlich lagen weitere hochinteressante Länder zum Kennenlernen - zumindest theoretisch - auf der weiteren Wunschliste."
Nach der ersten Südamerika-Reise begann ihre Ausbildung im Gemüsebau in der Nähe Stuttgarts.
Dem Studienbeginn in Geografie anschließend in Münster und dem Vordiplom folgte eine weitere 6-monatige Reise nach Südamerika. Ein Praktikum in Venezuela wurde wegen des Visa-Ablaufes unterbrochen. Durch diesen Sachverhalt folgte eine Reise durch Kolumbien nach Ecuador.

„Ohne Sprachkenntnisse war der Anfang nicht gerade leicht. Ich hatte aber vielfache Unterstützungen, und vor allem half mir meine Liebe zur Natur. Die Natur verbindet auf vielfache Weise", so Ute Wiedenlübbert.
Zurück im „Traum-Kontinent Südamerika".
Nach Kolumbien war Ecuador das Ziel. Nach einer Zeit der Freundschaft mit einem Südamerikaner und dem Abschluss der Diplomarbeit lernte Ute Wiedenlübbert über eine Freundin ihren ecuadorianischen Mann Pablo kennen.
Nun lebt sie schon seit 14 Jahren in Ecuador, hat zwei Söhne und arbeitet halbtags für den biologischen Anbauverband Naturland. Sie betreut mit

Ute Wiedenlübbert: Im Juli 2012 habe ich mit Renato aus Chile zusammen bei den Shrimpsfarmen in Ecuador eine Evaluierung der Mangrovensituation durchgeführt. Die Arbeit im Feld hat mir mal wieder sehr viel Spass gemacht und die Ergebnisse waren sehr beeindruckend positiv. Die Betriebe haben insgesamt in ca. 10 Jahren über 400 ha Mangroven wiederaufgeforstet.

ihrer Arbeit u.a. die biologischen, nach Naturland Richtlinien zertifizierten Shrimps-Betriebe in Ecuador, sowie andere biologische Aquakulturprojekte in Südamerika.

Kurz vor ihrer Rückkehr nach einigen Wochen Aufenthalt in ihrer alten Heimat: In Deutschland begann gerade der Winter seine extrem lange Zeit zu beenden. Explosivartig begann die Frühlingszeit Ende April 2013. Das frische Grün, die ersten wildwachsenden Kräuter und Blumen entdeckten das Licht und ließ die Menschen jubeln - ein ganz besonderer Moment.

„Bei diesem Frühjahrsbeginn, wo ich die Zeit des Winters auch erlebt habe, fällt mir der Abschied schon schwer. Deutschland ist immer noch meine Heimat geblieben", beendete Ute Wiedenlübbert das mit mir zwar kurze, aber interessante Gespräch.
Die Mutter und ihre drei Geschwister hatten ihre, wenn auch kurze, Freude des Wiedersehens.

Der jüngste Sohn besuchte in der Zeit des Aufenthaltes die Grundschule in der Heimat der Mutter, die auch sie besucht hatte. So konnte er sich in seiner „Mutter"-Sprache verständigen. Seine Zwei-Sprachen-Kenntnisse kommen ihm später sicherlich zugute.

Sein älterer Bruder, der aufgrund der Trisomie 21 starke Sprachschwierigkeiten hat, konnte während vorangegangener Aufenthalte schon zweimal eine Klinik zur Sprachheilförderung im Landkreis Osnabrück besuchen, und somit die guten Fördermöglichkeiten in Deutschland nutzen.

Naturland – ein starker Verband. Wie ist Ute Wiedenlübbert integriert?

Naturland - Verband für ökologischen Landbau e.V. wurde 1982 mit Sitz in Gräfelfing bei München gegründet. Heute ist Naturland eine der bedeutendsten Organisationen des Ökologischen Landbaus weltweit.

Seit der Gründung hat Naturland viele Jahre Geschichte im Ökologischen Landbau mitgeschrieben und wichtige Impulse gegeben. Neue Bereiche wurden erschlossen, wie die Ökologische Aquakultur.

Im Jahre 2012 bewirtschafteten in Deutschland 2604 Naturland Betriebe eine Fläche von über 139.480 Hektar (ohne Wald). Naturland fördert den ökologischen Landbau weltweit. International bewirtschafteten 2012 zusätzlich fast 50.800 Bauern eine Fläche von über 120.000 Hektar, inklusive Aquakultur.

Hauptanliegen für Naturland ist stets die nachhaltige Nutzung der Ressourcen in ökologischer, sozialer und ökonomischer Hinsicht. In diesem Sinne führen sie schon seit Mitte der 90er Jahre sehr erfolgreiche Projekte im Bereich der anerkannten Ökologischen Aquakultur durch, wobei die Zertifizierung nach spezifischen und detaillierten Richtlinien im Mittelpunkt steht.

In Ecuador wurden in Zusammenarbeit mit der damaligen GTZ im Jahre 1999 die weltweit ersten Richtlinien für die biologische Shrimps-Produktion entwickelt.

Ansprechperson für die Betriebe in Süd- und Mittelamerika und Naturland-Vertreterin in Ecuador für Projekte der Fischerei und allgemeine Aquakultur ist Ute Wiedenlübbert.

Lebe deine Träume

Mit dem Traktor zum Nordkap und zurück

Oswald Maier
Gaggenau-Winkel/Baden-Württemberg

Am Anfang war eine fixe Idee. Dann steckte ich schon mitten in den Planungen, um diese in die Tat umzusetzen: die Fahrt mit dem Traktor von Süddeutschland zum nördlichsten Punkt des europäischen Festlands.

Im Gegensatz zu meinem sonstigen Hobby - dem Motorrad fahren - wollte ich eine Reise unternehmen, bei der ich bewusst langsam unterwegs hin und mit möglichst vielen Leuten in Kontakt kommen kann. Schnell war mir klar, dass ich dieses mit einem alten Traktor und einem Bauwagen in die Tat umsetzen wollte. Der Traktor, ein Fendt Dieselross, Baujahr 1961, war schnell gefunden und auch den passenden Bauwagen, Baujahr 1964, entdeckte ich kurz danach über eine Anzeige in der Zeitung.

Mein Reiseziel war auch bald klar und stand im Gegensatz zu meinen bisherigen Fahrten. Diese Reise sollte mich zum ersten Mal in meinem Leben in den für mich unbekannten Norden nach Skandinavien führen: Deutschland, Polen, Litauen, Lettland, Estland, Finnland, Norwegen, Nordkap, Schweden, Dänemark, Deutschland, insgesamt 8.500 Kilometer, so meine Idee. Doch zunächst war ich vier Jahre lang damit beschäftigt gewesen, den Bauwagen meinen Bedürfnissen entsprechend umzurüsten. Zwei Etagenbetten wurden eingebaut, außerdem eine moderne Gasheizung, eine Gas-Kochstelle, 12 V- und 220 V-Stromkreise, eine separate Toilette, ein Wassertank unter dem Fahrzeugboden mit zwei Entnahme-Stellen im Innenraum und vieles mehr.

Start mit mulmigem Gefühl

Am 28. April 2012 ist es dann soweit! Unter großer Anteilnahme der örtlichen Bevölkerung und mit einem zugebenermaßen etwas mulmigen Gefühl in der Magengegend starte ich bei strahlendem Sonnenschein morgens um 9.15 Uhr meine Wahnsinnstour. Die erste Etappe führt mich nach Schriesheim bei Heidelberg. Kurz vor meinem ersten Ziel stelle ich überrascht fest, dass die Auflaufbremse vom Anhänger heiß gelaufen ist - und das, obwohl ich diese zu Hause exakt eingestellt hatte. Ein freundlicher Landmaschinenhändler aus Schriesheim beseitigt am nächsten Tag das Problem. „Na ja, das geht gut los, gleich am ersten Tag schon ein Problem", denke ich mir.

Bei der Weiterfahrt in Thüringen schlägt das Wetter um, es wird kalt und regnerisch - was sich während der gesamten Reise mit wenigen Ausnahmen nicht gravierend ändern sollte. Aber das weiß ich Gott sei Dank zu diesem Zeitpunkt noch nicht.

Nach der anfänglichen Aufregung werde ich nun gelassener und entspannter. So langsam stellt sich bei mir und Gerald, der mich in den ersten vier Wochen begleitet, ein gewisser Tagesrhythmus ein. Wie erwartet tauche ich nun in die Langsamkeit der Reise, genieße in vollen Zügen die lieblichen Landschaften und treffe unterwegs immer wieder nette und sehr interessante Menschen. Über Polen, Russland und die baltischen Staaten geht es zur Fähre nach Finnland. Dort angekommen, bin ich laut Navigationsgerät nur drei Kilometer von meinem Wunsch-Campingplatz entfernt. Wegen der vielen Stadtautobahnen erreichte ich diesen aber erst nach einer 15 Kilometer langen „Kreuzfahrt" durch die hügelige Stadt.

Rauchsauna in Finnland

Am nächsten Tag nehme ich die Metro für die Fahrt in die City. Helsinki hat viele Sehenswürdigkeiten zu bieten, beispielweise den Dom oder die 1969 in Granitfels geschlagene Felsenkirche. Auch der Markt und die Alte Markthalle am Hafen faszinieren mich. Hier findet der interessierte Besucher allerlei Köstlichkeiten aus Finnland und der ganzen Welt.

Während meiner Weiterfahrt werde ich bei Lappeenranta von einem Traktorclub zu einer Demonstration alter Maschinen zur Herstellung von Holzdachziegeln eingeladen. Anschließend darf ich im Kreise der Clubmitglieder eine original finnische Sauna am See genießen. Vor und nach den Saunagängen gibt es finnische Bratwürste am Lagerfeuer. Wenig später, bei einem anderen Traktorclub in Polovelan, führt mich Bauer Arvo in die Besonderheiten einer sehr alten, traditionellen finnischen Rauchsauna ein. Bei diesem Saunatyp steht ein Steinofen in einer Ecke des Raums. Statt durch ein sonst für einen Ofen übliches Rauchrohr entweicht hier der Rauch über ein kleines Loch in der Außenwand der Sauna. Durch den sich während des achtstündigen Heizens entstehenden Rauch wird die Sauna erhitzt. Kurz vor dem Saunieren lässt man das Feuer im Ofen erlöschen und den Rauch entweichen. Während des Saunierens wird immer wieder Wasser über den aufgeheizten Steinofen geschüttet. Das Klima in dieser Art von Sauna empfand ich als äußerst angenehm. Wie man mir sagt, begann und endete früher das Leben in solch einer Sauna. Wegen der Keimfreiheit brachte man früher gebärende Frauen in diesen Raum und auch Tote wurden bis zur Beerdigung hier aufgebahrt.

Frau an Bord

Bei meiner Weiterfahrt Richtung Norden überquere ich bei Tuulenpesä auf 66 Grad nördlicher Breite den Polarkreis. Später in Ivalo mache ich kurz Station, um meine Frau Andrea am dortigen Flughafen in Empfang zu nehmen. Ab hier werden wir drei Wochen zusammen reisen. Bei unserer weiteren Fahrt Richtung Norwegen besuchen wir in Inari das sehr interessante Samen-Museum „Süda". Hier bekommen wir einen Eindruck vom harten Leben der Samen in früheren Zeiten. Da wir sehr gut in der Zeit liegen, biegen wir abweichend von der geplanten Route gleich nach dem Museum rechts ab, um die im 2. Weltkrieg dreimal von verschiedenen Nationalitäten bombardierte Stadt Kirkenes in Norwegen zu erreichen. Nach einer Stadtbesichtigung und einem Kaffee an Bord des gerade im Hafen liegenden Hurtigruten-Schiffes „Nordnorge" geht es weiter Richtung russischer Grenze.

Noch am gleichen Tag erreichen wir den kleinen Ort Grense Jakobselv direkt an der russischen Grenze, den nordöstlichsten Punkt von Norwegen. Kurz vor Sonnenuntergang beobachten wir in der Barentsee eine gemächlich dahin schwimmende Gruppe von weißen Belugawalen. Am nächsten Morgen - bei herrlichem Sonnenschein - kann auch ich mich nicht mehr zurückhalten und nehme den Walen gleich in der Barentsee ein wirklich sehr erfrischendes Bad. „14 Grad Wassertemperatur", so lautet meine Schätzung. Doch das Thermometer belehrt mich eines Besseren und zeigt exakt 9 Grad.

Anschließend geht es weiter Richtung Nordkap. Bei der Ortschaft Lakselv biegen wir ab auf die Europastraße 69, die Zielgerade zum nördlichsten Ziel. Um anschließend vom Festland auf die Insel Mageröya zu gelangen - auf welcher auch das Nordkap liegt - unterqueren wir im 6.875 Meter langen Nordkap-Tunnel das Meer. Dabei fahren wir mit 3 km/h und mit steilen neun Grad Gefälle in eine Tiefe von 212 Meter unter die Wasseroberfläche. Unten angekommen geht es gleich wieder in einer zehnprozentigen Steigung und mit einer Geschwindigkeit von atemberaubenden 6 km/h im zweiten Gang langsam wieder nach oben an das Tageslicht: Für mich ein ziemlich unangenehmes Gefühl. Zum Glück ist der drittlängste Unterwassertunnel Europas breit genug, um andere Fahrzeuge problemlos im Tunnel überholen zu lassen.

Am Traumziel

Kurz vor dem Nordkap geht es auf einer teilweise in die Felsen gesprengten Straße für mehrere Kilometer mit 15 Prozent extrem steil nach oben. Auch hier ist 6 km/h die Höchstgeschwindigkeit. Schließlich erreichen wir am Samstag, dem 7. Juli, um 10.30 Uhr nach für mich rund 5500 km Fahrt überglücklich das Nordkap. Zur Begrüßung werden wir von strahlendem Sonnenschein empfangen. Da man nie genau weiß, wie lange das anhält, laufen wir daher sofort zum eigentlichen Ziel, zur stählernen Nordkapkugel.

Aufgrund der Menschenmassen ist es nicht ganz einfach, dieses Ziel für sich alleine zu haben und zu fotografieren. Die Aussicht ist grandios - und für uns ist es ein Wahnsinnsgefühl, diesen Punkt ohne Probleme mit dem alten Fendt Dieselross erreicht zu haben. Diesen Erfolg feiern wir umgehend direkt vor der Kugel mit einem badischen Rotwein, den wir extra dafür aus der Heimat mitgebracht haben. Durch eine Sondergenehmigung dürfen wir ab Mitternacht sogar mit dem Gespann direkt vor die stählerne Kugel fahren. Leider wird gegen Morgen das Wetter immer ungemütlicher. Es kommt ein heftiger Sturm auf, der Bauwagen wird hin und her geschüttelt. Wir haben große Sorge um das Blechdach, welches sich bei jedem der heftigen Windstöße sichtbar auf und ab bewegt. An Schlaf ist in dieser Nacht nicht zu denken. Eigentlich wollten wir zwei Nächte dort oben bleiben, ziehen es dann aber wegen des Sturms vor, am nächsten Morgen schnellstens wieder das ungemütliche Plateau zu verlassen. Die bewegliche Frontscheibe der Traktorkabine kann ich wegen des Winddrucks nicht mehr öffnen. Dann kommt plötzlich ein Schlag: Beide Außenspiegel werden vom Sturm gegen den Federdruck gleichzeitig nach hinten geklappt. Solch einen Sturm hatte ich bis dahin noch nie erlebt und ich bin froh, dass es mit jedem Meter nach unten wieder etwas ruhiger wird.

Nach einigen Tagen Fahrt erreichen wir unser nächstes Ziel, die Stadt Aalta in Norwegen. Meine Frau muss nun nach drei wunderschönen gemeinsamen Wochen von hier aus wieder zurück in die Heimat fliegen. Zuvor besichtigen wir noch das Aalta-Museum mit seinen zahlreichen sehenswerten und sehr gut erhaltenen steinzeitlichen Felszeichnungen und besuchen eine Samen-Familie in ihrem Zelt. Natürlich gönnen wir uns dort ein typisch samisches, wohlschmeckendes Gericht mit Rentierfleisch, Kartoffelbrei und Preiselbeeren. Auch lasse ich in Aalta bei einem Landmaschinen-Händler das Getriebeöl wechseln.

Geräusche aus dem Motorraum

Nach dem Abschied von Andrea geht es für mich entlang von glasklaren und reißenden Lachsflüssen alleine weiter Richtung Heimat. Vor mir liegen nun noch 4.200 Kilometer! In Kautokeino (samisch: Guovdageaidnu) kaufe ich dringend benötigte Grundnahrungsmittel wie Bier und Wein ein. In Schweden hatte ich mich auf Grund von Empfehlungen dazu

entschieden, die E45 (Inlandsvägen) zu benutzen, welcher auf der meist schnurgeraden und leicht hügeligen Straße tagelang durch riesige, ausgedehnte Wälder mit attraktiven Naturschutzgebieten führt. Hier gibt es Elche, Bären, Luchse, Steinadler und auch Seeadler. Leider sehe ich bis auf zwei Elchkühe und einzelne Rentiere keine weiteren Tiere. Unterbrochen wird diese Landschaft von sehr vielen Moorgebieten, Gewässern, Flüssen und kleinen Ortschaften mit schmucken farbigen Holzhäusern.
Für uns ist es ein Wahnsinnsgefühl, das Nordkap ohne Probleme mit dem alten Fendt Dieselross erreicht zu haben.
Gerade, als ich so richtig entspannt mit 18 km/h vor mich hin tuckere, werde ich von einem hart klingenden, lauten Tackern aus Richtung Motor jäh aus meinen Träumen gerissen.
In Sekundenbruchteilen male ich mir beim Ausrollen des Gespanns auf einem Parkplatz schon aus, wie ich das möglicherweise defekte Gefährt wieder nach Hause bekomme. Ich stelle umgehend den Motor ab und hole einen Schraubendreher aus dem Werkzeugkasten. Damit will ich beim Anlassen die genaue Ursache herausfinden. Voller Sorge lasse ich den Motor wieder an ... doch was ist das? Unglaublich, das Geräusch ist nicht mehr zu hören - was sich bis zu meiner Ankunft zuhause einige Wochen später nicht mehr ändern sollte. Nach Meinung von Fachleuten könnte die Ursache eine kurzzeitig festsitzende Einspritzdüse gewesen sein. Glück gehabt!
Die weitere Fahrt verläuft ohne Zwischenfälle. Bei Jokkmokk überquere ich erneut den Polarzirkel. In der Nähe von Mariannelund in Schweden folge ich der Einladung von Angie und Peter und verbringe in deren Haus zwei wundervolle Tage. Die beiden sind schon in den 1980er Jahren mit dem Traktor - einem Massey-Fergusson - in mehreren Etappen zum Nordkap gefahren.
In Dänemark besichtige ich für zwei Tage Kopenhagen, um dann mit der Fähre nach Puttgarden zurück nach Deutschland zu gelangen.
Am Sonntag, den 29. August, werde ich zu Hause von meiner Familie, Dorfbewohnern und vielen weiteren Schaulustigen freudig begrüßt.
Da ich die im Zeitplan zuvor eingerechnete „Unfall-Pannen-Pufferzeit" von vier Wochen nicht angreifen musste, gönne ich mir nach der Reise noch drei Wochen Ruhezeit zu Hause. Im Nachhinein gesehen war dies eine gute Entscheidung, um wieder richtig zuhause „anzukommen".

Bitte noch einen Moment: ein Fazit

Das Größte und Wertvollste während der gesamten Reise waren die Begegnungen mit den Menschen! Alle positiven Erwartungen wurden weit mehr als übertroffen, negative Befürchtungen sind nicht eingetroffen. Ich habe es zu keinem Zeitpunkt bereut, diese Reise gemacht zu haben, und habe es auch niemals bereut, sie genau jetzt gemacht zu haben. Ich denke, es war für mich genau der richtige Zeitpunkt. Der finanzielle „Verlust" ist unbedeutend gegenüber den Erfahrungen, Eindrücken und Erlebnissen während der Fahrt. Durch die Langsamkeit der Reise konnte ich zudem intensive Eindrücke von der Natur bekommen. Schön war es auch, Zeit zu haben und die Tage selbstbestimmt zu gestalten. Ich freue mich schon jetzt auf die Weiterführung zahlreicher Kontakte und Begegnungen. Es war unglaublich bereichernd, während der Fahrt von „Mitreisenden" hunderte Gästebucheinträge und Kommentare zu meinen Berichten zu erhalten und vielleicht den einen oder anderen für die Verwirklichung der eigenen Träume zu begeistern.
Nach meiner Hochzeit und der Geburt meiner Kinder war die Fahrt mit dem Traktor zum Nordkap das schönste Erlebnis in meinem Leben.

Diesseits und jenseits des Atlantiks Großartiges vollbracht

Städtepartnerschaft zwischen Melle und New Melle feiert ihr 25-jähriges Bestehen

Jürgen Krämer
Melle

Melle im Osnabrücker Land ist für seine Städtepartnerschaften weithin bekannt. Nicht weniger als zwölf Schwestergemeinden sind es, zu denen die Stadt freundschaftliche Verbindungen pflegt. Jede Beziehung für sich ein leuchtendes Beispiel für gelebte Völkerverständigung!

Mit der Städtepartnerschaft zwischen dem niedersächsischen Melle und New Melle in den Vereinigten Staaten von Amerika, die in diesem Jahr ihr 25-jähriges Bestehen feiert, hat es eine besondere Bewandtnis; denn es waren von Not getriebene Auswanderer aus den Kirchspielen Buer und Melle, die anno 1839 unweit des Missouri-Stromes ein Dorf gründeten – eine Ortschaft, der sie aus Liebe zu ihrer alten Heimat den Namen New Melle gaben.

Denkwürdiges Ereignis: Am 16. Juni 1988 erfolgte in New Melle die Unterzeichnung der Partnerschaftsurkunde. Das Foto zeigt (von links) Clemens Schwertmann, Harald Eberhardt, Wilhelm Bohle, Alberta Toedebusch, Harold Volkmer, Mary Burt, Craig Kilby und Carolyn Schellert. Foto: Friedrich Schütte

Mehr als 170 Jahre sind seither ins Land gegangen – eine Zeitspanne, die geprägt war von Höhen und Tiefen im Verhältnis zwischen Deutschland und den USA. Seit dem Ende des Zweiten Weltkrieges stellen die transatlantische Zusammenarbeit und Orientierung wichtige Pfeiler der deutschen Außenpolitik dar. Gleichzeitig entzündete sich spätestens mit dem Vietnamkrieg aber auch Kritik am Auftreten der Vereinigten Staaten in der Welt. Gerade heute stellen sich brisante Fragen: Inwieweit brauchen Europa und Deutschland die USA als Ordnungsmacht und inwieweit beängstigt sie deren hegemoniale Stellung? Wie groß müssen und dürfen die europäische Unabhängigkeit und Emanzipation im 21. Jahrhundert sein?

Nach 1945 entstand auf dem Fundament einer gemeinsamen, gegen die sowjetische Bedrohung gerichteten Sicherheitspolitik eine enge Zusammenarbeit zwischen Deutschland und den USA auf allen gesellschaftlichen Ebenen. Der 11. September 2001 markiert in diesem Zusammenhang einen Wendepunkt im transatlantischen Verhältnis, da offensichtlich wurde, wie eng einerseits die westlichen Gesellschaften miteinander verbunden sind und wie selbstverständlich andererseits in Europa sofort von uneingeschränkter Solidarität für den transatlantischen Partner die Rede war.

Lange galten die USA als Vorbild in Sachen Demokratie, Menschen- und Völkerrecht sowie in wissenschaftlicher, wirtschaftlicher und kultureller Hinsicht. Dieses Ansehen hat gelitten: Guantanamo Bay, das Kyoto-Abkommen, der Irakkrieg, die Todesstrafe in den USA und die Weigerung der Anerkennung des Internationalen Strafgerichtshofs führten in der Vergangenheit immer wieder zu Verstimmungen zwischen den transatlantischen Partnern.

Relativ ungetrübt von der politischen, scheint dagegen die Zusammenarbeit auf anderen gesellschaftlichen Ebenen zu verlaufen. Wirtschaftlich waren Deutschland und die USA noch nie so eng verflochten wie heute. Wissenschaftlich und kulturell findet nach wie vor ein reger Austausch statt. Hinzu kommen Städtepartnerschaften - so wie die zwischen Melle und New Melle.

Seit der Unterzeichnung der Partnerschaftsurkunden am 16. Juni 1988 in der amerikanischen Schwestergemeinde ist rund um diese Städtefreundschaft viel geschehen - nicht zuletzt dank des rührigen Engagements der New Melle-Melle Friendship Society und des Deutsch-Amerikanischen Freundeskreises Melle, der im Februar 1992 gegründet wurde. Wie jede Städtepartnerschaft bietet auch die zwischen Melle und New Melle weltoffenen Bürgern eine wunderbare Gelegenheit, aktiv an der Erweiterung der eigenen Horizonte zu arbeiten und Neues dazuzulernen. Ein Engagement auf dieser Ebene kann viel dazu beitragen, das Verständnis dessen, was Globalisierung und Interkulturalität sein kann,

Ein Highlight in der Geschichte der Städtepartnerschaft: Am 15. Mai 1994 wurde der „Stein der Freundschaft" - ein aus Markendorf stammender Findling - in New Melle eingeweiht. Mit von der Partie waren damals (von links) Justin Flesh, Jürgen Krämer, Wilhelm Röper, Hedda Oberschmidt, Günter Oberschmidt, Manfred Mettke, Wilhelmina Krause, Bärbel Thoms, Elisabeth Balsing, Hans Harms und Alberta Toedebusch.

Foto: Privatarchiv Krämer

Einweihung des Einwanderer-Denkmals in New Melle am 22. Oktober 2005 mit (von links) John Dolan, Steve Ehlman, Josef Stock, Kevin Threkeld, JoAnn Hammel, Lansing Hecker, Wolfgang Drautz, Tom Johnson, Friedel Greissert, Michael Pieper und Wilhelm Röper.

Foto: Jürgen Krämer

Mit der USA-Flagge in den Händen: Bryan Uhlmannsiek, Josef Stock, Martina Schulze, Hubert Heitz, Dr. André Berghegger, Gerda Hövel, Hans Harms, JoAnn Hammel und Wilhelm Röper (von links) während der Einweihung des New-Melle-Platzes am 21. Juli 2007 in Melle.
Foto: Jürgen Krämer

Präsentation des Buches „Meller(r) in der Neuen Welt - Ein Brückenschlag aus dem Osnabrücker Land in die USA und zurück" am 25. Oktober 2007 mit (von links) Verleger Michael Sutmöller, Herausgeber Jürgen Krämer, Staatsarchivdirektorin Dr. Birgit Kehne und Bürgermeister Dr. André Berghegger. *Foto: Martin Dove*

zu verbessern. Sie hilft, weitere feste Brücken zwischen unseren Völkern zu schlagen.
Aus der Städtepartnerschaft sind inzwischen zahlreiche nicht alltägliche Projekte hervorgegangen. So ließ der Deutsch-Amerikanische Freundeskreis Melle im Herbst 1993 einen vom damaligen Stadtratsmitglied Walter Bockbreder gestifteten drei Tonnen schweren Findling aus Markendorf nach New Melle transportieren, um ihn dort im Mai 1994 als „Stein der Freundschaft" offiziell seiner Bestimmung zu übergeben. Elf Jahre später kreierte der Künstler Johann Janikowski unter der Federführung des Freundeskreisvorsitzenden Wilhelm Röper (Melle) und JoAnn Hammel (New Melle) nach dem Vorbild des Meller Marktbrunnens ein bronzenes Einwandererdenkmal, das ebenfalls per Lkw und Schiff in die Schwestergemeinde gebracht wurde und den Namen „New Hopes. New Dreams. New Melle" trägt.

Im Juli 2007 erfolgte die Einweihung des New-Melle-Platzes im Grönenbergpark von Melle-Mitte - und im Oktober desselben Jahres gab Vorstandsmitglied Jürgen Krämer das Buch „Melle(r) in der Neuen Welt - ein Brückenschlag aus dem Osnabrücker Land in die USA und zurück" heraus - eine gut 200-seitige Publikation mit Textbeiträgen von rund 20 Autoren diesseits und jenseits des Atlantischen Ozeans. Doch damit nicht genug: 2008 entstand unter der Leitung von Hedda Oberschmidt ein 100-seitiger Fotoband zum Thema „20 Jahre Städtepartnerschaft Melle-New Melle - Bilder einer transatlantischen Freundschaft". Und als Wolfgang Dreuse im Jahre 2010 den Vorsitz von Wilhelm Röper übernahm, wurde ein weiterer Themenschwerpunkt in die Vereinsarbeit integriert: die Familienforschung. Was darüber hinaus nicht unerwähnt bleiben darf: Seit Anfang 2011 verfügt der Deutsch-Amerikanische Freundeskreis Melle dank der Kooperation mit der

Kleines Kunstwerk: Die Radierung zum 25-jährigen Bestehen der Städtepartnerschaft zwischen Melle und New Melle stellten am 12. März 2013 (von links) Vorsitzender Wolfgang Dreuse, Bürgermeister Dr. André Berghegger, Grafiker Reinhard Klink und Vorstandsmitglied Jürgen Krämer vor. *Foto: Steffen Meyer*

Im Zeichen der Völkerverständigung: Wolfgang Dreuse, Jürgen Krämer, Katharina Hanheide, Wilhelm Röper, Christiane Röper und Mechthild Krieger (von links) vom Deutsch-Amerikanischen Freundeskreis Melle am 15. September 2012 während der Steuben-Parade in New York. *Foto: Barbara Auping*

CITIPOST Osnabrück über eine eigene Briefmarke, auf der das Vereinslogo zu sehen ist.

Weitere außergewöhnliche Projekte: die Teilnahme an der Steuben-Parade in New York im September 2012 und die Herausgabe einer Radierung zur 25-Jahr-Feier der Städtepartnerschaft im März 2013 - geschaffen von dem bekannten Osnabrücker Grafiker und Künstler Reinhard Klink.

Keine Frage: Anhand der aufgeführten Beispiele wird deutlich, dass die Städtepartnerschaft zwischen Melle und New Melle Früchte trägt - dank profilierter Persönlichkeiten, die immer wieder aufs Neue diesseits und jenseits des Atlantischen Ozeans Spuren hinterlassen!

Prominenter Gast: Zur 25-Jahr-Feier der Städtepartnerschaft zwischen Melle und New Melle hießen der Vorstandsvorsitzende Wolfgang Dreuse (verdeckt, Zweiter von links), Bürgermeisterin Christina Tiemann (2. v. re.) und Vorstandsmitglied Jürgen Krämer (re.) am 16. Juni 2013 die Generalkonsulin der Vereinigten Staaten von Amerika mit Sitz in Hamburg, Dr. Inmi K. Patterson, im niedersächsischen Melle willkommen.

Foto: Peter Schatte

Erkenntnisse – Momente

GERD SCHÖWING
Bad Iburg

Obwohl mein Vater schon mit 47 Jahren starb, meine Mutter war damals gerade 43 Jahre, wuchs ich als jüngstes von vier Kindern wohlbehütet, wenn auch ohne Vater, aber einer phantastischen Mutter und unter der starken Unterstützung meiner Schwester Asta auf.
Mit knapp 9 Jahren Halbwaise, dabei stets den frühen Tod des Vaters vor Augen, erfuhr ich auf einem Jahrmarkt durch eine „Wahrsagerin", wenn angeblich auch im Spaß, meine Zukunft. Nach „Auswertung" der Handlinien: Du wirst kein langes Leben haben, die Handstruktur spricht dagegen.
Toll, diese „Tatsache" einem Schulkind ins Gesicht zu schleudern! Zum Glück hat sich bisher diese Auswertung nicht bewahrheitet.
Eine wunderbare Schulzeit, in den letzten zwei Jahren mit einem wirklichen Pädagogen, brachten

mir erstmals eine „Prägung", die bei mir bis heute „Mathias Paul Dehn" heißt.
Ausgebildet zum Fach-Drogisten (den es damals noch gab!), unter der ständigen Begleitung einer Hobby-Botanikerin. Daher stammt sicherlich meine Liebe zur Natur in allen Facetten.
Ein weiterer Moment: Meine Ankunft in Bad Iburg, der sich damals noch „Flecken" nannte.
Mein erstes eigenes Zuhause war ein Zimmer in einer Iburger Schneiderei mit ganz lieben Vermietern. Als Selbstversorger hatte ich das große Glück, dass abends Oma und Schwiegertochter mir manch eine warme Mahlzeit zukommen ließen. Jeweils mit erhobenen Zeigefinger und den fast identischen Worten: Nicht meiner Schwiegertochter bzw. meiner Schwiegermutter sagen!

Ein weiteres Glück waren die teilweise geteilten Essen über Tag, die der Chef mir zukommen ließ mit den Worten: Ich kann nicht soviel essen, meine Frau meint es stets zu gut mit mir. Es reicht für uns beide - meine Frau ist zufrieden mit mir, dass ich so gut esse und ich bin zufrieden, dass ich nicht alles essen muss! Außerdem, ich war auch einmal „Junger Mann" in der Fremde und weiß daher, wie man sich finanziell durchmogeln muss!

Ein weiterer Moment - und das größte Glück war und ist aber das Kennenlernen in der damaligen Zeit einer jungen Iburgerin, meiner jetzigen Frau, mit der ich über 54 Jahre glücklich verheiratet bin. Vier Kinder und fünf Enkelkinder, die alle die Eltern bzw. Großeltern zufrieden das Rentnerleben ermöglichen.

Viele erlebnisreiche Momente durfte ich durch die von mir organisierten Fahrten erleben. Mein Hobby, meine größte Neigung, war das Ausarbeiten dieser Fahrten, die überwiegend in den Norden Europas gingen.
Die Reise-Organisationen ließen uns neue Länder erleben, deren Kulturen und Sehenswürdigkeiten kennenlernen und brachten uns mit den Bewohnern auch in deren eigener häuslicher Umgebung in Kontakt, wie man sie als „normaler" Tourist kaum erlebt.
Neben den eigenen Erkenntnissen, die die Fahrten stets ergaben, war eine der ganz besonderen Art der Moment nach dem Ende der jeweiligen Fahrt: Ist es nicht schön in unserer Natur, in diesem Land, dieser Gegend leben zu dürfen?
Anscheinend muss man den „eigenen Gefilden" auf eine gewisse Zeit entfliehen, um beim Heimkommen diesen Moment, diese Erkenntnis, erleben zu können.

Meine heutigen fast täglichen Spaziergänge auf den Dörenberg (Teutoburger Wald), durch den Freden, über den Langenberg, durch den Waldkurpark mit seinem wunderbaren und vielseitigen Baumbestand, über den Burgberg mit seinem altehrwürdigen Schloss, auf dem die erste preußische Königin geboren wurde, den wunderbar umgestalteten Wegen und Plätzen, wie Konvent- und Knollgarten und der neugestalteten Schlosswiese lassen bei mir immer wieder Freude aufkommen.
Etwas getrübt wird zeitweise der unsinnige Vandalismus! Was haben die Zerstörer in dieser grandi-

osen, friedlichen Natur von der Demolierungswut?
Meine regelmäßigen Spaziergänge zu allen Jahreszeiten und bei allen Witterungen lassen mir die „Momente" des bisherigen Lebens durch den Kopf gehen: sie wirken befreiend!
Darunter sind auch Gedanken, die das Komitee Courage betreffen. Dankbarkeit und Zufriedenheit darüber, dass ich bisher viele wertvolle Kontakte knüpfen durfte. Darunter waren sehr gestandene, kompetente Personen, aus meiner Sicht teilweise mit einer Vorbildfunktion. Nennen möchte ich stellvertretend für alle Personen, die ich während der 18 Jahre seit Gründung des Komitee Courage kennen und erleben durfte: Königin Silvia von Schweden, Frau Prof. Dr. Dr. Dagmar Schipanski, Joachim Gauck, Hans-Dietrich Genscher, Richard Oetker, Bischof Dr. Franz-Josef Bode, Dr. Jürgen Großmann, Uschi Glas, Sabine Christiansen, Ulrike Folkerts, Peter Maffay, Iris Berben, Marietta Slomka und der neue und sehr verdiente Preisträger Ullrich Kasselmann.

Wie sagte der Religionsphilosoph Martin Buber:
Alles wirkliche Leben ist Begegnung.

Wenn ich wüsste, ...

Wenn ich wüsste, dass es das letzte Mal ist,
dass ich Dich einschlafen sehe,
würde ich Dich besser zudecken
und zu Gott beten, er möge Deine Seele beschützen.

Wenn ich wüsste, dass es das letzte Mal ist,
dass ich Dich zur Türe rausgehen sehe,
würde ich Dich umarmen und küssen
und Dich für einen weiteren Kuss zurückrufen.

Wenn ich wüsste, dass es das letzte Mal ist,
dass ich einen Moment innehalten kann,
um zu sagen „Ich liebe Dich",
anstatt davon auszugehen, dass Du weißt, dass ich Dich liebe.

Wenn ich wüsste, dass es das letzte Mal ist,
dass ich da sein kann, um den Tag mit Dir zu teilen,
weil ich sicher bin, dass es noch manchen Tag geben wird,
sodass ich diesen einen verstreichen lassen kann.

Es wird immer einen anderen Tag geben, um zu sagen „Ich liebe Dich",
und es gibt sicher eine weitere Chance um zu sagen
„Kann ich etwas für Dich tun".
Aber nur für den Fall, dass ich falsch liegen sollte,
und es bleibt nur der heutige Tag,
möchte ich Dir sagen, wie sehr ich Dich liebe.

Anonym

Lebensläufe

Bemüht um Ausgleich und Abbau von Konfrontationen

Josef Tegeler
Ehrenlandrat,
Georgsmarienhütte

Im Vordergrund seiner langjährigen politischen Tätigkeit stand nie die Absicht, „Karriere" zu machen. Vielmehr war sein Wirken bestimmt von der Sorge um die Festigung unseres freiheitlich demokratischen Staatsgefüges, vor allen Dingen bei der Jugend. Sein Bemühen war stets, die Demokratie auch in schlechten Zeiten krisenfest zu machen. Er war immer bestrebt, eine glaubhafte, überzeugende und ehrliche Politik zu betreiben und eine Brücke des Vertrauens zwischen den Bürgern und den politisch Verantwortlichen zu schaffen.

Josef Tegeler wurde 1926 im heutigen Stadtteil der Stadt Georgsmarienhütte, Malbergen, geboren.

Er wächst in eher bescheidenen Verhältnissen auf. Der Vater war Werkmeister bei den Klöckner-Werken in Georgsmarienhütte.

Schwer kriegsversehrt kehrt er aus dem zweiten Weltkrieg zurück.

Josef Tegeler ist seit 1967 verheiratet mit Hedwig Tegeler, hat einen Sohn, der ihm drei Enkelkinder schenkte. Tegeler ist Mitinhaber eines Autohauses.

Zur Politik kam Tegeler über die Junge Union, deren Kreis- und Bezirksvorsitzender er in den Jahren 1953-1959 war. Anschließend bis 1972 war er Kreisvorsitzender der CDU Osnabrück-Land.

Dem Rat der Gemeinde Georgsmarienhütte gehörte er 11 Jahre an, anschließend für kurze Zeit dem Rat der neuen Stadt Georgsmarienhütte.

Josef Tegeler war in den Jahren 1963-1974 Abgeordneter im Niedersächsischen Landtag. Mitglied des Kreistages war er von 1961 bis 1996.

Landrat des Landkreises Osnabrück war Tegeler vom 23. März 1964 bis zum 31. Juli 1993.

Einstimmig wurde er bei seiner Verabschiedung zum Ehrenlandrat ernannt.

Josef Tegelers Leben ist geprägt vom christlichen Elternhaus, von der Schule und der Kirche. Er ist dem Lebensstil seines Elternhauses bis auf den heutigen Tag immer treu geblieben.

Das sind Arbeitsamkeit, Fleiß, Zurückhaltung und Bescheidenheit. Daher rührt sein Verständnis und die Sorge für den einfachen Menschen. Dieses zeigt sich durch sein soziales Verständnis und sein Bemühen um Ausgleich und den Abbau von Konfrontationen.

Lebenslauf – mit einem Augenzwinkern ;-)

MONIKA LEPPER
Bad Iburg

Geboren am 22. August 1947 in Georgsmarienhütte als typischer Nachkriegs-Nachkömmling mit zwei 12 und 14 Jahre älteren Brüdern, infolgedessen immer etwas überbehütet, was sich z.B. darin niederschlug, dass ich auf allen Kindergartenfotos blitzschnell zu erkennen war, weil ich das einzige Kind war, das immer einen Mantel trug (von wegen Erkältung und so). Schulbesuch: Grundschule in G.M.Hütte, danach bis zum Abitur 1966 Besuch der Ursulaschule in Osnabrück.

Leider fehlt meiner humanistisch-akademischen Bildung ein halbes Jahr, da wir ein Kurzschuljahrgang waren und deshalb nur ein halbes Jahr in der 13. Klasse verweilten. Okay, manchmal merkt man's mir an, aber es ist auch bei Wissens- und Bildungslücken eine wundervolle Ausrede ;-)

Anschließend Besuch der Pädagogischen Hochschule Osnabrück.

1. 12. 1969 Lehrerin an der „Volksschule Harderberg" (Über die Erlebnisse einer der 68er-Studentengeneration angehörenden und entsprechend ausgebildeten anti-autoritär-eingeschworenen Jung-

Lehrerin des Jahres 2012 - 2. Preis

Monika Lepper
Grundschulleiterin am Harderberg, Georgsmarienhütte

Aus der NOZ vom 14. November 2012
von Hauke Petersen:

„Es ist müßig, darüber zu diskutieren, ob Monika Lepper ihre Auszeichnung nun wegen besonderer Leistungen im vergangenen Jahr bekommen hat oder für ihr Lebenswerk. Sie hat ihn verdient.
Lepper trat und tritt stets als engagierte und kreative Kämpferin auf; in erster Linie für ihre Schule, aber auch für darüber hinausgehende Interessen. Sie hat - gerade in den vergangenen Jahren - viel erreicht am Harderberg. Das Grundschulgebäude ist zu einem kleinen Schmuckstück geworden. Egal, wie die Nachfolge geregelt wird: Es wird schwer, Monika Lepper zu ersetzen."

	lehrerin an einer eher autoritär ausgerichteten Schule ließ sich ein eigenes Buch schreiben.)
1976 - 1986	Lehrerin und Fachbereichsleiterin Sprachen an der Orientierungsstufe Kloster Oesede
1. 8. 1986	Schulleiterin der Grundschule Harderberg (back to the roots sozusagen!)
1. 2. 2013	Reguläres Ende der Arbeitszeit; stattdessen Verlängerung der Arbeitszeit bis zum 31. 7. 2013

Dazu noch eine Anmerkung:
„Ich werde, so ist jedenfalls mein Plan, bis zum 1. August 2013 arbeiten, weil ich nicht mitten im Schuljahr aufhören möchte. Ich bin - trotz aller Mühe und vieler Schwierigkeiten - immer noch leidenschaftlich gern Lehrerin und auch sogar gern Schulleiterin, denn mit Kindern zu arbeiten, ist unbeschreiblich spannend und aufregend!"

Interessen:
(zwei Seelen wohnen, ach, in meiner Brust ...)

Da gibt es neben dem QiGong (Ausbildung zur Kursleiterin von 2004 bis 2007) und der Beschäftigung mit dem phantastischen Wissen der Traditionellen Chinesischen Medizin auch noch die Begeisterung für lange Spaziergänge am Meer, Städtereisen und für die Musik, wobei mein Musikgeschmack ebenso zwiegespalten ist wie meine Ausbildung, denn ich liebe gleichermaßen Musicals, Opern und die Musik der Beatles, Queen und Rolling Stones.
Ich spiele Klavier und habe vor einigen Jahren mit Gesangsunterricht begonnen, der im Moment allerdings der mangelnden Zeit zum Opfer fällt.
Außerdem lese ich viel (zum Glück auch schnell), und auch da ist mein Geschmack vielfältig. Das gilt auch für mein „Schreiben" - neben vielen Gedichten habe ich auch schon für die Schule Theaterstücke geschrieben, inszeniert und zur Aufführung gebracht.

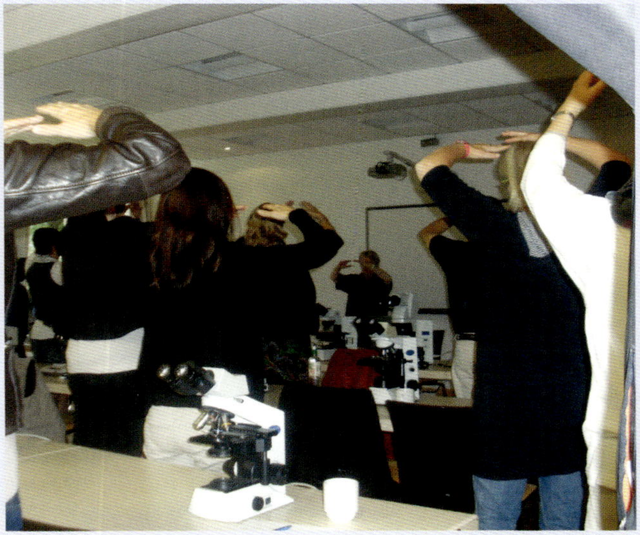

QiGong auf einer Ärztetagung?

Möglich wurde es am 22. September 2012, als sich der Leiter der Ärztetagung, Dr. Ferié, und die Leiterin eines QiGong-Wochenendes, Monika Lepper, zufällig am Abend zuvor in der LVHS Oesede trafen. „Wollen wir nicht mal morgen QiGong als Frühsport für die Ärzte anbieten?" war die gemeinsame Überlegung und ohne langes Zögern wurde sie in die Tat umgesetzt.

Unter Anleitung von Monika Lepper waren die Mediziner gerne bereit, wie auf dem Bild zu sehen, die Arme zum Himmel zu heben und das Qi herunter zu führen.

„Das Trübe senken, das Klare heben" heißt diese klassische Übung zur Blutdrucksenkung, die u.a. auch in das Kursprogramm der Ambulanz für Integrative Medizin der Berliner Charité aufgenommen wurde.

Kunst für den guten Zweck

DR. ERIKA HEYDE
Belm und Bad Iburg

Als Tochter von Oldenburger Kaufleuten kam sie 1945 zur Welt. Ihre Leidenschaft waren Tiere, wie eigene Ponys und Hunde, ebenso die Literatur, das Malen und Theaterspielen.

1971 nahm sie als junge Ehefrau und Mutter eines Sohnes an der Pädagogischen Hochschule Osnabrück ein Studium auf. Begeistert schloss sie andere Studien an, die sie weitgehend neben dem Schuldienst absolvierte, so für die Lehrämter an Realschulen und Gymnasien.

Ihre Doktorarbeit schrieb Frau Heyde über ein Werk der Dichterin Annette von Droste-Hülshoff.

Lange Zeit war sie als Lehrbeauftragte im Fach Deutsch in der Lehrerausbildung an der Universität Osnabrück beschäftigt. Neben dem Dienst nahm sie zudem an einer Fernausbildung in Kunst teil.

Fotos: Uwe Lewandowski

Viele Ausstellungen folgten, mehrfach im Landkreis Osnabrück und im Harz.

Frau Dr. Heyde verfasst Gedichte und Texte. Erschienen sind die Gedichtbände „Worte 1" und „Worte 2" sowie ein Bildband und Kalender für die Jahre 2012 und 2013.

Ebenso wurden veröffentlicht: „Ein Kollegium", „Krämerseelen nach dem Kriege" und „Leider ist die Welt kein Märchen".

Lesungen zeigen, dass ihre humorvollen, aber auch nachdenklich stimmenden Worte ankommen.

Dr. Hesse bezeichnete Frau Dr. Heyde im Wittlager Kreisblatt kürzlich als „... Gewinn für die Literaten-Szene im Osnabrücker Land".

Sämtliche Erlöse aus dem Verkauf ihrer Werke hat sie seit Jahren für die Kinder- und Jugendarbeit im Osnabrücker Land und im Harz gespendet.

Als Mitglied bei „terre des hommes" und „Plan" hilft sie auch Kindern anderer Nationen. So hat Frau Dr. Heyde zur Zeit ihr zweites Patenkind, ein Mädchen, in Peru.

Dr. Heyde möchte selbst über ihren Tod hinaus (der hoffentlich noch lange auf sich warten lässt) Gutes für Kinder und Jugendliche tun. Ein Teil dessen, was sie hat, soll entsprechenden Institutionen zukommen.

Frau Dr. Erika Heyde ist aktives Mitglied im Bad Iburger Komitee Courage.

Leistungen und Stationen

H.-Jürgen Homuth
Hasbergen-Gaste

- Jahrgang 1950
- Verheiratet, lebt und arbeitet in Hasbergen-Gaste
- Gründungsmitglied von SPES VIVA
- Autor und Layout SPES VIVA Zeitung
- Autor einiger Artikel in diesem Buch

Leistungen und Stationen:

- Allgemeine Hochschulreife 1973
- Nachweis der besonderen künstlerischen Begabung.
- Studium der Visuellen Kommunikation Folkwangschule für Kunst und Gestaltung 1974-1978 in Essen
  Schwerpunkt: Science Design, Corporate Design, Illustration, Malerei und Grafik-Design
- Diplom-Designer
- Verantw. künstl. Leitung in Agenturen
- Seit 1985 selbständig mit eigenem Atelier. Ab 2000 unter der Bez. HOMUTH.DESIGN. Schwerpunkte sind die Entwicklung und Gestaltung von Dokumentationsmaterial, Lehr- und Kongress-Design, Icon-Spezifizierungen, Medical-Illustrations
- Mitglied BDG Berufsverband Deutscher Kommunikationsdesigner (seit 1986)
- Mitglied BEDA Bureau of European Designer Associations (seit 1999)
- Member of BDRC Beijing Design Resource Corporation (seit 2008), Hochschulentwicklungsarbeit mit Ausrichtung China
- Hochschuldozent seit SS 2000, HS Osnabrück Schwerpunkt Gestaltungslehre / Corporte Design / Corporate Identity
- (Studien-)reisen/Aufenthalte u.a. in England, UdSSR, Kanada, China.
- Schwerpunktstudien Wahrnehmungslehre und Unternehmensleitbilder, non-verbale Kommunikationsstrukturen

www.homuthdesign.de

Widme Dich Deiner Zeit, wenn Du in einer späteren noch gehört werden möchtest!

BERND U. THYE
Melle

Geboren 1948 im südoldenburgischen Löningen. „Ich bin ein Kind der Wiedersehensfreude in harter Zeit. 1947 kam Vater aus der Kriegsgefangenschaft, 1948 war ich da!"

Grundschule und Realschule in Löningen, Gymnasium in Cloppenburg. Ausbildung zum Drucker wieder in Löningen. Studium der „Visuellen Kommunikation" in Bremen und Hamburg, Dipl. Designer. Marketingtheoretisches Studium an der NAMK Hamburg, Kommunikationswirt. Natürlich ein 68er!

Arbeit in namhaften Agenturen, Tätigkeit als Betriebsleiter eines grafischen Betriebes, 1988 Gründung einer eigenen Werbeagentur. 2003 Herausgabe eines kulturlastigen Regionalmagazins und von da an verstärkte journalistische Tätigkeit.

Seit Beginn der 1990er Jahre begeisterter Hochseesegler, 1996 Atlantik-Überquerung.

„Ich hatte das Glück, auf meinem Lebensweg vielen interessanten Menschen zu begegnen. Sie haben mich geprägt, mir geholfen, mich zu verändern, mir den Blick und den Verstand geöffnet. Das waren meine Eltern, das war mein Latein- und Deutschlehrer Constanz Vogel! Das waren große Leute, denen ich zu begegnen das Glück hatte, wie Kurt Schmücker, Willy Brand und Johannes Rau, mit dem ich ein Löwenbaby taufen durfte oder Josef Stock, der ehemalige Meller Bürgermeister, das waren und sind aber vor allem meine Kinder, mit denen ich träumen konnte und kann und die mich auch immer wieder in die Realität zurückholen! Das waren aber auch die Lebenspartnerinnen und die echten Freunde, mit denen ich ein Stück meines Weges gegangen bin und gehe!"

Politische und berufliche Ehrenämter hat er ausgeübt, berufliche Bildung Jugendlicher liegt ihm nach wie vor am Herzen. Er versteht sich als kommunikativer Netzwerker und als jemand, der das Zeitgeschehen nicht nur kritisch begleitet sondern als aktives Mitglied einer sich wandelnden Gesellschaft.

Pfarrer aus Leidenschaft

MITCHELL GRELL
Poel

Mitchell Grell wurde 1938 in Cherokee, Iowa in den USA geboren. Er ist verheiratet, hat zwei Kinder.

Seine Kindheit und Jugend erlebte Pastor Grell auf einer Farm in der Nähe bei Holstein in Iowa.

Nach seinem Highschoolabschluss studierte er von 1970-1980 am Augustana College, Sioux Falls, South Dakota mit dem Abschluss bachelor of arts in Deutsch, Geschichte und Altphilologie.

Im Anschluss studierte bis zum Jahre 1985 evangelische Theologie an der Universität Tübingen, zunächst als Stipendiat der „Rotary Foundation", später mit Unterstützung des Großvaters.

Nach dem Theologischen Examen arbeitete er an einer Dissertation auf dem Gebiet der systematischen Theologie - mit der abschließenden Promotion 1992 an der Universität Tübingen.

Ein Vikariat in Boizenburg an der Elbe folgte. Das Jahr 1994 brachte die Ordination und Mitchell Grell heirate im gleichen Jahr.

Von 1994 bis 2000 war er Pastor der Kirchengemeinde Benthen bei Lübz, danach bis zum Jahr 2012 in der Kirchengemeinde Kirchdorf auf Poel.

Von 1999 bis 2012 war Pastor Grell Mitglied der Mecklenburgischen Landessynode und Vorsitzender des theologischen Ausschusses derselben.

In den Jahren 2009 bis 2012 war er Mitglied der Arbeitsgruppe „Theologie" und der Arbeitsgruppe „Strukturen" in der Vorbereitung auf die Fusion der Landeskirchen von Nordelbien, Mecklenburg und Pommern, ferner beteiligt an der Entstehung der Verfassung der ev.-luth. Kirche in Norddeutschland.

Was noch zu sagen wäre …

Selbst ein Weg von tausend Meilen
beginnt mit einem ersten Schritt.

Diese japanische Weisheit war der Ansporn zur Erstellung dieses Buches.

Nach dem Abschluss dieses Werkes muss ich sagen, es ist noch längst keiner! Es gäbe noch unendlich viele interessante, erwähnenswerte und überlieferte Momente, die mir zugetragen wurden und die ich gerne übernommen hätte.

Momente, die mir gerade auch für die kommenden Generationen als beachtens- und überlieferungswert erscheinen.

Leider, musste ich viele Texte davon „speichern", denn Platz und Etat waren ausgereizt.

Ich hoffe, Sie hatten viel Freude beim Lesen der „Momente":

Erinnere dich an die Vergangenheit,
träume von der Zukunft, aber lebe heute!
Søren Kierkegaard

Mein Dank gilt natürlich allen Verfassern, welche durch die unentgeltliche Überlassung ihrer Beiträge überhaupt erst die Idee zum Werk werden ließen.

Die Fotos und Berichte stammen alle aus Privatbesitz. Sollten einmal nicht ganz klare Verhältnisse vorgelegen haben, bitte ich diese zurückhaltend zu akzeptieren. Es wird durch die Weitergabe dieses Buches keinen Gewinn für den Verfasser geben. Ein evtl. Erlös kommt dem Komitee Courage zugute, welches wiederum durch die Vergabe der „Courage-Preise" unterstützungswürdige Institutionen bedenkt.

Für ihre Korrektur-Lesungen danke ich Sabrina Strotmeier.

Eine besondere Anerkennung möchte ich Frau Iris Dirkers von Grote Druck für ihre fachliche Kompetenz und Übersicht aussprechen. Ihre aktive Mitgestaltung und die unendliche Geduld erleichterte die Struktur und Fertigstellung des Buches ganz entscheidend.